《教育研究》

40年典藏

高等教育

教育研究杂志社 编

教育科学出版社
·北 京·

编者的话

岁月忽如流，行年向不惑。1979年，伴随改革开放大潮，《教育研究》应运而生。2019年，在庆祝中华人民共和国成立70周年之际，我们迎来了《教育研究》创刊40周年。

回望来时路，《教育研究》一开始就确立了"既要探索教育本身的以及与经济关系的种种规律，为实现四个现代化服务，又要使教育科学研究现代化"的使命。40年来，《教育研究》紧扣时代脉搏，坚持正确方向，突出专业特色，秉承科学精神，严守学术标准，发表了一大批高质量的学术论文，成为研究中国特色社会主义教育理论的重要阵地、引领教育科学繁荣发展的学术高地、助推教育学者专业成长的共同园地，为推动我国教育事业进步做出了应有贡献。

总结反思是最好的纪念，传承创新是最好的庆祝。我们在已发表的论文基础上，遴选一批原创性强、贡献度大、影响力广的论文，集结出版《〈教育研究〉40年典藏》，涵盖教育学原理、德育、课程与教学论、教育史、基础教育、高等教育、职业技术教育与成人教育、教育心理、教师教育、教育经济与管理、国际与比较教育等11个学科和领域。其意义不仅在于分享发展成就，还在于保存文化档案，更在于打开未来可能。

砥砺奋进时，我们思考最多的是，《教育研究》将为教育进步贡献什么新思想，为教育学科发展贡献什么新理论，为教育学术史贡献什么新经典，为中文教育学术期刊走向世界贡献什么新示范，从而实现真正的卓越。

教育研究杂志社
2022年9月20日

目　录

大学生发展智力与培养能力的问题

汪培栋

建设四个现代化的社会主义强国，科学技术是关键，教育是基础。办好高等教育、提高学生质量的重要任务之一是发展学生的智力和培养他们的能力。本文仅就这个问题，谈谈自己粗浅的认识。

一、大学生业务适应性问题

就我国大学生的业务质量来讲，当前存在两个方面的不适应：知识不够深厚与宽广；智力没有充分发展，再学习的能力和创造能力缺乏。近年来，高等学校普遍重视加强基础课教学，恢复了基础课、专业基础课、专业课"三层楼"，增加了基础课的教学时间，扩大了门数，充实了教学力量，出现了可喜的局面。但是，对如何发展学生的智力和能力，还缺乏研究与落实；对发展智力与培养能力的重要性认识不足，措施还不具体；对知识与智力、能力关系的认识还不甚明确。根据笔者的调查了解，目前大学教师的教学及学生的学习存在缺陷，不利于智力与能力的发展及培养，应当重视并加以解决，以提高毕业生的适应能力。

首先，在教学思想上，受传统教学思想的束缚，重知识的传授，轻智力与能力的培养。一谈到教学，就只着眼在知识的传授上，讲提高教学质量，也只是考虑学生的知识质量。领导和教师较多地考虑课程的门数与时数，满足于既定的课程已经开出，检查教学也多是以学生考试的分数为准。

其次，在教师的教学工作上，目前大学里，课时少，内容多，起点低，要求高。教师习惯于灌知识，把学生的大脑视为贮藏知识的仓库，而没有当成具有创造能力的"机器"。又由于不少教师缺乏对教学规律的学习与掌握，教学没有启发性。有的教师一味念多少年来一直使用的讲稿，很少考虑学生学习的迁移问题，学生学习时甚感乏味。教师不了解学生，很难做到因材施教。

再次，目前在师生中很流行的评价教师的标准是片面的。不少师生认为，教师讲课头头是道，颇有见解，使学生接受所教内容不费什么力气，做到当堂消化，就是水平高、教学好。

最后，在学生学习方面，入学后，学习的课程是固定的，大多数学生没有选修余地，加之某些教材陈旧，方法又是注入式的，考试时，只要死记答案就能取得优良成绩。因此，学生难以独立思考，不利于智力与能力的发展与培养。

总之，由于上述情况的存在，不少学生毕业后适应能力低、工作较吃力，大学的教学效果不理想。

要提高大学生的适应性，必须总结经验。当前，特别应在加强基础课教学的同时，着重研究一下发展学生智力、培养学生能力的问题。这是关系到培养人才的规格与质量的大事，应不失时机地加以解决，以适应四个现代化建设的需要。

二、大学生的知识与能力

加强高等学校基础知识的教学，使学生具有宽厚的基础知识和专业知识，这是肯定无疑的，也是十分必要的。没有知识是建成不了四个现代化的社会主义强国的。为了提高学生的适应能力，特别应让学生掌握基础知识、基础理论。这是当前高等教育界比较一致的认识。

目前讨论较多的是发展学生的智力与培养学生的能力问题。什么叫智力？什么叫能力？目前说法还不统一。有人认为二者是一回事，有人认为二者既有联系，又有区别。我认为二者是有联系的，但又不是一回事。智力是指从感知到思维的心理过程特征，一般表现为观察力、注意力、记忆力、想象力、思维力。发展大学生智力的核心是发展学生的观察力、想象力和思维力。能力比智力的概念要宽些，可以理解为在智力的基础上顺利地完成某种活动的实践表现。在大学生中应特别注重自学能力、创造能力的培养。一定的智力与能力，是学生学习及工作成功的必备条件。

当前在大学里，既要加强基础知识、基础理论的教学工作，更要强调发展学生的智力、培养学生的能力。有的学生读书不少，但不见得越读越聪明，有时还会成为愚蠢的书呆子。毛泽东同志曾经说过："在学校是全优，工作上不一定就是全优。中国历史上凡是中状元的，都没有真才实学"，"反倒是有些连举人都没有考取的人有点真才实学"，"不要把分数看重了，要把精力集中在培养分析问题和解决问题的能力上"。中国古代教育家孔子讲"学而不思，则罔；思而不学，则殆"，他也是主张学思结合，知识与智力、能力相互结合、相互促进的。恩格斯说："科学是研究未知的东西，科学的教育的任务是教学生去探新、创新。"有人讲，我们不应稀罕吕洞宾"点石成金"的大小块金子，而要吕洞宾"点石成金"的手指。这种生动的比喻，说明了一个重要的道理，即我们应使学生不仅掌握现成的知识，而且要学会思维和创造，在前人成果的基础上有所发现、有所创见、有所前进。要给学生"一支猎枪"，而不要仅仅给他们"一大口袋干粮"。

强调发展学生的智力和培养能力，并不意味着贬低学习知识的重要意义，更不能说知识多寡无关紧要。知识与智力、能力是互相依存、互相促进的。知识的掌握是发展学生智力、能力的必要条件，人的智力与能力的发展总是要以掌握知识为中介，知识多了，才能进行判断、推理，才能进行思维，才能发现未知的内容，才能发展思维力、创造力。离开宽厚的知识作基础，单纯的智力与能力的发展是有限度的。在科技飞速发展的当代，没有知识，会有发明创造也是难以想象的。反之，学生具备一定的智力与能力，必然会更多、更快、更深、更加牢固地掌握知识，可以在知识结构的掌握上，发挥智力与能力的优势，广泛地使知识得到迁移。知识与智力、能力密切联系，但是它们有不同的内容及发展规律。无知必然无能、无能也很难有知的说法是对的，但不能说有了知识必然会有智力和能力的发展，也不能说传授知识就会自发地把智力与能力发展起来。

关于知识与智力、能力的关系问题，在教育史上曾经有过不少争论与不同的认识。十七世纪后半叶，在欧洲资产阶级革命初期，曾产生并流行过一种减少学生系统知识学习的思想。这种思想认为，学生在学校学习的目的是促进智力的发展，因而，只要能训练和锻炼学生的智力，无论什么内容的教材都可以，不需要系统的知识。这种观点在十八、十九世纪得到很多哲学家和教育家的支持。这种观点在教育史上被称为"形式教育论"。但是随着资本主义的发展，资产阶级日益需要掌握自然和数学等科学领域中有实用价值的知识，因而产生学习系统知识的思想。这种观点在教育史上被称为"实质教育论"。这两种观点在当时都是为资产阶级利益服务的，反映资产阶级在不同历史时期的不同需要，在理论上是唯心主义的，是形而上学的。但是，我们应当批判继承古代教育遗产，坚持古为今用，注意总结和吸取教育史上一些有益的观点及做法，不应简单地全部摒弃。在总结我们自己的经验的前提下，应吸取其合理的内核，继承合理因素，建立我们自己的教学理论。"形式教育论"重视发展学生智力，而"实质教育论"重视实际、实用的知识教学。要吸取二者的合理因素，做到既重视对学生传授系统的科学知识，又重视学生智力与能力的培养，使我们大学培养出来的学生既具有坚实的、宽厚的基础知识和一定的专业知识与技能，又能独立思考、独立学习、探索未知，成为具有一定智慧和创造能力的专门人才。这样的人才一定会大有利于实现"四化"。

在研究我国高等学校的教学规律时，也要注意吸取国外先进的教育理论与经验，做到洋为中用。当前，在一些教育比较发达的国家，出现了一些较新的教学理论，它们对发展学生的智力、培养学生的能力有很好的见解与实践经验，值得我们借鉴。美国哈佛大学心理学教授布鲁纳和苏联心理学家、教育科学博士赞科夫在他们的代表作中突出地提出了发展学生智力与能力问题。尽管他们主要是研究中小学普通教育的教学，但其成果对高等学校的教学工作也有一定的参考价值，应该学习与重视。学习国外的一些新的教育理论与思想，必须结合我国实际，进行研究和试验，不可生搬硬套；要开展实验，寻求学生学习知识与发展智力、能力互相结合的规律，结合我国高等教育实际进行研究与探索，逐步建立我国高等学校教学理论体系。

综上所述，办好大学，快出人才，出好人才，应该正确处理学习知识与发展智力、培养能力的关系，在当前尤其要着重解决发展智力、培养能力的问题，要重视开发潜在的智源，努力提高大学生的能力，要认真吸取古今中外教育遗产及经验，把我们的大学生培养成具有聪明才智的一代新人。

三、改进大学工作，努力提高学生的智力与能力水平

为了使大学培养出来的毕业生适应"四化"建设的需要，更多、更快、更好地向各行各业输送合格的专门人才，必须改进大学工作，调整不适应的环节，不断改革教学等一系列制度，创造提高学生智力与能力的条件。

1. 必须改革课程设置，改进教学方法和手段

要发展学生的智力、培养学生的能力，必须让学生生动活泼地、主动地学习，要在加强基础课教学的同时，扩大他们的知识领域，要给他们主动权，给他们自学及研究问题的机会。因此，大学必须改变目前只学习固定的课程的做法，扩大选修课的比例。由于大家认识到加强基础课教学的

重要性，各学校都在努力扩大课程门类，增加教学时数。不少学校教学时数超过了教育部规定的四年授课 2300—2700 学时的标准。据了解，河北大学已达 2700—3000 学时。加强基础课及专业基础课、专业课的教学是对的，但应注意另一倾向，那就是对学生的学习限制过死。现在学生每天要上 4—6 学时课程，固定的课堂教学占去学生一半左右的时间，课后他们忙于复习、巩固这些内容，这样就必然使学生把眼界局限在几门固定的课程上，封闭在狭小的天地里，无暇扩大知识领域，无法发挥主动精神，无机会发展某些业务专长。以往我们培养的大学生，在业务上基本是一个模式，即掌握的知识内容较死板，缺乏自学及研究问题的能力，这与只安排固定的课程、不设立选修内容有关。为了改变旧面貌，大学的课程设置必须改革，要把部分必修课改为选修课，同时减少总学时，增加学生主动学习的机会。

随着文化科学知识的大量增加，对人的知识及智力、能力的要求日趋提高，特别是学科间的联系日益显著，边缘科学不断出现，更要求增强学生的适应能力，使学生有较广泛的自然科学和社会科学知识。以往，我们的大学文、理科"鸡犬相闻，不相往来"，隔行如隔山，在业务上很少联系，这是不利于学生的发展的。应该考虑在文科开设某些自然科学的课程，如数学、物理、化学、生物等；在理科开设文学、艺术欣赏、历史、文选习作等。现在我国上海有的大学在理科院系建立了部分社会科学学科，这是一种很有远见的措施。这样做无疑会增加学生的见识，扩大其知识领域，有利于其智力的发展及能力的培养，必然会提高学生对今后工作的适应性。

高等学校不仅在课程设置上需要进行改革，在教学方法上也必须加以改进。以往大学的教学工作，不大注意教学方法的研究。有的教师认为教学方法无关紧要，年轻教师大都没有进行过教学理论方面的学习，因此不太懂教学艺术，往往在教学中走了弯路，事倍功半。今后高等学校要重视教学法研究，要普及教育学、心理学知识，帮助教师明确教学任务的诸方面，即传授知识、技能技巧，发展智力、培养能力，进行思想品德教育。要摆脱传统的只着眼于传授知识的旧教学观点的束缚。在教学中认真探索传授知识与发展智力、培养能力的关系，研究在教学过程中采用启发式的方法。教学方法应灵活多样，除运用讲授法外，还应组织必要的课堂讨论、现场教学等。理工科学生要重视实验教学，这对培养学生的能力有极重要的意义。要千方百计搞好实验室建设，要反对忽视实验教学的思想，不能认为能做多少就做多少、可有可无，必须按照教学大纲的要求完成任务。过去普通教育学理论在教学论部分，主要论述传授知识的一些原则和方法，对发展智力、培养能力方面涉及不多。各科教学大纲对知识的教学要求比较明确具体，对智力与能力的要求则既笼统又抽象，实际上得不到落实。今后要开展在教学中发展学生智力与培养能力的实验研究，找出规律，探索高等学校教学的一些原则和方法，建立起高等学校教学理论。在研究大学教学原则和方法时，特别要突出研究学生的自学方法问题。过去教育学理论基本上只研究教师的教，很少论及学生的独立自学。学生有了自学能力，就犹如在"学海"中找到了船只，在"书山"中找到了路径，可以主动摄取自己不懂的或未知的内容，在知识海洋中自由航行，在知识高山上攀登高峰。学会自学可以补充在校时没有学到的内容，可以学会搜集新的资料，吸取新的科学成果。在已掌握的知识的基础上，有了自学能力，必然如同"虎添双翼"，驾驭知识的能力、完成工作的创造性一定会有较大的提高。据了解，目前大学生的自学能力尚待培养。以1979年入学的大学生为例，他们中近半数人只习惯于上课记笔记、下课对笔记、考试背笔记，基本上不会自学。要研究如何指导学生自学，提高学生独立钻研及探讨问题的素养。要向学生介绍怎样找参考书，怎样做读书笔记，怎样做资料卡片，怎样把听到、看到的知识内容纳入自己已有的知识体系之中，等等。这些都是大学生的基本功，是合格大学生的必备条件。

2. 改革与建立大学中的某些制度及办法

目前大学中的一些制度及办法不利于学生的智力的发展与能力的培

养，需要加以改革；有些可行的、有效的制度应考虑建立。

过去大学在人才培养上，没有很明确的制度及管理办法。我们经常讲"十年树木，百年树人"，这说明人才的培养非一朝一夕可以奏效，须长期地、精心地育人。过去，我们理解"树人"，多侧重在人才的政治思想、道德品质方面的要求及知识上的要求，这是对的，但对人才的智力与能力方面缺乏考虑与要求，是不甚全面的。现在学校设有专职的政治辅导员，有共青团、学生会等组织，协同对学生进行政治思想、道德品质方面的教育工作，学生的政治思想情况、鉴定等均被记入人事档案，多年来有一套管理制度与办法，但对学生的智力与能力的培养和考查，却没有一定的机构及人员，也没有什么记载。今后应考虑建立起学生的智力、能力发展的档案材料，有人关心、研究每个学生的聪明才智的培养与发挥，对人才的成长起咨询作用。这项工作可与学生的政治思想工作一起进行。政治辅导员可改称班主任，不仅管政治思想，也要管学生业务能力的培养工作。班主任应懂业务及专业，最好选派优秀青年教师轮流担任，肩负人才的培养与管理的重担，使学生的政治及业务质量得到全面保证。这样做会促进学生达到又红又专的要求。

又如，大学的教学计划中都安排了学工、学农、学军的时间，目前对学生参加这些活动大都着重于思想、品德、劳动态度等方面的锻炼，在能力等方面的要求并不具体。据了解，美国的工科大学的学生去工厂实习，有明确的技能、技巧、能力的要求，一般要求学生经过在工厂实习，直接操作，达到五级工的水平，学生须经过严格考试，成绩须记录。以色列组织大学生到兵营中学习，该国要求，通过军事实习，学生必须达到少尉排长的业务水平。这些做法反映了有关国家重视对学生能力的培养与要求，可以借鉴。对比之下，我们在这方面急需改进，对教学计划内的各种活动应有业务能力的指标及培养措施，不应仅有政治思想、劳动态度等方面的笼统的要求。

目前考试制度及办法也必须加以改革与改进。目前的高校入学考试，局限于考知识，高中毕业生基本上是背复习提纲应考，往往会造成某些并不理想的学生考试成绩却较好的假象。这不利于人才的选拔。今后高考命题必须注意能反映出学生知识与智力、能力的全面状况，并要研究、摸索出能较全面地考查学生的考试办法。现行大学内的考试办法也不利于学生的智力、能力的发展与培养。目前的考试，只能引导学生死记硬背。新中国成立初期，学校内盛行口试，后来被全部废止。口试有很多优点，如在考试中教师可随时提出问题，考查学生的知识与智力、能力的全面情况，以便"长善救失"、因材施教。现在有的国家注意改进考试办法。日本在招考外交官时，就加试口试，以了解实际水平与能力。我们的艺术院校、外语院校在高考时要加试口试，也是为了进一步了解学生的实际水平和能力。我们应考虑在大学内恢复口试，把笔试与口试结合起来。另外，在计算考试成绩上，要试行平时学习的考查、实验操作和期末考试成绩各占一定比例的计分办法，如平时的学习占 20%，实验操作占 40%，期末考试成绩占 40%。这种改革，利于促进学生知识与智力、能力的全面提高，防止呆读死记的现象。

大学有必要建立毕业生随访制度。1978 年我们曾组织过"文化大革命"中的毕业生回校再学习的"回炉"培养，这是个创举，是很受欢迎的。要改变大学只管校内、不管校外的情况。过去，我们对毕业生的情况不了解，更谈不到给他们提供必要的帮助，也没有根据毕业生的工作情况进一步研究改进校内的教学工作。大学应向工厂及某些医院学习。工厂现在实行"三包"，出厂的产品包退、包换、包修；有些医院要对一些病人随访，以便于进一步治疗和检查医疗效果，进行科学研究，积累资料。大学也要把对毕业生的随访作为制度固定下来，一方面帮助毕业生继续提高业务能力、弥补缺陷，另一方面也可以总结经验、改进教学等工作。可先进行试点，每校可在各专业应届毕业生中取样，从好、中、差三个类型的学生中各选 5 名，认真进行几年随访。

3. 在学生中组织各种学术团体，活跃学术研究空气

苏联教育理论家、实践家苏霍姆林斯基在他几十年的实验研究中，很

重视学生的课外学术活动。他在一所有 600 多名学生的中学里，组织了
120 个兴趣小组，每天下午开展活动。学校养蜂小组的单位蜂蜜产量比当
地农庄高出 10 倍；育种小组用良种种小麦，产量也高于当地农庄水平；学
校 80% 的学生会开汽车、拖拉机、车床。课外小组活动，不仅从小培养了
学生从事科学技术活动的兴趣，而且有利于智力与能力的发展与培养，增
长了学生的知识与才干。中学尚且如此，大学更应重视这项工作。在 1965
年前，我国大学里组织的社团也较多，锻炼了学生，培养了人才，是很有
意义的活动。目前虽有恢复，但不普遍。不少学生仍是"三点一线"（宿
舍—饭厅—教室），没有课外学术研究活动。据河北大学物理系不完全统
计，分配到天津的 1966 届毕业生中有 4 名毕业生做出较优异成绩，分别在
计算机、电视、农药等方面获工程师职称。这几名学生在中学及大学都是
科技研究小组、社团的积极分子，学术社团的活动大大提高了他们的智力
水平及创造能力，发展了他们的聪明才智。课外学术活动，可以大大发展
学生的智力与能力，培养学生对科学研究、实验的浓厚兴趣，从某种意义
上讲，学术社团正是有的学生走向成功的基石。高等学校是学术中心，必
须有浓厚的学术空气。大学的共青团、学生会可建立学术研究活动部，在
党委、校长领导下，把学生的课外学术活动开展起来。在大学里应树立浓
厚的学术空气和好学深思的校风。

（本文原载《教育研究》1981 年第 3 期）

发展高等教育科学的几个问题

汪永铨

　　党的第十二次全国代表大会把教育列为今后二十年内经济发展的战略重点之一，这是一项十分重大和正确的决策。现在，摆在教育战线各级领导和全体教育工作者面前的任务是：制定正确的政策和规划，采取合理而有力的措施，齐心协力，努力工作，使我国教育事业的发展适应社会主义现代化建设的需要，真正起到一个战略重点所应起的作用。我认为，要做到这一点就必须大力发展教育科学，有计划有组织地开展教育科学的研究工作，探索和掌握教育发展的规律，使我们制定的政策、规划和措施都建立在符合教育发展规律的科学基础上。只有这样，我们的教育事业才能得到迅速的、健康的发展。下面，仅就发展高等教育科学的问题，提出一些粗浅的看法。

一、高等教育科学是一个专门的科学领域，应当重视和加强这一学科的科学研究工作，经过长期努力，逐步建立一个比较完整的马克思主义高等教育科学体系

　　我们知道，自从有了人类就存在着教育这一社会现象。但是，在国外直到十七世纪，教育学才作为研究教育现象、揭示教育规律的一门专门的科学从哲学中分离出来。高等教育的情况更是如此，它虽然有着很长的历

史，但是直到二十世纪五十年代还没有被认为是一个专门的科学领域。在这以前，一些大学校长、教授曾经先后提出过不少关于高等教育问题的个人见解，个别学者对高等教育的历史、各国高等教育的比较进行了初步的研究，有的大学还开设了有关高等教育的课程。但是，总的说来还没有对高等教育发展进行全面的、历史的、科学的观察、研究和总结，高等教育科学还远远没有形成。

第二次世界大战结束后，由于社会、政治、经济条件的剧烈改变，由于科学、技术的巨大发展，情况有了很大变化。五十年代以后高等教育的规模在全世界有了前所未有的发展。它已经由过去只能由少数人享有的"英才"教育阶段，向"大众化"的阶段过渡；它和社会、政治、经济的相互制约关系越来越紧密。在这种情况下，高等教育与社会需要之间的矛盾、高等教育内部的矛盾也就越来越明显和突出地暴露出来。研究高等教育、改革高等教育成了一种社会要求。这种形势促使一批学者、专家开始对高等教育进行比较广泛和系统的调查与研究，逐渐形成了专门研究高等教育的专业队伍，建立了许多专门的研究机构、学术团体和其他组织，出版了大量的有关高等教育的专门刊物、著作和报告。高等教育逐渐被承认为一个专门的科学领域，作为教育科学一个重要组成部分和分支学科的高等教育学正在逐渐形成。据不完全统计，到七十年代中期美国约有高等教育学教授800人，有67个培养高等教育领域的哲学博士或教育学博士的计划。到1974年止，已获得此项博士学位者超过3500人，当年在校攻读此项博士学位者达4000人以上。美国政府、民间学术团体和有关的基金会为高等教育研究工作提供了许多资助，仅卡内基高等教育委员会就在五六年的时间里赞助完成了数百篇报告和六七十本专著。在苏联，教育科学院和高等及中等专业教育部都设立了从事高等教育研究的单独机构，七十年代已经出版了高等教育学原理、高等教育心理学、高等教育史等方面的专门学术著作。

尽管高等教育科学研究有了很大的发展，但是由于高等教育是一个很复杂的社会现象，对它的研究还只是刚刚开始，人们迄今还没有完全掌握它的发展规律，一些研究成果还没有完全摆脱"个人见解"的成分，或者还停留在描述、经验总结的水平上。可以说，高等教育科学迄今还没有形成自己完整的理论体系和方法论，它还只是一个正在形成而远没有成熟的学科。而且，在学术界和社会上也还有一些人对高等教育作为一个专门的科学领域表示怀疑甚至持否定态度。

高等教育是不是一个专门的科学领域？答案应当是肯定的。马克思主义认为，不同类的运动形态有着不同的固有规律，因而有了科学的分类。高等教育这种社会现象是一种特殊的高级运动形态，它有着自己的特殊矛盾。传统的教育学只研究普通教育的问题，高等教育虽然和它有某些共性，但更主要的是有自己的特殊性。它和普通教育的不同之处至少表现在两个方面。（一）教育的对象不同，他们不但有年龄特征引起的生理、心理上的不同，而且有所处社会地位不同而引起的差异。（二）与外部社会的关系不同。社会对普通教育的要求是对青少年实施普通文化科学知识教育，而对高等教育的要求则是培养社会发展所需要的各种各样的专门人才。因此，社会对这两种教育发展所起的决定作用和这两种教育对社会发展所起的促进作用都很不相同，即这两种教育与社会的相互制约关系是不同的。上述这些差异也同样存在于高等教育与普通教育以外的其他类型教育之间。这些差异的存在说明，高等教育有它自己的特殊矛盾，因而必然有这种矛盾发展所遵循的客观固有规律，也就是说它是一个专门的科学领域。

不能把对于这个问题的讨论与认识只看作一个学术问题。实际上它对高等教育的实践与发展有很大的影响。因为，只有承认高等教育科学的存在，我们才会有意识地去研究它，才会逐渐认识高等教育的规律，才会时刻注意把我们的政策、规划和行动建立在科学的基础上，使它们符合这种规律。我认为我们过去高等教育工作产生失误的原因之一正是对这一点认识不足，因而不能不受到规律的惩罚。

在我国，过去虽有个别学者从事过高等教育科学的学术研究工作，但是，有一定数量的专门组织和队伍来进行这项研究则是 1978 年以后的事。据中国高等教育学会筹备组的统计，截至 1982 年 12 月，全国已有 17 个省（自治区、直辖市）建立了高等教育研究组织或筹备组织，高等学校成立的研究组织已超过 200 个。近年来，高等教育的学术活动日益活跃，研究者写出了大量的报告和论文，出版了或正在编写一些专著。可以说，高等教育科学研究工作已经有了一个十分可喜的开始。

但是，在看到这些进展的同时还应该看到，对高等教育科学的认识还远远没有统一。高等学校的多数教师以及从事高等教育管理工作的有些同志实际上并没有认识到或者并不承认高等教育是一门科学。一种流行的看法是：办好高等学校需要的是各门各类的科学和马克思主义的一般指导，并不需要什么高等教育科学；管理干部和教师的专业学术水平越高，学校也就必然办得越好，并不需要他们有什么高等教育科学的素养。这是一种有害的观点。它使我们在高等教育的管理和教育过程中出现了一些失误。如：以马克思主义的一般原理代替高等教育科学的具体规律；以狭隘经验甚或主观想象、良好愿望代替高等教育科学来指导实践；在教育过程中只重视专业科学知识本身，忽视教育的各种因素与特点；只注意教育内部的矛盾，不重视教育与社会的制约关系；等等。我认为，不认识、不承认高等教育科学的存在正是这些失误的一个认识上的根源（至于"四人帮"对高等教育的摧残与破坏则出于他们反革命政治目的的要求，那完全属于另一种性质的问题了）。

因此，我们一定要认真记取过去的教训，充分认识发展高等教育科学的重要意义；我们应当重视和加强高等教育科学研究工作，自觉地去努力探索高等教育的发展规律；我们应当力求把一切决策和行动都建立在符合高等教育规律的科学基础上。只有这样，我们才有可能少犯错误，高等教育事业才有可能迅速地健康地发展。还应当进一步看到，如前所述，国际上对高等教育科学的研究虽然比我们早起步 30 年左右，但目前也还没有形成完整的体系。更重要的是，由于社会制度不同、国情不同，以及研究的目的、立场、观点、方法不同，我们只能有选择地吸收国外研究的成果。我们的目标是要建设有中国特色的、适应现代化需要的社会主义的高等教育体系，这个体系应当有它的理论基础，应当是一个完整的马克思主义高等教育科学体系。我们发展高等教育科学应当以建立这样一个体系为目标，它将是世界上真正反映高等教育发展的客观规律的最科学的体系。这也是我国高等教育工作者为人类所应当做出的贡献。

二、高等教育科学研究应当以研究重大现实问题为主，也要重视基础理论的研究工作

如果说可以把一个学科的科学研究工作粗略地分为应用性研究和基础性研究的话，那么高等教育科学研究当前无疑应当以前者为主。这里所说的"为主"在很大程度上是就研究课题的比重安排和研究力量的使用而言的，丝毫没有忽视基础研究的意思。

我国的社会主义经济建设和精神文明建设给高等教育科学提出了一个总课题，那就是如何发展（包括调整、改革、整顿、提高）高等教育事业，使它培养出数量上和质量上都满足国家需要的人才，并为促进国家文化、科学、技术的发展提供成果、做出直接的贡献。这个总课题中包含了许多需要研究的重大现实问题，如发展高等教育所应当采取的各项政策、预测和规划，高等教育的结构，德、智、体、美诸育的内容、方法和过程的改革，高等学校的科学研究工作，师资和管理干部队伍的建设，高等教育行政与学校管理的改革，外国高等教育经验的借鉴，等等。如果不把主要力量投入到对这些问题的科学研究中，得出可供应用参考的结果，高等教育科学研究工作就脱离了国家需要的实际，脱离了高等教育实践的实际，它就成了无源之水，根本不可能存在和发展，这是十分清楚的。

需要说明的是问题的另一面。这就是对现实问题的应用研究必须建立在科学的基础上，必须防止被一时一事的某些表面现象和个人的某些主观

因素引入歧途，以致得出似是而非的结论来。减少这种差错的办法就是把我们所研究的问题放到高等教育发展的历史中去考察，放到整个国家的社会、政治、经济条件及其发展中去考察，放到国际高等教育发展的经验中去考察。因此，高等教育史、高等教育哲学、高等教育经济学、高等教育社会学、高等教育心理学、比较高等教育学等就成了我们进行应用研究的基础。这些领域的发展水平越高，应用研究也就有了越加科学的理论基础与方法。发展这些领域正是基础研究的任务，因此基础研究无论从满足现实的需要还是从学科的发展来看都是十分重要的。我们知道，就一段时间里基础研究的课题和所取得的成果来看，它似乎与现实问题无关，也看不出它有什么实际意义，但是只要看到它的全部成果乃是应用研究赖以发展的基础，我们就会认识到，重视基础研究是必须做出的一种战略安排。举例来说，我国的高等教育从清末开始建立和发展以来，在学习外国经验上走了不少弯路。过去在一段时间里照搬甲国的模式，在另一段时间里又照搬乙国的模式，不看国情，盲目照搬，当然不能适应社会的要求。新中国成立后，党和国家提出了洋为中用、走自己的道路、建设有中国特色的社会主义高等教育体系的要求，但是我们高等教育工作者迄今没有完成这项任务。很主要的一个原因就是，我们并没有真正全面、系统、深入地研究过各个不同国家的高等教育，更没有建立起我们的比较高等教育学来。因此，我们往往并不真正了解一个国家高等教育的全部和真实的面貌，也不完全掌握它的每一项做法与历史、文化传统、社会、政治、经济的关系，更没有在世界性的比较中对它做出正确的评价。这样，我们在学习外国经验时，对于结合中国的实际必须扬弃的是什么、可以借鉴的是什么、应当改造的是什么，也就很难做到心中有数，学习外国经验就不能不出现全盘肯定或全盘否定的现象。系统地研究不同国别的高等教育和比较高等教育是一项基础研究工作，从这里也可以看出基础研究对高等教育事业发展的重要作用。还应当说明的是，基础研究虽然十分重要，但并不需要庞大的研究队伍，只要组织得当，它不会影响以应用研究为主的安排。

三、大力加强高等教育科学研究的组织
工作和队伍建设工作

我以为，要全面、系统、深入地开展高等教育科学研究，就至少要把三方面的力量组织到研究工作中来。这就是高等教育科学工作者，各级高等教育管理部门（包括高等学校内部）的领导、管理工作者，以及广大的高等学校教师。可以说高等教育科学研究队伍应当是一支专业人员与群众相结合的队伍。在这一点上，它和其他学科是有所不同的。

高等教育科学工作者组成的专业队伍是发展高等教育科学的骨干和核心力量。目前，虽然各地和高等学校建立了不少的研究机构，调集了一些专职研究人员，但是，除少数专家和条件较好的同志外，他们中的一些人虽然有教育科学的基础，但过去并不研究高等教育；更多的人则是从管理工作或其他学科领域转行来的，他们缺乏必需的教育科学基础。这样一支队伍从数量和质量上看都无法完成发展高等教育科学的任务。当前，提高现有人员的水平，增添新生力量，真正建立起一支精干的高等教育科学专业队伍，是一个十分紧迫的任务。为了尽快建立这支队伍，我认为可以采取一些专门措施。第一，由于目前的力量过于单薄和分散，完全依靠各单位自己进行队伍建设将会遇到很多不可克服的困难，因此，可以考虑采取过去高校在建立新学科时曾经采用过的有效办法，即以一两个或两三个有条件的高等学校或研究机构为基地，把全国这支队伍中的一部分人集中起来，用一到两年的时间进行培训，让他们系统地学习、讨论和研究高等教育科学的基础知识、理论和有关问题，然后回到各自的单位去，开展研究工作，发展和带领本单位的队伍。第二，在有条件的高等学校和研究单位招收高等教育专业研究生，培养从事高等教育科学的教学、科研和管理工作的高级专门人才。从长远来看，这是建立我国高等教育科学专业队伍的根本途径。由于高等教育科学是一门跨学科性质的科学，由于高等教育科学必须由过去较多地研究高等教育制度、行政管理等，深入到研究各类高等教育（如文科、自然科学、工程技术，甚至部门的高等教育，如冶金高等教育等），研究高等教育的教学和教育过程，所以研究生的来源不应当只限于教育类系科的本科毕业生，而应当允许和鼓励各学科的大学毕业生和有实际工作经验者报考，并给予他们方便（如在考试科目上不一定要求他们考教育类的课程）。第三，应当按发展高等教育科学的分支学科和国别高等教育研究的需要，有计划地派遣人员出国进行系统的学习或调查研究。总之，我们应当精心组织，用5—10年的时间建立起一支有适当规模的质量较高的专业队伍。

与专业队伍建设紧密相关的是科学研究机构的建立问题。在我国的现行科学工作体制下，国家和地方、部门的研究机构与高等学校的研究机构并存是一个现实。但是由于高等学校本身就是高等教育科学研究的对象和实验基地，所以与其他学科相比，专门研究机构与高等学校的结合应当更为紧密。而且，设立在高等学校内的研究机构所占比例也应较大。从高等学校本身来看，师范院校固然是发展高等教育科学的带头单位，其他院校也应当积极开展研究。由于各校对本类型的高等教育最为熟悉，还由于有的高等学校学科门类比较齐全，适于发展跨学科的新学科，所以非师范院校对发展高等教育科学还有一些有利的地方。一般说来，高等学校主要是结合自己的特点从某一个侧面进行研究。当然，也应当有少数几个点能够比较全面综合地开展高等教育科学研究工作。中央、地方和高等学校应设立一定的专门研究机构，这样就可以以它们为骨架，形成一个专业队伍与群众相结合的高等教育科学研究网了。在专业队伍的研究与群众性的研究相结合上，主要是专业研究人员深入到管理工作和教育的实践中去，与管理工作者和教师一起进行调查，开展实验研究。为了更紧密地联系实际，希望各级教育部门的领导把高等教育科学工作者当作自己的左右手，向他们提出任务，要求他们提供咨询，在决策的时候认真吸收他们的科研成果。如果能够逐步做到有一些领导人、管理工作者和专业教师在高等教育科学研究机构里兼任研究人员，直接进行某些高等教育科学研究工作，甚至有的人在管理或专业教学岗位工作几年后就到高等教育研究机构工作一段时间，然后再回到原岗位上去，或者相反，某些有条件的专业人员兼任管理或教学的咨询性工作，有时也可以离开研究机构做一段时间的管理工作，那么我们的高等教育科学研究工作就将深深扎根于整个教育实践之中，这将对发展我国的高等教育科学起到良好的作用。

四、创造必要的条件

发展高等教育科学还应当创造一些必要的条件，我认为最主要的是如下方面：

第一，建立一个全国的教育科学情报中心，其中包括高等教育科学的分部，它与国内外的有关情报源建立广泛的联系，能够完整地掌握国内外高等教育情报，出版自己的刊物，并具有一支情报研究队伍，为全国高等教育科学研究单位提供情报服务。目前，国内有关高等教育的图书、资料极为缺乏，给研究工作带来了极大的困难。如果各单位自行建立各自的情报资料机构，既为人力物力财力所不许，又会造成很多的浪费。与此相关的是有关部门应当为高等教育科学工作者做调查研究工作提供一定的方便，允许他们接触有关的资料，不要把这看作负担，不要把保密范围定得太宽。如果我们的情报资料工作做得比较好，它必将大大加速高等教育科学研究的进程。第二，高等教育科学是一门实验的科学，如果不进行实验，许多研究成果就失去了科学根据，研究工作就成了纸上谈兵。为此，除了应当给予基层学校一定的自主权（这样就给予了各单位在某些问题上进行实验的可能性），领导部门还应当组织和支持对一些重大问题进行实验，并提供各方面的条件。高等教育科学亟待发展，我们如果能对研究课题、研究队伍和机构以及必要的条件进行全面的规划，高等教育科学一定能脚踏实地地前进。

（本文原载《教育研究》1983 年第 5 期）

试论导师制

李进才　娄延常

为了贯彻党的十二大精神，探求建立具有我国特色的社会主义高等教育体系，许多高教改革试验正不断进行。简称导师制的教师指导学生责任制，就是其中的一种。这一制度，目前已在一些高等院校中试行并取得初步成效。研究它的产生、发展及特点，解决试行中存在的一些问题，以建立适合我国国情的导师制，具有现实意义。本文试结合我校近年来试行导师制的情况，就上述问题做一些探讨。

一

何谓导师？导师（tutorial）的本义为私人教师、家庭教师，有的地方则指在大学中担任小班辅导、习题课工作的教师。在我国教育中，则为高等院校和科研机构中，负责指导学习、进修、写作论文的人。导师制（tutorial system）是"英国学校教授及训练学生之一种制度也"，"导师制是正规教学方式以外所用的一种教学方式"。随着时间的推移，导师制的实行已超出了英国。这是从不同的角度，对导师（制）进行的概括。前者揭示了导师与教师的共性，明确指出了它是培养教育人才的一种"制度"，但对它的特点，特别是它在"第二课堂"中的作用体现不够。后者根据导师制的发展趋势，概括了新的内容。所谓"正规教学方式"，即人们习惯地称为"第一课堂"的教学方式；正规教学方式以外的教学方式，即人们习惯地称为"第二课堂"的教学方式，第二课堂已日益为教育家们所重视。这一说法，揭示了导师制与"第二课堂"的密切关系，但对实行导师制促进"第一课堂"教学体现不够。随着广播电视大学、业余函授、刊授、自学考试等多种形式办学的发展，正规教学方式以外的教学方式日趋多样化，它们各具其特点。我们认为，不论是从导师在整个培养教育人的过程中的地位和作用来考察，还是从导师在正规教学方式以外的教学方式中的地位和作用来考察，都可以说导师制是与正规教学方式紧密结合的、培养教育人才的一种具体的教学管理制度。

导师制产生于 14 世纪，是在英国首先提出来的。英国牛津大学、剑桥大学率先提出并实行导师制，以后导师制逐步在伦敦大学和其他许多高等学校得到推广。

在选课制、选科制和学分制等教学管理制度产生之后，导师制发挥教师在教学中的主导作用和指导学生成才的长处仍然受到重视，并与上述制度逐渐结合。美国哈佛大学 1823 年首创和实行选课制、学分制，从 1916 年起又实行导师制，1951 年进一步规定每个导师指导的学生不超过 6 人。美国麻省理工学院、普林斯顿大学、加利福尼亚大学等，也都实行了导师制，各校根据自己的特点做出一些具体规定。如麻省理工学院规定"学生在课程选修上"，"所选科目，须经导师批准"；加利福尼亚大学则在学生一进校就为其配备导师，要求每个导师指导学生 20 人。

为了适应科学技术发展和社会对更高层次的专门人才的需要，研究生制度产生了。在研究生的教育培养及教学组织管理中，则普遍采用了导师制。

法国自 1981 年开始，又在酝酿新的教育改革方案，其中重要的一条则是在中学实行导师制。方案指出，原则上每个教师都应担任导师，每个导师应负责同一年级的 12—15 名学生，指导学生的学习和工作；在教师每周 22 小时的教学工作中，导师工作为 3 小时。这一规定，自 1983—1984 学年起实行。

　　新中国成立前，我国中等以上学校教育普遍实行了导师制。1938 年，当时的教育部颁布了《中等以上学校导师制纲要》，并称"参酌我国师儒训导旧制及英国牛津、剑桥等大学办法，规定导师制，今中等以上学校遵行"，对实行的缘由及目的、导师选配条件、导师指导人数及范围、指导方式等都作了详细规定。1939 年，又颁布了《切实推进导师制办法》，把推行导师制作为"考察""各校成绩"的一条标准。当时有的大学因故未实行而受到"敦促"。此后，还颁布了《实施导师制应注意之各点》等许多规定。

　　粉碎"四人帮"之后，我国一些高等学校在实行选课制、学分制的过程中，也在探索并试行导师制。①自 1978 年开始试行学分制，起初为指导学生选课，各系确定 3—5 名教师担任选课指导教师；数学系等系则在部分"尖子学生"中建立了"学科小组"，由学术水平较高的教师担任指导。自1982 级起，全校普遍试行了导师制。该年级共配备讲师以上的导师 117位，多数导师每人指导 10 名左右学生，负责从入学到毕业的指导。浙江大学、南京大学、复旦大学等校，在部分优秀学生中实行了导师制，每四五名学生配 1 位导师，以发现、推荐和培养优秀人才。此外，还有些院校实行了班主任制，要求班主任既管学生的思想政治教育，又管课程修习及第二课堂的指导，实际上也起到了导师的作用。近年来的试行情况表明，虽然在教师、干部中尚有一些不同看法，但绝大多数学生认为"导师制确有其优越性"。我校最近采用问卷法对部分学生进行调查，89.2%的学生认为"实行导师制很有必要"。

二

　　如何建立科学的教学管理制度，以取得人才培养的预想效果？历代教育家和教育工作者都在奋力探求和实践。私塾制、导师制、班级授课制、选科制、选课制、学分制、道尔顿制、学时（学年）制等等，逐渐产生。

----

①　系武汉大学。

有的由于适应社会和教育发展需要而日趋完善并得到推广，有的则逐渐被淘汰。

自英国提出并实行导师制至今已有 600 年左右。其间，导师制经历了几个历史发展时期，至今为一些国家的高等院校所继续采用。为什么导师制有如此强的生命力？纵观导师制的产生和发展，根据这一教学管理制度的具体内容和作用，我们认为，充分发挥教师在教育过程中的主导作用，把因材施教的原则落实到每一个被教育者身上，是导师制的一个极其显著的特点。导师制之所以得到发展、推广，主要是因为它在这方面符合教育的基本规律。这不仅因为在教与学这一对矛盾中，教是主要矛盾和矛盾的主要方面，而且因为发挥教师的主导作用、贯彻因材施教的原则，是培养合格人才的一个关键。

首先，导师制的这一显著特点表现为它能透过业务学习的指导，了解学生的思想状况，加强对学生的思想政治教育。

"教师是年轻一代的思想导师。"在人才培养的过程中，教师所承担的任务不仅表现为"授业""解惑"，更重要的还在于"传道"，即在思想、道德、行为等修养方面引导学生。这是自阶级社会以来，任何阶级办教育都遵循的一条基本原则，社会主义的高等教育也不例外。高等院校是社会主义精神文明建设的重要基地。加强对学生的爱国主义、社会主义和共产主义的教育，把成千上万的学生培养成又红又专的合格人才，是"四化"建设的需要，是时代赋予的光荣使命。德、智、体是辩证统一的，德是第一位的。学生的政治和思想品德教育，各级领导和政工人员要管，教师同样要管。学生的主要任务和主要活动是学习，思想政治方面的问题，往往透过业务学习表现出来，并给业务学习以直接影响。实行导师制，把全面贯彻党的教育方针作为一项基本任务落实到导师身上，能较好地把思想政治工作深入到业务学习中去。我校广大导师与学生打成一片，做了深入细致的思想政治工作，在帮助学生树立革命的人生观、世界观方面，在引导学生坚持党的四项基本原则、抵制资产阶级自由化、反对精神污染等方面，做了大量工作，取得显著成效。法律系有个学生在社会上错误思潮的影响下，一度认为打击经济领域里的犯罪活动的有关规定不符合法律程序，并写文章准备在学术讨论会上发言。导师发现后，及时从法律的基本理论和基本知识入手，讲清楚党和政府有关打击经济领域里的犯罪活动的法令是完全符合法律程序的，并指出社会上某种错误思潮的危害及其实质，使这个学生心悦诚服，澄清了糊涂认识，同时也学到了专业知识。有些政工人员说："导师与我们互相配合就能更好地发挥思想政治工作的作用。"

其次，能较好地采用个别指导法，指导学生合理地组织知识结构。

高等教育在对学生进行基本理论、基本知识和基本技能训练的同时，要进行专业定向教育，启迪学生在掌握已知的基础上去探求未知，因此，个别指导法在高等教育中占有重要地位。英国牛津大学认为，"导师个别指导法就是大学教学法与中学教学法的根本区别"。同时，学生的成才主要通过课程的修习去完成，在低年级需要特别注重指导学生学好各门基础课，在高年级需要指导学生学好专业课和扩大知识视野的选修课。随着教育事业的迅速发展，招生规模日益扩大，班次和学生人数不断增多，加强对学生的选课指导就成为一个突出问题。我校曾规定选课指导日，要求每个系安排若干名指导教师，收到了一定效果。但由于每个教师所指导的学生太多，对学生的基础、能力、志趣爱好等了解不深，因此在使每个学生都科学地选课方面，就不能不受到很大限制。班级授课制，不论在今天还是在未来，都将是全日制学校的一种最基本的教学管理方式。按年龄、程度编班教学，虽然也是因材施教的措施之一，但主讲教师往往只能根据学生的中等水平授课，对学生的不同情况照顾不够，这也在一定程度上限制了教师主导作用的发挥。

"我们在鼓励帮助每个人勤奋努力的同时，仍然不能不承认各个人在成长过程中所表现出来的才能和品德的差异，并且按照这种差异给以区别对待，尽可能使每个人按不同的条件向社会主义和共产主义的总目标前进。"这是邓小平同志关于人才成长和培养的精辟论述。实行导师制，导师对所指导的为数不多的学生的情况了如指掌，因而不仅能够帮助学生勾画出较合理的"知识结构蓝图"，把因材施教的教学原则在课程修习这一基本教育环节上，具体落实到被教育者身上；而且能够根据学生的才能和品德的差异，区别纷繁复杂的情况，给予具体的个别指导。这样，因为有班级授课制的第一课堂教学作为基础，避免了私塾制培养人才的"小生产者"方式的弱点；又因为重视了课外学习的个别指导，也避免了班级授课制的"一拉平"的弊病，从而能对学生加以区别对待，科学地进行培养。

切实加强教师对学生第二课堂的指导和进行良好的学术熏陶，是导师制的第二个特点。

要自学，靠自己学。在高等教育中，学生在课堂上学习的时间一般不到总学习时间的 50%，随着年级升高，授课时间相对减少。因而探求知识奥秘，更需要靠学生自己学习。朝气蓬勃的青年学生，在第二课堂的学习生活是极其丰富多彩的，但如不加以指导，"好苗也可能长歪"。实行导师制后，学生怎样自学各门课程，怎样科学利用时间提高学习效率，怎样查找图书资料以及进行课外阅读、开展课余学术活动等，都有导师加以指导。指导方式也是灵活多样的，既开展一些集体活动，又进行大量的个别交谈；既深入课堂、宿舍指导，又欢迎学生登门求教；还有的将学生情况做好卡片，以便进行切合实际的指导。这不仅为学生生动活泼的第二课堂学习指明了方向，而且卓有成效地缩短了学生由中学到大学的适应期，帮助自学与自理能力较差的学生较快地掌握大学学习方法与规律。不少导师还经常参加学生举行的学术讨论会、诗歌朗诵会，带领学生适当参加教师的学术讨论会、节假日到郊外远足等，这些都是很有意义和值得提倡的。至于导师以良好的学风、活跃创新的学术思想、严谨的治学态度、科学的治学方法对学生进行陶冶，更为当今教育家、科学家们所重视。实行导师制，特别是鼓励学有专长的专家教授担任导师，就在教学管理制度上为学生接受这种良好的熏陶开辟了广阔空间。

导师制的第三个显著特点，是有利于培养学生学习专业的浓厚兴趣，激发学生的求知欲。

专业兴趣是学生成才的诱因之一。这一诱因一旦被激发，就为学生主动积极地学习增添了强大动力。许多科学家的成长过程，都生动地证明了这一点。目前，我国大学生入校年龄一般是 17 岁左右。他们的世界观正处在形成阶段，其兴趣十分广泛而不稳定。在高等学校中，有相当数量的低年级学生专业思想不牢固，有的甚至对自己填报的"第一志愿"专业也不安心学习，造成了部分学生学习动力的内耗。实行导师制，由有关系科教师任导师，导师就能深入浅出地讲清有关学科的相互联系、专业发展前景及在"四化"建设中的地位和作用等，从而为学生学习专业正确"导航"，使之热爱所学专业。我校化学系有 3 名 1982 级学生，一入校就要求转系转专业，认为学化学"没有前途"。导师就同他们多谈心，讲清专业兴趣不是先天就有的，是后天可以培养的，以及每个革命青年都应自觉服从国家需要的道理，并结合身上穿的、家里用的直到尖端的许多国防产品，结合从基础化学到物理化学、生物化学、仿生化学等边缘学科、新兴学科的发展，具体生动地讲清学习化学不是没有前途的，而是大有可为的，从而激发了这 3 位同学学习化学的浓厚兴趣，他们决心为此而"贡献青春"。

密切师生关系，在教与学之间起桥梁和纽带作用，是导师制的第四个显著特点。

教师要在教育过程中发挥教书育人的主导作用，必须与学生打成一片。"尊师爱生，教学相长，这是师生之间革命的同志式的关系。"但是，出于种种原因，目前师生之间的关系还不够密切，"上课就来，下课就走"的现象还不同程度地存在。这也是当前教学中存在的尖锐问题之一。教学活动，是教师的活动与学生活动的总和。优秀人才的成长，离不开高明教师的指导。实行导师制，每位导师负责指导若干名学生，这就从教学管理制度上把师生紧密地联结在一起，既增强了教师教书育人的光荣感、责任感，又增加了学生对教师的信任感、爱戴感。教师要指导学生，就得熟悉指导对象。我校实行导师制后，师生之间的感情进一步融洽。不少导师像对待自己的子女一样对待学生，广大学生像对待自己的父母兄长一样尊敬老师。许多学生反映"感受到了慈母般的温暖"。

导师制有利于密切师生关系，还因为导师在教与学之间的纽带和桥梁作用。导师及时向任课教师反映学生对教学的意见，使之不断改进教学内容和方法，又及时向学生传达任课教师对学生的某些愿望和要求，在教与学两方面有效地传递相关信息。我校有一位主讲教师授课前从导师那里获悉有些学生学习方法不当、学习积极性不太高等问题，于是在第一节课就讲学习这门课的必要性和发挥学生学习主观能动性的重要性及学习方法，去"点燃学生智慧的火焰"。学生听后，觉得老师把话讲到了自己的心坎里，真正受到了教育和启发。

由此可见，导师制能较好地把教育者与被教育者联结起来，把课堂教学与课外学习结合起来，把学业修习与道德及政治思想修养融为一体，有助于人才的教育与培养，无怪乎人们称道这种具体的教学管理制度为"一良法也"。

三

邓小平同志说："我们的现代化建设，必须从中国的实际出发。无论是革命还是建设，都要注意学习和借鉴外国经验。但是，照抄照搬别国经验、别国模式，从来不能得到成功。"实行导师制也是如此。虽然导师制具有许多优越性，但它不可避免地有着时代和阶级的局限性。比如，英国实行导师制，有些学校虽允许教授享有一定限度的讲学自由，却认为大学是学生家长的代理人，因而对学生的学习管得过严，在一定程度上束缚了学生主动的、生动活泼的发展。导师制本身并不具有阶级性，但它为哪个阶级所利用时，就要打上阶级和时代的烙印。旧中国实行的导师制，要求对导师的选择"尤应视其道德人才""对三民主义有深切研究"；要求导师

"遇有偶发事项时"，对学生"随时施行训导"，对学生的"性行、思想"等，要"依照格式，详密记载，每月报告学校及学生家长一次"。国民党政府显然是在利用导师制严密监视进步学生的革命活动，以维护其反动统治。后来导师制与训导制合一，有的"导师"为国民党特工人员充任，就更说明了这一点。再如，国外有些大学的导师，由研究生或未定助教的教师担任，其任务是上辅导课、习题课。这种办法也不符合我国国情，难于完成我们所认为的导师应承担的任务。

导师制既然符合教育的某些内部规律，又有某些局限性，我们在教育实践中就应当予以批判地继承，吸取其合理的成分，为我所用。同时，不断解决实行中遇到的问题，努力建立具有我国特色、适合我国国情的导师制。

一是关于实行导师制的目的问题。实行导师制在于全面贯彻党的教育方针，进一步密切师生关系，充分发挥教师教书育人的主导作用，引导学生沿着又红又专的方向健康成长。只有充分认识导师制在人才培养中的重要作用，才能使导师焕发出其应有的热情和责任感，努力去解决教育过程中无数一般的和特殊的矛盾，完成导师所肩负的光荣使命。导师究竟如何"导"？主要应在政治思想上进行疏导，在业务学习上启发指导，既防止放任自流又不能压抑束缚，既严格要求、严格管理又循循善诱加以引导。对学生思想、道德、情操等方面潜移默化的影响和学术熏陶，是导师所具有的巨大的教育力量的极为重要的方面。

二是导师的选配标准问题。导师工作虽然是一项平凡的工作，但并非每个教师都能胜任导师。导师应由对人民有高度的事业心、品德高尚、教学经验较丰富、学术水平较高的讲师以上的教师担任。因为只有具备较高的科学文化素质和较渊博的知识的教师，才能尽力满足学生的求知欲，把打开知识宝库大门的"金钥匙"交给学生，在学生中享有威望并给予有效的指导。指导学生的过程是一个非常微妙、内部充满矛盾的过程，只有了解教育的过程及规律，才能指明德智体全面发展的成才之路。因此，导师应当学习教育学、心理学等知识。目前有些导师在实践中深切地感受到了这种需要并在这方面做出努力，这是非常可贵的。导师对所指导的学生，应担任至少一个学期的课程教学。这样就可以更熟悉和了解学生，提高指导效果。英国牛津大学、剑桥大学曾让导师对所指导学生开展三年时间的课程教学。鉴于目前我国教师的人员构成和知识结构都较单一，如果要求导师也那样做，既无必要，同时对大多数教师而言也有困难。

三是关于导师指导年限问题。目前对此有不同的看法和做法。有的认为，大学低年级学生主要学习基础课，应由基础课教师担任导师，高年级学生以专业课修习为主，应由专业课教师担任导师，实行两年轮换制。有的则认为，要指导学生必须从低年级抓起，做深入细致的了解才能有针对性地指导，同时学生学习及成才有其过程，导师四年之内不宜换人，四年一贯制较好。还有的认为，谁上课谁就是学生的导师，导师可经常轮换，以加强主讲教师与学生的直接联系和对课程的具体指导。这些做法各有利弊，均可试验。目前我校普遍采用四年一贯制的做法，包干到人。这有利于对学生的全面发展负责，有利于检查效果，增强导师的责任感。

四是关于正确处理导师和政治辅导员的关系问题。有的认为实行导师制，就不一定设政治辅导员。从我国当前高等教育的实际出发，我们认为暂以导师制与政治辅导员制并行为宜。导师侧重对业务学习的指导和学术思想的熏陶，兼顾政治思想教育工作，把思想政治工作深入到业务学习的全过程；政治辅导员也是青年一代的思想导师，以政治思想教育和德育为主，兼顾业务学习的指导和行政管理。两者密不可分，互相配合，相辅相成。从长远看，导师和政治辅导员的任务由一位教师承担，则是努力方向。

对我们来说，实行导师制还是一项新的工作，不可避免地要遇到新问题。中国式的具有社会主义特色的导师制，只能靠我国广大教育工作者以创造性的劳动，不断解决新问题、研究新情况，去逐步建立和完善。

参考文献

[1] 唐钺，朱经农，高觉敷. 教育大辞书 [M]. 上海：商务印书馆，1930.

[2] 北京师范大学外国教育研究所. 国外学位制度 [M]. 北京：地震出版社，1981.

[3] 人民教育出版社《外国教育丛书》编辑组. 六国著名大学 [M]. 北京：人民教育出版社，1979.

[4] 北京师范大学外国问题研究所外国教育研究室. 美国麻省理工学院理工科课程介绍（1976—1977 学年）[Z]. 北京：北京师范大学外国问题研究所外国教育研究室，1977.

[5] 达尼洛夫，叶希波夫. 教学论 [M]. 北京：人民教育出版社，1961.

[6] 邓小平. 邓小平文选（一九七五——一九八二年）[M]. 北京：人民出版社，1983.

（本文原载《教育研究》1984 年第 8 期）

提高高等教育经济效益的几个问题

刘道玉

我国高等教育和经济建设一样，也存在经济效益不高的情况。要进一步发展教育事业，除了在国家财力许可的前提下，适当地增加教育经费之外，还必须想方设法，使有限的经费发挥更大的效益。

就我国高等教育内部状况而言，无论在学校分布结构，还是在专业设置上，抑或在仪器设备和工作效率上，目前都存在许多问题。为了提高教育的经济效益，必须继续贯彻"调整、改革、整顿、提高"的八字方针，把教育事业纳入以提高经济效益为中心目标的发展轨道上来。如何才能提高高等教育的效益呢？本文仅就实际工作问题，谈几点粗浅的看法。

一、在高等学校的结构上，逐步变单一的 "重型结构" 为多学科的院校

我国现有的高等学校，基本上是文理综合大学和单科专门学院两种。这种体制是在 20 世纪 50 年代初形成的。当时，我国为了建立自己独立的工业体系，急需大量重工业和国防工业的建设人才。在这样的情况下，办了很多单科学院，既满足了工业建设对人才的需要，也促进了高等教育事业的发展。这种做法不仅是必要的，也是有效的。但是，这也带来了几个问题：理工分家，影响了学科的互相渗透；学校并迁，虽然加强了一些重点学校，但造成了地区之间高等教育的不平衡；大兴单科学院，导致"重

型结构"，忽视文科、农林、财经、轻工、政法和管理等学科的发展。30多年来，特别是党的十一届三中全会以来，我国的经济结构和布局发生了很大的变化。经过近几年的调整，国民经济中的农轻重倒置的情况已大为改变，消费和积累的比例已趋于协调。但是，我们高等教育的结构仍然还是"重型结构"，没有多大变化。据近几年有关资料统计，新中国建立以后，我们共培养了107万名大学毕业的工程技术人员，其中轻工业系统的只有2万人，仅占毕业生总数的1.87%；中专毕业的工程技术人员114万人，其中轻工业系统的只有5万人，仅占中专毕业生的4.39%。

农业的问题更为突出。大、中专毕业的农业技术人员共75万人，出于种种原因，目前只剩下25万人。按照农业技术员与农业人口的比例，我国1万名农业人口中只有农业技术人员3人（苏联为81人，日本为81.9人，法国为237.6人），是比例最低的国家之一。农业是国民经济的基础，如果不大力培养人才，采用先进的农业技术，不仅"基础"是一句空话，而且还必然拖其他行业的后腿。

目前，我国已有近38万个全民所有制企业，年上缴利润1000万元以上的骨干企业只有1020个，有30%的企业亏损。原因当然是多方面的，但管理人才缺乏、管理不善是其主要原因之一。我国的管理教育与社会经济发展是极不相适应的。据1981年统计，管理专业在校学生为18000人，占在校学生的1.4%。同国外对比，我们的差距太大了。如美国现有学经济的大学生160万人，学经济的研究生40万人，学经济管理的研究生100万人。到1985年，法国颁发的经济管理毕业文凭将占工科大学颁发的文凭总数的一半。

我国高等学校的单一性，还表现在单科学院上。据1983年统计，我国高等学校中有60%以上的学校属于部门单科性质。设置这种单科学院，由业务部门归口领导，对于调动各方面力量办学，是有好处的。但是，从教育规律来看，不利于各学科的互相配合和渗透。从管理上看，这种小而全的体制，也影响了教育经济效益的提升。

从院系调整造成的事实看，现在不能再进行大调大并，但是有一点至少是可以做到的，即今后不再批准新办单科学院。如果需要新设专业，就设在老学校。这样可以花钱少，见效快。同时，我们应当创造条件，使现有的单科学院逐步改造为多科性大学。从我国国情出发，可以设想，今后的大学有以下几种类型：文理工综合大学、文理综合大学、文科综合大学、理工多科大学、师范大学、多科艺术大学等。如有可能，也可以试办文理工农医的大综合大学。可以预计，大学结构上的改革，可以打破小而全的体制，减少教育的投资，提高教育的经济效益。

二、在学制上，变单一学制为多层次学制，缩短周期，培养多品种、多规格的人才

世界上一切事物既是复杂的，又是按照一定的层次和结构组成的。教育体制也是一样，也应当有一个合理的层次。随着社会经济的发展，对人才的需要是多种规格的，因此大学的学制不能是单一的，而应是多层次的。在第一个五年计划期间，高等教育的结构基本上是合理的。如1952年全国本科及以上学生占大学生总数的55%，而专科生占45%，1953年专科生占36%，这个比例较好地适应了经济发展的需要。但是，后来忽视了专科的发展，学制越办越长，拼命向本科靠拢，致使专科生的比例逐年下降。据1981年统计，本科及以上学生占在校大学生总数的82.9%，专科生下降到17.1%。事实上，有不少产业部门并不需要那么多四年制本科毕业生。例如，工厂分析化验、图书管理等工作。培养一个专科生，其教育周期要缩短一半，教育投资要节省一半。如果专科生由17.1%增加到30%，每年就可以减少2亿多元的投资。而且提前毕业的十几万名专科生参加经济建设以后，又可以为国家创造大量的经济效益。

两年制初级大学是20世纪初创立的，在最初的几十年几乎没有得到发展，近二三十年却有了迅速的发展。美国共有3150所大学，而两年制的社

区大学有 1193 所，学生占 40%。法国的短期大学，1901 年仅占 5.9%，10 年后上升为 20.7%，到 1975 年已上升为 25%。近几年来，短期大学也受到了我国的重视，各地都在试办。武汉市创办的江汉大学，就属于这类学校。这类学校的优点是专业设置因地制宜，培养周期短，学生走读，投资少，不包分配，具有一定的竞争性。可以预计，随着经济的发展，这类学校还将会得到更大的发展。

研究生教育是高等教育最高的阶梯，是培养高级专门人才的。一个国家培养研究生的能力，一般被认为是这个国家的科学潜力、智力的储备能力和科学创新的能力。同国外相比，我国培养的研究生数量太少，各科比例也不尽合理。我国重点大学既是教学中心又是科研中心，应当扩大招收研究生的数量，提高质量，为"四化"建设输送高级专门人才做出贡献。

三、在专业设置上，要压缩长线，加强短线，填补空白，以适应经济结构的需要

在高等学校，专业设置是一个带有根本性的问题，它直接关系到学校发展的方向、培养人才的规格、教师的研究方向、教材和仪器设备的建设等一系列问题。近几年来，在贯彻"调整、改革、整顿、提高"的八字方针中，我国对部分专业做了适当的调整，但是专业设置与国民经济不相适应的情况，仍然没有彻底改变。从全国 840 个专业分布情况看，供求关系还存在较大的矛盾。据统计，供不应求的专业共 330 个，占全部专业的比例为 39.29%；供过于求的专业 50 多个，占全部专业的 5.95% 强；供求平衡的专业 450 多个。

国务院关于第六个五年计划的报告提出，"要调整高等院校的专业设置，改进教学方法。过去专业划分过细，学生知识面狭窄，不能适应各项建设工作和继续深造的需要，对于毕业后的就业和转移工作领域也往往造

成困难，这种状况必须加以改变"。在专业设置上存在的问题，主要可概括为以下三点：（1）农轻重、文理工专业的比例失调。据1978年资料，我国工科专业所占比例达到近50%，理科专业占16%，而农科、医药、师范、财经等专业各约占5%，文科专业则仅占4%，政法专业更少，约占0.3%。（2）专业陈旧，划分过细。老专业占90%以上，而新兴学科发展缓慢。很多工科院校，仍然按产品划分专业，如加工专业分为冷加工和热加工，高分子加工机械专业又分为塑料机械、橡胶机械和纤维机械专业。（3）综合、边缘学科薄弱。我国的基本科学技术与生产有了很大的变化和发展，而专业是50年代初期形成的，30多年来，专业结构却无相应的改变，因而不能满足经济建设的需要。

长期以来，在专业设置问题上，看法并不完全一致。有的主张取消专业，实行欧美式的"通才教育"；有的主张设专业，但要适当把专业面放宽一些。我认为，问题的实质不在于设不设专业，因为苏联和美国采用了两种截然不同的体制，但是它们都培养出了优秀人才，其科学技术都处于领先地位。事实上，美国和苏联都在互相取长补短，美国一些有识之士也觉察到"通才教育"的弊病，认为培养的人缺乏专业知识，工作能力薄弱。所以他们也采取了一些补救措施，如扩大招收研究生，以弥补学而不专的缺陷；发展职业教育，实际上是对已毕业的大学生进行"再加工"。在60年代后期，苏联的专业设置也发生了很大的变化，提出要培养具有"广博的基础知识和完整的专业知识""即使在遥远的年代都能工作"的专家。法国也提出对大学生进行"多能性"或"多面性"的培养，要求培养出来的专家既能处理工业企业的技术和经济问题，又会处理通常是政治家、伦理学家所处理的社会问题。这说明，关于"专业教育"和"通才教育"的争论已趋向统一。

在人才的培养和使用上，还存在着一个矛盾现象，这就是我国人才缺乏，但又浪费很大。这就是说，还有相当大一部分专门人才学非所用。造成这种现象的原因是多方面的，但是专业设置不合理、盲目招生也是一个主要的原因。这也再一次说明，必须下决心进行专业调整，有计划地培养人才。

四、合理地使用人、财、物，做到人尽其才、物尽其用、财尽其力

管理既是一门学问，又是一种艺术。人、财、物是发展高等教育的必要条件。合理地使用人、财、物，最主要的是提高管理水平，一切要讲究经济效益。

在管理科学中，最主要之点是人的管理。斯大林同志曾说过："人才、干部是世界上所有宝贵资本中最宝贵最有决定意义的资本。"因此，充分调动教职工的积极性，充分发挥人的作用，乃是提高教育经济效益的关键。

据统计，我国高校的教师与职工不成比例，职工占比高达 50.2%。而在教师中，具有高级职称的教师比例太小，总共还不到 10%，而国外一般都高达 80% 以上。拿美国加利福尼亚大学伯克利分校化学系与我校化学系相比较，加利福尼亚大学伯克利分校化学系有教授、副教授 62 人，招收千余名本科生和 200 名研究生，共开设本科生和研究生课程 49 门；而我校化学系有教师 250 多人，只招收了 500 多名本科生和 50 多名研究生，共开设不到 30 门课程。两相对比，不难看出我们的效率是很低的。

据 1981 年统计，我国高等院校有教师 25 万人，在校大学生仅 120 多万人，而美国高等院校有教师 50 多万人，在校大学生有 1200 多万人。从教师与学生的比例来看，苏联是 1：14，美国是 1：31，日本是 1：11，法国是 1：20，联邦德国是 1：8，而我国是 1：5.1，是最低的。如果我们充分发挥教师的潜力，使教师与学生的比例恢复到"文化大革命"以前的 1：6，再辅之以其他条件，那么我们每年可多招收 50 万名大学生。总之，一方面要看到我国目前教育投资的效益不高，另一方面也要看到，我们的

潜力很大。

在仪器设备上，也存在仪器设备陈旧、数量不足和使用率不高的矛盾。如我校有 35 台大型仪器，其中只有 10 台每天使用 7 小时；实验室的使用率还不到 50%。造成这些问题的原因，一是部门所有制的限制，二是宣传、培训和推广新技术不够，三是缺乏必要的管理和经济责任制度。此外，在图书馆管理和图书的使用上，我们也急需提高效益。

五、科学地组织教学，积极进行教学改革，提高教学的效益和效果

在教学过程中，也存在一个效益问题。有效的组织工作会带来教学效益的提高。在教学中，有些老师拖堂严重，理科系的实验课拖堂更严重。原因在于老师备课不充分、教学组织不力。此外，满堂灌的现象是严重的、普遍的；教师教、学生听，似乎是天经地义的。不仅对大学生如此，对研究生也是如此。一位老师讲历史上一个文学家的生平，竟用了 12 个学时，其实自学 2 个小时就行了。马克思曾说过："一切节约归根到底都是时间的节约。"我们讲管理和效益，首先要有时间观念。在教学中，浪费时间是最大的浪费。德国教育家第斯多惠曾说："平庸无为的教师只能奉送真理，出类拔萃的教师则教人发现真理。"我们的老师应该从"满堂灌"中解放出来，多研究问题，采用启发式教学，把学生引向发现真理的道路上去。

从 1978 年以来，我们在全校实行了学分制，初步获得了效果。学分制的实质是让大学生合理地组织自己的知识结构，着重培养学生的智能。学分制扩大了学生选课的范围和知识面，可以增强其对今后工作的适应性。学生修满学分，成绩优秀者，经批准后可以提前毕业或报考研究生。这不仅缩短了培养周期，节约了经费，而且可以尽快地为国家输送一批优秀的人才，他们投入经济建设工作以后，可以为国家做出贡献。从教育经济学

的观点看，学分制确实是一种有效的制度，应当大力推广。

继实行学分制之后，本学期以来，我们又试行了导师制、教分制、主辅修制和教师学术假制。我们改革的目的，还是围绕着提高教学质量，提高教育的经济效益，走中国自己发展高等教育的道路。

(本文原载《教育研究》1984 年第 8 期)

中国高等教育结构改革的探讨

郝克明 张 力

一、高等教育结构合理化的重要意义

党的十一届三中全会以来，中央相继做出了关于经济、科技、教育体制改革的决定以及关于社会主义精神文明建设指导方针的决议。这些文件指出了建设有中国特色的社会主义的方向，为我国社会主义物质文明和精神文明建设开辟了广阔的道路。

经济建设、科技进步、社会发展，都取决于人才，这就需要在发展经济的基础上大力发展教育事业。高等教育结构的合理化，已经成为当前迫切需要认真研究的课题。

高等教育结构，是指高等教育系统的内部构成状态。如果根据不同因素以不同角度来分析高等教育结构，则可将之分为层次（水平）结构、科类结构、形式结构等等。为简化行文，本书①将其统称为"高等教育结构"并主要讨论以下若干方面的结构问题。

层次（水平）结构——不同要求和程度的高等教育的构成状态，如高等专科教育、本科教育、研究生教育等。

科类结构——不同学科领域的高等教育的构成状态。目前，我国高等教育划分为11类学科：工、农、林、医药、师范、文、理、财经、政法、体育、艺术。这些大科类下面分有很多学科专业，本书将主要讨论大科类结构。

---

① 注：本文是《中国高等教育结构》一书的"总论"。

形式结构——不同办学形式的高等教育的构成状态，包括普通全日制高等教育和其他各种形式的高等教育，如广播电视大学、夜大学、函授教育等等。

管理体制结构——在宏观上高等学校行政管理的隶属关系。

地区结构——高等教育单位在地区分布上的构成状态。

上述各方面结构在一定条件下各自决定着高等教育系统某方面的功能。研究高等教育结构，就是研究结构的形成和发展变化的条件与规律。

高等教育结构合理化的研究，对我国高等教育的发展与改革具有重要的意义。

第一，这是高等教育事业发展的需要，是研究和制定我国高等教育发展战略的重要组成部分。

我国要在 20 世纪末到下世纪中叶，逐步建成具有高度物质文明和精神文明的社会主义现代化强国，高等教育事业应当有一个大的发展。怎样才能使高等教育的发展适应经济、科技和社会发展的需要？怎样处理好高等教育的发展与教育系统内部的基础教育、职业技术教育发展的关系？怎样获得高等教育投资的最佳效益？对所有这一切来说，高等教育结构的合理化是一个关键问题。近现代各国高等教育发展的历史表明，高等教育结构的合理化是高等教育事业发展的一个客观规律。

第二，高等教育结构合理化的研究，是高等教育改革的迫切要求。

党的十一届三中全会以来，我国经济领域正在进行具有伟大历史意义的深刻变革，出现了对外开放、对内搞活、体制改革全面展开的新形势，建设社会主义民主和健全社会主义法制等各项工作正在逐步加强，社会主义精神文明建设被提到了关系社会主义兴衰成败的重要战略地位。世界范围开始出现的新技术革命也在经济、科学技术领域向我们提出了挑战。面对着这些新的变革、新的任务和新的要求，我国高等教育结构与经济、科技和社会发展不相适应的状况十分突出。《中共中央关于教育体制改革的决定》深刻地指出了这个方面的问题："高等教育内部的科系、层次比例失调"，"高等教育的结构，要根据经济建设、社会发展和科技进步的需要进行调整和改革"。高等教育结构的合理化，是从根本上扭转当前我国高等教育与社会主义建设不相适应状况的重要途径，也是教育改革中涉及全局的战略任务。不少发达国家的经验也表明，任何深刻的教育改革，都与其结构改革密切相关。英国学者巴巴德波勒斯（George S. Papadopoulos）在回顾近代发达国家教育改革的经验时说："调整教育目标以适应数量上的新压力及新的社会需要，主要的途径是进行教育结构的改革。"事实上，20 世纪 60 年代和 70 年代中期以后一些国家教育发展的实践也证实了教育结构改革的重要意义。

第三，高等教育结构合理化的研究，对于建设具有中国特色的社会主义高等教育体系具有重要的意义。

高等教育结构包括科类、层次、形式、管理体制、地区布局等各个方面，形成一个国家高等教育体系的基本框架。我国是一个地域辽阔、人口众多的社会主义国家，目前还处在社会主义的初级阶段，经济、科技、文化比较落后，各个地区发展又很不平衡。我国高等教育结构的合理化，应当借鉴外国的先进经验，但更重要的是要认真研究和考虑本国社会、经济、历史以及教育自身的实际。世界各国高等教育结构发展变化的历史经验表明，每个国家高等教育结构的形成与发展都是这个国家政治、经济、科技、文化教育传统、社会制度等多种因素综合作用的结果。我们绝不可以简单地把某一个或少数几个国家某一时期的具体结构作为衡量本国结构合理性的标准，或照抄照搬外国的模式。中国高等教育结构合理化的重要目标，就是从本国具体国情出发，使高等教育结构与中国的经济和社会发展相适应，使高等教育与教育系统内部基础教育、职业技术教育的发展相适应，并且有利于调动社会各方面力量发展和支持高等教育的积极性，有利于充分开发和利用高等教育系统各种内部和外部资源，发挥高等教育投资的最佳效益。因此，促进高等教育结构合理化是建设具有中国特色的社会主义高等教育体系的重要组成部分。

第四，高等教育结构合理化的研究，在理论上也具有重要的意义。

在以往的国内教育研究中，相对来说，研究教育内部规律的比较多，这固然是必要的，但对教育与经济、科技和社会的相互关系，对教育如何适应经济和社会发展的要求这些方面的研究却比较少；就高等教育内部规律的研究来说，也往往是从微观角度研究得多，从宏观角度研究得少，高等教育结构的研究长期没有得到应有的重视。高等教育结构合理化的研究是一项非常艰巨而复杂的工作，既要研究高等教育内部各个部分的关系，研究高等教育结构与整个教育结构的关系，又要深入了解经济、科技和社会的需求及其发展趋势，乃至剖析各级各类专业人员的知识结构及其发展变化对高等教育结构的影响。因此，这项研究不仅在实践上对促进我国高等教育结构合理化、制定我国高等教育发展战略具有重要的作用，而且在理论上对丰富马克思主义关于教育内部与外部关系的学说，对中国高等教育管理学的学科建设也有重要的意义。

从国际范围讲，我国正面临着经济和科技方面赶上发达国家的艰巨任务，世界新技术革命的发展趋势更使我们感到缩短与发达国家差距的紧迫性。当前世界上各发达国家在经济、科技、军事上展开着激烈的竞争，这种竞争在一定意义上也是智力、人才的竞争。许多国家根据新技术革命的发展趋势和本国经济、社会发展的需要，正在进行教育包括教育结构的改革，这个动向很值得我们重视。高等教育是民族智力投资的一个重点，从结构入手进行全面研究并采取正确的对策，对我国迎接世界范围的挑战，在经济、科技上赶超发达国家也具有重要的意义。

二、我国高等教育的发展和当前存在的问题

旧中国共有高等学校 205 所，在校学生仅 11.65 万人。当时的高等教育结构，带着半封建半殖民地社会的烙印，在科类和层次上呈现出与国民经济濒于崩溃的社会结构相吻合的畸形状况。

新中国成立以后，在中国共产党的领导下，我国对旧的教育制度进行了根本性的改造，旧中国的半封建半殖民地教育事业转变成社会主义教育事业。随着国家经济和社会的发展，高等教育事业取得了显著成就（见表1、表2）。新中国成立以来高等学校培养的大批各级各类专门人才，已成为社会主义建设中的骨干力量。高等教育结构也在不断地完善和发展。

表1　新中国成立以来全国普通高等学校毕业人数

	1949—1957 年	1958—1966 年	1967—1977 年	1978—1986 年	总计	1986 年比 1949 年
研究生（万人）	0.87	0.77	0.45	5.44	7.53	毕业研究生增长了 130 倍
本专科生（万人）	35.9	133.6	108.7	232.3	510.5	毕业本专科生增长 17.3 倍
小计（万人）	36.77	134.37	109.15	237.74	517.03	毕业生总数增长了 17.9 倍

注：1949—1983 年本专科毕业生数为新中国成立前累计毕业生数的 19.5 倍。

表2　全国高等学校数、每十万人口中各类高等学校本专科在校学生数

	1949 年	1957 年	1965 年	1978 年	1983 年	1985 年	1986 年	1986 年比 1949 年
每 10 万人口中普通高等学校在校生数（人）	24	68	93	89	118	170	177	共增加了 13.6 倍
每 10 万人口中成人高等学校在校生数（人）	0.03	12	57	*	110	165	175	
普通高等学校数（所）	205	229	434	598	805	1016	1054	增加了 4.1 倍

续表

	1949 年	1957 年	1965 年	1978 年	1983 年	1985 年	1986 年	1986 年比 1949 年
成人高等学校数 （所）	1	92	758	10395	1196	1216	1420	
普通高等学校 举办的夜大学 函授部（所）	0	94	206	（暂缺）	378	591	641	*

注：* 表示数字不确切，未列。

第一，我国高等教育已基本形成适应经济、社会发展需要的，学科（专业）门类比较齐全的结构。

1952 年，根据国家建设需要，高等学校进行了院系调整。1953 年，第一个五年计划开始，高等学校又紧密配合国民经济、科学技术、文化教育和国防建设的需要设置专业，并调整了各门学科（专业）之间的比例，着重发展工科，特别是机电、土建、化工等类专业，改变了旧中国工科教育极端落后的状况；文科、理科、医学和师范也均有较大的发展。新中国成立 35 年来，工科毕业生比旧中国累计同类毕业生增长了 46.9 倍，农林科类毕业生增长了 27.8 倍，医药科类毕业生增长了 57.7 倍，理科毕业生增长了 18.9 倍，文科毕业生增长了 9.8 倍。近年来，适应经济、科技和社会的发展需求，又增设和加强了人口学、政治学、社会学、考古与博物馆学等应用文科专业，审计、税务、国民经济管理、世界金融、经济法等财经政法类专业，旅游、服装、食品加工等与第三产业有关的专业。一些新兴学科、边缘学科，如信息科学、计算机科学、生物工程、环境保护等也得到了发展。在经历种种曲折之后，我国已基本形成了比较齐全的高等教育科类（专业）结构（见表 3、表 4）。

表 3　普通高等学校分科类本专科学生情况

科类	各科类毕业生数									1985年在校学生数						1986年本专科在校生分科类比例(%)
	新中国成立前累计毕业生(万人)	1949—1965年		1966—1976年		1977—1984年		1949—1984年		本科		专科		合计		
		人数(万人)	占比(%)	人数(万人)	占比(%)	人数(万人)	占比(%)	合计(万人)	为新中国成立前累计数的倍数	人数(万人)	占比(%)	人数(万人)	占比(%)	人数(万人)	占比(%)	
工科	3.2	53.06	34.1	41.30	40.0	58.89	32.6	153.25	47.9	45.43	40.5	12.59	21.7	58.02	34.1	34.31
农林	1.3	14.71	9.5	9.49	9.2	13.24	7.3	37.44	28.8	农6.30 林1.40	农5.6 林1.2	农2.55 林0.35	农4.4 林0.6	农8.85 林1.75	农5.2 林1.0	农4.96 林1.02
医药	0.9	16.66	10.7	14.56	14.1	21.63	12.0	52.85	58.7	13.23	11.8	2.51	4.3	15.74	9.2	9.06
师范	2.1	39.20	25.2	17.21	16.7	56.66	31.3	113.07	53.8	18.78	16.7	23.73	40.9	42.51	25.0	25.63
文科	2.4	8.26	5.3	7.93	7.7	9.83	5.4	26.02	10.8	6.90	6.1	5.79	10.0	12.69	7.4	6.81
理科	1.6	11.24	7.2	8.64	8.4	12.02	6.6	31.90	19.9	8.85	7.9	0.92	1.6	9.77	5.7	5.43
财经	1.9	7.13	4.6	2.17	2.1	5.07	2.8	14.37	7.6	7.41	6.6	7.34	12.6	14.75	8.7	9.01
政法	5.1	2.31	1.5	0.44	0.4	0.80	0.4	3.55	减少30%	2.22	2.0	1.39	2.4	3.61	2.1	2.30
体育	*	1.41	0.9	0.87	0.8	1.67	0.9	3.95	*	1.06	0.9	0.30	0.5	1.36	0.8	0.76
艺术	*	1.46	0.9	0.68	0.7	0.97	0.5	3.11	*	0.68	0.6	0.59	1.0	1.27	0.7	0.70
合计	18.5	155.44	99.9	103.29	100.0	180.78	99.8	439.51	平均23.8倍	112.26	99.9	58.06	100	170.32	99.9	99.99

注：* 表示数字不确切，未列。

表4 普通高等学校分科类学校数、学生数和教职工数（1986 年）

	学校数（所）	本专科学生数（人）			教职工数（人）	
		毕业生数	招生数	在校学生数	总计	其中：专任教师
总计	1054	387792	575055	1879894	930568	372431
综合大学	45	43529	61177	221640	104252	42647
理工院校	271	122035	188823	652287	379889	140819
农业院校	61	25519	34580	110992	68941	25307
林业院学	11	3595	5131	16893	10589	4235
医药院校	118	27539	39993	167634	101446	40582
师范院校	257	116671	158026	462207	157519	71637
语文院校	15	2892	4310	13257	11271	4634
财经院校	69	15483	30338	87832	38330	16717
政法院校	29	3923	9226	27547	12534	4977
体育院校	16	3225	3727	12748	7499	3267
艺术院校	26	2914	3514	11518	11543	5363
民族院校	10	4018	9054	21497	9902	4092
短期职业大学	126	16449	27156	73842	16853	8154

第二，我国高等教育已形成专科、本科和研究生三个主要层次。

1950—1986 年，我国共培养了研究生毕业生 8.3 万人，本科毕业生 279.1 万人，专科毕业生 213.2 万人。1986 年研究生、本科生和专科生的在校生数，分别是 1949 年的 191.7 倍、12.8 倍、29.9 倍；比起 1978 年，也分别增长了 9.6 倍、1.6 倍和 69.8%。三级毕业生在经济、科技和社会发展中发挥着重要的作用。高等教育的层次结构适应现代化建设对不同规格专门人才的需要，正在逐步向多样化方向发展。高等专科教育开始受到人们的重视，1986 年，在全国 1054 所普通高等学校中，高等专科学校有342 所，占总校数的 32.4%；在校生 67.53 万人，占本专科在校生总数的35.9%。从表5看，1981 年以来专科在校生的比重逐年提高。最近几年，研究生教育发展较快，1978—1986 年毕业的研究生是 1949—1977 年毕业研究生总数的 3.17 倍，1986 年，在校（包括科研机构）研究生已达 11.50 万人，其中博士研究生有 7000 多人。目前，我国硕士研究生和部分学科博士生的培养已基本做到立足于国内，全国已初步形成一批学科门类基本齐全、指导力量比较雄厚、科研基础比较扎实的研究生培养基地。

表5　新中国成立以来普通高等教育层次结构发展情况

年份	在校学生数							层次比例（%）		
	合计（万人）	研究生*		本科生		专科生		研究生	本科生	专科生
		人数（万人）	占比（%）	人数（万人）	占比（%）	人数（万人）	占比（%）			
1949 年	11.71	0.06	0.5	9.39	80.2	2.26	19.3	0.6	100	24.1
1952 年	19.40	0.28	1.4	13.13	67.7	5.99	30.9	2.1	100	45.6
1958 年	66.13	0.16	0.2	51.88	78.5	14.09	21.3	0.3	100	27.2
1965 年	67.89	0.45	0.7	64.40	94.9	3.04	4.5	0.7	100	4.7
1970 年	4.78	0	0	0	0	4.78	100	0	0	–
1978 年	86.72	1.09	1.3	45.85	52.9	39.78	45.9	2.4	100	86.8
1979 年	103.98	1.88	1.8	67.15	64.6	34.95	33.6	2.8	100	52.0
1981 年	129.82	1.88	1.4	106.06	81.7	21.88	16.9	1.8	100	20.6
1983 年	124.40	3.72	3.0	92.93	74.7	27.75	22.3	4.0	100	29.9
1984 年	145.32	5.76	4.0	100.77	69.3	38.79	26.7	5.7	100	38.5
1985 年	179.04	8.73	4.9	112.26	62.7	58.05	32.4	7.8	100	51.7
1986 年	199.50	11.50	5.8	120.47	60.4	67.53	33.8	9.5	100	56.1

注：＊含科研机构在读研究生数。在层次比例中，以本科生数为 1，研究生和专科生的比例为研究生数、专科生数占本科生数的比例。

第三，我国在发展普通全日制高等教育的同时，实行多种形式办学，初步形成了具有中国特色的形式结构。

从 20 世纪 50 年代起，我国就发展了函授、夜大学等多种形式的高等教育。党的十一届三中全会后，经济改革、社会发展对广大干部、教师、技术人员革命化、年轻化、知识化、专业化的要求日益迫切，因此，各种形式的高等教育，如普通高等学校附设夜大学、函授部，企事业单位举办的职工大学、农民大学、管理干部学院，教育部门举办的教育学院以及中央、各省市举办的广播电视大学和高等教育自学考试等，在全国发展迅速（见表 6、表 7）。"六五"计划期间，普通全日制高等学校共培养本专科毕业生 153 万人，而其他各种形式的高等教育共培养本专科毕业生 93 万人，相当于普通高校毕业生的 60.78%。这些学校在校生规模也有很大发展，1986 年达到 185.20 万人，大体相当于普通全日制高等学校同年本专科在校生总规模。除办学形式多样化以外，普通高等学校在培养方式、招生对象等方面也呈现出多样化的状况（见表 7）。

表 6 新中国成立以来成人高等教育发展情况

年份	成人高等学校（所）		在校生数（万人）	教职工（万人）	
	总数	其中：普通高等学校办的函授部、夜大学		总数	其中：专任教师
1949 年	1	—	0.01	…	…
1952 年	7	2	0.41	…	…
1958 年	383	118	15.00	0.36	0.19
1965 年	964	206	41.26	1.27	0.85
1972 年	195	…	1.66	0.22	0.14
1979 年	6289	…	172.2	5.92	3.35
1980 年	2775	93	155.4	6.69	3.45
1982 年	1416	269	117.3	8.52	4.68
1983 年	1574	378	112.8	10.22	5.48
1984 年	1613	456	129.3	11.45	5.79
1985 年	1807	591	172.5	14.34	6.93
1986 年	2061	641	185.2	18.01	8.55

注：—表示无此项情况，…表示缺统计资料。

表7　1986 年全国高等学校各种学生情况

学校类别	项目		学生数（万人）		
			毕业生数	招生数	在校生数
普通高等学校	研究生总计		1.42	3.67	9.70
	本专科生	总计	39.28	57.20	187.99
		国家计划	33.40	48.28	160.08
		委托培养	0.90	4.72	13.40
		自费生	0.24	0.30	0.78 *
		干部专修科	3.99	2.99	11.48
		教师本专科班	0.75	0.91	2.25
成人高等学校	总计		45.00	56.32	185.20
	广播电视大学		24.88	21.52	60.44
	职工高等学校		4.85	9.01	33.94
	农民高等学校		0.05	0.07	0.13
	管理干部学院		1.35	2.45	5.55
	教育学院		6.66	8.16	25.99
	独立函授学院		0.10	0.08	3.20
	普通高等学校举办的函授部、夜大学合计		7.11	15.03	55.95
	其中：函授部		5.37	11.18	41.47
	夜大学		1.74	3.85	14.48

＊注：表示未包括科研机构的数据。

　　第四，在管理体制结构上，调动了中央和地方各方面办学的积极性。我国人口众多、地域辽阔、经济文化发展不平衡，充分发挥中央、省（自治区、直辖市）和经济发展较快的中心城市的办学积极性对教育事业的发展起了积极的作用。1986 年，除国家教委直属的 37 所高等学校以外，中央 52 个业务部门管理的高等学校有 304 所；省（自治区、直辖市）及中心城市管理的高等学校有 713 所，其中最近几年经济发展较快的部分中等城市集资兴办的短期职业大学有 126 所，为部门和地方培养了大量人才（见表8）。

表8 按隶属关系区分的普通高等学校基本情况（1986年）

学校类型	学校数（所）	在校生数及占比								教职工数（万人）	
		总计		研究生*		本科生		专科生		合计	其中：专任教师
		人数（万人）	占比（%）	人数（万人）	占比（%）	人数（万人）	占比（%）	人数（万人）	占比（%）		
国家教委属院校	37	28.82	14.6	3.81	39.3	21.67	18.0	3.34	4.9	14.04	5.21
中央其他部委属院校	304	62.00	31.4	4.18	43.1	45.51	37.8	12.31	18.2	36.21	13.60
省（自治区、直辖市）及中心城市属院校	713	106.88	54.1	1.71	17.6	53.29	44.2	51.88	76.8	42.81	18.43
总计	1054	197.70	100.1	9.70	100	120.47	100	67.53	99.9	93.06	37.24

注：*表示未包括科研机构的数据。

第五，我国已初步形成了从沿海到内地和边远地区的高等教育布局。因经济、科学技术和文化教育的基础以及地理、交通条件不同，各地高等教育单位分布的疏密程度也不相同。但是，全国各个省份，即使是经济相对比较落后的省份，都有了各具特色的高等学校，这是新中国成立以来高等教育事业发展和结构不断完善的一个重要标志（见表9）。

表 9　全国高等学校及在校生按地区、人口分布情况

	1949 年			1986 年		
	普通高等学校数（所）	在校本专科学生数（万人）	平均每十万人口中在校学生数（人）	普通高等学校数（所）	在校本专科学生数（万人）	平均每十万人口中在校学生数（人）*
总计	205	11.68	24	1054	187.99	177
北京	15	1.47	722	67	12.96	1350
天津	11	0.53	103	21	4.84	600
河北				47	6.51	117
山西	1	0.09	8.7	23	4.66	177
内蒙古	…	…	…	19	3.12	155
辽宁	8	0.65	33.9	64	10.74	291
吉林	6	0.42	360.8	44	6.55	285
黑龙江	6	0.59	55.2	41	7.36	222
上海	37	2.09	86.3	48	11.77	967
江苏	15	0.72	21.6	71	13.27	214
浙江	5	0.34	17.2	37	5.74	142
安徽	2	0.11	4.3	37	6.05	117
福建	8	0.39	35.0	35	5.12	189
江西	5	0.21	16.8	30	4.94	143
山东	7	0.39	9.6	49	9.24	120
河南	2	0.07	1.5	47	7.50	97
湖北	10	0.43	19.1	56	12.41	252
湖南	2	0.27	9.6	43	7.82	139
广东	12	0.58	20.6	47	8.42	135
广西	3	0.20	13.1	23	3.38	87
四川	36	1.41	28.5	59	12.68	124
贵州	3	0.10	9.7	22	2.52	85

续表

	1949 年			1986 年		
	普通高等学校数（所）	在校本专科学生数（万人）	平均每十万人口中在校学生数（人）	普通高等学校数（所）	在校本专科学生数（万人）	平均每十万人口中在校学生数（人）*
云南	3	0.17	15.2	26	3.77	111
西藏	…	…	…	3	0.19	93
陕西	3	0.24	21.3	48	9.06	301
甘肃	4	0.17	24.7	17	3.01	148
青海	…	…	…	7	0.68	168
宁夏	…	…	…	6	0.72	173
新疆	1	0.04	9.7	17	2.96	218
台湾	…	…	…	…	…	…

注：本表中 1949 年数据暂按《中国教育成就：统计资料：1949—1983》和《中华人民共和国行政区划手册》（1986 年版）中的有关数据折算，其中天津与河北合计。*表示未含成人高等学校在校生数，…表示数据暂缺。

我国的高等教育结构在发展过程中还存在着很多问题，还不适应社会主义现代化建设的需要，突出表现在以下几个方面。

第一，高等教育科类结构还不适应社会主义建设发展的要求。在过去相当长的时期里，我国高等文科教育主要面向科学研究机构和高等学校，在系科设置上，文学、历史、哲学等基础学科的比重比较大，应用文科（如新闻、出版、档案、图书馆等）比重很小；政法教育十分薄弱。1976年，政法类院校在校大学生仅占全国在校大学生总数的 0.1%。1983 年，在全国法院、检察院和司法行政系统中，政法类专科以上的毕业生仅占业务干部的 3%。近年来高等政法院校和专业虽有较大发展，但与社会需要相比，仍然严重不足。1985 年，普通高等政法院校在校生只占大学生总数的 2.1%，这个比例在世界具有 1000 万以上人口的 50 个国家中是最低的。

财经、商业、金融、管理等学科专业的比重近年来虽有提高，但是师资不足，不少学校教学质量不高，很不适应社会主义现代化建设的要求。

第二，科类内部的专业结构也不尽合理，相当多的专业仍然保持着50—60年代的框架。例如工科内部，为重工业设置的专业比重大。据1985年统计，在工科在校生中，轻工、纺织等专业的在校生占3.35%，粮食、食品专业的在校生占2%；在农科内部，种植、养殖类专业的在校生较多，而产品贮藏、保鲜、加工、综合利用及管理等专业的在校生则很少，不适应当前城乡经济建设和体制改革对人才的迫切需要。

从目前情况看，不少专业仍划分过窄，新兴学科、边缘学科发展比较迟缓。1980年，全国高等教育专业数高达1039种，比1955年增加了790种。经过1981—1984年的调整，还有797种。专业过窄既不利于扩展学生的基础知识及技能训练，也不适应社会上专门人才跨科类、跨专业合理流动的趋势。1982年，全国约有1万多名各种名称的自动化专业毕业生由于专业过窄，无法对口分配。有的专业分配对口率竟低至3.5%。根据1982年教育部对170个单位毕业生分配使用情况的抽样调查，毕业后学用不一致和完全改行的毕业生占毕业生总数的12.3%。高等教育科类结构不合理，是产生这种状况的一个重要原因。

第三，高等教育层次结构不够合理，办学上存在盲目追求高学历的倾向。1984年，在普通高等学校中，本科与专科在校生之比为100∶38；1986年为100∶56，专科生严重不足的现象有所改善，但还未解决。多数专科生是师范、文科类专业，其他科类尤其是工科、农科，专科生很少。1985年工科学院专科在校生与本科在校生之比为0.28∶1；农科专科生与本科生之比，1980年为0.29∶1，1982年曾下降为0.17∶1，1985年又上升到0.4∶1。某些科类专科生近几年虽然有较大幅度增加，但教学计划大多是本科教学计划的浓缩，教材也采用本科教材，实践环节十分薄弱，没有很好反映专科教育的特色。相当长一个时期内，我们往往用单一的本科毕业生去满足各项建设事业对不同层次和规格专门人才的需要。在1949年到 1981 年的 30 多年间，有一半以上的年份，专科在校生占大学生总数的比重不到 10%。这种状况直接导致了社会用人部门所需要的各种不同层次、规格人员的比例失调，相当大部分本科生被当作专科生甚至中专生使用，形不成合理的社会人才结构和科研开发的梯队，在本来教育经费少、条件有限、人才不足的情况下，又出现高才低用的浪费现象。

值得注意的是，目前某些科类的专科教育还存在着缺口，但是一些高等专科教育学校还在办学上往本科方向升格，而本科高等学校又都希望多设硕士点、博士点或研究生院，多招研究生。1985 年全国本科毕业生为 20.2 万人，招收研究生 4.65 万人，为本科毕业生的近五分之一。1986 年由于加强了宏观指导，上述情况有所改善，但高等教育中盲目追求高层次的问题还未得到根本解决。

第四，普通高等学校办学形式比较单一，夜校和函授的学生所占比重过小。近几年虽有所改进，1986 年，夜校和函授的学生比例还只占高等学校学生总数的 29%。在全日制学校学生中，走读生比例仅占 5%。其他各种形式的成人高等教育内部的层次、科类等也不够合理，而且不同程度上存在着忽视成人教育特点和脱离工作岗位实际需要的问题。有的省份 1985 年成人高等学校招收的新学员中，脱产学习的竟占 75%以上，其中还有不少人学用脱节，使基层单位工作受到影响。1986 年全国成人高等教育单位有 1420 所，但不少学校规模过小，相当一部分职工大学、管理干部学院和教育学院的在校生只有一二百名。在师资和办学条件上，缺乏横向联合和协作，未能充分利用现有普通高校的优势和潜力，有些学校教学质量不高。

第五，在高等教育管理体制上，宏观指导不够，高等学校缺乏必要的办学自主权，在调动部门和地方办学积极性的同时，也存在不少弊病。主要表现在政府某些业务部门的专业性与高等教育多科性、综合性之间的矛盾，使得高等学校中某些专业与主管部门不对口，社会很急需的专业以及某些基础性、边缘性、综合性学科得不到应有的发展。学校之间、学校与非主管部门和地区之间缺乏横向联系，在一定程度上影响了高等学校办学的积极性。由于管理体制上的"条块分割"等，部门与地区之间供需与交流渠道不畅，一些部门或地区盲目追求"小而全"，造成专业、学校重复设置，布点多，规模小，投资效益不高。例如，1977—1985 年，我国普通高校招生数从 27.3 万人增加到 61.9 万人，增加了 127%；学校数却从 404 所增加到 1016 所，增加了 151%；平均每校在校生只有 1700 人，其中 5000 人以上的学校仅有 50 所，占高等学校数的 5%；而 1000 人以下的学校 426 所，占 42%，其中 500 人以下学校 179 所，占 18%（见表 10）。

表 10　1985 年普通高等学校规模情况

（单位：所）

学校类型	200 人以下	200—499 人	500—999 人	1000—1999 人	2000—2999 人	3000—3999 人	4000—4999 人	5000 人以上	合计（共1016）
称大学的本科学校	–	–	5	17	35	26	18	50	151
称学院的本科学校	–	–	119	191	70	42	–	–	422
高等专科学校	34	72	113	106	–	–	–	–	325
短期职业大学	35	38	10	35	–	–	–	–	118

从以上列举的问题来看，高等教育结构与社会主义现代化建设需要不相适应的状况，突出表现在科类、层次、规模、效益等上，表现在高等教育对经济和社会发展的适应能力上，但这些方面的问题往往被经济和社会发展在总体上对专门人才的大量需求以及广大青年渴望受到高等教育的要求掩盖了。由于目前在管理体制和人事制度上还存在着某些不完善的方面和问题，社会上一些单位出现了"既缺乏人才又积压和浪费人才"的状况，办学效益低又往往被用人效益低所掩盖。因此，相当长时期内高等教育在结构上失调的严重性没有引起足够的重视。在经济和社会发展的过程中，高等教育结构的失调最容易产生在经济和社会显著变革的时代。不少西方资本主义国家高等教育结构的变化，大多是由劳动力市场自行调节的，变化相对比较频繁，而且带有相当的盲目性。但是，这种市场调节机

制使教育的发展与劳动力市场的供求关系比较密切，对这些国家高等教育结构的调整和改革，起了一定的积极作用。我国是社会主义国家，又是一个经济、科技、文化发展很不平衡的大国，专门人才的需求在科类、层次、规模诸多方面十分复杂。如何充分发挥社会主义制度的优越性，总结我国自己的经验，借鉴国外有益的经验，从中国的国情出发，使高等教育结构更好地适应我国经济、科技和社会发展的需要，这是摆在我们面前的一项十分重要的任务。

三、对我国高等教育结构改革的指导思想和原则的探讨

（一）高等教育结构的改革应当适应经济和社会发展的需要

《中共中央关于教育体制改革的决定》指出："教育必须为社会主义建设服务，社会主义建设必须依靠教育。"这是我国教育工作的根本指导思想，也是高等教育结构改革的出发点。检验高等教育结构是否合理的重要标准，就是看其能否适应社会主义现代化总体布局的需要，能否培养出适应社会主义建设要求的德智体全面发展的人才。经济建设、科技进步和社会发展要求各种不同学科和具有不同专业知识的人才。马克思在《资本论》中指出："社会分工，不论是否有商品交换，是极其不同的社会形态所共有的。"社会分工所引起的社会经济各部门对人才的需要是多种多样的。要使我国的高等教育结构更好地适应社会主义建设的需要，就要经常了解、研究经济、科技和社会发展对各种专业人才的客观需求。党的十一届三中全会以来，由于实行了正确的路线、方针和政策，我国的社会主义经济和各项建设事业有了很大发展。我国的经济结构正在发生着深刻的变化。农村经济正在由传统的农业转向商品化、现代化农业，以及农、林、牧、副、渔全面发展，农、工、商综合经营的新时期。工业结构中轻工业

与重工业的比例关系长期严重失调的状况发生了根本性的变化。在 1985 年工业总产值中，轻工业与重工业产值大体各占二分之一。"七五"计划期间以及今后相当长的时期内，交通运输、能源、食品、轻工、电子和其他新兴工业均将有较大的发展。第三产业，特别是商业、金融、信息、咨询服务业等迅速发展，成为重要的产业部门。随着经济体制改革的逐步深入，我国社会主义的商品经济正在蓬勃发展。经济和社会的发展离不开科学技术的发展，世界新技术革命已经和正在对社会各部门产生深刻的影响。在建设社会主义物质文明的同时，建设社会主义精神文明的伟大事业正在我国全面展开，在政治思想、文化教育等领域，加强马克思主义理论建设，抵制和批判资产阶级自由化思潮，是一项长期和艰巨的任务。发扬社会主义民主和健全社会主义法制的工作，正在逐步加强。随着社会主义现代化建设的全面展开和经济体制改革的深入，政治体制的改革也将逐步进行。这些深刻的变革和各项事业的发展都对专门人才的培养提出了新的要求。高等教育的科类结构和学科建设，应当根据这些新的变革和任务，在调查研究和科学预测的基础上，进行调整和改革，使培养的各科各类专门人才能够适应社会主义物质文明与精神文明建设发展的多方面要求。这是当前促进我国高等教育结构合理化的一个十分重要的问题。

经济、科学技术和社会发展对各个领域各个部门专门人才培养层次规格的要求也有所不同，如果离开社会对各种不同层次规格人才的客观要求，在高等教育的发展中单纯追求高层次，高等教育的层次结构向着单一化、高层次化发展，就必然导致人才培养与社会实际需要相脱节，造成人、财、物力的浪费。

我国目前还处在社会主义的初级阶段，生产力水平还很低。今后较长时期内，我国的技术结构将是自动化、半自动化、机械化、半机械化和手工劳动并存的，即知识密集型与劳动密集型并存的多层次的结构。在目前我国 40 多万个企业中，大部分企业是经常生产定型产品的中小型企业，大量需要的是从事制造、工艺、检测、调试、安装及维修等工作的专门技术人才。这种类型的专业技术岗位要求大量的专科生和中专生。基础工业、生产尖端产品的大中型企业，要求高层次专门人才的比重比较大，但生产的各个环节对专门人才的规格要求也不同，如从事研究和设计的岗位需要本科生和部分研究生，而工艺设计、施工设计、检测调试等专业技术岗位则需要大量的专科生。还有相当数量的以技艺为主的企业，如轻工业中的皮毛、包装、香料、烟草等企业，对人才的技艺要求很高，相对说来，也不要求很宽厚的理论基础，因而更需要的是较大量的专科生和中专生。从农业情况来看，为了提高劳动生产率和农产品质量，除了一部分专职科学研究人员外，还需要大量的从事农业技术开发和推广工作的农艺师、农机师、农业工程师等，同时还需要数量足够的农业技术员做他们的助手。从这几部分人的培养途径来讲，研究人员主要应由大学本科和研究生教育培养，相当一部分农艺师、农机师和农业工程师，从我国的实际出发，在一个时期内可以由高等农业专科学校培养。至于我国农业生产大量需要的技术员则可由农业中等专业学校培养。其他各项事业对人才知识和能力结构的要求也很不相同。本世纪以来，许多发达国家高等专科学校、短期职业大学急剧增长，就是适应了经济、科技与社会发展对不同层次规格人才的需求。美国的社区学院和初级学院，1982年的在校生数比1946年增长了29.5倍，本科生与研究生在校生总数同期增长了3倍；法国的两年制短期高等技术教育，其文凭授予的比例从1956年的5.6%提高到1982年的40.2%，已相当于大学本科文凭的授予比例；日本第一级高等教育包括短期大学、高等专门学校、大学专科等，从1950年到1980年，其在校生与本科在校生之比从0.09：1迅速上升到0.44：1。这些情况都值得我们重视和研究。根据国家和不同地区经济与社会发展对人才多种层次规格的需要，我国高等教育的层次结构应多样化，高等学校的职能和培养目标也应有所区分。

高等教育结构的调整与改革，还要考虑社会发展中人口、政策等多种因素的影响。近30年来，我国出现过两次人口高峰，据1982年全国人口普查资料，第一次人口高峰区在 20—34 岁（占总人口的 23.89%），其中人口峰值为 25—29 岁（占总人口的 9.22%）；第二次人口高峰区在 4—15 岁（占总人口的 28.28%），其中人口峰值为 7—12 岁（占总人口的 14.94%）。人口的波动分布一般会对教育、就业结构造成程度不同的冲击，高等教育结构的调整与规划要从特定的社会人口结构出发，综合经济和社会发展的需要，合理安排基础教育、职业技术教育和高等教育的比例，增强整个教育结构的适应能力。

高等教育结构的改革，不仅需要对未来社会人才结构做出宏观预测，还应当包括对现有社会人才结构的再调整。由于"文化大革命"对教育的破坏，整整一代青年失去了接受高等教育的机会，高等教育与中等教育之间产生严重的结构失调。70 年代中期普通高中过度膨胀，1977 年高中在校生曾高达 1800 万人，不但教育质量低，而且大批毕业生在就业前缺乏必要的职业技术训练。另据 1982—1983 年的统计资料，我国 27—37 岁年龄组中存在一个专门人才低谷区，该年龄组每 1000 人中有专科以上文化水平者只有 7.9 人，而 45—54 岁年龄组中专科以上人才则为 13 人。预计到本世纪 90 年代，现有大批的中年知识分子将陆续进入退休年龄阶段，而处于人才低谷区的这一代将成为承上启下的主要骨干。1982 年，此年龄组人口约为 1.63 亿人，占总人口的 16.2%，占总就业人口的 31.3%。如果要求他们当中 3% 的人达到专科以上文化程度，则需要从该年龄组人口中至少再培养出 360 万名专科以上毕业生，显然，仅仅通过普通全日制高等教育是不可能实现的。因此，发展多种形式的高等教育，使中国高等教育的形式结构更加多样化和面向实际，具有十分重要的战略意义，这也是我国国情的特殊需要。

（二）高等教育结构的调整与改革，要从我国实际国力条件出发，应当充分发挥高等教育投资的最佳效益

高等教育结构的调整和改革，不仅要考虑社会主义事业的需要，而且

必须从国力条件出发，研究国家人、财、物力所能支撑的高等教育规模与结构。一个国家各行各业专业技术人员的结构与国家经济、文化教育发展水平有着密切的关系。我们不能要求所有的专业技术人员短期内在文化程度和专业技术方面都达到发达国家同类人员的标准，只有随着国家经济的发展、国力的增强而逐步提高，因此，必须综合考虑社会需求和国家培养能力两个方面。

根据1983年的统计资料，我国具有中专以上学历的专门人才有1200万人。仅以专门人才比重相当大的中小学教师的状况进行分析：我国共有中小学教师792万人，中专毕业以上的占全国此类专门人才总数的31.8%。在中小学教师队伍中，高中教师有46万人，其中具有本科学历的有18万人，占40%；初中教师209万人，具有高等师范专科学历的有49万人，占23.3%；小学教师有537万人，具有中等师范学校学历的有314万人，占58.5%。要使高中、初中和小学现有全部教师分别达到本科毕业、高等师范专科毕业和中等师范学校毕业的水平，即使三部分的比重为1：4.6：11，尚须奋斗10年或更长的时间，这还不包括需要补充大量的新教师。许多发达国家的小学教师必须具有大学本科学历，这在我国相当长时期内是达不到的。我们只能从实际国力出发，努力创造条件逐步达到。如果不顾国力条件简单地与发达国家攀比专业技术人才的规格要求，在高等教育层次结构中盲目追求高层次，或者某类学科缺口大就在短期内大发展，这样做不仅不符合国情，难以达到预定的指标，而且即使勉强从数量上达到了，质量也会受到严重影响。

我们还必须十分重视高等教育投资的效益。本世纪末我国要实现工业年生产总值翻两番的目标，这种高速度在世界各国中是不多见的。由于我国基础比较薄弱，人口众多，即使到本世纪末教育经费比重有较大幅度增加，人均教育经费达到70元，但与发达国家80年代人均教育经费1000美元相比，还有很大差距。因此，我国高等教育结构的改革，应当坚持勤俭办学，应当格外讲求效益。要有利于充分调动各个方面的积极性，有利于充分发挥现有高等学校特别是老校的潜力，提高实验室、仪器设备、图书资料的使用率，运用有限的人、财、物力，培养社会主义建设需要的各种不同科类和层次（水平）的专门人才。要采取各种措施，避免人才培养和使用上的浪费现象。

（三）高等教育结构的改革，应当综合考虑高等教育与整个教育结构的关系

高等教育结构与整个教育结构是局部与整体的关系。基础教育搞不好，不仅影响为社会培养合格的劳动者，而且直接影响高等教育的质量；职业技术教育不发达，高等教育培养的高级专门人才就会因为与中、初级专门人才不配套而发挥不出应有的效益，甚至造成人才使用的浪费。高等教育、基础教育和职业技术教育的内部关系协调不好，整个教育事业就很难健康而平衡地发展。

与国外相比，我国高等教育的发展速度并不很慢。从高等教育三级在校生总数的发展来看，1950—1981 年苏联增长了 2.9 倍，1950—1982 年美国增长了 4.4 倍，1950—1980 年日本增长了 6.8 倍，1950—1982 年法国（授予三级学位总数）增长了 6.4 倍，而 1950—1986 年我国增长了约 16 倍。但是，我国基础教育十分薄弱，到 1986 年为止，全国只有 1052 个县普及小学教育，约占全国总县数的二分之一，职业技术教育也很不发达。就国家第六个五年计划中教育计划的完成情况看，高等教育的发展远远超出计划预定的指标，而基础教育的计划指标却没有完成。这里可能有原订计划合理性的问题，但是，应该说我国基础教育与职业技术教育发展的任务更大更艰巨，必须进一步端正教育发展的指导思想。世界上不少发展中国家虽然都有普及初等教育的目标，但是有些国家以为高等教育比初、中等教育有更高的社会经济效益，实际上以牺牲基础教育为代价优先发展高等教育，结果带来了一系列副作用。我国的经济建设和社会发展急需专门人才，然而，如果我们忽视基础教育和职业技术教育，孤立地研究和安排

高等教育的发展与结构，不仅可能造成高等教育质量下降，社会高、中、初级专门人才比例失调，而且可能直接影响经济和社会的发展。我国地域广阔，各地发展很不平衡，因此，从全国到各个地区，研究和调整、改革高等教育结构时，必须从国家和各地实际情况出发，统筹考虑教育结构各部分之间的合理比例和相互关系，使高等教育与基础教育、职业技术教育的发展符合各地区经济和社会发展的需要。

研究和调整高等教育结构，还必须考虑高等教育结构内部局部与整体的关系。由于目前我国的高等学校分属于中央各部委和各省份管理，各个地区、部门和高等学校在研究和调整改革高等教育结构时，要特别注意避免自成体系、追求"小而全"，而应从全国高等教育结构的全局出发，积极发展高等学校之间的横向联系，加强在人才培养上的协作，并且逐步完善不同地区部门之间专门人才合理流动的体制。

（四）高等教育结构的改革应当符合教育发展的客观规律，应当考虑受教育者的差别和特点

高等教育结构不仅受经济、科技和社会发展等外部因素的影响，同时还必须遵从教育自身发展的内部规律。高等教育自身发展的客观规律，与结构问题有关的有两个方面：一是正确处理教学过程中教育主观因素与客观因素的关系，要具备完整的教学过程所必需的环节和与之配套的各种物质设施和条件；二是作为教育内容的学科本身，也由于人们对自然和社会认识的不断深化而进行不断的调整和变革。高等教育结构的调整和改革，应当符合教育发展的客观规律。

现代高等教育是由一系列循序渐进的教学和实践环节构成的，包括讲授、辅导、布置习题、答疑、实验、实习、考试等，是针对培养高级专门人才所必需的知识、技能设置的，也是被世界上众多国家在相当长时期内证明行之有效的。目前有的所谓的高等学校把教学过程精缩到只给学生提供教材和列出习题两个环节，这是很难保证质量的。调整和改革高等教育结构，促进高等教育办学形式的多样化，必须保证办学、教学的基本标准。《中共中央关于教育体制改革的决定》指出，我们培养的各级各类专门人才"都应该有理想、有道德、有文化、有纪律，热爱社会主义祖国和社会主义事业，具有为国家富强和人民富裕而艰苦奋斗的献身精神，都应该不断追求新知，具有实事求是、独立思考、勇于创造的科学精神"。提高高等教育质量，不仅包括专业知识、技能方面，而且必须十分注意学生政治思想、品德、素质的培养。这是发展具有中国特色的社会主义高等教育事业的客观要求，也是我们调整和改革高等教育结构所必须遵循的一条重要原则。

我们还必须重视学科发展变化与高等教育结构改革的关系。学科是高等学校专业设置的基础。随着科学技术的发展，学科的分类也在不断变化。一些传统的学科分化，产生了众多的边缘学科。另外，由于学科发展的综合化，涌现出大量的交叉学科和综合学科。50年代以来，世界科学技术，包括人文和社会科学各学科领域都发生了显著的变化，尤其像空间技术、能源、材料、信息、生命与环境、管理等学科发展更为迅速。随着我国经济体制改革的深入，社会主义国家金融、对外贸易等方面的学科将会有较大的发展。根据我们党在对社会主义再认识的过程中关于发挥和发展马克思主义理论的一系列科学理论观点，以及社会主义精神文明建设的要求，需要大力加强马克思主义学科的建设。调整高等教育结构，应当重视学科发展变化这个因素。

高等教育结构的改革，在适应社会主义现代化建设总体布局需要的过程中，还应当考虑受教育者在兴趣、爱好、天赋等多方面的差别和特点。社会各行各业岗位性质不同，受教育者自身的兴趣、气质也是不一样的，有些人长于理论思维，有些人则善于形象思维；有些人对学术研究兴趣浓厚，有些人适于从事组织管理，有些人则愿意从事具体技术操作，等等。不可能也不需要使高等学校培养的人都成为自然科学家或社会科学家。社会上各个专业岗位以及受教育者个人素质的差异，十分复杂。高等教育结构的改革，应当逐步使受教育者能根据社会需要和自身素质特点与条件，在接受高等教育的专业、层次和形式等方面有更多选择的机会，充分发挥受教育者学习的主动性和积极性。当前社会、家庭的一些旧的传统观念和偏见还在不同程度上影响着受教育者的选择，现行人事管理制度和政策还不够完善，出现了片面追求高层次教育、鄙薄职业技术教育和师范教育等问题。因此，加强思想政治教育，继续在全社会树立新型的社会主义人才观念，改革和完善有关的管理制度及政策，是保证高等教育结构更加适应社会需要与受教育者特点的重要环节。

（五）改革高等教育结构，应当改善国家对高等教育的宏观指导和管理，发展高等学校主动适应经济和社会发展需要的机制和能力

高等教育结构合理化的一个重要问题是要有对高等教育系统进行调节的内外部机制。

我国的经济结构和社会生活各方面正在不断地发展和变化，各个地区经济、文化发展又不平衡，专门人才的需求在科类、层次、规模等方面十分复杂。为了促进高等教育结构的合理化，必须充分调动高等学校的积极性，加强高等学校主动适应经济和社会发展需要的建设，增强高等学校的活力。关于这个问题，有以下几个方面需要进一步研究和改革。第一，政府部门对学校管得过多、统得过死和管理体制上条块分割的状况不利于调动学校办学的积极性，也是影响高等教育结构合理化的一个重要问题。建议采取措施，进一步简政放权，还可考虑政府在对学校招生计划和科学研究任务的管理上实行合同制的办法。学校在完成国家任务的基础上，可根据社会需要和自身条件，在招生、接受科研任务、专业设置等方面有更大的办学自主权。跨部门、跨地区联合办学是克服高等教育管理体制上条块分割，促进高等教育结构合理化的重要途径。最近几年，一些地区与部门实行跨地区跨部门的联合办学和高等学校之间的协作，已显示出了强大的

生命力。建议国家通过立法以及拨款等各种方式鼓励和促进这项改革。第二，高等学校的毕业生全部由国家包下来分配的制度，在历史上曾起过积极作用，有些运行机制在现阶段仍在继续发挥作用，但这种制度也有许多弊病。从学校来说，这种全部由国家包下来的做法不能促使学校主动关心培养的学生在专业科类、层次、培养规格等方面是否适应社会发展的需要，学校缺乏面向社会主义建设进行教学改革的动力和活力。这种分配制度也不利于调动学生学习和用人部门珍惜与合理使用人才的积极性。建议在调查研究的基础上，对毕业生分配制度逐步进行改革，这是关系增强学校主动适应社会主义建设需要机制的一个十分重要的问题。第三，加强高等学校与社会的联系，实行教学、科学研究与社会实践相结合，这是当前许多国家高等教育改革的一个共同的趋势。第二次世界大战后，许多发达国家高等教育改革的重要经验就是加强学校与社会的密切联系。国际教育界不少人士认为，"象牙塔"式的高等学校在今日世界已经走到了尽头，加强高等学校同社会的广泛联系，不仅是提高教育质量的重要途径，对促进高等教育结构适应社会发展的需要也具有十分重要的意义。

促进高等教育结构合理化的另一个重要方面，是加强国家对高等教育事业发展的宏观指导和调节、控制的能力。整个国家高等教育发展的总体规模与发展速度、教育结构与地理布局等方面，还必须由国家从全局的角度进行研究和规划。国家应通过加强专门人才需求预测等方法，科学地制定高等教育发展规划。为了提高人才需求预测的科学性，建议国家组织有关部门对各系统各类专业岗位录用人员最基本的知识与能力标准进行认真的研究，这也是调整改革高等教育乃至整个教育结构的一项基础工作。这里还应该强调指出的是，国家计划只能保证重点部门和某些事业发展对人才的需要，社会主义建设中各个部门和企事业单位，包括集体和个体单位，所需要的大批专门人才，应在国家宏观计划的指导下，通过多种途径和方式，特别是通过加强高等学校与社会的联系，充分发挥学校办学的主动性、积极性，来培养。应当消除目前高等教育管理体制中由于"条块分割""多头管理"造成的高等教育结构布局不合理、投资效益不高的弊端。建议加强中央和地方教育主管部门在宏观上统筹管理高等教育的职能,并建立健全科学的宏观管理办法和调节控制手段,改善对高等学校的管理,发展高等学校主动适应社会发展需要、调动师生员工积极性的机制和能力。健全高等教育立法和监督工作,是改革高等教育结构的重要措施;否则,高等教育结构的调整,也可能由于得不到相应的法规保障而不能很好地进行,甚至出现新的失调。应抓紧各项高等教育法规的配套建设工作。在扩大高等学校办学自主权的同时,应明确各类高等学校必须培养适应社会主义物质文明和精神文明建设多方面要求的合格人才的职责,并建立比较完善和有效的监督指导机制。应当逐步建立健全各类高等教育质量评价制度及相应的组织形式。许多国家的经验表明,高等学校财务管理、监督(包括审计)在高等教育发展中具有十分重要的作用。我们在改善高等学校行政管理的过程中还应大力加强财务审计工作。政府向高等学校拨付经费,可与对办学实绩的评价适当结合起来,进一步提高高等教育投资的综合效益,提高教育质量。

我们相信,按照党中央确定的战略目标,经过全国高等教育工作者的共同努力,高等教育结构经过有计划有步骤的调整和改革,一定会更好地适应和促进我国经济、科技和社会的发展,培养出适应社会主义建设需要的德、智、体全面发展的各级各类专门人才。

(本文原载《教育研究》1987 年第 12 期)

中国经济发展的区域化及其对高等教育的影响

龚　放

一、中国经济发展的新格局

（一）我国传统的区域发展政策

新中国成立以后所奉行的区域发展战略，在毛泽东同志 1956 年所写的《论十大关系》一文中得到了清晰的阐述。毛泽东同志指出："我国全部轻工业和重工业，都有约百分之七十在沿海，只有百分之三十在内地。这是历史上形成的一种不合理的状况。沿海的工业基地必须充分利用，但是，为了平衡工业发展的布局，内地工业必须大力发展。"他又说："新的工业大部分应当摆在内地，使工业布局逐步平衡，并且利于备战，这是毫无疑义的。"

尽管毛泽东同志同时还提出了"好好地利用和发展沿海的工业老底子，可以使我们更有力量来发展和支持内地工业"的主张，但是，在 20 多年中，我国经济布局与投资分配的总的倾向是，突出内地，有计划地推动生产布局的大规模西移。据统计，1953 年至 1980 年，我国对内地的投资额占投资总额的 59.4%，而对沿海省市的投资额仅占 40.4%；不仅将主要的新建工业企业摆在内地，而且从沿海省市西迁了相当数量的工矿企业至大小三线。在地区间关系上，则强调地区与地区间的平衡发展，强调资源配置的均等。

这一区域发展战略有两个基本出发点：一是改变历史所造成的沿海发达、内地落后的不合理状况，追求政治、经济的平衡发展；二是立足备战，立足"大打""早打"，工业建设重心转移，一旦外敌入侵并占领沿海地区，整个国民经济亦不致瘫痪。而这一突出内地、强调平衡的地区发展政策，又是同自上而下、高度集中统一的计划经济相联系的。因此，可以这样说，传统的地区发展政策既有着浓重的政治色彩，又带着鲜明的产品经济的特征。

（二）新的区域发展政策的形成与出台

进入 80 年代以后，我国区域发展政策发生了明显的转变。1980 年设置了深圳、珠海、厦门、汕头 4 个经济特区；1984 年国务院又做出了进一步办好经济特区和开放一批沿海港口城市的重大决策。大连、秦皇岛、天津、烟台、青岛、连云港、南通、上海、宁波、温州、福州、广州、湛江、北海等 14 个沿海港口城市，以及海南岛和原有的 4 个经济特区，在沿海从南到北连成一线，形成了广阔的前沿开放地带。国家的投资重点也开始向东部沿海地区倾斜。"六五"期间沿海省市在国家投资中的比重已经达到了 50.6%。

如果说"六五"时期基本纠正了过去偏重三线建设、忽视东部地区的产业布局倾向，那么 1986 年 4 月出台的第七个五年计划，则标志着我国区域发展的新战略、新政策已经基本成熟。"七五"计划第三部分为"地区布局和地区经济发展政策"，其中十分明确地提出"我国地区经济的发展，要正确处理东部沿海、中部、西部三个经济地带的关系。'七五'期间以至九十年代，要加速东部沿海地带的发展，同时把能源、原材料建设的重点放到中部，并积极做好进一步开发西部地带的准备。把东部沿海的发展同中、西部的开发很好地结合起来，做到互相支持，互相促进"，将中国划分为三大经济地带，并按"东部沿海—中部—西部"的顺序梯度开发，逐步推进。这是一个崭新的区域发展格局，是对新中国成立以后延续了30年之久的传统区域发展政策的重大突破。

（三）区域发展新政策的三个支撑点

比较一下可以看到，这一新战略、新政策有三个理论支撑点。其一，承认经济发展不平衡的现状，鼓励一部分地区先富起来，以带动和支持其他地区的经济开发，不再片面强调各地区间的平衡发展与资源的平衡配置。其二，放弃片面追求高速增长的目标，将全部经济工作转到以提高经济效益为中心的轨道上来。其三，争取一个长期的和平的国际环境，认为尽管"世界战争的危险依然存在"，但通过各国人民和各种和平力量的共同努力，"世界和平是可以维护的"。因此，"备战"让位于长期、全面的对外开放，并积极利用外资，引进先进技术，发展对外经济贸易。

经济发展不平衡理论、效益目标的突出以及对外开放，改变了我国各个地区在整个国民经济棋盘中的地位。沿海地区由于工业基础较好，科技力量较强，劳动力素质及管理水平明显优于中、西部地区，因而劳动生产率、能源利用率、流动资金利用率等经济效益指标也大大高于内地省份；再加上文化发达、交通便捷，吸引国外资金、技术与智能的软环境较内地优越，沿海地区成为国家优先发展、建设的重点，就是顺理成章之事了。党的十三大以及今年4月召开的七届人大，又进一步提出了不失时机地加快实施沿海地区经济发展战略的问题，但需要指出的是，这一系列政策转变和重点转移，是在空前规模的经济体制改革的大背景下发生的。高度集权的指令性计划经济开始让位于有计划的商品经济，市场机制在经济领域开始发挥作用，国家对宏观经济的调控由采用直接的、单纯的行政手段转为采用间接的多种方式。随着纵向的约束力被削弱，地区的活力被激发出来，横向的联系与合作得到增强。所有这些，使得我国经济发展区域化的趋势更加明显。

（四）区域经济概念及其类型

"七五"计划除了提出东部沿海、中部、西部三个经济发展地带外，还提出了"三级经济区网络"的概念：（1）上海经济区、东北经济区、以山西为中心的能源基地、京津唐地区、西南"四省（区）五方"地区等全国一级经济区网络；（2）以省会城市和一批口岸以及交通要道城市为中心的二级经济区网络；（3）以省辖市为中心的三级经济区网络。

我国现实生活中各种经济区已经超过 100 个，其类型很多，粗略地说，有以下几类。

（1）涵盖若干省份的经济区，如西北经济区、西南"四省（区）五方"地区等等。

（2）跨省份合作的经济区。一般依江、依湖或以中心城市组合，如杭嘉湖平原、黄淮海地区等。

（3）在同一省份范围内，涵盖若干市、县的经济区。如江苏省的苏、锡、常经济区，福建省的厦、漳、泉三角区，等等。

我国区域经济发展如此迅速，并非偶然。从经济发展史的角度看，区域经济是一种高效型非均衡性经济，它可凭借本地区在资源、技术、资金、劳动力、地理位置等方面的某些优势，扬长避短发展相应的产业，从而获得相对有利的区位利益。区域经济既是中心城市发展到一定程度的必然产物，更是商品经济发展到一定阶段的必然产物。当我们从国情出发，实事求是地提出社会主义初级阶段理论，并以社会主义的有计划商品经济取代僵化、单一的产品经济模式时，区域经济的崛起，或者说经济发展区域化的倾向，就是"题中应有之义"了。

二、区域发展新格局对高等教育的影响

（一）我国高等教育地区布局的演变

同经济发展的情况相似，旧中国高等教育的地区分布极度失衡。据1947年的统计资料，仅上海、北平、天津、南京、武汉、广州六大城市即集中了占全国总数41%的高校，而在内地边远省份及少数民族地区，大专院校寥若晨星，青海、宁夏、西藏等省份连一所高校也没有，占国土面积六分之一的新疆，仅有一所规模达百余人的新疆学院。新中国成立以后，中央调整工业发展布局，加强内地经济建设，也对高等教育与中专教育的建设布局做了相应的、较大规模的调整。1955年以后，将沿海地区一些高校全部或部分西迁，组建新校或加强内地原有高校，如四川成都新增了成都电讯工程学院、成都地质勘探学院等6所高校。1956年交通大学、华东航空学院从沿海西迁西安，西安建筑工程学院及西安动力学院等在若干内迁高校相关专业的基础上先后建立，大大增强了陕西高等教育的实力。随着中、西部地区机械、石油、煤炭、化工、有色冶金、电子及国防工业建设得到重点加强，有关的学科与专业也得到较好发展，形成了内地各省份高等教育的特色与优势。经过30多年的努力，我国高等教育布局上沿海畸重而内地畸轻的状况基本改观。尽管各地经济、科学技术和文化教育的基础差异甚大，地理、交通条件也不尽相同，因而高校分布的疏密程度仍然不甚合理，但是，原来经济落后、高教空白的边远省份，均已建立起各自的高等教育系统，中、西部地区拥有高校的数量及现有人口中大学生比重等主要指标，接近全国平均水平，缩短了与沿海发达省份的差距。

（二）高等教育的区域化倾向

进入80年代以后，我国传统的地区发展政策出现了180度的大转变，在梯度开发、突出沿海、注重效益的现行地区发展战略影响下，真正意义上的区域经济正在崛起，经济发展的区域化已经成为我国现阶段经济运行的一个重要特征。很显然，这一战略性、全局性的变化，必然对教育特别是高等教育的布局与走向，产生重大影响，引起一系列变化。笔者认为，随着经济发展的区域化，高等教育的地区色彩会日益明显。区域化将成为我国社会主义初级阶段高等教育发展的一个基本特征。

高等教育的区域化倾向，表现在如下三个方面。

第一，地方政府及产业部门对高等教育的重视与依赖程度大大提高。

简政放权和区域经济的提出，激发了地方政府和产业部门的主体意识，加强了它们在组织协调宏观、中观经济活动中的职责和作用、地位与权益。地区与地区间激烈的竞争使得有远见的省份领导关注人力资源的开发，关注决定着经济发展速度与后劲的教育和科技，将高等院校与科研机构视为地区发展与起飞的强大后盾，寻求人才、技术与智能方面的支持。具体表现在以下方面。

（1）一些有眼光的地区舍得花钱投资，注重长远效益。这几年在沿海开放城市及经济特区相继兴建并办得颇有声色的烟台大学、宁波大学、汕头大学、深圳大学等等，便是极好的例证。

（2）不仅舍得投资办新大学，而且愿意通过多种方式帮助老校挖潜扩建，改善办学条件。

（3）不仅关心省份所属高校的建设发展，而且对国家教委及其他中央部委所属高校也倾注了前所未有的热情。

（4）不仅关心高校为地方输送人才的数量与类型，而且关注高校人才培养的规格、质量，关注高校科研选题的方向与科研力量的投放。

第二，高等院校参与地区发展，为经济建设与社会进步服务的意识空前强烈。尤其是那些原来自视甚高，以发展学术，搞"高""精""尖"自傲的重点大学，也开始走出书斋和实验室，面向社会需要办学，并通过与地方及产业部门的横向联系，在区域经济发展中充当相当活跃的角色。

此外，若干个高校联合起来主动参与地区发展的可喜现象也已出现。西北高校提出"大区一盘棋"的战略设想，实施横向联合办学，以加快西北五省区的开发；国家教委和浙江省政府今年做出联合开发杭嘉湖地区外向型经济的决定，沪、宁、杭20多所高校将一展所长。由国家教委出面组织若干高校，与地方政府联合进行技术开发，这在全国还是第一次。

第三，各省份高等学校在专业结构、层次结构上的地区色彩大大加强。

沿海省份既有改造传统产业结构的任务，又有发展新技术高技术的职责。反映在高校的专业结构上，新材料、新能源、生物技术、微电子工程技术及外经外贸方面的专业将得到加强。而内地省份高校专业的设置，将明显地突出煤炭、石油、水电等能源和矿产资源开发，以及农牧产品加工等方面的人才需求。此外，高等专科教育容易形成地方性、职业性的特点，在促进地方经济的发展中作用甚大，因而得到更多的重视。如广东省确定了优先发展高等专科教育的方针，并针对乡镇企业发达、外资企业较多、旅游业发展较快、宾馆酒店林立等特点，适时调整了专科学校的专业设置。

高等教育区域化的好处是十分明显的。高校以自己的科研优势和人才优势为地方服务，带动本地区经济、文化的发展；地方政府和产业部门则为高校提供相应的资金、土地及后勤支持，帮助高校改善办学条件、增强自身发展能力、提高办学效益。"投之以桃，报之以李"，在两厢情愿、互惠互利的基础上形成高等教育与区域发展的良性循环，这正是我国现阶段区域经济发展政策所产生的积极作用之一。

（三）区域化与国际化可以有机统一

"区域化"绝不意味着"划地为牢"，将高校局限于某一地区范围内；同样，"国际化"也不是说高校可以无视或轻视自己对地区发展的使命与作用。事实上，世界第一流的大学都已成为国家和地区发展的重要支柱，它们既站在世界学术前沿，把人才培养和科学研究的视野扩展到全球范围；同时又不忘记自己对所在地区发展负有特殊的责任，积极参与地区的开发。加利福尼亚州（简称加州）现在被视作美国最重要的地区之一，工农业在全美均居前列。然而加州的开发与繁荣，只是最近 100 多年的事，其中加州大学之功不可泯灭。加州的土壤改造和农业机械化，都得益于加州大学的科研成果：将生物技术和遗传工程成果应用于农业生产，使马铃薯遭冻害的温度下限从 -3℃ 降到 -13℃，既是加州大学科研一流水平的体现，又是加州大学对加州经济起飞所做的贡献。另一所国际著名大学斯坦福大学在"硅谷"的所作所为，更是家喻户晓。此外，如麻省理工学院与"128 号公路科学工业园"、英国的剑桥大学与"剑桥科学公园"、日本的筑波大学与"筑波科学城"等等，都是大学将区域化与国际化恰当地结合起来的范例。这些著名高等学府的许多学科领域居于世界前列，它们是所在地区经济发展的核心动力。

我国区域经济的形成与发达，迫切需要高等院校的参与。在沿海外向型经济发展中，在高科技研究和新产业的创建中，高等院校，特别是那些实力雄厚的重点大学，完全可以大显身手，各展其长。人们期待着中国的"硅谷"和"科学城"的出现。

三、防止区域化经济发展的负效应

除了上述良性循环与积极作用外，区域化经济的发展也有可能对教育发展产生负效应。

（一）区域的"极化发展"

我国沿海经济发展战略不仅是地区战略，而且是全国战略。从长远来说，它必然会带动中、西部地区的经济起飞。随着沿海的发展，对内地能源和原材料的需求必将增加，同时，沿海的资金、技术会向内地转移，从而促进内地的资源开发和整个经济的发展。

但是，事物还有其另一个侧面。由于各地区原有的经济、科技、教育、文化的基础差异很大，各地区自身发展能力强弱不同，外部发展条件（即资金、人才、设备等生产要素的外部获得条件）亦优劣不等，因而各经济区域、各省份在区际竞争中所处的地位十分悬殊。沿海地区由于先天条件较好，加上沿海地区经济发展目标与整个国家发展目标（加快对外开放、提高经济效益、增强国家财力）在很大程度上具有同向性，因而在竞争中处于十分有利的地位，可以较快地走向小康。内地则不易做到，因此我国经济的发展难免产生向东部倾斜的趋势，东西部经济发展的"落差"将进一步扩大。

正确处理好沿海和内地的关系，会减弱区域发展的这种"极化"趋势；但是诚如许多专家学者指出的那样，区域间的不平衡发展是必然的，我们追求的是这种不平衡所带来的整个国民经济的活跃与起飞，而不是在经济发展缓慢、滞重状况下的区间平衡。于光远同志甚至断言："发达地区与不发达地区经济水平之间的差距继续扩大，这一点在今天是不可避免的，是不以任何人的意志为转移的。"

（二）人才资源配置中的"马太效应"

这种区域经济发展的"极化"态势，作用到教育，尤其是高等教育领域，至少将产生两种效应。

其一，东、中、西三大经济地带教育发展出现新的不平衡。经济实力的强弱制约着对教育的资金投入以及对教育的需求层次与数量。东、西部地区高等教育在发展速度、规模与效益诸方面的差距，无疑将会进一步扩大，各地区高等教育在全国所占的比重将产生较大的涨落。

其二，在人才资源的配置上出现"马太效应"。新中国成立以后，我们将内地列为建设重点，通过中央平调的方式，将资金、设备、人才、技术等生产要素不断引入内地。以人才资源的配置而言，就是通过内迁沿海高校，在内地投资兴办新校，规定沿海重点高校为内地培养人才的指标，以及用指令性计划向内地分配大专毕业生，等等，保证内地对建设人才的需求。然而，在现阶段随着产品经济体制逐步让位于有计划的商品经济，国家指令性计划指标的范围日益缩小，市场在资源配置中的作用却日益增大。尽管国家设立了支援不发达地区基金，增加了对老、少、边地区的定额补助，但是资金、人才等生产要素东流的"极化"效应，仍然有增无减。

经济发达地区由于能够提供相对优越的就业岗位和相对丰富的物质待遇，对人才特别是不发达地区的高级专门人才具有很强的吸引力。人才流失一直是发展中国家深感头痛的问题。除了政治、宗教等方面的原因外，驱使第三世界的人才不断流向欧美发达国家的，主要是经济这只"看不见而又无所不在的巨手"。在我国，人才流失的现象也日益引起人们的关注。一方面，出国留学人员逐年增多，滞留不归者也日见增多；另一方面，许多专业人才通过各种渠道由中、西部地区流入东部沿海地区，由乡村山区流入大中城市。对东部省份而言，由内地流入的人才远远多于本地流失到国外的人才，尚无紧迫之虞；但中、西部地区尤其是边远省份，两类人才流失叠加，问题就显得十分严重了。据不完全统计，云南省每万名人口中只有 11.1 个大学生，在全国居于倒数第 5 位，而在每年送到京、沪、穗等地高校深造的优秀学生中返滇工作的不到一半。西北的宁夏、新疆、青海、甘肃四省区近年来已经有 2.2 万名专业人才流失，难怪人们要惊呼"孔雀东南飞"和"一江春水向东流"了。

随着人才市场的进一步放开，随着区域经济的形成与"极化"的发展，我国地区人才资源配置中的"马太效应"将日益严重。一方面，东部地区高等教育发展将加快，同时又流入较多的中、西部人才，有可能造成人才的局部过剩，从而导致人才浪费；另一方面，中、西部地区高等教育的发展相对东部地区不足，人才大量东流，势必造成人才短缺而影响经济增长速度，形成恶性循环。这种人才资源配置中的"马太效应"若不加以遏制，将会严重影响我国区域经济的健康发展。

（三）对教育与经济关系的再思考

要扭转人才地区配置的"马太效应"，当然可以在几个方面同时做出努力，如中央在高校毕业生分配中保持部分指令性计划指导，支持边远省份；内地省份采取一系列优惠政策以招徕外地人才；加强对高校毕业生的思想政治教育，激发他们的事业心和责任感，鼓励他们勇敢地投身西部开发；鼓励东西对话，加强地区间高校的横向联系，以解决内地紧缺人才的培养、提高问题；等等。但是，要从根本上解决问题，必须重新思考教育与经济发展间的关系，要把教育和区域经济、社会发展作为一个整体加以考虑，寻求与地区产业结构、生产模式及经济发展水平相协调的教育结构与模式。

人们已经普遍接受这样一个观点：人力资源的开发（主要是教育）是经济发展的有效战略。诚如著名的发展经济学家舒尔茨1979年在接受诺贝尔经济学奖时指出的："改进贫困人口的福利，决定性的因素并非空间、能源或耕地面积，而是提升人口的质量。"教育的发展同经济的增长有着紧密的相关性。美国普林斯顿大学经济学教授弗雷德里克·哈比森和麻省理工学院工业关系教授查尔斯·A.迈尔斯领导的一项研究表明，在影响人力资源与经济发展关系的14项指标中，与人均国民生产总值（即GNP）高度相关的有以下几项指标：（1）人力资源开发指数，其测定各国人口教育水平的综合值（相关系数为0.888）；（2）每万名人口中工程师和科学家的人数（相关系数为0.833）；（3）中学适龄人口入学率（相关系数为0.817）；（4）每万名人口中的教师数（相关系数为0.755）；（5）大学适龄人口入学率（相关系数为0.735）；（6）小学适龄人口入学率（相关系数为0.668）；等等。

近20年来，许多发展中国家片面理解了大学教育与经济增长的相关性，强调每万名人口中工程师、科学家的比例以及大学适龄人口入学率与经济增长率之间的关系，因而采取急功近利的态度，偏重高等教育，将大量资金用于高校建设，造成了高等教育与基础教育的失衡，许多大学毕业生失业或外流。过分强调高等教育在经济增长中的促进作用之所以是错误的，首先就在于忽略了高等教育的增长必须以基础教育的发展和提高为依托；其次，处于一定经济发展阶段的国家和地区，可以用作教育经费的资金是有限的，将巨额费用用于发展高等教育，势必造成基础教育经费不足；最后，处于一定经济发展阶段的国家和地区可能提供的高层次就业岗位也是有限的，高等教育的过度发展，势必造成专业人才的失业或潜在、隐性失业，从而引起人才流失。巴西、印度、哥伦比亚等发展中国家在这方面的问题尤其严重。

世界银行在考察了近 60 个发展中国家教育经费的使用情况后，于 1986 年 6 月发表了题为《发展中国家的教育经费》的研究报告。报告指出："这些国家的教育经费是有限的，然而在使用中却不尽合理，过于偏重高等教育而使初等教育经费不足。""事实已证明，相同数量的经费用于发展初等教育所获得的效益是用于高等教育的两倍。发展中国家应改变教育投资的重点，优先发展初等教育，……使有限的教育经费收到更大的经济效益。"

就整体而言，我国处在社会主义初级阶段，仍然属于经济不发达国家；就各个不同地区而言，经济发展水平又极不平衡，落差很大，因而也就决定了各地区教育事业发展的不平衡。这正是客观存在的国情。其特点是：总体落后条件下的不平衡与各地区落差甚大情况下的不平衡。我国现有的生产力水平和劳动技术结构，决定了经济建设大量需要的是初、中级人才，因而教育的总体结构应当是"大底面、多层次、低重心"。同时，东部沿海地区与中部、西部地区的经济发展水平、产业结构又有很大差异，因而决定了各个不同地区教育结构的差异性。例如，西北地区教育结构的重心，显然应该大大低于沿海开放地区。

教育，尤其是高等教育发展的内涵与外延归根结底是由经济发展水平及产业结构调整的走向来决定的。我们在区域发展中需要思考的问题是：第一，本地区的经济发展处在哪一阶段？本地区产业结构的现状如何？发展前景如何？第二，本地区的经济发展需要和能够支撑何种规模、结构的教育？第三，本地区经济发展能够带来多少相应层次的就业岗位以容纳"教育产出"而不致人才流失？

（四）寻求教育与经济的协调发展

我们曾经一再宣传"教育先行"的重要性，然而，教育的先行如果超过了一定的度，也就成为教育的"越位"，即高等教育的规模、层次及内容超越了经济发展水平。高等教育的越位必然带来两个后果：一是缺乏必要的经费支持而委顿，二是缺乏足够的、相应的就业岗位（即社会对人才的需求不足）而造成人才相对过剩与人才流失。因此，我们所追求的是高等教育与基础教育、教育与经济的协调发展。

如同当前我国区域发展的政策突出了经济效益一样，各地区教育的发展也应以效益作为出发点与落脚点。衡量教育的经济效益与社会效益的尺度并非高校的数量或人口中在校大学生的比重，而是教育的结构（专业结构、层次结构）与规模、教育的内容与形式等是否与区域经济、社会发展的水平相协调，是否与产业结构的调整走向相一致。也就是说，要追求教育的最佳经济效益与社会效益。

我国新的区域发展战略与政策是否必然引起人才的局部流失与人才的局部过剩？国家在协调、平衡中能否有所作为？在哪些领域、多大程度上能够有所作为？各经济区域是否能适时调整本地区教育的"标尺"？能否寻求到本地区教育与经济发展的最佳匹配？换一个角度说，高等教育的发展能否减缓区域极化所带来的震荡与不安？所有这些，还有待人们去研究、去探索。区域经济正以空前的规模在中国大地上崛起，我们既充满希望，又不免怀着几分忧虑。

参考文献

[1] 毛泽东.毛泽东选集：第五卷［M］.北京：人民出版社，1977：267-288.

[2] 中华人民共和国国民经济和社会发展第七个五年计划（摘要）（一九八六——一九九〇）［N］.光明日报，1986-04-15.

[3] 郭万清.区域发展政策的转化与新格局［J］.科技导报，1988（2）：10-14.

[4] 于光远.关于东西部地区相互关系的思考［N］.世界经济导报，1988-06-13.

[5] 中央教育科学研究所《世界教育展望》编辑组.世界教育展望：联合国教科文组织《展望》杂志文集（Ⅱ）［M］.北京：教育科学出版社，1983.

[6] 厉以贤.我国社会主义初级阶段教育发展的思考［J］.教育研究，1988（1）：8-12.

[7] 郝克明，张力.中国高等教育结构改革的探讨［J］.教育研究，1987（12）：3-17.

[8] 欧阳钟辉.教育与经济发展：兼谈我国教育经费的有关问题［J］.科技导报，1987（3）：3-8.

（本文原载《教育研究》1988年第10期）

高等教育规模扩展的形式与办学效益研究

闵维方

从发展形式上来考察，高等教育总体规模的扩展可以分为"内涵式"和"外延式"两种不同的类型。这里借用"内涵"和"外延"这两个概念来讨论高等教育的发展形式问题，是在特定的意义上使用的。所谓"内涵式"发展，是指通过挖掘现有学校的潜力，提高现有学校的内部效率，扩大现有学校的招生数量来实现高等教育总体规模的扩大；所谓"外延式"发展，则是指通过增设新学校来扩大高等教育的总体规模。由于这两种不同的发展形式不仅会影响到高等教育体系的内部结构，而且会影响到高等教育的成本行为和高等教育经费的使用效率，进而对高等教育的社会经济效益产生广泛而深刻的影响，因此，我们在制定高等教育的长远发展战略时，尤其是在高等教育经费相对紧缺的情况下，就不能不考虑高等教育的发展形式问题了。换句话说，高等教育的发展形式问题是一个很重要的战略问题，是对高等教育发展的战略选择。对上述两种不同的高等教育发展形式的优劣得失进行全面的、系统的评价是一个很复杂的问题。本文拟从我国高等教育的实际情况出发，从以下三个方面进行一点回顾与分析。

一、我国高等教育在 80 年代的发展形式

高等教育的"外延式"和"内涵式"这两种发展形式本身并没有孰优孰劣之分，而且在任何一个国家的高等教育发展史中，都很难找到纯粹的

"外延式"发展或纯粹的"内涵式"发展的例子。我们只能从具体的历史的分析中，来判断一个国家的高等教育在一个特定时期内是以哪种形式为主发展的，然后再根据这种发展对高等教育结构与效益的影响来判断发展形式的选择是否得当。

自 20 世纪 70 年代后半期以来，我国的高等教育在经历了十年"文化大革命"造成的严重萎缩后，重新进入了一个蓬勃发展的时期。和世界上其他一些主要国家相比，我国高等教育在这一时期的发展速度是最快的。在 70 年代后半期和 80 年代前半期，我国高等教育总体规模的年平均增长率分别为 18.6% 和 9.3%，而同期内日本为 1.4% 和 0，美国为 1.6% 和 0.4%，苏联为 1.5% 和 -0.5%，联邦德国为 3.3% 和 4.9%，英国为 2.4% 和 5.0%，加拿大为 3.5% 和 5.8%，巴西为 5.3% 和 2.1%。我国的高等教育在这一时期获得了巨大的发展，高等学校的在校生数从 1980 年的 114.4 万人剧增到 1988 年的 200.6 万人（见图 1），每万人中的大学生数从 1980 年的 11.5 人增加到 1988 年的 18.8 人。

我国高等教育在 80 年代发展中的一个显著特点是新建学校的数目增长快。这一特点在 80 年代前期尤为突出。例如，从 1982 年到 1985 年这三年间，新建学校达 301 所，其中 1984—1985 年就增设新校 114 所（见图 2）。相对而言，在 80 年代前期对挖掘老校潜力、扩大现有高校的办学规模、提高办学效益则注意得还不够。到了 80 年代中期，我国新建高等院校数目增加过快的问题引起了有关部门的重视。1985 年通过的《中共中央关于教育体制改革的决定》明确指出："大学本科主要通过改革、扩建和各种形式的联合，充分发挥潜力，近期内一般不建新校。"80 年代后期，我国高等学校数目的增长速度得到了控制。

如果我们比较一下图 1 中我国普通高等学校在校生数的增长曲线和图 2 中高等学校数的增长曲线，就可以发现这二者基本呈同步发展的趋势。这就从直观上表明，我国高等教育总体规模的扩大主要是通过增建新学校来实现的，高等学校的平均办学规模并没有显著的扩大。这一点在表 1 中就显示得更加清楚了。表1给出了这一时期我国历年高等学校数的增长率和高等学校平均办学规模的增长率以及这二者对高等教育总体规模增长率的弹性指数。

（万人）

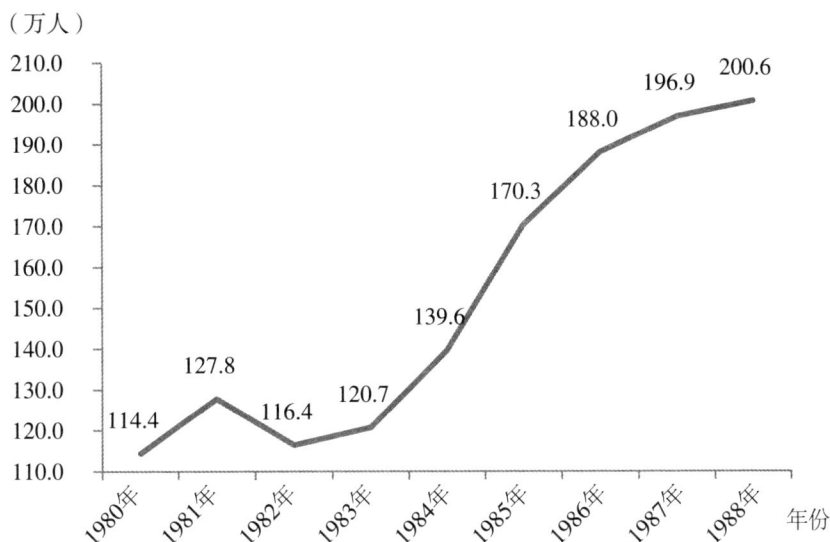

图 1　普通高等学校在校生的增长状况

（所）

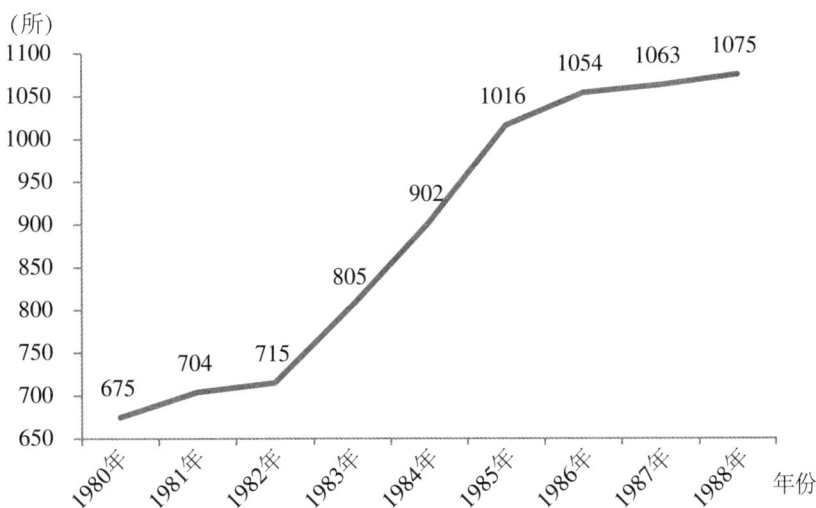

图 2　普通高等学校的增长状况

从表 1 中我们可以看到，在 1980 年到 1988 年这一时期中，我国高等教育总体规模的年平均增长率为 8.4%，同期内高等学校数年平均增长率为 6.1%，而同期内的高等学校办学规模的年平均增长率则仅仅为 2.1%。在这一时期内，高等学校数的增长率相对高等教育总体规模增长率的弹性指数为 0.73，反映了高等学校数量与高等教育总体规模接近同步增长的趋势；而同期内高等学校平均办学规模相对高等教育总体规模的弹性指数为 0.25，表明高等学校平均办学规模的增长率远远低于高等教育总体规模的增长率，呈现出"外延式"发展的显著特征。

表 1　高等学校数和平均办学规模对高等教育总体规模的弹性分析（1980—1988 年）

	（Ⅰ）高等教育总体规模年增长率（%）	（Ⅱ）高等学校数年增长率（%）	（Ⅲ）高等学校平均规模年增长率（%）	（Ⅱ）对（Ⅰ）的弹性指数[（Ⅱ)/（Ⅰ)]	（Ⅲ）对（Ⅰ）的弹性指数[（Ⅲ)/（Ⅰ)]
1980 年	13.1	6.6	5.2		
1981 年	11.9	4.3	7.2		
1982 年	-9.8	1.6	-11.2		
1983 年	4.6	12.6	-7.2		
1984 年	15.6	12.0	3.2		
1985 年	22.0	12.6	8.3		
1986 年	10.4	3.7	6.4		
1987 年	4.1	0.9	3.2		
1988 年	5.5	1.1	4.3		
平均	8.4	6.1	2.1	0.73	0.25

二、"外延式"发展对我国高等教育的影响

"外延式"发展的主要表现是高等学校数量的增长速度大大超过学校平均规模的增长速度，即通过增设新校的途径来实现高等教育总体规模的

扩大。由于我国高等学校的平均规模本来就比较小，80 年代的"外延式"发展的直接结果，就是进一步造成了我国高等学校的布点多而分散、学校的平均规模相对较小的情况。表 2 给出了我国高等学校的平均规模，表 3 给出了 1988 年我国各类高等学校的平均规模。从表 2 和表 3 中我们看到我国高等院校的平均规模多年来一直在 1400—2000 人徘徊。在我国现有的 1075 所高等学校中，在校生不到 2000 人的竟达 751 所，其中 60 所高等学校在校生不到 300 人。综合大学的平均规模远远高于专业院校的平均规模。目前我国高等学校的平均规模为 1922 人，比现在美国和苏联高等学校的平均规模（3000—4000 人）要小得多。

表 2　我国高等学校的平均规模

年份	1957年	1963年	1978年	1979年	1980年	1982年	1983年	1984年	1985年	1986年	1988年
高等学校平均规模（人）	1926	1843	1432	1611	1817	1614	1499	1547	1676	1784	1922

这种由于"外延式"发展而造成的我国高等学校平均规模小、布点多而分散的状况对我国的高等教育系统产生了广泛而深刻的影响。从高等教育管理的角度来看，学校数量多、规模小，容易造成管理机构的重复设置，行政效率低、开支大，同时还带来管理和评价方面的种种困难，不利于高等教育总体质量的提高。从学校内部办学效率的角度来看，学校的数量多、规模小，容易造成专业的重复设置，而每个专业的规模又相对较小，往往是单班招生或隔年单班招生，因此造成资源使用的低效率。从高等教育外部效益的角度来看，由于学校的数量多和规模小往往是同学校本身的过分专业化联系在一起的（正如表 3 中所反映出来的，专业院校的平均规模远远低于综合大学），而过分专业化又往往导致学校系科设置不全，可供学生选择的课程有限，从而使得学生的知识面窄，对飞速发展的经济和千变万化的劳务市场缺乏较强的、灵活的适应性，因此常常不能充分发

挥大学毕业生应有的作用,导致高等教育的社会经济效益不高。当然,本文不可能对于这种"外延式"发展所造成的种种后果进行全面的评价。下面我们仅就高等教育经费的使用效率问题进行一些分析。

表3 我国各类高等学校的平均规模及生师比 (1988年)

	学校数 (所)	在校生数 (人)	平均规模 (人)	教师数 (人)	生师比
综合大学	49	241581	4930	45646	5.29
理工院校	281	732941	2608	147045	4.98
农业院校	59	115592	1959	25072	4.61
林业院校	11	18168	1651	4416	4.11
医药院校	119	186253	1565	42447	4.39
师范院校	262	490978	1874	76419	6.42
语文院校	14	15021	1073	4765	3.15
财经院校	80	113936	1424	19875	5.73
政法院校	25	28518	1411	5052	5.64
体育院校	16	13366	835	3376	3.96
艺术院校	30	12477	416	5361	2.33
其他院校	129	97032	753	13711	7.08
总计	1075	2065863	1922	393185	5.25

为了对高等教育发展形式与高等教育经费使用效率进行系统的定量分析,我们首先需要选择能够反映这二者基本特性的可测度的指标体系。由于"外延式"和"内涵式"这两种不同的发展形式所导致的结果直接表现为学校数目的多少和学校平均规模的大小,而在高等教育总体规模给定的情况下,高等学校的数目同其平均规模又成反比例关系,因此,学校的平均规模就可以作为反映不同发展形式的一个基本指标。高等教育经费使用

效率的测量要相对复杂一些，因为这需要建立一套能够说明各种教育资源的投入、使用及产出状况的数量指标体系和计算方法。在国际国内的现有文献中，教育科学研究人员通常用一个高度综合的指标，即一所学校每个学生平均每年消耗的教育事业费（以下简称"生均成本"）作为反映该校教育经费使用效率的基本指标。这实际上是以学校的全年教育事业费消耗量作为投入量指标，其中包括教职员工的工资、行政管理费、教学业务费、教学设备费、房屋修缮费、后勤服务费等等，以全年平均在校学生人数作为产出指标。因此，在教育资源投入量确定的情况下，培养出来的学生越多，教育经费的使用效率也就越高。

当然，用生均成本作为效率指标也存在一些问题。第一，这一指标只衡量了产出数量而没有考虑到产出的质量。第二，研究人员在使用这个指标时，往往为了便于研究工作的操作和定量分析而没有把基建投资和固定资产的因素包括进去。尽管如此，生均成本，即每个学生每年所消耗的教育事业费，仍然是当前国际教育研究中最常用的反映教育经费使用状况的基本指标，是在教育政策制定中最有参考价值的指标之一。因此，我们在研究中也使用了这一指标。

当我们考察高等教育规模扩展形式同高等教育经费使用效率的关系时，发现在我国目前情况下，"外延式"发展易导致高等教育经费使用效率的降低，而"内涵式"发展则有利于提高现有经费的使用效率。具体地说，如果我们把学校平均规模作为反映高等教育发展形式的指标，把生均成本作为反映高等教育经费使用效率的指标，那么我们就可以看到生均成本随着学校规模的扩大而递减的趋势。这一点在图 3 中得到了非常直观的反映。图 3 是我国 136 所高等院校的生均成本和学校规模的散点图。图中的纵坐标是以千元为单位的生均成本，横坐标是以在校生数为指标的学校规模。

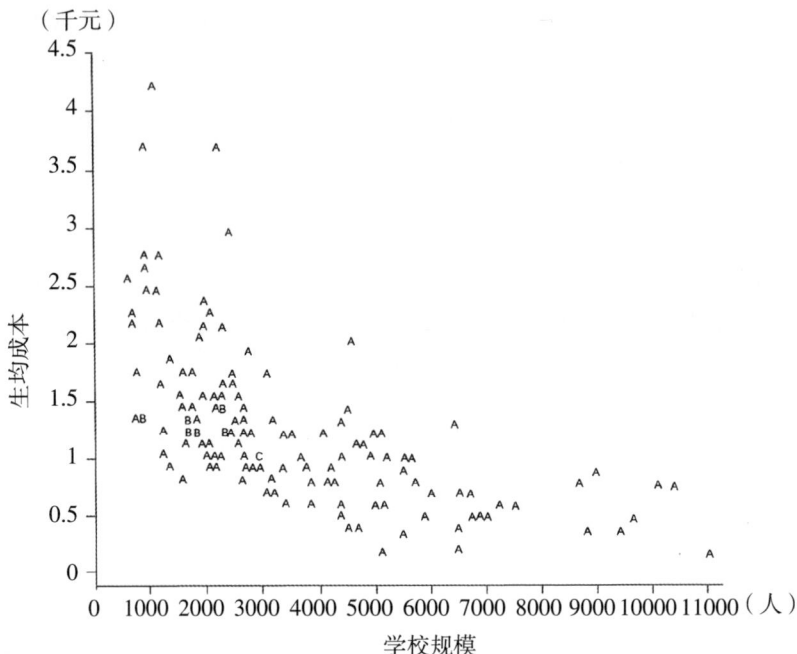

图 3　生均成本与学校规模的散点图

注：A 代表 1 所学校，B 代表 2 所学校，C 代表 3 所学校。

除了使用图 3 这种比较直观的散点图来揭示生均成本随着学校规模的扩大而下降的趋势外，1986 年我们还用多元回归的方法对这二者的关系做了进一步的定量考察。我们根据回归分析的结果对我国的生均成本进行了初步的估算。结果是这样的：在我国目前的平均办学条件下，一个规模为 2000 名在校生、学生教师比为 5∶1 的高校比一个规模为 4000 名在校生、学生教师比为 10∶1 的高校每年的生均成本要高 418 元。这里需要做几点说明。第一，我们选取 2000 名在校生这个办学规模进行模拟是由于这个数字同我国目前高等学校的平均规模（1922 名）比较接近，而 4000 名在校生则是在我国目前高等教育办学条件下比较接近适度规模的水平。第二，我们在模拟时加入学生教师比这个因素是考虑到在我国教育事业费的支出中，教师人头费占了相当大的比重。同时，从理论上说，学生教师比同学校规模有着很重要的关系。一个规模很小的学校由于专业点小而单班招生或隔年单班招生，造成教师工作量不满，致使学生教师比相对较低，生均成本相对较高。5：1的学生教师比是我国目前的水平，10：1则是国家教委提出的我们在90年代应逐步接近的指标，总之，回归分析的结果同我们从散点图中得到的直观印象是完全一致的，并给出了具体的量的指标。

但是，这一结果有一定局限性，因为这仅仅是对我国136所高等院校的数据进行回归分析的结果。这136所院校大都是全国重点院校或省重点院校，没有包括占我国高等院校总数一半以上的普通地方院校。由于普通地方院校在隶属关系、经费渠道和拨款机制等方面同重点院校有较大差别，因此其成本也有很大差别。为了更深入更全面地探讨高等教育发展形式同高等教育经费使用效率的关系，我们于1989年4月至1990年4月在我国陕西、贵州、湖北三省做了进一步的调查研究。我们选取了包括全国重点院校、省属重点院校和普通地方院校在内的114所高等院校构成的样本，并特别注意了解那些在以前的研究中涉及较少的普通地方院校的情况，实地考察了20多所高等院校，对114所院校进行了广泛的问卷调查，采集了数十万个数据。在此基础上，我们运用多元回归的方法对数据进行了分析。我们采用的模型如下：

$$Y = a + b_1 \frac{1}{ENT} + b_2 STR + b_3 X_1 + b_4 X_2 + b_5 X_3 + b_6 X_4 + b_7 X_5 + b_8 X_6 + b_9 X_7$$
$$+ b_{10} X_8 + b_{11} Z_1 + b_{12} Z_2 + b_{13} Z_3 + b_{14} Z_4 + ERR \qquad (1)$$

公式中的 Y 代表生均成本，是反映高等教育经费使用效率的基本指标；ENT 代表学校规模，是反映高等教育发展形式的主要指标；STR 代表学生与教师之比，这也是同高等教育发展形式相联系的指标之一；X_1—X_8 是一组控制学校类型的虚拟变量，其中 X_1 代表农林院校，X_2 代表理工院校，X_3 代表财经政法院校，X_4 代表综合大学，X_5 代表师范院校，X_6 代表体育院校，X_7 代表艺术院校，X_8 代表其他类型的院校。上述每个变量的值取"1"时，表示它所代表的学校类型，取"0"时表示其他的学校类型。当 X_1—X_8 的值都取"0"时，学校类型为医药院校。Z_1—Z_4 是一组控制学校隶属关系的虚拟变量，其中 Z_1 代表由中央其他部委主管的院校（不含隶属于国家教委的院校），Z_2 代表由省（自治区、直辖市）教委主管的院校，Z_3 代表由省（自治区、直辖市）其他厅局主管的院校，Z_4 代表由省（自治区、直辖市）以下地方政府主管的院校。当上述变量的值取"1"时表示隶属关系，取"0"时表示其他。当 Z_1—Z_4 的值都取"0"时，代表国家教委主管的院校。我们加入 X_1—X_8 和 Z_1—Z_4 这两组控制变量，是考虑到高等院校的适度规模总是受行业类型和一定技术水平的影响。我们在中国当前特定的高等教育办学条件下来探索高等学校的适度规模，必须考虑到不同层次不同类型院校之间在办学物质技术条件等方面的差别。因此我们使用两组控制变量来反映这种差别。ERR 代表随机误差。分析结果如下：

$$Y=2435+\frac{196593}{ENT}-109STR+554X_3-507X_5+1672X_7-977Z_4 \qquad (2)$$

公式 2 中，Y 为生均成本。$N=114$，$R=0.561$，$F=25.1$。

公式中的回归系数都在 0.05 的显著性水平上通过了统计检验（那些回归系数不能通过统计检验的变量被淘汰了）。这一结果表明，当学校规模小、学生教师比低时，生均成本就高。公式（2）中，Y 所代表的生均成本包括了除基建开支外的所有教育事业费支出，即含人员支出和非人员支出两大部分。人员支出（包括工资、补助工资和福利）受到许多制度化因素的影响，特别是受到我国的劳动就业制度和工资制度的影响，是一个政策性很强的问题。如果我们在计算生均成本时，扣除人员支出部分，即计算生均教学业务、教学设备、行政公务、房屋修缮等非人员性开支，并将其作为考察非人员教育事业费的使用效率的指标，进行同样的回归分析，结果如下：

$$Y_2=1296+\frac{143306}{ENT}-48STR-417X_5+1115X_8-627Z_4 \qquad (3)$$

公式（3）中，Y_2 为生均非人员性开支。$N=114$，$R=0.40$，$F=16.1$。

公式中的回归系数都在 0.05 的显著性水平上通过了统计检验（那些

回归系数不能通过统计检验的变量被淘汰了）。这一回归分析结果同样揭示了生均非人员性开支随着学校规模的扩大和学生教师比的提高而逐步下降的趋势。

在回归分析的基础上，我们根据公式（2）进一步对我国高等教育的生均成本行为进行了模拟，结果见表4。

表4　我国高等教育生均成本行为的模拟

单位：元

		生师比			
		3∶1	5∶1	8∶1	10∶1
学校规模	300 人	2763	2545	2218	2000
	500 人	2501	2283	1956	1738
	1000 人	2305	2087	1759	1541
	2000 人	2206	1988	1661	1443
	4000 人	2157	1939	1612	1394
	6000 人	2141	1923	1506	1378
	8000 人	2132	1914	1586	1370
	10000 人	2127	1909	1582	1365

从表4中，我们可以更清楚地看到高等教育的生均成本随着学校规模的扩大和学生教师比的提高而下降。这一模拟结果对我们至少有以下几点启示。

第一，当学校规模小、学生教师比低时，每个学生每年消耗的教育事业费高，经费的使用效率低。这可能是以下几个因素造成的。（1）生均行政管理成本高。因为小的学校也需要一套完整的行政管理机构，这在社会组织理论中被称为"制度化同型性"（institutional isomorphism）。但生均行政管理成本并不一定随着学校规模的扩大而成比例或成线性增长。比如说，一个有1000名在校生的学校需要一个8人组成的财务处，那么当学校规模增大到2000名在校生时，财务处的规模并不是相应地增长1倍，可能只需要增加到 12 人就够了。（2）生均教学成本高。学校规模小，造成许多专业单班招生或隔年单班招生，导致教师工作量不满和教学设备利用不充分。因此，当学校规模扩大和在校生人数增加时，教师工作量增加，教学设备利用率提高，从而使教师和教学设备的增长幅度小于在校生的增长幅度，形成较低的生均成本。

第二，生均成本随着学校规模的扩大而下降的速率是逐步递减的。学校规模越大，扩大时生均成本的下降就越缓慢。生均成本的函数模型如下。

$$Y = a + b_1 \frac{1}{ENT} + b_2 STR + \cdots$$

有：

$$\frac{\partial Y}{\partial ENT} = -b_1 / ENT^2 < 0 \quad (b_1 > 0) \tag{4}$$

因此有：

$$\frac{\partial}{\partial ENT}\left(\frac{\partial Y}{\partial ENT}\right) = 2b_1 / ENT^3 > 0 \tag{5}$$

其中 Y 是生均成本，ENT 是学校规模。根据公式（4），当平均规模为4000 名在校生时，生均成本的递减率为 0.012；当平均规模为 5000 名在校生时，生均成本的递减率低于 0.008。根据公式 5，这一递减率的变化率逐渐趋于 0。从表 4 中我们也可以看到，当学校规模达到 4000 名在校生后，由学校规模的进一步扩大而带来的生均成本节约就比较少了。也就是说，在我国当前的办学条件下，当学校规模达到 4000 名在校生时，就比较接近高等院校适度规模的要求了。这同我们从生均成本与学校规模的散点图中所得到的直观印象是完全一致的。

第三，从表 4 中我们还可以看到，相对于由学校规模扩大而带来的教育成本节约而言，由提高学生教师比而导致的成本下降是很显著的。为什么会出现这种情况呢？这主要是因为我国高等教育的成本行为受到我国现行的高等教育管理体制、经费渠道和拨款机制的影响。目前我国高等院校

(不论是全国重点院校还是地方院校）的经费来源主要是国家财政拨款或地方财政拨款，从其他渠道筹集的教育经费只占很小的比例。在进行财政拨款时，又都是以在校生人数为主要政策参数，即首先确定一个拨款指标，如每个学生每年教育事业费 2000 元，然后用这个指标乘以在校生数。学校不论大小，一律使用同一个政策参数，结果是在校生多的学校多拿，在校生少的学校少拿。这样就使得高等院校因规模不同而获得的生均拨款额的差别很小。在这种情况下，学生教师比就成为影响生均成本行为的重要因素。例如，同样是有 1000 名在校生的学校，学校甲的学生教师比是10：1（即有 100 名教师），而学校乙的学生教师比是 5：1（即有 200 名教师），学校乙就不仅必须多支付 1 倍的教学人员工资、补助工资、福利等，而且必须支付由于教师队伍庞大而造成的行政管理和后勤服务等方面的额外费用。因此，从这一现状出发，我们在扩大学校规模以求降低生均成本时，必须特别注意在保证教学质量的前提下，提高学生教师比，而学生教师比的提高也只有在学校达到一定规模时才能实现。由于我国现行的高等教育经费渠道和拨款机制影响着高等学校的成本行为，随着高等教育改革的深入和经费渠道的多样化，高等学校的规模效益问题就会更加突出表现出来。

第四，这一模拟结果只是对高等学校生均成本现状的数学描述，而并不涉及现状本身是否合理的问题。例如，从表 4 中可以看到当学校规模为1000 名在校生、学生教师比为 5：1 时，高等学校的平均生均成本为 2087元，这仅仅是从样本中反映出来的生均成本的现状而已，丝毫不涉及这2087 元是否合理或是否够用的问题。同样，当学校规模为 300 名在校生、学生教师比为 3：1 时，高等学校的平均生均成本为 2763 元，这也是从样本中反映出来的生均成本的现状，也不涉及这 2763 元是否合理或是否够用的问题。这种现状只是反映出规模过小的学校容易出现经费使用的低效率。例如，我们在调查时看到一所在校生不到 300 人的院校年生均成本高达近 4000 元，几乎是北京大学生均成本的 2 倍，这就是规模小导致成本高的具体例子。事实上，我国高等教育经费一直是偏紧的。以北京大学为例：国家按学生数拨给的经费不能维持学校的日常教学活动，还要通过其他各种渠道补 30%，才能勉强维持学校的正常运行。其他高等学校的情况比北京大学也好不了多少。我国目前高等教育的办学条件总的来说是较差的，教师的工作条件和生活条件需要改善，工资需要逐步提高，校舍和教学设备既陈旧又不足，急需补充和更新，等等。因此，一方面，我们应该在国家财力允许的情况下，逐步增加教育经费；另一方面，应注意改进管理体制，提高经费的使用效率。通过这两方面的努力来改善高等学校的办学条件，推动我国高等教育事业的发展。

三、我国高等教育在 90 年代及 21 世纪所应采取的发展战略

我国高等教育的发展在 80 年代取得了巨大成就，为推动我国的社会经济发展做出了重要贡献，这是毋庸置疑的。80 年代高等教育走了一条"外延式"的发展道路，这是有其客观原因的。在今后相当长的一个历史时期内，我国高等教育应该采取以"内涵式"为主的发展战略。这一总的战略可以分为两个阶段来实施。

在近期内，即在 90 年代，我国高等教育应该认真贯彻国家教委提出的"稳定规模，优化结构，提高质量，讲求效益"的方针。我国现有全日制高等院校在校生 206 万人，相对于我国目前的经济实力而言，总体规模已经很可观了。现在的问题是，一方面，我国高等学校的平均规模太小，教育资源使用效率低；另一方面，专业结构的设置与社会经济发展对人才的需求适应得不够好，造成一些专业的毕业生供不应求，另一些专业的毕业生供过于求。要解决这两方面的问题，需要做的事情很多，其中很重要的一个方面就是对规模过小和专业面过窄的院校进行适当的调整，采取院校联合办学或合并学校的措施，以期达到扩大办学规模、降低生均成本、提

高经费使用效率的目的。同时拓宽学校的专业设置，扩大学生的选课机会，提升学生对未来经济发展和劳务市场变化的灵活适应性。

我国现在的高等教育的总体规模相对于我国人口而言，还是比较小的。我国高等教育的入学率仅为 3.5%，印度为 8.9%，巴西为 11.3%，苏联为 21.6%，日本为 28.8%，美国为 59.3%，这说明我国高等教育发展的相对水平还是很低的。因此，从长远来看，也就是进入 21 世纪后，我国的高等教育还需要一个较大的发展，使我国高等教育总体规模的相对水平逐步接近发达国家的水平，这样才能极大地提高全民族的文化素质和科学技术水平。我们在制定高等教育的长远发展战略时，必须考虑到我国有相当一批高等院校规模小导致效益偏低这一事实。因此我国未来高等教育应该采取以"内涵式"为主的发展战略，即主要通过挖掘现有高等学校的潜力，提高现有学校的内部效率，扩大现有学校的平均办学规模，来实现高等教育总体规模的发展。即使是在我国高等教育总体规模扩大 1 倍的情况下，即从现在的 200 万名在校生发展到 400 万名在校生，也应该基本上不增加学校数，使我国高等院校的平均规模逐步接近 4000 名在校生的水平。当然，这里是指全国高等院校的平均规模，不同类型学校应该根据其具体情况，寻找其"最佳规模"。

参考文献

[1] 中华人民共和国教育部计划财务司. 中国教育成就：统计资料：1949—1983 [M]. 北京：人民教育出版社，1984.

[2] 中华人民共和国国家教育委员会计划财务司. 中国教育成就：统计资料：1980—1985 [M]. 北京：人民教育出版社，1986.

[3] 中华人民共和国国家教育委员会计划财务局. 中国教育统计年鉴：1987 [M]. 北京：北京工业大学出版社，1988.

[4] 中华人民共和国国家教育委员会计划建设司. 中国教育统计年鉴：1988 [M]. 北京：北京工业大学出版社，1989.

（本文原载《教育研究》1990 年第 10 期）

高等教育要主动适应经济的转轨变型

杨德广

近几年来，我国经济体制的转轨变型以及经济结构的变化，对推动经济发展和社会发展起了积极作用。相对而言，高等学校的改革跟不上经济改革的步伐，不能适应经济和社会发展的需要。其主要原因是高等教育没有顺应经济的转轨，仍然停留在旧的经济体制、经济模式、经济结构上，停留在旧的思想观念上。因而，要改变高等教育的落后状况，必须认真研究我国经济体制、经济结构的转轨，并努力适应这些转轨。

一、从单一的经济结构向多种经济结构转轨

过去，我国的经济结构是单一的公有制，即全民所有制和集体所有制。改革开放以来，我国的经济结构发生了巨大变化，出现了以公有制为主体的经济结构，这对促进我国经济繁荣产生了巨大作用。在经济结构转轨变型的情况下，我国高等教育仍然是单一的公有制，完全依靠国家力量办学，显然已不能适应。这主要表现在以下几方面：一是靠国家包办高等教育，这是国力所不能及的。目前，国家投资不足，影响了教育事业的发展。二是不利于多种形式办学和多渠道集资，不利于调动各方面办学积极性。三是不适应多种经济体制下对人才多层次、多元化的需求，也不利于建立人才交流市场以满足各方面对毕业生的需求。

为改变这一状况，高等学校应该建立与多种经济体制相适应的多种办学体制。

第一，变国家化教育为社会化教育。变一种结构为多种结构，即有国家办、企业办、民间办、私人办、中外合作办等多种办学形式。现阶段，在有条件的大中城市可以办若干所民办大学（包括社会团体办学和私立大学），改变高等学校一律由国家办的状况。

第二，公立大学也要扩大招收自费生，使公费生、委培生、自费生并存。这样可以多渠道筹资，多种形式办学，培养多层次人才，以促进高等教育的发展，满足社会各方面的需要。

第三，合作办学。吸收国外、海外资金在国内办学，招收外国留学生和中国学生，或者由中国派出教师到国外、海外办学，以教授汉语和中国的科学文化。这里主要指在国内办学，包括联合办大学、办学院、办专业，可以单独招收外国留学生，也可以单独招收中国学生，或二者兼招。这类学校在遵守中国的法律和教育法规的前提下，主要由中方管理，吸收外方人员参加管理，教学由中外双方教师承担。这类学校可以吸收外资，有助于发展我国高教事业；可以学习外国先进的科学技术和教学经验，提高我国的教学质量；还可以向外国留学生传授中国的科学文化，增进我国和其他国家之间的往来和友谊。这类学校可以作为我国办学体制的有益补充。多种办学体制，多种教育结构，不仅可以改变单一的国家投资，而且有助于各类学校之间互相学习、互相竞争、互相促进，有利于建立广泛的人才市场，以适应多种经济结构下对人才的需求。

二、从产品经济向市场经济转轨

新中国建立以后，我国实行的是产品经济，主要的物资、原材料、生产资料等一律由国家统购统销，不得作为商品在市场上流通，甚至不能提"商品经济"几个字，片面地认为商品经济是资本主义固有的经济体制。

党的十三大提出在我国建立社会主义有计划的商品经济，我国开始实现从产品经济向商品经济的转轨。近几年来，随着改革开放步伐的加快，我国实行全方位的商品经济，大大推动了生产力的发展，活跃和繁荣了市场，人民的生活水平有了明显提高。市场经济的建立，打破了高度集中统一的计划经济体制，即从过去那种管得过多、统得过多、包得过多的高度集权的管理体制，转向运用计划和市场两种经济手段。

由于商品经济的发展，我国逐步建立了具有生机与活力的社会主义商品经济体制和运行机制，逐步建立了社会主义市场经济。人们的商品意识、价值观念、竞争观念大大增强了。由于商品经济的发展，市场体系也迅速发展和完善，打破了产品经济体制下的陈规陋习、条条框框。目前我国已建立了生产资料、生活资料、资金、劳务、技术、信息、房地产等多种形式多层次的商品和生产要素市场。国家实行统购统销几十年的粮食、原材料，也建立了集贸市场。

高等学校怎样适应这一转轨？

第一，改变传统的教育方式，以变应变。从产品经济向市场经济的转轨，冲击了高等学校的思想教育工作。青年学生的价值观念，随着商品经济、市场经济的发展而发生了很大的变化，给学校教育工作提出了许多新的课题。比如，人们的社会行为从被规定到有了选择，人们的道德标准从单一到多元。因为允许多种经济体制的存在，也就允许多种道德观念的存在，青年人道德选择的跨度变大了，从"个人主义是万恶之源"到适当考虑个人利益，从坚持纯粹的公有制到允许合法的私人经营，等等。因此，我们的教育工作和管理工作也就不能用传统的统一模式，而要灵活多样、以变应变，对不同层次的学生，分别进行爱国主义、集体主义、共产主义教育，把共性教育与个性教育结合起来，把共同理想教育与最高理想教育结合起来，把市场经济发展中的积极因素教育和消极因素防范工作结合起来。

第二，从产品经济向市场经济的转轨，要求高等教育必须面向商品经济、面向市场需要而不能再像以前那样靠国家统管统包。教育不完全是商品，但具有商品属性、商品功能。高等教育的发展，包括招生、专业设置、人才规格、毕业生分配，不能完全依赖国家下达指令，高等学校必须主动到社会的大市场去预测、了解情况然后制订计划。也就是说，要从市场需求出发办学校、办专业、招收学生；要从市场需求出发，主动进入经济建设主战场，在为市场经济服务中增加学校经费来源，提高学校投资效益，在社会主义市场经济中求生存、求发展。

第三，高等学校要主动面向三个市场。（1）面向科技市场。高等学校要利用自己的高新技术优势，建立和发展校办产业，尤其是高科技产业，努力为经济建设和社会发展服务；要积极参加重点工程和企业技术改造的科技攻关；要积极做好科研成果的推广工作，迅速把科研成果转化为生产力。高等学校要敢于到科技市场去角逐、去竞争，这不仅有利于社会的发展，也有利于自身的发展。（2）面向信息市场。高等学校要利用本校的学科、专业和图书资料的优势，从社会需要出发，开展软科学研究，提供咨询服务。（3）面向人才市场。随着社会主义市场经济的发展，建立和完善人才市场是必然趋势。高等学校不仅要向国营企业输送人才，而且要面向乡镇企业、合资企业、独资企业的人才市场，为这些部门招收和培养合格人才，还要面向国际劳务市场，培养外国需要的高层次专门人才。

三、从以第二产业为主的经济结构向以
第三产业为主的经济结构转轨

一个国家第三产业水平的高低，是其社会经济发达程度的重要标志。第三产业是繁荣经济、提高人民生活水平的重要部门，是生产力提高和社会进步的必然结果。发达国家的第三产业产值占三次产业的50%以上。如日本的第三产业在国内生产总值中所占的比重由1970年的51%增加到80年代的57.9%，第三产业就业人口占整个就业人口的比重由45%增加到

58.7%。比利时第三产业就业人口占劳动力的 67.8%，在现有企业中 70% 的企业从事服务业。我国第三产业发展缓慢，水平较低，不适应国民经济发展的需要。1991 年我国第三产业的产值在国民生产总值中仅占 27.2%，而国际小康型国家为 50%；1990 年第三产业吸纳的劳动力在所有劳动力中的比例为 18.6%，而国际小康型国家为 40%。

在当前加快改革开放步伐、集中精力把经济建设搞上去的重要时期，必须使第三产业有一个全面、快速的发展。最近中共中央、国务院专门发布了《关于加快发展第三产业的决定》，因此，从以第二产业为主的经济结构向以第三产业为主的经济结构转轨，是现代社会发展的必然趋势。尤其是上海等沿海城市，更需加快发展第三产业的步伐，逐步过渡到第三产业的产值、就业人数超过第一、第二产业。第三产业主要包括流通部门、为生产和生活服务的部门、为提高科学水平和居民素质服务的部门。中共中央和国务院在《关于加快发展第三产业的决定》中指出："只有加快发展第三产业，才能适应人民群众日益增长的物质和文化生活的需要，促进社会主义物质文明和精神文明建设。"高等教育要适应这一转轨，必须做好以下三方面工作。

第一，调整结构，以适应第三产业发展的需要。就上海来说，高校 70% 以上的专业是在培养第二产业人才，对第三产业人才的培养远远满足不了社会的需要。从近几年上海高校毕业生供需情况看，最紧缺的专业多数与第三产业有关，如外贸、金融、财会、计算机、外语等，缺额很大。因此，有必要对学校结构和专业结构做适当调整，减少第二产业的专业招生数，扩大第三产业的专业招生数。

第二，积极创造条件，开设与第三产业有关的新专业。中共中央、国务院提出加快发展第三产业有四个重点：一是与经济发展和人民生活关系密切的行业，如商业、物资业、对外贸易业、金融业、保险业、旅游业、房地产业、仓储业、居民服务业、饮食业和文化卫生事业等；二是与科技进步相关的新兴行业，如咨询业（包括科技、法律、会计、审计等方面的咨询业）、信息业和各类技术服务业等；三是农村中的第三产业，主要是为农业产前、产中、产后服务的行业，为提高农民素质和生活质量服务的行业；四是对国民经济发展具有全局性、先导性影响的基础行业，主要是交通运输业、邮电通讯业、科学研究事业、教育事业和公用事业等。高等学校应根据上述四方面内容，从各地区、各部门实际需要出发，发挥本校的优势和潜力，积极开设与第三产业相关的专业，培养第三产业的专门人才。上海的经济将向外向型、高科技、高档次的方向发展，因此，高等学校要在金融、流通、信息、贸易等与第三产业相关的专业方面多培养社会需要的人才。

第三，高等学校可以利用自身的条件创办第三产业。加快发展第三产业，必须充分调动各方面的积极性，国家、集体、个人一起上。各高校可以在保证教学、科研任务完成的前提下组织好力量，积极发展第三产业，包括与科技进步相关的咨询业、信息业和技术服务业，也可以利用学校的地理优势、后勤力量，开展商业服务、饮食服务、汽车服务等。只要是社会需要的、学校力所能及的第三产业都可以办，从而为实现加快发展第三产业这一重大战略任务做出贡献。

四、从劳动密集型经济向知识密集型经济转轨

本世纪中期以来，原子能、电子计算机和空间技术的出现，引发了近现代科学技术史上第三次技术革命。现代科学革命和技术革命的丰硕成果，使社会生产力的发展出现了巨大的飞跃，劳动密集型的产业逐步向知识密集型的产业转轨。70年代以来，世界经济发展的历程清楚表明，高新技术极大地提高了劳动生产率，在相同的人力、物力、能量、时间消耗下，企业创造出高得多的经济效益，成为经济发展的先导。据统计，发达国家劳动生产率的提高，在本世纪初，只有10%左右依靠的是新的科技成果，而60年代这一比例上升到40%，现在上升到70%。现代生产的自动

化及无人化，使劳动力三要素，即劳动者、劳动生产资料、劳动对象的相互作用发生了重大变化。由于现代科学技术的发展，科学技术成为第一生产力。近几年来，我国在大力发展科学技术的同时，积极吸取国外高、新技术，其目的之一，就是要实现从劳动密集型经济向知识密集型经济转轨。要以高技术产业带动传统产业，用高技术推动传统产业的技术进步和技术改造。如用电子和信息技术带动和改造能源、交通、通信等社会基础设施，用机电一体化技术带动和改造制造业，用生物技术提高农业、食品、医药等方面的水平。

从劳动密集型经济向知识密集型经济转轨，是现代社会发展的必然趋势。高等教育如何适应这一转轨呢？

第一，知识密集型经济的发展，反映现代科学知识的迅猛发展，其在短时间内发生的急剧增长，也被称为"知识激增""知识爆炸"。据统计，科学知识增长率，60年代每年为9.5%，80年代每年为12.5%。这说明大学毕业生走上工作岗位以后，有些学过的知识不久将过时，许多新的知识需要去了解、去掌握，这就要求大学教育不能停留在传授知识上，更重要的是教会学生自己学习，让学生具备自我学习、吸取新知识的能力。当前的教育改革，不能只着眼于体制改革，而且要注意深入到教学领域中去。其中一个重要的内容，就是教会学生学习，以便他们将来走上工作岗位后，能通过自己的学习、探索，不断掌握新的科学知识，以适应社会发展和实际工作的需要。

第二，知识密集型经济的发展，反映为产品的更新换代不断加快，从而也反映了知识的陈旧周期的缩短。据统计，本世纪50年代，知识陈旧周期为15年，70年代为8—9年，80年代为3—4年。这种知识的陈旧及上面讲的知识激增，主要是指专业知识、技术知识，而不是基础知识。这说明高等学校在课程结构上，必须重视发展基础知识的课程，适当减少专业知识的课程，以增强学生的后劲。

第三，知识密集型经济的发展，反映现代科技向高度分化、高度综合方向转变的趋势，即两门或两门以上的学科加以综合，产生一门新的学科。这就要求高等学校在教学改革中必须帮助学生建立合理的知识结构，必须注意培养复合型人才。比如，要实行学分制，加强主副修制，适当增加选修课，减少必修课。可以多培养一些双学位学生，即在学完第一本科的基础上，再学习第二本科，取得双学士学位，学制为 6 年左右。还可以发展双专科，即在学完第一专科的基础上，再学习第二专科，取得双专科的文凭，学制为 4 年左右。双本科和双专科的专业应有一定的跨度，应是社会上紧缺的专业，是能反映现代科学技术前沿的专业。

五、从内向型经济向外向型经济转轨

在过去很长的一段时间内，我国搞的是内向型经济，提倡自力更生、自给自足，这与我国当时的国际环境，即帝国主义对我国搞封锁政策有关，影响了我国经济发展的速度。近几年来，随着商品经济的发展、改革开放的发展，我国已从封闭半封闭经济，转向积极参与国际交换、国际竞争的外向型的开放经济。在现代社会里，任何国家都不能在封闭状态下实现本国的现代化，只有加强国际交流、国际协作，发展外向型经济，才能推动现代化的进程。

从宏观上来看，世界经济发展和科技进步正趋于国际化，科学技术的竞争日益成为国际经济竞争中的决定因素。同时，人类为了解决共同面临的人口、环境、资源、灾害等全球问题，又必须加强合作。还有一个值得重视的趋势，即在国际市场上，跨国公司的竞争越来越激烈。1990 年世界上 500 家最大的跨国工业公司销售额为 5 万亿美元，相当于整个西方世界国内生产总值的四分之一。中国要发展商品经济，就必须向外向型转轨，必须参与国际市场竞争、参与国际分工。生产的国际化与资本的国际化是经济发展的必然趋势。列宁早就说过，"人类的整个经济、政治和精神生活，在资本主义制度下已经越来越国际化了"，"社会主义会把它完全国际化"。

为适应这一转轨，高等学校应做好以下几方面工作。

第一，高等学校要调整结构，增加与外向型经济相关的专业和课程，如外语、外贸、涉外法律、国际金融等。即使是非外向型专业，也可开设一部分涉外课程，让学生增长这方面的知识。高等学校还要积极为社会举办各种类型的培训班，开展继续教育，为六七十年代的大学毕业生、有关方面的在职人员传授涉外知识。

第二，努力培养一批外向型人才。要实现从内向型经济向外向型经济转轨，必须有大批外向型人才。他们要懂得外语，懂得外国经济、外贸、法律等方面的知识，要具有与外国人打交道的能力，还要有较高的思想觉悟和道德水准。因此，对外向型专业的学生，学校各级领导和教师在加强业务培训的同时，必须加强思想政治教育，把学生培养成德智体全面发展的社会主义建设者和接班人。

第三，有条件的高等学校要直接参与外向型经济活动，为外向型经济服务。除了人才培养外，可以为有关部门提供国外经济发展信息，并结合我国国情，提出积极的意见和建议；参加外向型经济方面的软课题研究，发挥参谋咨询作用；帮助政府和有关部门解决在外向型经济活动中遇到的问题；与国外或涉外单位联合办科技产业，发展外向型经济。

以上五方面的转轨，都是我国经济领域中的重大变化。高等学校，尤其是上海等沿海省市的高等学校要紧紧跟上经济的转轨变型，必须解放思想，转变观念，采取切实有效的措施，主动适应这些变化，主动为经济发展服务。只有这样，高等学校才能充满生机和活力，才能得到社会和经济部门的承认和支持，形成与之互相依靠、互相帮助、互相促进的良好机制。

（本文原载《教育研究》1992 年第 11 期）

面向21世纪国际高等教育发展的六大基本趋势

陈学飞

我国是国际社会的重要一员。自"冷战"终结以来，世界各国在政治、经济和思想文化方面的相互联系和相互影响越来越广泛。由此，在探讨我国高等教育未来发展前景的时候，也应当探讨和明了国际高等教育发展的历史趋势和未来走向，以利于我国高等教育逐步成为国际高等教育发展主流的一个部分。

那么，面向21世纪，国际高等教育发展的走向如何？概括起来，有以下六大基本趋势。

一、高等教育与产业界以及整个社会生活的关系将会越来越密切

世界银行的一些专家在对国际高等教育发展总趋势的调查研究中，得出的一个结论是，从全世界高等教育发展的历史来看，19世纪和19世纪以前，宗教与高等教育的关系密切，教会对教育的影响强大；进入20世纪以来，民族国家的政府与高等教育的关系越来越密切，政府对教育的影响强大；在行将到来的21世纪，企业界乃至整个社会与高等教育的关系将会越来越密切，尤其是企业界对高等教育发展的影响将会越来越强有力。

高等教育与政府的关系和在未来与企业界乃至整个社会生活的关系之所以会越来越密切，主要在于高等教育在社会和经济发展中的作用和地位

越来越重要，高等教育已从社会的边缘逐步走向了社会大舞台的中心。在古希腊时代，高等学校是进行哲学思维的场所。中世纪的大学则主要是传授人文科学知识和绝对道德真理的圣殿。在英国的工业革命中，古典的牛津大学和剑桥大学几乎没有起到任何作用。但是到了19世纪末20世纪初，大学逐渐成了推动工业化的一支重要力量，成了社会服务站。"二战"以来，高等学校越来越成为高深知识生产、传播、存储和应用的组织，成为社会的一种核心机构。有人把这种现象上升到理论，提出了高等教育轴心论。高等教育轴心论的理论基础有两个：一是知识产业论，另一个是后工业社会论。知识产业论是美国教授弗里兹·马克卢普1962年在《美国的知识生产与分布》一书中最先提出的。马克卢普指出，在美国存在着一个知识产业群，包括主要从事生产、接收、处理和传播知识及其工具的组织。知识的生产包括新知识的创造和向更多的人传播已有的知识。马克卢普列举的知识产业集团包括教育、研究与开发、艺术创造与交流、传播媒介、信息服务及信息设备。其中教育是最大的知识产业集团。后工业社会的概念是20世纪70年代初哈佛大学教授丹尼尔·贝尔最早提出的。美国著名未来学家约翰·奈斯比特认为，"后工业社会就是信息社会"，"在工业社会里，战略资源是资本，……在信息社会里，战略资源是信息"，"知识生产力已成为生产力竞争力和经济成败的关键因素"。

上述知识产业论和信息社会论包含着与高等教育有关的几个重要思想。

第一，知识已成为现代社会的"轴心"。社会的进步、经济的发展、生活质量的提高，其核心因素在于知识的掌握、创造、传播和应用。

第二，知识阶层越来越成为起引导作用的社会集团。

第三，促进社会进步的关键是扩大高等教育机会，使尽可能多的人受到尽可能多的教育。

第四，高等教育系统成为社会的轴心组织，大学成为现代社会的轴心机构。

二、高等教育将进一步向大众化和普及性的方向发展

早在 1973 年，美国学者马丁·特罗（Martin Trow）就把西方工业化国家高等教育的发展划分为三个阶段。各发展阶段除了在质的方面存在差异以外，在量的方面，一国的高等学校能够容纳 15% 以内适龄人口的为英才教育阶段，能够容纳 15% 到 50% 适龄人口的为大众教育阶段，能够容纳 50% 以上适龄人口的为普及教育阶段。

1987 年，特罗又修正了他的理论。他认为欧洲国家高等教育的发展并未像他预想的那样快，这主要是由于欧洲具有精英教育的传统。尽管如此，欧洲各国，以及日本、澳大利亚和世界上的许多发展中国家自 60 年代以来都陆续步入了高等教育的大众化阶段，美国则正在由大众化阶段步入普及化阶段。据加利福尼亚大学原校长、卡内基高等教育委员会主席科拉克·科尔的研究，美国高等学校入学人数占 18—21 岁人口比例的长期发展趋势如下：1890 年为 3%，1940 年为 16%，1950 年为 30%，1990 年为 40%。

科尔认为，这一趋势将会继续。到 2000 年，高等学校在校学生只有达到占同龄人口的 50%，才能满足估计的 21 世纪初对劳动力的需求。到 2013 年，根据对劳动力需求的预测，上述比例要求达到 60%。但如果继续 1950 年到 1990 年的趋势，到 2030 年，高等学校在校学生占适龄人口的比例为 53%；在更远一些的未来，比例为 54%。

三、高等教育由单一系统向多元系统转变

以往提供高等教育的机构主要是正规的高等学校系统，但仅靠这一系统早已不能满足社会对高等教育的广泛需求。因此，世界各国纷纷尝试设立新的高等教育机构，如开放大学、广播电视大学、成人继续教育学院等

等，以便向人们提供更多的高等教育机会。为了把新的高等教育系统涵盖在内，美国联邦政府自 1972 年始，在教育统计和政府的文献中，已把高等教育改称作中学后教育。目前，美国的中学后教育已有五大系统。

第一系统是那些非营利性的正规的公私立学院和大学。目前这一系统包括 3638 所不同层次、不同类型的高等学校，有在校学生 1435 万名。

第二系统是业主所有的（proprietary）、营利性的专科院校，其历史同第一系统的院校几乎同样悠久。目前这类专科院校总数多达 7000 余所，在校学生相当于第一系统按全时折算学生总数的 5%。

第三系统包括由工商企业、工会和军队等主要职能并非是教育的组织提供的教育和培训项目，每年注册的学生超过 800 万人，经费支出为 400 余亿美元，接近第一系统所有四年制学院和大学年财政支出的总和。

第四系统，即电子教育系统，包括视频唱片、计算机系统以及电视卫星教育等等。目前教育领域的"技术革命"，即电子教育可能正处在巨大发展的边缘。

第五系统，即非正规的在职培训。雇员工作中实际使用的一半以上的技能大概是通过这种培训获得的。

由于第一系统的学院和大学不可能满足劳动力市场的全部的各种各样的复杂需要，或者说不可能提供个人所期望的所有教育，其他教育系统今后将会继续发展。

上述情况说明，传统的高等教育及其观念已经发生了根本性的变化，现代的"大教育"体系和"大教育"观念已出现并将在未来的世纪居于主导地位。

四、高等教育经费从主要由政府负担转向更多地由社会和受教育者个人负担

历史上，高等教育原本是民间的事业，全由民间自筹经费办理。随着

高等教育作用的扩大，国家的介入也不断增强，提供的经费也日益增多。"二战"结束以后，高等教育国家化甚至成了世界性的潮流。在英国，在相当长的时期内，中央政府曾负担了大学教育和科研的全部费用。瑞典、比利时和澳大利亚等国家 60 年代曾先后实行了高等教育的国有化，国家拨款成了高等教育经费的唯一来源。在私立高等学校势力强大的美国，政府拨款也曾达到过占高等学校收入的 60% 以上。然而，到了 70 年代中后期，由于世界性的严重的经济危机的沉重打击，以及许多发达国家国内政治形势的变化等，这种情况开始发生明显的逆转。各国政府纷纷削减高等教育支出，鼓励和促进高等教育经费来源的多样化，尤其是把更多的经费负担转嫁到受教育者及其家长的身上。在美国，1975—1985 年的十年间，公立高等学校学费年均增长 14%，私立高等学校的学费年均增长则达 15% 以上，远远超过了同期国民生产总值和国民收入的增长以及通货膨胀率。据预测，这种趋势在未来相当长的时期内将会继续发展。一些专家把这种现象称作高等教育私有化（privatization of higher education）。高等教育私有化的国际性浪潮必将给 21 世纪各国高等教育事业的发展带来深刻的影响和变化。

五、高等教育将日益国际化

应当说，早在古希腊时代，高等教育就具有了国际性，只不过是在当时已知的非常狭小的范围内。高等教育之所以具有国际性，其基本原因在于知识具有普遍性。中世纪的大学所追求的也是这种普遍性，认为人文学科（语言、文学、哲学）是一切知识的基础，一切学问在范围上都是全球性的。正是基于这种观念，拜占庭的学者在博洛尼亚和佛罗伦萨受到欢迎，来自欧洲各地的学者在巴黎、牛津和剑桥仿佛是生活在自己的家园一样。然而，16 世纪欧洲的基督教改革运动在学术界树起了种种宗教的樊篱，从而严重破坏了知识普遍性的观念。继而，民族国家的边界进一步加固了这些樊篱。1648 年的《威斯特伐利亚和约》（结束 1618—1648 年持续了 30 年的欧洲历史上第一次大规模的国际战争的和约），使学术界的基本价值观变得更进一步从属教派和地方势力。直到现代欧洲的早期，由于科学的兴起，才出现了相反的发展趋势。自 19 世纪以来，学术界的国家主义和世界主义两种倾向都得到了加强。但随着科学的发展，科学知识的世界普遍性被越来越广泛地承认。尤其是东西方"冷战"状态的结束，使各国普遍意识到新的国际化时代的到来。在这个时代，国际竞争已从主要是军事对峙转向了经济竞争，包括技术、知识、人才的竞争；以往各国所面对的许多问题已越来越成为国际性问题，如环境问题、能源问题、贫困问题、发展问题、种族问题、妇女问题、和平问题等等；知识日益全球化，由于信息技术的发展，知识的传输已越来越不受国界的限制，各国的发展也愈益依赖知识和信息技术的广泛应用；有越来越多的学生相信，要在未来的就业市场获得成功，就必须具有国际的知识和经验。因此，要适应时代的要求，高等学校就必须面向国际发展。面对新的形势，科拉克·科尔疾呼：我们需要一种超越赠地学院传统（即学校为地区发展服务）的新的高等教育观念，这就是高等教育要面向世界，要国际化。美国不少研究型大学都把创办"全球性大学"作为未来发展的一个基本目标。欧洲的英国、德国、法国，亚洲的日本、韩国，大洋洲的澳大利亚等也都把高等教育的国际化作为本国高等教育发展的战略目标之一。可以预见，行将进入的 21 世纪，必将是一个新的高等教育日益国际化的时代。

六、高等学校将更加注重人文及宽广知识的教育，培养更为全面发展的人才

从古希腊直到 19 世纪初叶，西方的高等教育一直被博雅教育的思想和办学模式所统治，大学为学生提供的是"心智训练"，大学培养的是能够从事任何职业的"有教养的人"。但产业革命的兴起和工业化步伐的加快，

使得专业教育和职业技术教育蓬勃发展起来，"大学教育要为职业做准备"逐渐得到越来越多的人的赞成。"二战"以后，尤其是 70—80 年代，在许多国家，"职业至上论"甚至统治了大学的校园。然而，这种"职业至上论"所导致的"人人只关心满足个人需要而缺少共同的责任感"，以及大学生的人文素质和文化品位日益下降等问题也越来越突出。一些学者甚至发出警告：如果大学一味重视职业教育，忽视和轻视人文学科和人文教育，就"必然导致整个民族精神水平的下降，必然导致整个社会的庸俗化"。特别是进入 90 年代以来，大学生仅仅学会某一职业或专业技能，已明显不能适应未来社会发展的需要，由此各国普遍开始注意人文和宽广知识的教育，力争培养更为全面发展的人才。早在 1978 年，美国"哈佛大学文理学院关于共同基础课的报告"就明确规定了由文学艺术、历史研究、社会分析和伦理道德问题研究、科学、外国文化五个学科领域组成的全校的共同基础课，"目的是保证所有的学生，不管他们主修什么学科，都能获得学院认为具有普遍与持久价值的知识技能与思考习惯"。1987 年，由美国卡内基教学促进基金会主席欧内斯特·博耶主持的对美国大学本科教育的研究明确提出，设立普通教育的"综合核心课程"方案，目的是使学生了解"那些人类共有的普通经验和共同的活动，没有这些活动，人类之间的关系将受到损害，生活也会黯然失色"。到了 1992 年，美国的一些大学校长甚至进一步提出，大学要培养具有国际知识和国际经验的人才。1995 年日本大学审议会提出：在全球化时代，日本的高等教育应该培养"视野广阔，富于创造性和综合判断能力，掌握高深的专门知识和技能，能够进行跨学科的学术研究，向世界提出独创性的研究成果，并活跃于国际社会的'国际人'"。为此，日本在修订的"大学设置标准"中打破了一般科目与专门教育科目的界限，"希望各大学认识一般教育的理念、目标的重要性"，并为之努力。法国的学者也主张"大学的基本目的是培养具有知识与道德特点的普遍价值意识"，呼吁把职业教育与学术教育结合起来。德国科学审议会在 1993 年也明确提出要让学生具有"宽广的基础知识，同时注意跨学科性和解决问题的方法"。

总之，传统的博雅教育已经成为历史，偏狭的"职业至上论"也无法适应迅速变革的社会的需要，注重人文教育，注重基础教育与专业教育的结合，培养更加全面发展的人才，正在成为世界高等教育发展的一种普遍趋势。

参考文献

［1］王承绪. 高等教育新论：多学科的研究［M］. 杭州：浙江教育出版社，1988.

［2］奈斯比特. 大趋势：改变我们生活的十个新方向［M］. 北京：中国社会科学出版社，1984.

［3］KERR C. Higher education cannot escape history：issues for the twenty-first century［M］. New York：State University of New York Press，1994.

［4］HANSON K H，MEYERSON J W. International challenges to American colleges and universities：looking ahead［M］. Westport：Praeger Publishers，1994.

（本文原载《教育研究》1996 年第 12 期）

大学校长的教育理念及其与治校的关系

眭依凡

大学校长，作为一类教育主体，由于角色的不同，不仅与其他教育主体在教育理念上有所差异，即便他们之间也会因个体经历的差异等，形成彼此有别的教育理念。引起我们兴趣的是，不论他们持怎样的教育理念，这些理念都会或多或少、或深或浅地对他们的治校构成影响，而影响程度决定于他们持有的教育理念的质量及运用其指导治校实践的自觉性。对于这个假设，我们已有从历史的分析和现实的调查材料中获得证实的足够信心。本文拟对大学校长教育理念的层次类型、大学校长教育理念的形成及其特性，以及大学校长教育理念影响治校的机理三方面问题进行讨论。

一、大学校长教育理念的层次类型

大学及其教育的多样性特征对大学校长教育理念的多样性影响是不能回避的，遵从社会存在决定社会意识的普遍规律，大学及其教育存在亦决定大学的教育理念。此外，大学的教育理念也可以从多种角度和多重意义、不同层面和不同内容来提出，这对我们的治校讨论是不利的。如果笼统地把教育理念当作唯一的总的概念，研究它对校长治校的影响，就会使我们的研究对象不甚明确，研究结论也会因失去对个别、特殊对象的研究而很难使人信服；但若对教育理念的诸多领域诸多问题都加以研究，我们的研究就失之零碎，没有系统，况且也无从下手。因此，有必要先对大学校长的教育理念分层归类，唯有如此，我们才能有针对性、条理清晰、层次分明地讨论校长教育理念与治校的关系。

为了契合我们研究大学校长教育理念与治校关系的需要，我们认为从教育的本体论（价值论）和实践论（认识论、方法论）两大层面对大学校长的教育理念进行分类是有实际意义的。根据这样一种认识，关系大学校长治校成就的教育理念可划分为如下四类。（1）大学理念。它是作为管理主体的大学校长对"大学是什么"的价值判断和基本看法，是大学校长教育理念本体论研究的基本范畴。大学校长持有怎样的大学理念，不仅直接影响到他对大学方向、使命及其应当承担的责任和义务的选择，同时也直接影响到他对大学的功能、作用和任务的确定。作为一种最基本的教育理念，大学理念还会通过对其他教育理念的形成及其立场的影响，贯穿在校长治校的全过程，从而对校长的整个治校行为发生影响。（2）教育目的理念。关于教育目的，教育学通常将其定义为对培养人、造就人的总要求，因此它是教育主体的一种教育意向，并受到他们世界观、价值观的影响。大学校长的教育目的理念影响到他对学生及其需求的认识，以及对学校培养目标及为实现这一目标服务的学科专业设置、教学内容、教学方法、教学制度、校园文化建设的选择。（3）教师理念。大学存在的理由是社会需要，而其存在的条件包括教师和学生。作为大学的要素，教师是大学校长必须信赖的最重要的力量，大学校长对教师怎么看、持什么态度，影响到大学教师队伍的构成和作用的发挥，继而影响到大学的教育质量和成败。（4）治校理念，即管理和发展大学的理念。这是大学最高行政主管指导大学管理和发展实践的基本思想和观念，由此形成使大学有序运行的规程规范、原则方法。大学是一个结构和功能复杂、其工作任务和组织成员充分体现了智力劳动特性的学术教育机构，这导致就大学管理本身而言，它并不只是一个实际的操作问题，同时也是一个需要整体思维、宏观把握的管理哲学问题，即高层次的复杂管理需要高屋建瓴的管理理念的指导，否则就会就事论事，无法驾控全局。大学校长若无明确的治校理念，其治校即使不乱也是难有效率的。目前，相当多的大学组织是离散的，不讲经济运行和运行质量的，其根本原因在于校长自己缺乏或根本未形成必要的治校理念。本文主要针对以上具体的、特殊的教育理念来讨论大学校长的治校问题，以期从中获得大学校长教育理念与治校关系的一般性、普遍性结论。

二、大学校长教育理念的形成及其特性

在对大学校长的考察中，我们发现并不是所有校长都有明确的、很好的教育理念，原因是他们所处的时代、国家、大学的性质和传统以及他们个人的背景有差异，这种差异正好使我们找到一个分析他们教育理念形成的角度。大学校长可以有不同的教育理念，但形成教育理念的原因大致是相同的。对这种原因的分析，有助于我们认识到，校长的教育理念是校长们头脑对大学教育世界的反映，而不是天成的、臆想的。大学校长教育理念的特性与它的形成有必然的关系，故放在一起讨论。对教育理念特性的讨论，有助于我们了解教育理念有其自身的要求。

（一）大学校长教育理念的形成

大学校长的教育理念作为一种观念的东西，不外是现实世界或他们所处背景环境进入他们的思维并经加工改造的精神（意识）产物。归纳起来，大学校长教育理念的形成与校长所处的如下背景环境有关。

1. 社会背景

大学校长的教育理念首先是受社会背景这一宏观的历史环境条件影响而形成和发展的，没有哪个大学校长的教育理念不会被烙上时代和社会的烙印。譬如，关于大学理念，1851 年创建英国天主教大学的校长纽曼（John H. Newman）持"大学即传授知识的场所"的传统大学观，1930 年美国著名高等教育批评家、改革家弗莱克斯纳（Abraham Flexner）则持"大学是有意识地献身于寻求知识、解决问题的机构"的现代大学观，而

20世纪70年代加利福尼亚大学校长科尔（Clark Kerr）则提出多元化巨型大学观。如果说纽曼的大学是一个受人文主义者、通才和本科生拥护的知识型村落，弗莱克斯纳的大学则是一座受科学家、研究专家和研究生支持的纯研究型市镇，而科尔的大学就是受广大社会各阶层人士包括校内师生普遍欢迎的充满无穷变化的、五光十色的城市。三者不同的大学观均是不同时代的产物。正如香港学者金耀基博士所说："时移势变，社会文化的变迁，就会影响到大学的位序和性质，也会改变我们对大学之期待与看法。"[1] 历史的演变不仅改变大学，也改变大学思想家和管理家的大学理念。罗家伦任中央大学（今南京大学）校长时提出：中央大学的使命就是为中国"创造有机体的民族文化"[2]。他还指出，一所国立大学存在的理由，在于它应尽这样两种义务："对于人类知识的总量有贡献；能够适应民族的需要，求民族的生存。"[3] 无独有偶，1936年出任浙江大学校长的竺可桢先生也强调："大学教育的目的，决不仅是造就多少专家如工程师、医生之类"，而主要是培养"公忠坚毅，能担当大任，主持风气，转移国运的领导人才"[4]。1937年他对新生说："在这困难严重的时候，我们更希望有百折不挠、坚毅刚果的大学生，来领导民众，做社会的砥柱。"[5] 罗家伦校长把大学使命与民族文化相联系，强调大学为国家利益服务的责任；竺可桢校长坚持把办学和培养人才与拯救中华、转移国运结合起来。从当时的社会背景来看，他们这一明确的大学理念和大学教育目的理念的形成，无不与他们处在日本帝国主义正加紧策动对中国的侵略和中华大地已经被日本发动的侵略战争所笼罩这一国难当头的社会历史背景中有关，更与这样背景下愈发强烈的民族意识密切相关。社会背景是大学校长教育理念形成的重要原因。

2. 学术背景

大学校长的教育理念不是其他，如政治理念、宗教理念、经济理念等，而是关于"大学"的学术理念。所谓关于"大学"的学术理念，即研究大学、研究大学教育而形成的并能指导大学发展和管理的大学之概念和关于大学教育之认识。是否具有这样一种理念，是区别大学校长与其他人及区别优秀校长与平庸校长的重要依据。江泽民同志在 1996 年接见四所交大负责人的谈话中指出："办好高等学校，高校的领导是关键，高校的党委书记、校长应该努力使自己成为社会主义的政治家、教育家。"何谓教育家？即在教育理论和实践上有创见、有贡献、有影响的杰出人物。作为教育家，大学校长必须研究大学和大学教育，而这种研究则构成了他们形成教育理念的学术背景。凡杰出校长无不有自觉研究大学教育之学术背景。蔡元培先生被推崇为中国大学教育史上贡献最大也是最恒久的教育家，其贡献的大和久并不在于他治北大时间之长短，而全在于他提出了"大学者，研究高深学问者也"[6] 及 "大学者，'囊括大典，网罗众家'之学府也"[7] 的大学教育理念并身体力行之，从而不仅使北大成为真正的大学，而且其理念至今都对中国大学构成影响。蔡元培校长一生致力于大学教育改革，其所推广的新大学理念并非凭空而生，这与他于北大校长任前在德国著名学府莱比锡大学潜心求学 3 年并深受德国大学崇尚学问、追求真理之风气影响有极大关连。其间他专门研读过包尔生（Friedrich Paulsen）的《德国大学与大学学习》，翻译过包尔生的《德意志大学之特色》，并通过对莱比锡大学的考察，思考和研究过德国学术型大学的制度和理念。因此，蔡元培关于大学的理念是在研究德国大学的学术背景下形成的。没有或不重视对大学本身进行学术研究的校长是很难创造性地领导好大学，并促进其改革发展的。高教界前辈于北辰先生就批评过一位数次拒绝赴中央教育行政学院学习的专家校长，因为他认为自己是搞专业的，学习教育和管理理论是浪费时间。于先生认为，"象这样的学者，当校长也是单纯任务观点，不可能作出突出成绩来"[8]。

3. 实践背景

大学校长的教育理念，毫无例外亦是校长通过教育实践获取的。这种教育认识或是通过教学、科研专业的实践获取的，或是通过教育管理的实践获取的，或是两者兼而有之。邓小平同志较早就提出高等学校领导人

"至少应该是懂得教育的有管理学校专长的专业人员"[9] 这样的要求。所谓"懂得教育",即他应具有大学教育工作的经历;所谓"有管理学校专长",即他有管理大学的经验。教育和管理的实践经历,有利于大学校长了解和掌握大学的运行、发展规律,并形成指导和推进自己办学及治校的教育理念。对一个新任校长而言,这种大学教育实践和管理实践的背景十分重要,尤其是对那些任期较短的大学校长而言更为重要,因为大学教育是有其内部运行规律的社会活动,大学组织及其构成亦是十分复杂的,这就决定了一名新任大学主管对大学的认识过程也是复杂的,需要一定时间。让一名毫无或缺乏大学教育和大学管理经验的人施政于大学,那么这所大学必须付出其有相当长一段时间处于停滞或充其量维持运行状态的代价。而在不进则退的激烈竞争时代,这种维持无异于落后和倒退。因此,各国大学在大学校长的遴选和任用制度上,都十分强调和重视大学校长候选人的教育实践的背景,而正是基于这个背景,大学校长才能够尽快形成或进一步发展自己的教育理念,以便很快进入理性指导大学发展的角色。

(二) 大学校长教育理念的特性

大学校长的教育理念形成于教育实践并反作用于教育实践,前者反映教育理念形成的过程、原因,而后者则反映教育理念的现实意义。讨论大学校长教育理念的特性有什么用? 它在于帮助我们更全面、更准确地认识和把握教育理念的实际意义。

1. 思想性

思想性是大学校长教育理念最基本的特性。教育理念本质上是大学世界在大学校长头脑中的客观反映,是校长通过对教育对象的认识形成的一种观念。这样,教育理念就不是对大学教育世界表面现象的一般描述,而是反映了校长价值取向的对大学教育世界内在关系积极思维的成果。教育理念的思想性主要体现在如下几方面:第一,它反映了大学校长的一种价值观,即它是一种价值的判断;第二,它是对大学教育世界的一种复杂认识，具有概括性；第三，它具有概念领导的现实意义。

2. 实践性

大学校长教育理念的实践性有着两方面的成因：其一，表面看来，大学校长的教育理念是以一种思维的形式对应于教育实践这一客观存在的，但实际上它又是以对应的教育实践为自己的存在前提的；其二，大学校长的教育理念是其对教育实践这一客观世界的反映，但作为一种人的高级思维，它是社会的产物而非自然的产物，因此，教育理念对教育实践的反映又是能动的，在一定条件下它能够反过来对教育实践的发展进程起作用甚至起重大作用，教育理念的正确与否也在这种对教育实践的反作用中获得检验。这就是说大学校长的教育理念与教育实践之间存在一种普遍的联系，双方既对立但又处在一个统一体中。对教育理念而言，这种统一性就是指它具有实践性，既来源于实践又指导实践。

3. 发展性

世界上每个事物和现象的存在都是有条件的，是受周围具体的、历史的条件制约的。大学校长的教育理念也是社会历史条件的产物，随社会的发展变化而发展变化。因为，我们在社会条件下进行认识，什么样的社会条件就会产生什么样的认识。譬如大学校长的职能观，就表现出了强烈的发展性这一特征，它经历了"教学职能—教学、科研双职能—教学、科研、服务三职能"的发展阶段，原因就是社会条件发生了巨大的变化，因而对大学的职能也提出了新的更多的更高的要求。正是因为教育理念具有发展性的特性，其实践性才有现实意义。

4. 前瞻性

教育理念不是教育现实，但由于其具有指导大学教育改革发展，并为大学教育设定努力方向和奋斗目标的作用，因此，教育理念可以被视为将来的现实。譬如，大学理想或大学目标为一种教育理念，无疑它们不是一种大学的现实，但它们是大学期待实现的一种未来的状态，是用一种思维形式表现出来的未来现实。教育理念的指导作用要求其能够启动和推动教育的改革和发展，而这一目的的达成有赖于教育理念的前瞻性亦即超前性或超现实性。"如果管理人员只限于继续做那些过去已经做过的事情，那么，即使外部条件和各种资源都得到充分的利用，他的组织充其量也不过是一个墨守成规的组织。这样下去，很有可能衰退，而不仅是停滞不前的问题，在竞争的情况下，尤其是这样"。[10] 美国著名管理学家欧内斯特·戴尔（Ernest Dale）的这段话给我们的启示是：大学校长教育理念的一个重大意义就是，它使校长意识到大学不能老是重复过去，并给予大学一个改造现实发展未来的远景。

三、大学校长教育理念影响治校的机理分析

前面我们指出过，若把大学校长的教育理念与治校的问题放入教育哲学中讨论，那么大学校长的教育理念与治校的关系就可视为思维与存在的关系，这种关系既是对立的又是统一的。所谓统一，就是在一定条件下，它们互相转化，即毛泽东同志所说的："矛盾着的双方，依据一定的条件，各向着其相反的方面转化。"[11] 上面我们讨论了教育实践即教育存在向教育理念即教育思维转化的问题，这里继续讨论教育理念是如何向教育实践即大学校长的治校行为转化的问题。正是因为有这种转化的可能，大学校长的教育理念才显示出其重要意义。

（一）大学校长教育理念的重要意义

恩格斯在《路德维希·费尔巴哈和德国古典哲学的终结》一文中分析指出：社会发展史有一点是和自然发展史根本不同的，因为"在自然界中（如果我们把人对自然界的反作用撇开不谈）全是不自觉的……，在所发生的任何事情中，……，没有任何事情是作为预期的自觉的目的发生的"。反之，"在社会历史领域内进行活动的，全是具有意识的、经过思虑或凭激情行动的、追求某种目的的人；任何事情的发生都不是没有自觉的意

图，没有预期的目的的"。[12] 马克思在谈及人的自觉的活动同动物本能的区别时亦说：建筑师比蜜蜂高明的地方是在用蜂蜡建筑蜂房之前，他已经在自己的头脑中把它建成了。[13] 在这里，马克思和恩格斯把社会活动的特征和人的自觉意识、观念的重要性已经揭示得十分清楚。大学校长的治校，是在大学这一复杂社会系统中进行的复杂的管理活动，由此决定它更应是一项高度自觉的、有强烈意识的和明确目的的社会活动。教育理念的重要意义即它外现在校长治校行为上的实际意义：它能指导或影响大学校长的治校实践，使校长的治校成为一项高度自觉的、有强烈意识的、有明确目的的社会活动。

对大学校长教育理念的重要意义，我们还可以从不同的学科角度加以考察确定。其一，从哲学的角度考察，校长的教育理念是哲学思维的成果，属于教育哲学的范畴。大学校长面对的是一个从组织结构到工作性质再到内部成员都极其复杂的专业机构，如果他不具有哲学思维的能力以及由此形成的教育理念，那么他也就无法对大学复杂多变的现象进行科学的分析判断，就难有审时度势、彰往察来的深谋远虑，也不可能有勇于开拓、改革、创新的胆识。正是出于这种认识，早在20世纪五六十年代，美国学者就把掌握高等教育哲学认定为所有大学校长必须具备的条件。其二，从管理学的角度考察，校长的教育理念则是大学管理认识活动的结果，属于教育管理学的范畴。其源于大学管理实践及其评价，而目的是更好地反作用于管理实践以获得理想的管理实效。由管理认识形成的教育理念越明确，越能反映大学运行和发展的规律，由此制定的大学目标也就越现实。其三，从教育学的角度考察，校长的教育理念又属于实践教育学的范畴，而实践教育学的目的就是为教育实践提供指导。但如陈桂生教授所指出的："这种指导不像'科学'的教育学那样，着重提供规律性的认识，而是依据一定的教育价值观念制定理性的教育规范，或者对实践中的教育规范提供辩护或批判。"[14] 教育理念为校长确定了一个"好教育"的概念框架，并引导他向这样一个"好教育"的方向努力。以上我们从三个不同的学科视角审视了教育理念对校长治校具有的重要性，而结论是一致的，即教育理念以主观意识形式出现，因现实目的而具有意义。

此外，我们还可以通过一些大家们对思维成果的另一表述，即对观念作用的认识，来进一步了解教育理念的重要意义。从概念的本质属性来看，观念和理念几乎同义，没有本质的区别。众所周知，德国社会学家马克斯·韦伯（Max Weber）以强调学术研究在方法上必须坚持价值中立而著称，他也认为，直接决定人们行为的是利益，但是理念往往像扳道工规定着利益驱动行为前进的轨道。为此，他认为社会学的中心问题，"实际上就是文化观念与人的行为及社会组织的关系，特别是观念的社会实际后果"[15]。英国经济学家凯恩斯亦放言："观念可以改变历史的轨道。"这一切无不说明理念之重要。尽管美国大学远远地走在了世界高等教育的最前列，但至今，我们无不承认并重视德国大学在高等教育史上所起的巨大作用，因为经典大学的理念是由德国大学建立的，并因此出现了我们至今为之自豪的大学模式，从而极大地推动了大学教育的现代化进程。也正因大学理念如此重要，卡尔·雅斯贝尔斯（Karl Jaspers）大声疾呼，"大学改革只能由大学的人们来决定"[16]，重新确定大学的理念是大学改革的首要任务。我国台湾的中原大学校长张光正先生甚至提出，应以"理念治校"取代在台湾诸大学盛行而效果又不好的"教授治校"。教育理念的重要性及其意义由此不言而喻。

然而，作为一项讨论大学校长教育理念与治校关系的研究，仅提供教育理念重要的结论是不够的，学术的严谨性还要求我们回答"校长的教育理念为何如此重要及怎样使之重要"的问题，而这即是下面将要讨论的问题。

（二）大学校长教育理念作用于治校的机理分析

就治校而言，大学校长的教育理念有两个最基本的作用：其一，使校长个体的行为具有自觉性和目的性；在此基础上，其二，使大学整体的行为具有自觉性和目的性。自觉性表现为行为的理性，目的性表现为行为的指向性。在使校长个体的行为具有自觉性和目的性方面，教育理念主要通过使校长在认识到大学"为什么要做"和"为什么要这样做"的基础上，明确大学"应当做什么"和"应当怎么做"。而在使大学整体的行为具有自觉性和目的性方面，教育理念则通过"信念的形成""目标的编制""原则的规定"对治校产生影响。根据题中之义，我们主要讨论后者，即大学校长的教育理念对大学整体行为是如何产生影响的。

1. 信念影响

何为信念？伯顿·克拉克认为，信念即"位于系统不同部门的很多行动者的主要规范和价值观"[17]。教育学关于教育信念的定义是："教育者坚定信奉的教育观念或主张。"心理学的观点是：信念是"主体对于自然和社会的某种理论原理、思想见解坚信无疑的看法"[18]。由此我们认为，大学信念作为教育理念体系中的一种理念，它亦是人们在大学教育实践的认识过程中确定的，并被人们普遍认同且坚定信奉的大学价值观及办学主张。大学信念并非抽象的概念，它常常通过大学使命、大学远景、大学理想、大学追求等具体形象的描述而外现。大学信念一经形成，对外它是大学整体的、统一的象征，是社会影响力的一种源泉；对内它决定大学的方向，是凝聚组织成员，使他们对大学的未来充满信心并自觉和努力实现大学目标的精神力量，是形成学校健康向上文化力的一种源泉。有研究表明，大学的变革往往是有难度的，其原因一方面是大学自身的结构过于复杂，另一方面则是大学历史上形成的传统信念的抵制。两者相较，后者更重要，故大学的改革，首先从信念的更新开始。

在大学校长治校中个人作用固然重要，但校长不能包打天下，他必须发展、重建能激励各部门及其成员斗志的大学信念并借助信念这一力量，使大学的所有成员致力于为了共同目标的奋斗。有信念之大学才能凝聚组织之成员，形成组织之共识，分享组织之共同价值观，塑造组织之优良文化，终而才能成为凝聚力强、充满生机活力的大学。大学是可以常新的，但其常新的前提就是创立了符合时代发展要求的大学信念，这对一位有理想有抱负的校长而言，则显得尤为重要。

2. 目标影响

目标是构成组织的基本要素，也是组织实现管理的基本依据，是决定组织绩效的重要指标。为界定目标，我们应先界定目的，两个概念有从属关系，应用于管理之后，这种关系依旧不变。何谓"目的"？一种极为简洁的回答是：想要得到的结果。而"目标"，则是想要达到的标准。这里我们还是选一种更为理性的定义："目的就是人在其活动之前预先观念地存在于头脑之中的结果。"[19] 这个关于"目的"的定义同样适用于"目标"，区别仅在于作为"目的"存在于人脑中的结果是比较概括的，而作为"目标"存在于人脑中的结果则是具体的、可测量的。一般而言，目标是目的的具体体现，是引导组织或个体行为向预期目的前进的依据，具有强化和说明的作用。而目的可称为组织的大目标，可分解为一组实际可称为具体任务的小目标。

教育学把教育目的及教育目标常局限在培养人的范畴，如教育目的是"培养人的总目标"，教育目标是"各级各类学校各专业的具体培养要求"。这是一种受制于基础教育的比较狭窄的认识。由于大学的内容和任务要丰富广泛得多，因此我们对大学目的、大学目标的界定，倾向借用前面关于"目的"和"目标"的比较理性的定义形式。大学校长的治校无疑是一种以目的为方向、以目标为依据的管理实践活动，其活动质量极大地受到大学目的和大学目标的制约和影响。校长的教育理念虽不直接表现为大学目的和大学目标，但它对大学目的的确定和大学目标的制定作用却是直接的、毫不含糊的。按文辅相教授的观点，"我们不能简单地视教育目标为教育行为预期结果的标志，而应当把它看成是教育思想的体现，并将它置于教育思想的重要地位"[20]。他甚至认为教育目标从制订到实现，以至选择实现的途径中的目标分解与决断都受教育观点的支配，都与人们的教育思想密切联系。正因如此，张光正教授强调"有理念即有方向感，即有目标性；有理念方有准绳，方有标竿（杆）"[21]，而不是把理念与目标、准绳直接等同。因为，理念可以直接作用于目的、目标，但它绝不是目的、目标。可见，大学校长的教育理念通过大学目的、大学目标而影响治校。

3. 原则影响

原则通常指人们观察和处理问题的准则或指导人们从事某些活动的基本要求，原则的建立旨在解决应该怎么办的问题，即原则应当表述的不是某项活动的实然状态，而是该活动的应然状态，是实践主体的一种价值判断和价值选择。原则与规律是有区别的：规律是一种客观存在，是事物运动本质联系和必然趋势的反映，而原则则是依据规律这种客观存在建立起来的反映了实践主体主观要求的产物。规律的掌握在于帮助人们认识事物及其活动的本质属性或本质联系，而原则的建立在于指导人们按某种准则从事某项活动。据此，大学教育原则的内涵已经清楚，即它是根据大学教育目的和大学教育客观规律而制定的指导大学教育实践的基本要求，它是人们对大学教育应然状态的要求，对大学教育活动的方方面面具有定向、指导、规范的作用。

由于大学教育原则是对大学教育客观规律的认识和反映，因此，在教育理念与教育原则的关系上，既可视教育原则为教育理念，也可视教育原则为具有教育理念基本属性的衍生物。张光正校长就把理念视为原则。他认为："所谓'理念'，乃愿景及方向之指引原则"，"所谓'理念'乃组织之最高领导原则"。[22] 教育理念无论与大学教育原则具有哪种关系，其通过教育原则对治校发生作用是显而易见的。

综上所述，大学校长的教育理念主要通过大学信念、大学目标及大学教育原则的渠道或形式对其治校发生影响，这些影响有些是直接的，有些是间接的。但无论是直接的影响还是间接的影响，其对大学的得与失、成与败都具有决定性的作用。

参考文献

[1] 金耀基. 大学之理念 [M]. 台北：时报文化出版企业有限公司，1997：2.

[2] 周川，黄旭. 百年之功：中国近代大学校长的教育家精神 [M]. 福州：福建教育出版社，1994：311.

[3] 同 [2] 312.

[4] 同 [2] 412.

[5] 同 [2] 413.

[6] 高平叔. 蔡元培教育论集 [M]. 长沙：湖南教育出版社，1987：152.

[7] 同 [6] 213.

[8] 李钟善. 大学校长应当努力成为社会主义教育家 [M]. 西安：陕西师范大学出版社，1989：序4.

[9] 邓小平. 邓小平文选：第2卷 [M]. 北京：人民出版社，1983：263.

[10] 官鸣. 管理哲学 [M]. 上海：知识出版社，1993：55.

[11] 毛泽东. 毛泽东选集：第1卷 [M]. 2版. 北京：人民出版社，1991：327.

[12] 马克思，恩格斯. 马克思恩格斯选集：第4卷 [M]. 北京：人民出版社，1972：243.

[13] 马克思，恩格斯. 马克思恩格斯全集：第23卷 [M]. 北京：人民出版社，1972：202.

[14] 陈桂生. "教育学视界"辨析 [M]. 上海：华东师范大学出版社，1997：10.

[15] 陈洪捷. 德国古典大学观及其对中国的影响 [D]. 北京：北京大学，1998：5.

[16] 雅斯贝尔斯. 什么是教育 [M]. 北京：生活·读书·新知三联书店，1991：143.

[17] 克拉克. 高等教育系统：学术组织的跨国研究 [M]. 杭州：杭州大学出版社，1994：6-7.

[18] 林传鼎，等. 心理学词典 [M]. 南昌：江西科学技术出版社，1986：307.

[19] 薛天祥. 高等教育管理学 [M]. 上海：华东师范大学出版社，1997：17.

[20] 文辅相. 中国高等教育目标论 [M]. 武汉：华中理工大学出版社，1995：17.

[21] 黄俊杰. 大学理念与校长遴选 [M]. 台北：台湾通识教育协会，1997：121-122.

[22] 同 [21].

（本文原载《教育研究》2000年第7期）

大学组织整合的文化视角扫描

阎光才

伯顿·克拉克认为，对于一个复杂的组织而言，其内部的整合体现为两个基本维度：结构性的整合与规范性的整合。结构性的整合主要通过组织中人们或者群体间的互动联系来实现，规范性的整合则来自组织成员共享的信念、态度和价值。后者即为组织文化的整合[1]。作为松散结合的系统，大学内部各种价值取向并存，不同系统（高度分化的学科和专业）的差异和学术代沟的存在，的确在一定程度上削弱了组织的凝聚力和内在的一致性。然而，大学似乎从来没有因为内部的激烈冲突而陷入分崩离析的状态。这一现象是独特的，它表明：在大学组织内部必定存在着某种特殊的文化整合机制。在此，试从几个角度来展开分析。

一、态度与组织的整合

态度通常是指个体对环境中独立于主体之外的人或事物的认知系统、情绪反应及行为倾向。态度虽然是从个人方面表现出来的心理现象，但在同一组织中不同个体的态度倾向一旦具有了相对的一致性，它就成为一种组织文化现象。不同个体态度倾向的一致性越明显，该组织的整合度越高。

对于每一个身在其中的学术人员而言，他们与大学之间似乎都有着难解之缘。卡内基教学促进基金会在 1989 年对全美大学和学院的教师进行了一次大范围的问卷调查，其中部分的调查结果颇值得玩味。在"如果我能从头开始，我不会再当大学教师"一项中，回答"完全同意"和"有保留地同意"的仅占 14%，回答"有保留反对"和"完全反对"的占 79%，其中"完全反对"的达到 53%；在"我为陷入一个进步机会有限的职业感到上当"一项中，回答"完全同意"和"有保留地同意"的占 50%；在"请表明你的专业对于你的重要程度"一项中，回答"很重要"和"相当重要"的高达 98%，而只有 2% 的人认为"不太重要"；在"请表明你的学院或大学对于你的重要程度"一项中，认为"很重要"和"相当重要"的达 85%，"不太重要"和"很不重要"的仅占 14%。[2]

分析上述结果，很容易就可以得出这样的结论，即大学教师们对自身所从事的职业、专业以及所在大学普遍持有高度认同的态度。而正是这种高度的认同，为大学组织在冲突中的整合奠定了基础。

高度的认同与大学对其内部成员的强大吸引力有着密切的联系，这其中不排除外在评价的导向效应因素，如我国近年来几次局部的和全国范围内的不同职业社会声望调查都显示，大学教师的排序基本保持在前 10。然而，最关键的因素恐怕不在于此。吉姆士·爱司特尔和罗索夫斯基都承认这样一个事实：那些有名望的大学一般都建于繁华都市之中，那里风景宜人，有富于古典韵味的建筑，有宁静、优雅的氛围，即使是对大学校园外的富人们也构成极大的吸引力，所以，他们宁肯付出高额的房地产费用，只为能在工作之余分享到文化殿堂的荣光。然而，他们二人又指出，对于大学内部大多数的成员来说，吸引他们的远不止于此，"许多人从教学工作中可以得到最大的满足。对另一些人来说，研究活动则是其关键：它能满足知识分子的好奇心，培养科学发现的快乐感和荣誉感"[3]。

所以，对于大多数学术人员而言，生活在大学中的意义绝不仅仅在于它是一个人文地理环境优裕的栖身之所，而且在于它是充实的精神生活本身。这一得天独厚的条件是任何其他组织无法与大学相媲美的。大学所独具的这种精神魅力，不仅令置身于其中的人们自我感觉颇为良好，并将其作为引以为傲和珍视的资本，而且，也成为他们焕发高度的工作热情和倾泻自己丰富情感的催化剂。可以说，在今天这个竞争异常激烈、压力重重的社会中，"大学生活"已经成为那些有过真切大学生活体验的人们记忆中亮丽的一部分。如果说"母校情结"是离校而去的学子们与大学间割舍不下的情感纽带，那么，对于那些生活于斯、工作于斯、成长于斯的人而言，他们所共同依附的大学就是一座寄托自己精神、感情的岛屿，是展现自己智慧人生的舞台。

二、传统与特色的薪火相传

任何一个成功的组织背后，都有一段可能算不得辉煌但也确实非同寻常的历史。每一部组织史中，都有几个关键性的人物和一些影响深远的事件，这些人物及其事迹连同那些事件，或者以正式文本的形式，或者以口诵甚至传奇、传说的方式，为后人们一代一代传递下来，成为组织所拥有的一笔丰厚、不可剥夺、历久弥新的文化资源，甚至被视为组织特色的一种标识和象征。在西方社会，大学被视为仅次于基督教堂的第二古老机构，直到今天，许多在中世纪创办的大学，如牛津大学和剑桥大学等，依旧以其深厚的传统文化底蕴和现代学术领域的突出成就而傲视群雄。美国东部的常青藤联盟从1636年哈佛学院建校至今也有三百多年的历史了，联盟以古老校墙上爬满的常青藤来命名，象征着这些古老大学精神、传统和办学水平的长盛不衰。至于那些后起之秀，如麻省理工学院、康奈尔大学、斯坦福大学，以及世界其他国家如日本的京都大学和东京大学、我国的北京大学和清华大学等等，也都已铸成了富有自己特色的办学传统，以其累累的学术成果和人才辈出而为世人所瞩目。

当然，被著名大学的光辉所遮掩的一些虽不起眼却办得颇有声色的小型学校，也以其独特的办学传统和办学方向为荣，在变动频繁和竞争激烈的动荡社会环境下，不仅得以生存下来，而且还赢得了人们的信任和喜爱，从而在名校纷争的环境下，赢得了属于自己的相对稳定的发展空间。

大学的办学传统和特色是抽象的，它往往表现为某种精神和理念，是在组织长期的发展过程中才逐步形成并作为组织的核心价值而为人们所认同的。但是，从历史角度来看，它又是具体的，那些在大学发展历史上以其卓越的思想和见识、果敢的行动而为人所称道的传奇人物，那些学富五车、名载史册的学术泰斗，那些发生在大学内部、对大学本身甚至对社会具有重大历史意义的事件，对于每一个生活于大学之中的人而言，都是一种时时刻刻可感受到的具体存在。在大学的日常工作和生活中，它的影响无时不有、无处不在，以蕴含着某种特殊意义的文化属性和形式，氤氲而成氛围，潜在地影响和左右每一个人的思想和行为，呼唤着他们对组织的忠诚和信念。

1. 历史上的传奇

伯顿·克拉克在对美国三所学院的历史及其现状进行分析的过程中发现，大学内部的历史传奇对于赢得其成员对组织的忠诚和信赖有着至关重要的作用。他指出："一个组织的传奇不仅代表着某些管理的逻辑，对某种方法达到某种目的的理性解释，而且，它还带有一定的罗曼蒂克和神秘色彩，从而使一个原本正式的场所成为人们所钟爱的组织机构。"由各种令人激动的故事贯穿于其中的校史、非同寻常的实践以及杰出的业绩，被人们争相传颂，特别是在组织面临危机的时候，它们为组织内部的人们提供了强大的凝聚力。的确，一部哈佛大学史，就是一部"群英谱"，无私的创建人约翰·哈佛，励精图治的亨利·邓斯特，善于审时度势、大刀阔斧改革的昆西和埃略特，还有注重普通教育的洛厄尔、科南特，等等，都为哈佛大学的发展和壮大作出了卓越的贡献。他们不仅是连接历史和现在的桥梁，是哈佛大学精神和文化的缔造者，也是为哈佛人所共同拥戴的"英雄"。

在我国，备受尊崇的北京大学"永远的校长"蔡元培先生，以他个人的学识才情、"兼容并包"的办学思想、"自由散漫"的治校策略，"一举奠定了这所大学的基本品格。百年中国，出现过无数英雄豪杰，但要讲对于北大的深刻影响，至今没有可与蔡校长比肩者。时至今日，蔡元培之出长北大（1916 年 12 月—1927 年 7 月），几乎成为一个'神话'"[4]。而且，蔡先生的贡献远不止如此。正如梁漱溟先生所云："今天的新中国必以新民主主义革命为其造端，而新民主主义革命则肇启于五四运动。但若没有当时的北京大学，就不会有五四运动出现；而若非蔡先生长校，亦即不可能有当时的北京大学。"[5] 由此，我们说蔡元培先生是北大的一个传奇人物并不夸张，因为正是由他执校始，才孵育出至今北大人共同呵护的"北大精神"和"北大传统"。

在其他任何一所具有一定历史传统的大学中，也不乏类似的传奇人物。如我国清华大学的梅贻琦先生、南开大学的张伯苓先生、复旦大学的马相伯先生等等，他们都被载入这些中国名校的史册，他们对各学校的贡献，各自富有特色的办学思想，历经艰难而不退缩的顽强精神以及作为教育家的品格和示范，在此后学校的发展过程中，不断地为后人颂扬并被发扬光大。

2. 精英效应

在现时的语境中，"精英"似乎已成为一个刺耳的字眼。然而，正如前所述，无论何时何代，精英始终是一种客观存在。此处所指称的"精英"与意识形态无涉，譬如人们往往喜欢把精英与精英统治、精英与权力和等级制度牵上关系，而是指在个别领域特别是在学术界有卓著表现的人才。即使在高等教育发展已进入大众化阶段的今天，我们把一部分大学视为精英荟萃之地和培育精英的摇篮，恐怕也不会有人表示异议。精英云集、精英辈出，可以说是每一所大学都希望实现的梦想。因此，崇尚精英不仅是因为大学有这样的传统，也是大学追求卓越的禀性使然。

精英是大学实力和财富的体现，是大学内部每一个成员为之骄傲和倍感荣耀的宝贵资源。每一位牛津人会为进入牛津大学这所产生过一大批英国著名政治家、文学家的知名学府而兴奋不已，正如剑桥人为自己拥有一大批诺贝尔奖获得者而自豪一样。哈佛大学、耶鲁大学、斯坦福大学、芝加哥大学、麻省理工学院、加州理工学院和加利福尼亚大学伯克利分校等等，都可以开出一份长长的名单，每一个闪亮的名字都代表它们昨天和今天精神上的"奢华"。至于那些小型的学校，虽然没有一流大学那种"名门望族的排场"，但偶尔个别精英人物的横空出世，更会令其欣喜若狂。

一年一度的校庆特别是几十年一次的大型校庆活动，可谓是大学中最为隆重的一项文化活动了。与其说校庆活动的目的在于引发人们对往事的追忆，沟通学子与母校间的联系，扩大学校的影响，不如说它更像一次"群英会"。校史展览厅里大量的图片和文字向人们展示了昔日精英人物的风采，而依旧活跃在各个领域的当代精英们则享受到贵宾的礼遇。这种形式的精英巡礼无论对在校的教师还是学生们，都是一次精神和感情上的洗礼，一次对组织忠诚与信任的号召。有人在北大百年校庆之际，对北大各个历史时期教师和校友中的院士（学部委员）进行了统计分析：在 1957年的中国科学院哲学社会科学学部的 64 名委员中，北大校友和教师有 37人，占 58%；从 1955 年起到 1997 年为止，北大教师和校友中当选中国科学院院士（学部委员）的有 318 名，占总数的 36%。[6] 如此强大的学术精英阵容，国内无可与之相匹敌者。它显示了北大过去和现在的辉煌，但更重要的是激发了一代代优秀学子为母校增光添彩、再创辉煌的热情。

3. 历史上的事件

那些有名望的大学，它们的发展和壮大很少是一帆风顺的。创办于中世纪的牛津大学和剑桥大学，历史上曾经多次与教会、王权发生冲突，从而培养了它们桀骜不驯的性格和孤行独立的精神气质；哈佛大学、耶鲁大学等美国传统大学历经独立战争和南北战争两次大的战乱，在极其拮据、社会动荡不安的环境中，顽强地坚持下来，并使校园得以保存。最值得大书特书的是我国早期几所大学的办学伟绩。为维护民族气节，1905 年，当时受法国天主教耶稣会资助的震旦学院，全校 132 名学生中有 130 名学生在马相伯先生的率领下，愤然罢学离校，并在极其艰难的条件下创办了复旦公学（即今天复旦大学的前身）；早期的北京大学曾几度与袁世凯政府、北洋政府展开激烈的斗争，抵制了反动政府的摧残和破坏，成为科学与民主思想以及文化的阵地。

抗日战争时期，北京大学、清华大学和南开大学等临危南迁，先后在长沙、昆明等地辗转办学，最后在昆明成立了西南联合大学；复旦大学与大同大学、大夏大学和光华大学等私立大学迁往重庆复校；浙江大学历经千难万险，五次迁校，最后落校址于贵州遵义。各内迁学校，在办学条件极端艰难、环境相当恶劣的情况下，坚持正常的教学和研究，培养了一大批优秀的人才，为国家和民族续接了学术的薪火。战时的西南联合大学可以称得上中国大学史上的一个奇迹，几个风格不同、知名学者云集，甚至带有派系性质的学校组合在一起，彼此间相处得却极为和谐。在梅贻琦、蒋梦麟和张伯苓三位校长的共同主政下，西南联大在昆明的八年当中，在战火纷飞、内忧外患的岁月里，不仅为中国保全了一批当时最为优秀和珍贵的学术资源，更重要的是为战乱后的国家建设储备了一大批卓越的人才。截至1997年，新中国成立后中国科学院和中国工程院院士中，有85名院士是西南联大的毕业生（包括诺贝尔奖获得者杨振宁和李政道两位先生）。

以上发生在特定历史时期的事件对大学的影响是深远的，它是解说一所大学传统最为具体、生动和形象的素材。与外界各种势力的抗争，体现了大学不畏权势、独立自主的精神；在"华北之大，竟容不下一张课桌"的艰难处境中，人们所表现出的那种求知和求学的执着，那种身处险境而不惊的沉静，也体现着另外一种意义上的勇敢和不屈。也许，没有其他比这一点更能深刻地反映大学的学术精神和学者的学术人格了，它代表了知识的尊严和思想的崇高，也同样凝注着救国救民于水火的强烈社会责任意识。诚如蔡元培先生在谈到五四爱国运动时所言："学生迫于爱国之热诚，起而承其乏，诚出于不得已。然救国之道，非止一端；根本要图，还在学术。"[7] 身处逆境而依旧孜孜于学术，正是大学社会责任感的真正体现。

　　如果说上述重大的历史事件以宏大的叙事方式被载入校史，成为人们心中不可磨灭的回忆，那么，校园里一些看似琐碎的旧时轶事同样能勾起人们无限的怀想。每一所大学，都有无数个妙趣横生的故事，这些故事的具体内容虽然不可考，但更容易流传。在活泼甚至带有调侃性的故事的背后，深藏着一所大学所特有的精神、风格和传统。譬如，斯蒂芬·科考克在描述20世纪20年代的牛津大学时用调侃的口气，讲了一个关于牛津大学导师制的故事。他说，牛津大学的导师们喜欢叼着烟斗，与学生们闲聊。"牛津导师所做的就是召集少数几个学生，向他们喷烟。被系统地喷烟，喷了四年的学生，就变成了成熟的学者。如果有人怀疑，让他到牛津去，他会看到这个实际的过程。一个被烟熏透的人，就能说优雅的英语，其优雅的风格是靠任何其他方法都学不到的。"关于牛津大学之"怪"，牛津人之"绅士"风度，也有许多"经典"的趣闻。

　　如此亦谐亦庄的故事，在耶鲁大学，在哈佛大学，在北京大学、清华大学等每一所有一定传统的大学中，有许多许多。别的不说，单单清华大学早期的四导师——王（国维）、梁（启超）、陈（寅恪）、赵（元任）的轶事就可以收集几大卷。这些故事或许是真人实事，或许是虚构的，它们出自何处已经不重要了，重要的是它们所隐含的精神内涵，即那些包含着大学内人们的价值取向和精神追求的成分。当这些故事被一代一代流传下来，并成为大学校园中不同场所的人们离不开的话题谈资时，无论对于讲故事的人还是听故事的人而言，就不再是一种简单的叙事和对白，而是一种精神与情感的交流与融合。

　　总之，正是这些历史上的传奇、事件，还有精英，才使大学内部的成员能够真切地体验和感受到传统的存在，并形成一种集体意识，来共同维护传统的精神和价值。尤其是当这一传统受到外在的威胁时，常常会引发他们与环境的冲突。而当威胁来自内部，组织内部的团结和情感纽带联系就会受到一定程度的损害，因而出现组织生存的危机。这也是传统大学总是对变革抱有敌意、态度保守的主要原因。一味固守传统，无异于作茧自缚，但放弃自己已有的传统和特色，也不见得高明。吉姆士·爱司特尔转引芝加哥大学和耶鲁大学两位传统大学原校长的话指出："人们希望我们的学院和大学可以为他们做所有的事情，去满足大量的、交合在一起的各种社会、经济和智力需要。……芝加哥大学的前校长 Hanna Holbom Gray 认为：'我们的大学惟一的、也是最为严重的问题是在持续稳定地坚持自己目的上的失败……（它们）需要回到衡量它们所能做好，而其他机构却对此无能为力的标准上'。耶鲁大学的校长 Bart Giamatti 也颇有同感，'如果不能确信它的目的和本质，不甘心或者不能形成除了它以外其他机构所不具备的目的和属性，一所大学就不可能强大'。成熟的机构固然不必永久地拘泥于创建时的特许状和目标，但也不应距离早期的目标追求太远，以免伤了元气和浪费它们的学术遗产。"在笔者看来，他在此所指称的学术遗产不仅是大学的声誉，更重要的是体现其特色的传统精神和价值。

三、容忍与包容：冲突之中的融合

在大学内部，相对于利益冲突而言，文化的冲突要更为激烈，却极少带来不良的后果。文化冲突的形成得益于大学精神的自由、思想观念的开放和制度的民主，也只有在各种思想、文化观念相互碰撞的环境和氛围中，创造性的胚芽才能得以孕育、生根、开花，并结出累累的思想和智慧果实，大学才能真正承担起探索真理、维护知识权威的使命。

大学之中有群体之分，有学科专业门类之别，同一学科内部甚至有门派之争，但彼此间的互不理解、观念与观点的分歧和对立，却并不影响它们相互间的和平共处。这一特点或许是大学所独有的。如果说冲突源于思想自由，同样，和谐也来自思想自由的制度表现形式：容忍和包容。耶鲁大学校长小贝诺·施密德特说道："一所大学似乎是孕育自由思想并能最终自由表达思想的最糟糕同时又是最理想的场所。它是最理想的场所，因为大学有大胆的、甚至激烈的使命，要由理性的光芒来指引；因为大学充满了历史感，它教导我们，时间推翻了许多挑战性的信念；因为在其科研及教育使命中，大学必须尊重进化的思想，即自由的探求才会及时地更正谬误，代替愚昧，改变偶尔我们因感情用事而认为世界是分离的、虚构的、骗人的偏见。"[8] 的确，思想自由是大学的精神和灵魂所在，而为这一精神和灵魂提供庇护和安身之所的，唯有能提供充足宽容空间而无利害之虞的大学。

人们常常追忆在最艰难的处境之中，却培育出一大批卓越人才的西南联大昔日的辉煌。清华大学、北京大学、南开大学三校共处，大批性情禀赋各异、政治观点对立、存在学科偏见的饱学之士共存，却不妨碍学校管理、教学和研究的高效、平稳运作及人们相互间关系的和谐。有人分析指出：宽容精神是西南联大成功的法宝。"联大容忍精神的最大特点是它在政治上包容各党各派的教授与学生，如闻一多、曾昭抡、潘光旦、费孝通、张奚若、陈序经、冯友兰、钱端升、陈岱孙等教授，在政治上有不同见解，但并不影响彼此之间在联大一起共事，是联大的容忍精神，使各种纠纷减少到最低限度。在学术上能容纳各种不同的学术派别。政治上的不同意见，并没有影响他们尊重别人的学术成果和人格。"[9]

对学术观点的容忍或宽容精神是一个学者应具备的基本品质和修养，尤其是对于那些学术权威而言。西南联大之所以成功，部分因素是众多的知名学者不以自己的观点强加于他人，更不会因为学术上的冒犯而迁怒于人，而是尊重他人的不同见解，甚至与后生之辈平等相待，表现出宽大的胸襟和浓厚的民主意识。而这一风范也正是他们彼此间能够相互尊重、和平共处，并赢得后人敬崇的根由所在。如果说学者的宽容精神是实现大学文化融合的一笔丰厚的人文资源，那么领导者的宽容精神就是一笔更为可贵的权力资源。没有梅贻琦、蒋梦麟和张伯苓三位校长的民主作风和兢兢业业的工作态度，特别是与全体师生同甘共苦、真诚合作的精神，就不可能营造出西南联大内部和谐的空气，正如没有蔡元培先生之囊括大典、兼容并包、倡导思想自由的博大胸怀，就没有北大精神和北大传统一样。如果大学行政介入学术，如果缺乏宽容精神，甚至动辄大加"杀伐"，就不可能营造出一个和谐的人际环境，更不会形成浓厚的学术氛围，而只会激化矛盾和冲突，造成组织运作的巨大内耗。

参考文献

[1] YOUN T I K，MURPHY P B．Organizational studies in higher education ［M］．New York：Routledge，1997：499-503．

[2] 国家教育发展研究中心．发达国家教育改革的动向和趋势：第6集 ［M］．北京：人民教育出版社，1999：121-123．

[3] 罗索夫斯基．美国校园文化：学生·教授·管理 ［M］．济南：山东人民出版社，1996：141．

[4] 陈平原．北大精神及其他 ［M］．上海：上海文艺出版社，2000：10．

[5] 陈平原．老北大的故事 ［M］．南京：江苏文艺出版社，1998：85．

[6] 同 ［5］．

[7] 蔡元培．蔡元培教育论著选 ［M］．北京：人民教育出版社，1991：536．

[8] 陈宏薇．耶鲁大学 ［M］．长沙：湖南教育出版社，1990：9．

[9] 谢泳．西南联大的启示 ［J］．读书，1994（12）：85-87．

（本文原载《教育研究》2000年第11期）

世纪之交中国高等教育办学模式的变化与走向

潘懋元　邬大光

在一定意义上说，高等教育办学模式是指在一定的历史条件下，以一定办学思想为指导，在办学实践中逐步形成的规范化的结构形态和运行机制。它是有关办学体制、投资体制、管理体制与高等学校之间形成的相对稳定的权力结构和关系。高等教育办学模式和一个国家的政治、经济、文化传统有直接的关系，体现着深刻的历史继承性。由于人们对办学模式的不同理解，其研究的逻辑起点不尽相同，研究大体上沿着两个维度展开：其一是从宏观的高等教育系统出发，探讨高等教育的办学体制、投资体制和管理体制；其二是从微观的某所高等学校出发，探讨其运行状态。本文主要以前者为研究的起点。

一

通常意义上的模式，大致包含两方面的内容：其一，存在的基础在于特点，与众不同的特点是这一模式区别于其他模式的标志；其二，特点在其发展过程中逐渐走向规范，同时，规范化的特点逐渐产生一种惰性，它总是要竭力保留其与众不同的方面，这就使得特点本身容易形成一种长期不变的习性，并在这些方面不断地强化。这种不断强化的过程，一方面使得模式在某些方面走上偏执、极端、僵化的发展道路，另一方面也为模式提供了发生变化的条件和基础。所以，对于每一种高等教育的办学模式来说，曾经是特点的方面都有可能随着历史的发展而变为缺陷，并成为历史进程中的障碍。任何一种高等教育办学模式对一国高等教育系统的影响都各有利弊，绝对完美、毫无缺陷的模式是没有的，每一种办学模式都在发展变化中寻找着新的生命力。一个国家的高等教育办学模式是一种经过长期历史沉淀而形成的规范化的形式。

我国高等教育办学模式的特点是比较典型的以国家为主体的办学模式，它是融投资者、办学者、管理者为一体的"集中模式"，国家和各级政府在其中起着决定性的作用。这种融投资者、办学者与管理者为一体的办学模式与计划经济实现了最紧密的结合，被深深地打上了计划经济的烙印。不可否认，这种办学模式在为我国的工业化进程做出了巨大贡献的同时，面对计划经济向市场经济的转轨，其在计划经济条件下的优势正在逐渐变成在市场经济条件下的劣势，与市场经济的运行机制之间存在着明显的矛盾冲突。这些冲突从表象来看，与我国的社会转型、高等教育加快发展、国家财政投入不足等有关，在本质上则是市场经济这只"看不见的手"向计划经济办学模式发起的挑战。我国现行的高等教育办学模式与市场经济的冲突主要表现在以下几个方面。

第一，计划经济下的高等教育是供给型的办学模式，自成体系、封闭办学，它与市场经济的开放性表现出明显的不协调。封闭的高等教育模式不能适应开放经济的需求。市场经济要求在高等教育的办学模式与开放的经济之间架起一道桥梁，高等教育要走出封闭的"象牙塔"，参与市场经济的有关活动，尽最大可能释放高等教育的知识能量和技术能量。然而，封闭的模式只能使高等教育的全部活动局限在教育本身和学校内部。

第二，计划经济下的高等教育投资体制，主要是由国家（包括各级政府）直接出资办学。近年来国家投资比例虽有所减少，但高等教育投资基本上仍以财政拨款为主。这种以国家投资为主的体制与市场经济发展的多元性明显不协调。在社会主义市场经济条件下，公有制虽然仍是基本的和最主要的经济形式，但非国有制经济成分也迅速增长，多年来其增长率高于国有经济。在此条件下，多元的经济成分将对高等教育提出许多新的要求。首先表现为对高级人才数量上的需求，当高等教育的投资模式和数量不能满足其需求时，私人经济在条件允许的情况下，将对发展高等教育表现出极大的兴趣，并积极投入到高等教育的建设中去。多种经济的发展为私立高等教育的发展创造了良好的条件。因此，适应多元经济的需求，投资体制和办学形式多样化不但有了可能，而且是必然的。如此，私立高等教育的发展就具备了良好的前景。同时，私立高等教育的发展也为多元经济发展提供了有利条件。

第三，现行的高等教育模式与市场经济的平等竞争表现出明显的不协调。这不仅体现在高等学校之间竞争的不平等上，也表现在高等学校内部竞争机制的不健全上。这种不平等的运行机制极大地限制了高等学校自我发展的积极性。因此，随着社会主义市场经济的建立，高等教育内外部必须以平等竞争为手段，实行优胜劣汰，把资源配置到教育质量高的高校和学科中去，更好地为社会培养出一流的人才，创造出一流的大学。

第四，在现行的高等教育管理体制下，高等学校实际上的办学自主权很小，这与市场经济的自主原则明显不符。市场经济的运行，要求高等学校具有相应的或比较完整的自主权，以适应其对于不同劳动力及人才资源的要求。高等教育要想进入市场，真正地参与到市场经济的运行中去，必须使高等学校获得相应的法人资格。这就是说，高等学校必须在一定程度上获得作为市场经济微观基础的诸条件，否则，以完全不同的身份、规则和条件介入市场，必然会引起混乱和失调。从表现形式上看，我国高等学校已经是独立法人，但实际上，目前在相当大的程度上，其并不具备在市场经济中运行的各种条件。各种有形或无形的限制仍然在制约着高等学校作为独立法人发挥作用，高等学校的独立法人资格并没有在实践中得到充分的体现和运用。

第五，现行高等教育办学模式的高度集中与市场经济的效益原则表现出明显的冲突。在市场经济条件下，资源的合理配置与讲究效益是最重要的法则。以最小的投入获得最大的效益，以最少的资源达到最优的配置，是市场经济运行所追求的目标。然而，高等教育办学模式的高度集中，导致了国家和政府对高等教育资源的垄断，从而使教育资源配置不能取得应有的效益，并造成了极大的浪费。就我国高等教育发展的现实而言，高等教育资源尤其是政府经费投入是有限的，而高等教育发展的空间又十分巨大，我国高等教育改革的出路只能是在有限资源的条件下，尽可能通过合理的组合，达到最佳的效益。然而，高度集中的管理体制使得各部门往往只考虑本部门的局部利益，较少从"全国一盘棋"的角度考虑全国经济发展的态势。具体而言，就是形成了小而全、重复设置专业和学科的格局。

二

如前所述，我国的高等教育模式基本上是国家和政府集中办学型，其显著的特点是办学主体单一，投资渠道单一。尽管在 20 世纪 60 年代的高等教育改革中曾提出过管理权下放的问题，但由于计划经济的思维方式，举办高等教育的权力实际上还是牢牢掌握在中央政府手中。改革开放以来，随着全党工作重心的转移，不仅是中央各部门，各省、自治区、直辖市也纷纷制定了发展的蓝图，各级地方政府也都制定了奋斗目标。在此过程中，我国高等教育办学模式上有两个比较引人瞩目的举措：一是悄然兴起了民办高等教育机构，二是中心城市举办高等学校。比较而言，中心城市举办高等学校这一改革举措，由于是地方政府大力支持下的产物，背后有各级地方政府作为强大的经济后盾，其发展的规模和速度以及由此产生的社会效益和经济效益都远远超过民办（私立）高等教育。许多城市特别是经济比较发达的中心城市，对各种人才的需求极为迫切。所以 20 世纪 70 年代末 80 年代初，我国出现了中心城市办大学的热潮。

我国民办高等教育起步于 20 世纪 70 年代末 80 年代初，进入 90 年代，在邓小平南方谈话发表之后，进入了一个新的发展阶段，迅速形成燎原之势。到 1999 年，经国家批准的具有颁发学历文凭资格的民办高等学校有 37 所，经省、自治区、直辖市一级政府批准的民办高等学校有千余所。现在，民办高等学校已成为我国高等教育体系的一个有机组成部分，而且涌现出了诸如北京海淀走读大学、湖北函授大学、西安翻译学院、三江学院、黑龙江东亚大学、黄河科技大学、华南女子学院等办学效益好、社会信誉高的民办高等学校。

民办高等教育和中心城市办大学是中国高等教育办学模式走出计划经济模式的第一步，率先向我国长期形成的办学体制、投资体制和管理体制提出了挑战，并昭示着多样化办学模式的形成。多样化办学是第二次世界大战后世界各国高等教育发展的一种重要趋势。构成多样化主题之一的私立高等教育，无论是在发展中国家还是在发达国家都可以找到成功的先例。在我国高等教育多样化的进程中，中心城市办大学作为多样化的主体发展势头令人欣喜，但实际上，中心城市办大学在本质上还是政府办学，仍具有国家办学的色彩，除了投资渠道从国家转为地方，投资主体发生变化之外，其他运作机制仍然体现着国家办学的基本特征。同时，中心城市办大学主要出现在经济发达地区。对于经济发展落后地区而言，其既缺少办学的教育资源，又缺少办学的积极性，由此造成了经济发展落后与人才需求不足的恶性循环。

1999 年以来，我国进行了高等教育管理体制的重大调整，两次把国家各行业部门举办的 200 多所高校或划转为由教育部管理，或划转为地方政府管理。这在相当大的程度上打破了我国长期形成的部门办学的格局。在一定意义上说，这两次调整是办学模式的一种变化，但办学主体并没有发生根本性的转变，即办学主体仍然是国家或各级地方政府，在投资体制和管理体制上，责任主体只是从政府的一个部门划转到另一个部门，在总体上，仍然没有跳出国家（政府）办学的模式。其产生的影响和意义主要体现在人才培养模式上，尤其是改变了专业面过窄、学科和课程设置不合理等弊端。

世纪之交，我国高等教育办学模式又开始发生若干重大的变化，尤其是伴随着高等教育的扩招而开始出现卖方市场现象。随着国外高等教育机构进入我国高等教育市场，我国高等教育以国家投入为主体和以国家管理为主要运行机制的模式悄然发生了新的变化。除了民办高等教育的崛起以及中心城市办大学之外，以产业方式运作的教育集团、以各种融资方式组建的大学城、以改制为主要特征的二级学院和国有民办等新的办学模式的出现，在一定程度上预示着我国高等教育在 21 世纪将出现新的模式和新的运行机制。当高等教育理论界和教育管理部门对教育产业理论争论不休的时候，我国的高等教育在实践层面上已经进行了许多大胆有益的探索，这些探索将为 21 世纪我国建立新的大学制度奠定良好的基础。

1. 教育集团

在我国，目前已出现了浙江省万里教育集团、黑龙江东亚教育集团、北京南洋教育集团等，这些教育集团以教育就是服务为理念，初步实现了从幼儿园到大学的"一条龙"式的办学模式，办学者把市场运作机制引入教育集团，逐步实现教育规模的集团化。以黑龙江东亚教育集团的东亚大学为例，它是在齐齐哈尔第一机床厂职工大学的基础上改制而成的民办大学，当齐齐哈尔第一机床厂作为国有特大型企业步入低谷难以复苏的时候，东亚大学经过近 7 年的运作，显示出勃勃生机。与职工大学改制同时，齐齐哈尔第一机床厂所属的从幼儿园到高中的 11 所学校全部并入教育集团。目前，齐齐哈尔市政府又建议把 3 所市属中专也并入东亚教育集团管理，同时启动了东亚大学的"以工龄置换产权"的教育股份制试点。将股份制引入高等教育管理系统，从最初的以融资为目的转变为以明晰产权为目的，预示着办学模式的重大突破。

2. 大学城

我国高等教育规模在世纪之交的急剧扩张，促使各级地方政府开始寻求新的发展模式，大学城在各地悄然兴起，例如正在规划及已经启动的杭州大学城、宁波大学城、北京华北大学城、深圳大学城等。以深圳大学城为例，它将是容纳国内外 10 余所著名大学，以不同投资主体和办学形式存在的"大学王国"。2000 年 9 月，清华大学已率先在深圳大学城落户。从目前的发展趋势看，大学城的管理方式及运作方式不尽相同：有的是以政府投入为主，有的是以进入大学城的学校投入为主。政府在大学城中的角色也不十分清晰：有的是管理和融资机构，有的具有办学主体与投资主体的双重身份。从发展趋势上看，大学城的意义显然不在于其规模的大小，关键是其运作方式和管理方式。如果仍然以政府投入为主，且政府承担起办学与管理的双重责任，那它与以往的政府办学并无本质的差异。大学城完全可以借助各地经济开发区的模式，政府以管委会的形式出现，充当的是管理者而非出资者或办学者的角色，或者，进入大学城的各大学以教育投资股份公司的形式来运作大学城。比较具有创新和启示价值的恐怕是后者。

3. 国有民营二级学院

公立大学举办民营二级学院，正在部分省市兴起。浙江、江苏、辽宁、山西、上海、四川等省市，先后创办了多所民营二级学院。从二级学院产生的背景来看，主要是为了缓解扩招的压力和教育经费的不足，是一种应急的措施。作为一种新的模式，其发展势头不可阻挡。纵观国内民营二级学院，大致有以下几种类型：（1）公立大学独立设置型；（2）公立大学与企业合作设置型；（3）公立大学与国外教育机构合作设置型；（4）公立大学与国内私立大学合作设置型。从上述四种办学类型来看，如何界定民营二级学院的性质，目前还存在着较大的争议，因为二级学院既有公立大学的特征，又有民办大学的运行机制。但从总体上看，民办二级学院属于民办高等教育的范畴，因为其办学主体和投资主体均不是国家或各级政府。

4. 公立大学转制

国有民营二级学院是作为公立大学的一个子系统而存在的，而公立大学的转制（或称之为民营化）则是一种全新的体制和独特的模式。例如浙江万里学院就是公立大学转制的一种尝试。浙江万里学院的前身为浙江农村技术师范专科学校，是一所具有 50 年历史的公立学校。在市场经济的冲击下，学校面临着许多办学上的困难，成为浙江省有名的办学困难高校之一。经教育部原则同意后，浙江省政府做出决定，将浙江农村技术师范专科学校交由浙江万里教育集团办学，所有权与办学权分离。学院的国有性质不变，但改变了投资主体，适度引进市场或民营机制，实行董事会领导下的院长负责制。改制近 2 年来，学校规模扩大，水平提高，令人刮目相看。在国家不增加财政投入的条件下，以学养学，创建了一种新的办学模式。公立大学转制或按照民营的机制来运作，在万里学院已进行了成功的尝试。

就世界高等教育改革而言，公立大学民营化正在成为一种趋势。例如，菲律宾政府已明确规定，到 2001 年，国家公立高等教育系统转为私立，政府对转制的大学实行补贴。除此之外，美国、澳大利亚、日本等国家不约而同地提出了公立大学民营化的思想。世界上之所以出现公立大学民营化的思潮，一方面与世界各国公立高等教育经费不足和办学效率不高有关，另一方面则体现了办学模式多样化的要求。也许在不久的将来，公立大学民营化会成为世界高等教育改革的一种大趋势。

三

高等教育办学模式的改革是一个系统工程。在高等教育办学模式的三个要素——办学体制、投资体制、管理体制中，办学体制是关键。在一定意义上说，宏观层面的办学模式的改革，就是办学体制的改革。例如，高等教育投资的多元化是高等教育举办主体多元化的必然结果，完善和促进高等教育举办主体多元化是实现投资体制多元化的根本保障。

我国高等教育办学模式改革的关键，是超越各级政府既是管理者又是举办者的观念，形成多元化的办学体制。历史的发展已经证明，单纯的国家办学模式具有先天的缺陷。首先，举办主体力量比例失衡，高等教育较难适应社会多方面的需求。其次，由于办学主体单一，高等教育的模式难免显得僵化和缺乏活力。更为严重的是，由于高等学校的活动都要由政府来调控，政府的局部政策偏差极易造成高等教育的整体偏差。

因此，21 世纪我国高等教育办学模式的变革必须着眼于三个现实。

1. 高等教育经费不足的现实

办学经费短缺是世界高等教育今天和未来面临的共同问题。这种短缺一方面是因为许多国家都面临着不同程度的经济危机，另一方面也因为如今的高等教育规模如此之大，需要用越来越多的资金来支持它的运转。

经费短缺给各种高等教育办学模式带来了不同的影响。在那些政府办学占主导地位的国家中，经费的短缺不仅限制了高等教育的规模，而且限制了高等教育在教学质量、科学研究水平等方面的发展。在那些并不完全依靠政府办学的国家，政府高等教育经费投入的减少相对来说影响就小一些。尤其是在规模方面，这些国家的政府完全不必担心，因为只要有生源存在，其他办学主体总是会满足这种社会需求的。

面对世界范围内的教育经费不足，许多国家都在采取新的对策：一是发展私立高等教育，二是拓展融资渠道。就拓展融资渠道而言，国外出现了教育福利彩票、大学发展高科技产业、学校与银行合作、学校介入资本市场等形式。融资体系的多元化，折射着办学主体的多元化。

2. 我国加入 WTO 之后的教育现实

我国加入 WTO 指日可待，教育已作为服务产业被列入 WTO 条款，国外高等教育介入我国教育市场将对我国高校办学模式提出重大挑战。全球一体化及经济一体化的总趋势，势必对教育产生影响。这种影响也许不像经济活动那样直接和迅速，人们对此的反应也不会那样敏锐。但是，只要有发展空间存在，只要有经济价值存在，就会有市场这只无形的手介入，就会看到 WTO 的触角。

加入 WTO 之后，我国教育市场的这块巨大"蛋糕"，将会引起国外更多跨国公司和教育机构的垂涎。我国的教育尤其是高等教育，不仅要面向国内市场，而且要面向国际市场。面对这一新的挑战，我国教育机构如何迅速做出反应和进行应有的准备，树立应有的市场意识，是摆在教育管理部门和学校面前的紧迫任务。随着国外各种机构在我国教育市场的"抢滩登陆"，我们如何与其展开竞争，并进而创造自己的优势，主动出击，这一问题将被现实地提到教育改革的使命中来。

市场经济是一种开放经济，教育市场的长久封闭既不是理性的也不是现实的。国外教育资源进入我国，对我国教育产生哪些冲击，有何利弊，尚待在发展过程中检验。目前的关键是我们应以清醒的认识、灵活的教育机制、完善的教育体制，应对国内对教育的需求与"外来者"的挑战，全面地把握我国教育市场的大潮。

3. 我国加快启动高等教育大众化进程的现实

世纪之交，我国加快了高等教育大众化的进程，其发展之迅速是令人始料不及的。高校规模的急剧扩张，万人大学的不断出现，人民群众高等教育消费的不断上涨，都将促使高等教育办学模式做出调整。

面向未来，我国高等教育的办学模式必须加大力度进行调整和改革。正如《世界高等教育宣言》指出的：高等教育系统必须进行"从未要求它进行过的最彻底的变革和革新"，以应对 21 世纪的挑战。

参考文献

[1] 刘莉莉. 中国民办高等教育发展的现状与展望 [D]. 武汉：华中理工大学，2000.

[2] 谈松华. 变革与创新：走向 21 世纪的中国高等教育 [J]. 高等教育研究，1998（3）：16-22.

[3] 张民选. 扩展高等教育规模的理念：半个多世纪的抉择 [J]. 高等教育研究，1999（4）：90-94.

[4] 上海智力开发研究所，上海市教育科学研究院. 教育发展形势专题分析 [J]. 教育发展研究，1999（4）：5-12.

[5] 厦门大学高等教育科学研究所. 两岸大学教育学术研讨会论文集 [M]. 厦门：厦门大学出版社，1998.

[6] 陈宝瑜. 走向二十一世纪的民办高等教育 [M]. 北京：学苑出版社，1998.

（本文原载《教育研究》2001 年第 3 期）

高等教育学学科建设的基本轨迹及其走向

林金辉

我国高等教育学学科尚未成熟，研究高等教育学学科建设的基本轨迹，探讨它在 21 世纪初的基本走向，对于加快学科建设进程，促进它走向成熟，具有理论和现实的意义。

一、建立学科前的高等教育研究

中国的高等教育研究可以从清末算起，至今已逾百年。当时，梁启超、张之洞、盛宣怀等都从不同角度提出了一些关于高等教育的看法和主张。进入民国后，随着现代高等教育制度的建立，更多学者关注高等教育问题，例如蔡元培、张伯苓、梅贻琦、竺可桢等提出了许多办大学的主张；一些学者翻译、撰写出版了若干研究大学教育的专著，如郑若谷翻译的《大学教育论集》（威尔金斯著）、孟宪承的《大学教育》等。这个时期对高等教育的研究，只是停留在某些零星的探索和评论上，带有自发的性质。

新中国成立初期，高等教育如何办？许多有识之士在借鉴苏联经验的基础上，对我国高等教育的目标、管理体制、教学改革等提出了具有影响意义的见解和建议。1953 年起，高教部还定期出版《高等教育通讯》，提供了一块交流经验、发表调研报告的园地。遗憾的是，这份杂志到 1957 年就停办了。通过对我国高等教育发展道路几年的艰苦探索，有学者开始感到，高等教育的许多问题不是普通教育学的理论所能解释和解决的。1957年，厦门大学教育学教研室编写了一本《高等学校教育学讲义》。这本内部发行的教材还仅能做到普通教育学的一般原理原则与高等教育若干论点与材料的和糅[1]，但它却是对构建高等教育学学科的第一次重要尝试。

从历史上看，我国开展高等教育研究为时不晚，其中不乏一些有价值和生命力的东西。新中国成立后不久，我国学者就自觉地注意到高等教育专业问题在教育学上的重要地位[2]，提出了创建高等教育学学科的设想和倡议，并进行了初步的尝试。所有这些，为高等教育学学科的建立和发展奠定了思想基础和理论基础。

由于历史条件的限制，在 20 世纪 70 年代末之前，一些教育理论工作者的设想和倡议并未得到应有的重视，建立高等教育学学科的尝试难以继续。当时，人们还不可能提出高等教育研究范式性的基本理论，更不具备培养研究人才的条件，创建一门学科的社会条件还不具备。从总体上看，20 世纪 50 年代到 70 年代末，我国的高等教育研究进展十分缓慢；而国外比较系统和大规模的高等教育研究正是从 50 年代开始的。我们在这方面至少落后了 20 年。

二、高等教育学学科的建立和发展

学科建设可分为初创阶段、发展阶段和成熟阶段。[3] 目前，高等教育学学科建设处在发展阶段。学科建设的最终目标是建成严整的科学理论体系，这也是高等教育学学科成熟的主要标志。

20 世纪 70 年代末，我国进入改革开放的新时期，高等教育事业也开始走上健康的发展轨道。在这个历史背景下，一批教育理论工作者和实际工作者不失时机地大力倡导研究高等教育，建立高等教育学学科，并付诸实践。1978 年，潘懋元教授呼吁"必须开展高等教育的理论研究"[4]，在厦门大学建立了我国第一个以高等教育为研究对象的专门研究机构；北京大学、清华大学、华中工学院等也相继成立了专门的高教研究机构。经过多年的努力，1983 年，高等教育学被国务院学位委员会正式列入其公布的学科、专业目录；《中国大百科全书·教育》也把高等教育学列为词条；1984 年，由潘懋元教授主编、9 位专家合作编写的我国第一部《高等教育学》正式出版。这些标志着高等教育学作为一门新学科的正式确立。1978—1984 年，是我国高等教育学学科建设的重要阶段，不论是研究机构、团体的建立，还是著作的出版，都为此后的学科建设和发展奠定了重要基础。近十几年来，高等教育学在理论研究、人才培养和营造学科建设环境方面，都取得了不少进展。尤其是 20 世纪 90 年代以来，学科建设进入了稳步发展时期，不仅在理论建设方面有不少突破，在对大量现实问题的研究上，也取得了令人瞩目的成绩，许多成果为决策部门所重视和采纳，对高等教育改革与发展产生了重要的积极的影响。现在，我国不仅是一个在校大学生数量庞大的高等教育大国，而且是一个新兴的"高等教育研究的大国"[5]。作为一个专门研究领域和一门学科，高等教育研究在我国起步较晚，但是，目前它已成为我国教育科学中最活跃、研究机构最多、研究队伍最庞大的领域。

为了进一步探索高等教育学学科建设的基本轨迹，下面从三方面对它的发展脉络进行梳理。

1. 高等教育研究范式性的基本理论以及以高等教育学为主干的学科群建设

在学科创建之初，理论工作者就明确地阐述了高等教育的基本定义、基本特点、基本规律和高等学校的基本职能，探讨了高等教育的起源和发展，阐明了传统教育、现代教育与社会主义教育现代化的含义及其关系，提出了高等学校教学过程的特殊性及其教学原则体系等一系列教学论思想，尤其是教育内外部关系规律理论命题的提出，对高等教育学学科的创立与发展有着重要的理论意义，由此形成了我国高等教育研究的基本范式。

与此同时，高等教育学的许多分支学科也先后建立起来，高等教育学学科群建设取得了长足的进展。这些分支学科主要包括以下方面。

（1）从高等教育学中分化出来的学科，主要有大学课程论、大学教学论、大学德育论、大学学习论、高等教育思想研究、比较高等教育、高等教育史、高等教育研究方法、物理教学法等各科类的学科教学法等。

（2）交叉学科，如大学生心理学、高等教育管理学、高等教育经济学、高等教育结构学等。

（3）应用高等教育学来研究各类型各层次高等教育而形成不同的学科，如高等教育自学考试、成人高等教育、留学生教育、学位与研究生教育、高等专科教育、高等师范教育、高等工程教育等。有的分支学科还进一步分化出次一级的分支学科，例如，高等教育管理学分化出高等教育行政学、高等教育评估学、高等教育管理心理学等。

2. 高等教育学学科的人才培养

学科建设的完整含义包括它的建立和发展。学科建立之后，它的发展必须依靠一大批高层次的专门人才。培养高等教育学学科的专门人才成为学科建设的一项带有根本意义的工作。

近20年来，高等教育学专业研究生培养从无到有，从小规模到较大规模，发展较快。1984年、1986年，我国第一个高等教育学专业硕士点和博士点相继在厦门大学设立。至1996年，又建立了北京大学、华东师范大学、华中科技大学等校的博士点和近20个硕士点。目前，全国高等教育学专业和以高等教育为方向的教育经济与管理专业的硕士点有近80个，在校硕士生数超过600人，同时，又有2所大学获得招收高等教育学专业博士生的资格，在校博士生数有较大增长。

学科创建之初，没有现成的课程体系和教材，培养人才不能走老专业的路子。近20年来，一些学位点闯出了自己的新路子，如院校合作培养模式、"学习-研究-教学实践三结合"教学模式等等。大多数的学位点形成了一套比较科学、严整的高等教育学专业课程体系和不断创新教学内容的有效机制。在学科方向建设上，主要有高等教育理论、高等教育管理、高教课程与教学论、大学生心理学、高等教育考试研究、中国高等教育史、西方高等教育史、比较高等教育等。在课程建设方面，开设的课程主要有高等教育学、大学生心理学、高等教育管理学、高等教育管理心理学、比较高等教育、中外高等教育史、高等教育经济学、西方高等教育思想、中国高等教育问题、大学生思维心理学、心理咨询与大学生就业指导、高等教育评估、高等教育科学研究方法等。根据对一些学位点的追踪调查，80%以上的毕业研究生已经成为我国高等教育理论研究与教学的骨干，有的成为学术带头人，成为高教研究、教学或管理等应用领域的栋梁之材。他们是高等教育学学科建设的重要力量。

3. 高等教育学学科持续发展所需社会条件的建设

学科建设，要有良好的社会条件。它是时代造就的，是在社会发展需要中形成的；同时，它也是理论工作者努力营造出来的。营造这样一种社会条件，是高等教育学学科建设的重要一环。

学科创建之始，高等教育理论工作者就比较自觉地为学科建设与持续发展营造一系列的社会条件，如政府支持、社会响应、研究队伍建设等。1979 年，厦门大学、华东师范大学、北京师范大学、南京大学、清华大学、兰州大学、上海交通大学和上海高教局 8 个单位在上海联合筹备组建"全国高教研究会"。次年，召开了有 34 个单位参加的中国高等教育学会筹备会议。3 年后，中国高等教育学会正式成立。此前已经成立的十几个地方性高教研究学会在中国高等教育学会的协调下基本联成一个系统，中国高等教育研究开始向有组织的方向发展。1993 年，中国高等教育学会高等教育学研究会成立，更加有力地推动了高等教育学的学科建设。"高等教育研究能否繁荣兴旺，最终也决定于能否得到广大教师和干部的支持与参与。理论的源泉来自实践，只有广大有实践经验的教师和干部支持了，参与了，高等教育研究领域才能富有生气。"[6] 重视实际工作者主动参与高等教育研究，重视向实际工作者传播高教理论，致力于促进全国高校管理干部和教师的专业化，推动管理干部和教师尤其是高校领导对教育规律的研究和自觉运用，建设广泛的、专兼结合的研究队伍，是高等教育学学科建设的重要特色之一。

三、21 世纪初高等教育学学科建设的基本走向

20 多年来，我国高等教育学学科建设取得了不少成就，走在了西方国家的前面。在西方国家，高等教育研究历来被看成"问题研究"，至今没有形成独立的高等教育学学科，而我国的高等教育研究则重视"以学科研究的形式"[7] 进行系统研究，具有明显的学科指向。这是我们的特色，也是我们的优势。但也应该看到，我们的高等教育研究总体水平还不高，基础理论研究还比较薄弱，学科的理论体系还没有形成，人才培养的质量也有待提高，学科建设的国内条件有待进一步完善，国际条件尚未形成。21世纪初，加快高等教育学学科建设显得尤为重要和迫切。

在加快高等教育学学科建设进程中，应从全局上把握如下基本走向。

1. 在加强理论建设的过程中逐步建立和完善高等教育学的理论体系

学科建立以来，出版了不少以知识体系或教材体系为形式的高等教育学学科专著，对高教事业的发展起到了一定的积极作用。但是，随着高等教育事业的发展，以知识体系或教材体系为形式的高等教育学已经不能适应形势的需要，实践要求高等教育学确立自己的理论体系，由此才能提出更多走在高等教育发展前列的理论，更加有效地指导高等教育实践。1992年起，中国高等教育学会高等教育学研究会在筹备至成立期间，连续三次召开以构建高等教育学理论体系为主题的学术研讨会。研讨虽有进展，但终无结果。原因在于构建理论体系的理论准备不足，尤其是方法论的准备不足。[8]

高等教育学学科有没有自己独特的研究方法？多数观点认为，它所有的研究方法都是从别的学科移植或借鉴的。当我们还在争论的时候，西方

学者却比我们更早重视高等教育研究方法的问题。例如，克拉克（B. R. Clack）运用多学科的方法研究高等教育。他认为："各门社会科学及其主要的专业所展开的广泛的观点，为我们提供了了解高等教育的基本工具，不管这个学科是历史学、经济学或政治学，还是其他社会科学，都给我们提供了观察世界的方法，我们可以把它应用到高等教育部门。"[9]

2. 继续为高等教育改革实践提供优质服务，在理论联系实际的过程中建设和发展学科

高等教育学学科建立以来，高等教育研究大体上沿着两条脉络发展：以建立学科、构建学科体系为重点的理论研究，以研究改革实际中的问题为重点的应用研究。在学科建设的不同时期，对两种研究的投入有不同侧重。20世纪90年代中期以后，高等教育理论界更加明确地意识到，如果不去接触高等教育实践，就会使理论脱离实际，高等教育学学科建设最终也难以走向成熟。近几年来，对大学素质教育、高等教育大众化、民办高等教育等一系列重大实际问题的探讨取得了公认的成果。

21世纪初，由于高等教育的发展和学科建设的需要，理论研究与应用研究客观上更多地表现出交叉和融合的趋势，体现出学科建设的规律性。在高等教育学学科建设中，应该注意：在理论研究方面，必须在高等教育的若干基本概念、基本理论上不断深入，并进一步探讨学科的"逻辑起点"问题，同时，注重研究的科学性与可行性。在应用研究方面，必须时刻关注高等教育改革与发展的现实，运用新创建的高等教育理论探讨和解决现实问题，在应用研究中充实和发展高等教育理论，使应用研究更有力地促进学科建设。从学科建设的角度看，高等教育研究要为现实服务，才会有生命力，才会得到社会的响应与支持，才能为学科建设营造更加有利的社会环境。

3. 在扩大高等教育学学科研究生招生规模的同时，不断提高研究生培养的质量，为21世纪初高等教育学学科建设培养足够的高素质专门人才

目前，我国高等教育学学科研究生招生规模还适应不了21世纪初高等教育发展和高等教育学学科建设的需要。扩大高等教育学学科研究生招生规模，为高等教育研究培养更多的高层次专门人才，对提高高等教育研究的科学化水平，促进学科建设向更高的水平发展，具有重要的意义。要有长远的观点，根据学科建设以及社会和高等教育发展的需要，适度超前，统筹发展。在扩大高等教育学学科研究生招生规模的同时，必须不断提高研究生培养的质量。要使研究生具备扎实的理论基础、合理的知识结构、较强的创新能力和创新精神，要使他们对我国和世界的高等教育实际有深入的了解，并能够运用科学的研究方法解决实际问题。

高等教育学学科研究生的培养机构，在教育创新上应该走在前列。在高等教育学学科研究生培养过程中，必须对传统的教育观念、体制、课程与教学体系进行创新。学科初创时期，召开过几次全国高等教育学学科研究生培养工作会议，总结经验，切磋问题，对提高本学科的研究生培养质量起了很好的作用。今后，应进一步加强各研究生培养单位的交流合作，为学科建设培养高素质的专门人才。

4. 在继续立足国内的同时，面向世界，使高等教育研究走向世界，为高等教育学学科建设营造更好的国内和国际条件

我国的教育学是在清末通过介绍外国教育学著作而引进的，在其发展过程中经历了从仿效欧美到学习苏联的演变。近20年来，教育理论界则提出了教育学本土化的问题。与教育学不同，高等教育学是在我国本土产生和发展起来的，"始终带着浓厚的本土气息"[10]。要继续保持高等教育学学科的本土特色，把我们研究的立足点放在国内，提高高等教育理论的科学化水平和为实践服务的水平，在这个过程中逐步构建有中国特色的高等教育学学科体系，逐渐形成中国高等教育理论学派。立足国内，才能为进一步完善学科建设所必需的国内环境，为高等教育学学科走向世界奠定基础。

20多年来，我国大多数的高等教育研究成果，甚至是一些已经达到或接近国际先进水平的研究成果，还没有为国际高等教育研究界所了解，学科建设所必需的国际学术交流与合作渠道也基本上没有形成，整个高等教育研究仍然游离于世界高等教育研究的边缘。

21 世纪初，我国高等教育学学科要有新的发展，就必须冲出国门，走向世界，除了保持高等教育学学科的中国特色外，还必须有与国际学术界交流、合作与竞争的实力。只有这样，才能在较大范围内和较高层次上参与国际高等教育研究学术领域的合作与竞争，我国的高等教育研究成果才可能被国际高等教育研究界所了解和认可，我国的高等教育研究才能在世界高等教育学术界占有一席之地，才能为高等教育学学科建设创造更加有利的国际环境，使高等教育学学科建设产生新的飞跃。

参考文献

[1] 厦门大学教育学教研室. 高等学校教育学讲义 [Z]. 1957.

[2] 潘懋元. 高等专业教育问题在教育学上的重要地位 [J]. 学术论坛，1957（3）：35-39，60.

[3] 潘懋元. 关于高等教育学科建设的若干问题：在全国高等教育学科建设研讨会上的报告 [J]. 高等教育研究，1993（2）：1-6.

[4] 厦门大学高等教育科学研究室. 必须开展高等教育的理论研究：建立高等教育学科刍议 [J]. 厦门大学学报（哲学社会科学版），1978（4）：1-9.

[5] 潘懋元. 潘懋元论高等教育 [M]. 福州：福建教育出版社，2000：94.

[6] 潘懋元. 高等教育研究的比较、困惑与前景 [J]. 高等教育研究，1991（4）：10.

[7] 王伟廉. 高等教育学 [M]. 福州：福建教育出版社，2001：21.

[8] 林金辉. 应重视多学科高等教育研究 [N]. 光明日报，2002-09-26.

[9] 王承绪. 高等教育新论：多学科的研究 [M]. 杭州：浙江教育出版社，1988：1-2.

[10] 同 [5] 108.

（本文原载《教育研究》2003 年第 2 期）

我国高等教育学学科发展的特殊性分析

胡建华

在 20 世纪 70 年代末以来我国高等教育学学科发展的历程中,反观学科自身经常成为研究的指向之一,而学科发展的不成熟是反思中人们得出的一个基本结论。[1] 因此,如何认识高等教育学学科发展的不成熟就成为总结高等教育学学科发展历程和发展走向的要点所在。分析高等教育学学科发展的特殊性正是试图从学科自身去寻找学科发展不成熟的原因。

一、构建学科体系的"目标指向"

人们或许认为,以构建学科体系作为目标指向,是学科发展的一般规律。而且,"形成独立的体系是一门学科建立的重要标志。这是因为,我们所研究的任何事物都存在着各种不同的属性和关系,而这种属性和关系都是相互联系的,构成为一个统一体。反映在理论上,就不能不是由许多相互联系着的概念、范畴所构成的一个体系"[2]。可是,就高等教育学学科的发展而言,以构建学科体系作为明确的目标指向,恰恰是我国高等教育学学科发展的一个特殊性,这主要是与外国如美国、日本高等教育学学科发展的比较而言的。

众所周知,美国不仅是现代高等教育规模最为庞大的国家,也是高等教育研究最为发达的国家。仅从专业研究生教育的规模就可窥其一斑。"据 1991 年的一个调查,美国高等教育专业博士生教育已经发展出了学术管理、高等学校管理、社区学院管理、学生人事管理、课程与教学、高校财务、院校研究、计划、政策研究、成人教育、高等教育基础、比较教育等 12 个专业方向。……1990 年统计到的不同的高等教育课程达 124 门，2000 年增加到 284 门。"[3] 尽管美国高等教育研究界自 20 世纪 50 年代起就希望通过若干年的努力，把高等教育研究变成一个独立学科[4]，然而事隔 50 年之后，由于没有形成一个坚实的学科基础，没有确立自己的方法论，没有建立得到广泛认可的理论，高等教育研究仍然被人们认为是一个学术领域，而不是一门学科，或至少不是一门成熟的独立学科。形成这种状况的原因也许有很多，高等教育研究人员没有将建构高等教育学学科体系作为研究的目标指向或许是主要原因之一。

1972 年日本广岛大学大学教育研究中心的成立，标志着高等教育研究作为一个学术领域得到大学界的认可，从组织形式上意味着日本高等教育研究的正式发端。分析 30 年来日本高等教育研究的发展，从研究内容的角度来看，有以下一些值得注意的特点。第一，重视翻译介绍国外的高等教育著作与理论。翻译介绍的著作与理论涉及面非常广，既有来自现代高等教育最为发达的美国的，又有来自高等教育历史传统悠久的欧洲诸国的；既有关于高等教育理论的，又有关于高等教育历史的；既有当代高等教育理论，又有传统高等教育思想。第二，重视基础理论研究。特别是在高等教育研究发展的初期，大学的性质、目的、职能等成为研究者关注的焦点。第三，重视宏观的高等教育制度发展及政策研究。在日本学者看来，高等教育研究"将现代社会的高等教育以及以学术研究为主要机能的大学这一社会制度的各个方面作为学术研究的对象，运用科学的方法进行分析、评价与综合化"[5]。日本高等教育研究的性质与指向主要在于对象的研究，而非学科（体系）的建构。

与美国、日本不同，我国高等教育学科的发展自开始就以创立学科、构建学科体系作为明确的目标指向。如 1978 年厦门大学高等教育科学研究室在一篇题为《必须开展高等教育的理论研究：建立高等教育学科刍议》

的论文中指出："高等教育理论研究，有重大意义，有广阔天地，客观需要，势在必行。必须象'学前教育学'那样，逐步地建立一门以研究高等专业教育为对象的'高等教育学'，作为整个教育科学的一个分支学科。"[6] 1984年潘懋元教授主编的《高等教育学》的出版"标志着高等教育学学科作为一门新学科的正式确立"。[7] 自那时以来，以构建高等教育学体系为主要内容或者说以体系的形式呈现的高等教育学著作陆续问世，形成了不同于外国高等教育学学科发展的、可被称"体系高等教育学"的学科发展特色。

以构建学科体系为目标指向，对我国高等教育学学科的发展起到了积极的作用，使高等教育学在不太长的时期内确立了学科地位，获得了立于教育科学界的"市民权"。1983年，高等教育学被国务院学位委员会列入学科、专业目录；1984年、1986年，高等教育学专业硕士学位与博士学位授予单位相继确立。这种以构建学科体系为目标指向的学科发展特殊性充分反映了我国学科制度特别是社会科学学科制度的某些特点，即在学科发展的评价方面，习惯于用学科体系的有无作为判断一门学科是否成立（独立）的主要标准，习惯于用学科体系的完善与否作为判断一门学科水平的主要尺度。由此，在学术界形成了一种构筑体系的偏好。

这种以构建学科体系为目标指向的学科发展特殊性在对处于初始阶段的我国高等教育学学科的发展发挥积极影响作用的同时，也存在着问题。由于缺少学科基本理论研究以及建构学科体系所必需的基础，所形成的高等教育学学科体系带有明显的模仿特征。模仿的对象，一是教育学的学科体系，二是高等教育的工作体系。潘懋元教授1993年曾在一次报告中谈道："已有的高等教育学专著的知识体系，大多是从教育学的知识体系移植过来的"；"现时以'高等教育学'或'高等教育学概论'题名出版的专书，……基本上是从教育学移植过来的知识体系，只是根据高等教育的特点和问题，有所增删，如增加大学教学方法、科研工作、研究生教育等等，并尽可能写得便于自学"。[8] 如果说以教育学的学科体系为蓝本建立起来的高等教育学体系尚具有一定的理论性的话，那么在与高等教育行政管理、高等学校工作体系——对应基础上形成的体系所包含的更多的是带有经验总结、工作手册性质的内容。这种现象的出现，一方面反映出理论研究的匮乏，另一方面暴露出人们对教育科学理论反映教育现实的一种误解。恩格斯有过这样一段论述："一个事物的概念和它的现实，就象两条渐近线一样，一齐向前延伸，彼此不断接近，但是永远不会相交。两者的这种差别正好是这样一种差别，这种差别使得概念并不无条件地直接就是现实，而现实也不直接就是它自己的概念。由于概念都有概念的基本特性，因而它并不是直接地、明显地符合于它必须从中才能抽象出来的现实。"[9] 概念与现实之间的关系尚且如此，由概念逻辑组合而成的学科体系与现实之间的关系就更是自不待论了。

二、学科研究的"热点趋向"

社会科学研究关注社会热点问题，这是我国社会科学界存在的一个带有普遍性的现象。[10] 这一现象在高等教育学学科研究中显现得尤为突出。可以说自 20 世纪 70 年代末以来，追逐热点问题、以热点问题作为研究对象成为我国高等教育学学科发展的主线。高等教育学学科研究中的热点问题主要来自两个方面：一是社会的改革与变化，二是高等教育自身的改革与发展。只要稍做回顾就可以发现，每当社会、经济发展出现重要事件或重大转变时，这些重要事件或重大转变与高等教育的关系就会立刻成为高等教育研究的主要内容。80 年代中期，"商品经济与高等教育"曾经是人们热烈讨论的话题；90 年代初期，"社会主义市场经济与高等教育"开始成为新的讨论对象；90 年代后期，"知识经济与高等教育"备受关注；20世纪末，涌现出大量的有关 21 世纪高等教育发展的论文；进入 21 世纪之后，人们又开始讨论加入 WTO 与高等教育发展的关系。

20 世纪的最后 20 年是我国现代高等教育发展史上又一个重要的改革

与发展时期。在这一时期中，高等教育从宏观到微观、从教育体制到教育教学的各个领域都发生了自 20 世纪 50 年代初期社会主义大学制度确立之后前所未有的带有某种根本性质的变化。例如，在大学的类型方面，50 年代初期改革后形成的文理科综合大学、单科型院校已基本不复存在，多学科、综合化是 80 年代以来大学类型变化的基本趋势，尤其是 90 年代的高校合并将综合化推向了顶点；在大学的设置方面，50 年代初期改革后形成的政府设立大学的"一统天下"局面被打破了，民办（私立）高校正在成为我国高等教育制度中的一个不可或缺的组成部分，并且发挥着提高高等教育人口比例的积极作用；在高等教育行政管理制度方面，随着中央部委（教育部除外）所属院校划归地方政府管理这一改革措施的实施，长期以来形成的"条块分割"的管理体制正在为"以块为主"的管理体制所取代；在高等学校内部管理制度方面，以改革与实践经验为基础，高校的办学自主权已经被明文规定在《中华人民共和国高等教育法》中；在教育经费方面，高校收费制度改革的展开以及"受益者负担"原则的落实使得大学生免费上学成为历史，学费已经成为大学经费的主要组成部分之一；在大学教育方面，素质教育成为大学教育的指导思想，众多高校正在实践着以重视人文学科课程、拓宽专业等为主要内容的教学改革。以上这些可以说是 20 世纪 80 年代以来我国高等教育改革的主要内容，这些内容在成为改革实践的同时，也构成了高等教育研究的对象。更确切地说，许多高等教育研究是追逐着这些改革实践，围绕着这些改革内容而进行的，由此形成了高等教育学学科研究的"热点趋向"。

所谓学科研究的"热点趋向"，从理论上讲，是指学科（理论）研究以追踪实践领域的热点问题为轨迹。这种追逐热点问题的学科研究倾向及学科发展的特殊性，一方面反映了高等教育学这门或许可以被称为社会科学的学科的性质，另一方面也反映了人们对高等教育学学科的认识。"高等教育学研究必须关注高等教育实践的发展，必须研究实践中暴露出来的问题，为解决实践中的问题提供理论上的指导是高等教育学的学科功能之一。"[11] 因此，当高等教育改革与发展的过程中形成"热点"问题时，人们就对高等教育研究从理论上对"热点"问题做出分析与应答抱有期待，理论工作者也将分析"热点"问题作为研究的主要内容。高等教育改革的不断深入、热点的频繁转换引导着高等教育学学科的发展。

可是，以高等教育改革与发展实践中的热点问题作为学科研究的对象与内容可能会出现两种情况。一是实践中的问题如果"未经过科学的建构，实际上就是新闻媒体或其他公共机构设定的日常论题"[12]。而"社会问题作为社会科学研究的对象，还必须经过去伪存真、由表及里的思维过程，使之成为一个科学问题。假如社会科学研究不加分析地把社会问题信手拈来，则往往就难以摆脱就事论事的工作讨论模式，失去科学研究应有的理论深度"。如果我们分析一下这些年来发表在学术刊物上的有关高等教育改革与发展热点问题的论文，不难发现，缺乏理论深度（甚至没有理论分析）的工作讨论式的文章不在少数。二是就事论事的讨论热点问题的研究对于高等教育学作为一门社会科学的建设是没有什么积极意义的。有学者对社会科学研究中追逐热点问题的研究做过如下评说："当我们将这些人的研究置于相关的学术传统之中，根据社会科学场域的学术标准对其进行评价时，或者试图在其基础上进行进一步的研究时，却只能发现他们所研究的问题对于社会、经济或政治是重要的，而其所生产出的知识则很难与其他非社会科学的知识相区别。换言之，他们的研究在学术上并不具有什么意义，不仅没有在前人就此问题而形成的知识脉络上对既有的理论进行证明或证伪，也没有作出理论上的创新，成为其他社会科学研究者深入研究此一问题的知识基础。"[13] 如果学科研究不能促进学科知识的积累，那么学科的发展水平就无从提高。

三、学科研究的"泛化现象"

高校教师及教育行政管理人员对于高等教育研究的广泛参与，以及高等教育研究人员学科背景、职业背景的广泛性被认为是我国高等教育学学科发展的一大特点。[14] 这一特点对于高等教育研究的发展具有积极的作用，因为"高等教育是一个多学科的研究领域，又是一门与社会各个部门密切联系的应用性很强的学科，它需要各科类的专家和有丰富的实践经验的教师与干部参加研究"[15]，队伍"庞杂"不是它的缺点，恰恰是它的优势。但是，由众多人员的广泛参与而形成的研究规模的过于庞大 [全国700余所高校设有高等教育研究所（室）一类的机构，专职人员约2000人，高等教育研究类刊物公开出版的有30多种，内部交流的有300余份][16]，却构成了我国高等教育学学科的另一个特殊性，这是学科研究的"泛化现象"产生之基础。

所谓高等教育学学科研究的"泛化现象"，是指"不恰当地扩大了'研究'的外延，许多不为'研究'的组织、活动、内容等被划入了'研究'的范畴"[17]。高等教育学学科研究的"泛化现象"主要表现在以下两个方面：一是研究组织的泛化，二是研究内容的泛化。研究组织的泛化主要指现有的许多高等教育研究机构（"高等教育研究所""高等教育研究室"等）实际上并不在从事高等教育研究活动。众所周知，一些高校成立高等教育研究机构的最初目的其实主要不是开展高等教育研究，而是出于人事上的安排、机构设置上的考虑等一些研究之外的原因。因此，一些高校高等教育研究所（室）不被认为是研究机构，而被看作行政管理机构。虽有"研究"之名，而无"研究"之实，这就是高等教育学学科研究组织泛化的具体表现。研究组织的泛化必然带来研究人员的泛化。这不仅指在只有虚名的高等教育研究机构中一些"研究人员"并不研究高等教育，而且还指高等教育学会等高等教育学术团体中的一些成员其实也与高等教育学学科研究无关。

高等教育学学科研究在研究内容上的泛化可以从两个角度去分析。一是就研究内容本身而言，许多被冠以高等教育研究之名或列在高等教育学学科名下的项目、课题其实不能被划入学科研究的范畴，只能被归入工作研究领域。二是从研究成果主要表现形式的论文、著作来看，相当数量的论著难被划入高等教育学学科研究之列，例如总结式、感想式、随想式的工作经验。这些论著既与实证研究有着本质的区别，也与具有严密逻辑路线的理论思维相去甚远。

高等教育学学科研究"泛化现象"产生的原因是多样的、复杂的，既有高等教育学学科内部的原因（诸如学科的性质、历史发展等），又有高等教育学学科外部的原因（如高等教育制度）。[18] 如果说学科研究的"泛化现象"在高等教育学学科发展的初始时期是难以避免的，并且在学科发展过程中发挥了积极的作用，那么在学科发展走向成熟的今天，认真分析这一学科发展的特殊性就显得非常必要了。因为学科研究的"泛化现象"使本来就不甚清晰的高等教育学学科性质、研究对象变得愈发模糊，使本来就存在的理论上的"先天不足"愈发难以"救治"。高等教育学学科的进一步发展，特别是整体理论水平的提升，也许需要我们沉下心来，克服"浮躁"情绪，遵循学科发展的内在逻辑，扎扎实实地做好有利于学科知识积累的基础研究工作。

参考文献

[1] 林金辉. 高等教育学学科建设的基本轨迹及其走向 [J]. 教育研究, 2003 (2): 34-38.

[2] 南京师范大学《教育学》编写组. 教育学 [M]. 北京：人民教育出版社, 1984: 5.

[3] 赵炬明. 学科、课程、学位：美国关于高等教育专业研究生培养的争论及其启示 [J]. 高等教育研究, 2002 (4): 16.

[4] 同 [3] 13-22.

[5] 胡建华, 周川. 日本高等教育研究二十年 [J]. 高等教育研究, 1994 (1): 22.

[6] 厦门大学高等教育科学研究室. 必须开展高等教育的理论研究：建立高等教育学刍议 [J]. 厦门大学学报 (哲学社会科学版), 1978 (4): 5.

[7] 林金辉. 高等教育学学科建设的基本轨迹及其走向 [J]. 教育研究, 2003 (2): 35.

[8] 潘懋元. 关于高等教育学科建设的若干问题：在全国高等教育学科建设研讨会上的报告 [J]. 高等教育研究，1993（2）：4-5.

[9] 马克思，恩格斯. 马克思恩格斯选集：第4卷 [M]. 北京：人民出版社，1972：515.

[10] 邓正来. 关于中国社会科学的思考 [M]. 上海：上海三联书店，2000：15.

[11] 胡建华，陈列，周川，等. 高等教育学新论 [M]. 南京：江苏教育出版社，1995：14.

[12] 同 [10].

[13] 同 [10].

[14] 潘懋元. 潘懋元论高等教育 [M]. 福州：福建教育出版社，2000：108.

[15] 同 [14].

[16] 周川. 致力于高等教育学的理论发展：读《多学科观点的高等教育研究》[J]. 高等教育研究，2002（2）：105-107.

[17] 胡建华. 试析高等教育研究的"泛化"现象 [J]. 现代大学教育，2003（1）：33.

[18] 同 [17] 33-36.

（本文原载《教育研究》2003年第12期）

大学社会批判立场及其当代视野

刘振天

西方一位学者曾讲过这样一句话："大学之所以为大学，只有一个理由，即它（他）们必须是批判的中心。"[1] 批判社会通常被认为是大学的天性。如果将社会比喻成一种生命体，那么，大学无疑是它的头脑。也可以说，大学是产生思想、创造新知、培育智慧的殿堂。比之于其他社会组织，大学的社会批判更加自觉与深刻。大学既可以将现实社会中占统治地位的思想、道德和意识形态等理论体系视为自己的批判对象，也可以将社会政治、经济、文化制度等纳入自己的批判视野，甚至还可以把社会流行的观念、民众心理、生活方式等当作自己的批判目标。

人们生活于其中的社会极为复杂，大学对复杂社会的批判也不可能是单调的。在不同时代、不同国家，大学社会批判的对象选择、内容把握、批判视角及所欲实现的具体目的等常常是不同的。这种不同，主要源于大学的社会批判立场。所谓大学的社会批判立场，就是大学在评判社会时所设置的标准和持有的理念、信仰或态度，它构成了大学社会批判的武器和内在依据。

一、大学社会批判立场的历史演进

在中外教育发展史上，大学社会批判立场大体经历了道德主义、理性主义和人本主义三种不同形态的演进路线。

1. 奉行道德主义立场的社会批判

道德主义是一种古老的大学信仰。它是一种关于道德与社会、道德与人之间关系的观点或理论，其理念是：道德是社会生活的基础和本质，社会的一切生活均应以道德为中心，并以道德作为衡量个人与社会价值的最高标准。这里的道德，不是日常生活准则或人际交往规则，而是理想化和超越化的绝对道德。人与社会都应朝向这种绝对道德状态发展，接近了它，人便成为理想的人（圣人、君子、佛、上帝等），社会也成为理想的社会（大同世界、理想国等）。

由于道德主义所抱定的道德是高于现世生活的完美主义的道德，它就必然与现世生活产生云泥般的距离与反差。以这种极端理想化的道德为标准审视与量度现世生活，现世生活的一切便即刻显露出缺欠、丑陋甚至堕落，从而必然形成道德主义对现世生活最激烈的批判。

道德主义顺应了人类不断超越自我、永不满足现实、追求真善美的本性，肯定了人作为人的存在价值和意义，为人类社会勾勒出一幅美丽的道德图景。然而，道德主义不是以承认而是以根本否定现世生活的合理性为前提的，因此，道德主义所奉行的坚持道德绝对性、神圣性和优先性的社会批判，使自己在面对现世生活时必然是武断的、无根的。它以理想为现实，混淆了现世生活与理想生活之间的界限，片面地用单一性和终极性道德理想取代丰富多样的生活世界，忽视了道德理想所需要的生活基础。因此，道德主义在道德观上是激进的，然而在社会历史观上却是退步的，这就决定了其社会批判形式上虽然激烈但实质上却相当虚弱、伪善和无效。更进一步，那些为道德主义所乐道的极端理想化道德，又往往成为剥夺人们正当需求的精神暴力或者成为实施社会思想专制的借口。这也正是道德主义及奉行其立场的古典大学社会批判功能式微的深层次原因之一。

2. 秉持理性主义立场的社会批判

把理性看作获得真理、评价和处理社会一切问题的唯一正确的观念与方法的态度或价值取向，就是理性主义，有时也被称为科学主义。

与道德主义和神本主义相对立，理性主义不止于知识论和方法论，也是一种对真理、正义、平等、人权与人性等普遍法则认同的价值论，是人的思维能力与价值尺度的统一。[2] 因此，它也是一种强有力的社会批判武器。在理性主义旗帜下，欧洲先后掀起了文艺复兴、宗教改革、工业革命等一系列批判旧社会、建设新社会，批判旧道德、确立新道德，批判旧文化、创造新文化的资产阶级启蒙运动和革命行动。

理性主义是对不合理性和非人性的批判，其矛头指向封建主义及作为其精神支柱的宗教道德神学。在理性主义面前，"宗教、自然观、社会、国家制度，一切都受到了最无情的批判；一切都必须在理性的法庭面前为自己的存在作辩护或者放弃存在的权利。思维着的悟性成了衡量一切的唯一尺度"[3]。理性主义促进了人类的觉醒和个性的解放，促进了科学、民主和经济的发展。

近代大学是理性主义的代言人。秉持理性、传播科学和追求真理是近代大学的本质特点。近代大学的批判精神及其革命意义，为许多思想家赞叹和讴歌。法国19世纪著名政治思想家托克维尔在其《旧制度与大革命》一书中对法国大革命的原因进行了分析，指出成为革命热情主要源泉的各种因素，都受到大学教授的见解以及他们发表在《政治团体》上的文章的影响。教授们的新思想左右了人们的头脑，启发了人们的自觉，革命就是在这种背景下发生的。[4] 在中国，五四运动是与北京大学联系在一起的，北京大学是新文化运动的摇篮，是批判旧制度和传播新思想的堡垒。

理性主义除了对特定时期的社会政治与思想进行批判外，还具有普遍的社会批判价值。这集中表现在理性主义所倡导的求真唯实精神、普遍怀疑态度和实证科学方法等方面。这些对于人们自主运用理性独立思考、破除迷信、坚持真理等都具有重要的理论和方法论意义。

3. 遵循人本主义立场的社会批判

人本主义是指从人性而不是物性出发来评价和衡量一切事物的观念、态度和价值取向。文艺复兴以来，理性主义在与封建主义和道德主义的斗争中节节胜利，理性在西方人的精神生活中已牢固地扎下根基，"合理"成为人的思维方式和评价事物的基本尺度。特别是人类依靠理性发展起来的科学技术和工业化日益呈现出无比巨大的能量，使人们倍加坚信并崇拜理性，人类生活进入理性主义时代。然而，伴随着"理性化"的持续深入发展，"理性"一改与"人性"相统一的初衷，逐渐从促进人性走向解放和获得自由的工具异化为人的精神发展的羁绊，变成一种"见物不见人"的单一的"科技理性"或"工具理性"，进而导致理性的武断性和强制性。理性确立的确定性、线性等刚性法则，扭曲了人性的完整性、统一性和丰富性，窒息了人对理想、信仰和情感的要求。不仅如此，理性主义的泛滥还使人类陷入了诸如环境、生态、道德危机等一系列境况。面对这一遭遇，西方人本主义（存在主义、非理性主义、后现代理论等）展开了以科技理性和科学主义为对象的社会批判。

作为反形而上学思潮，现代人本主义以现实生活的真实性、复杂性和丰富生动性来批判科学主义与道德主义所推崇的生活本质的单一性、永恒性和超越性，批判其反人性本质，重视和强调人的生存状态及生命意义，甚至将动机、情绪、直觉、本能、需要等非理性提高到人性和生活的本质的高度。在人本主义那里，人是鲜活的、完整的生命体，既不是抽象的理性与规律的支配物，也不是绝对道德和僵硬规则的符号，人的本质在于其存在自身，即存在先于本质。这样，人本主义就将人的非理性、自我和欲望提高到本体论高度。

现代人本主义社会批判立场在现代西方大学有着广泛的市场和影响。在西方，非理性主义、生命哲学等后现代主义思潮弥漫大学校园。在其影响下，20世纪60年代整个欧洲大学发生了以学生为主体的"红色风暴"，动摇了建立在理性主义基础上的专制体制，促进了社会民主化和自由化进程。在中国，20世纪80年代以来掀起了文化热，相应地，大学教育也从过去突出"物"（知识、技能及其效用）向日益关心"人"（素质）的方向转变。

当然，必须看到，现代人本主义社会批判立场虽然在瓦解传统形而上学和实现人的解放方面发挥了重要作用，但它将长期为道德主义和理性主义所压抑着的人的欲望、本能、动机等夸大为人的本质，客观上也带来了无序主义、个人主义和亵渎崇高、丧失信念等新的社会问题。

二、大学社会批判立场的当代状况

在现实中，当代大学社会批判立场是道德主义的、理性主义的还是人本主义的？恐怕没有谁可以说得清楚。因为我们处于一个飞速发展的时代，大学在性质、职能、组织形态以及与社会的关系等方面发生了空前的变化，这决定了当代大学社会批判立场的新特点。

1. 当代大学社会批判立场的多样化

人类思想的发展常常呈现这样的情况：历史上原本依次出现的思想，当下却往往同时展开，历时性的单调性存在变成共时性的多样性存在。大学社会批判立场的当代形态也是如此。这意味着，当代大学社会批判立场不是单一的而是多样的，多种立场相互交织交锋，构成了当代大学社会批判的立体画卷。

之所以如此，一方面，当代大学结构日益复杂，职能日益多样，与社会的联系日益紧密，它走出了封闭的"象牙塔"，全面介入社会生活过程。当代大学存在着多重关系，担当着多重角色，履行着多种职能，实现着多重目的，它既非如古代大学是专注于人类神性和超越性的单纯"道德共同体"，亦非如近代大学是为知识而知识的"学术共同体"，而是集教学、研究和服务于一身，是集知识与利益于一体的综合体。另一方面，当代大学存在着严格的分化与分工：有的重于文，有的重于理；有的倾向学，有的倾向术；有的偏教学，有的重研究。分工分化的结果，是促使大学社会批判立场多样化。比如，文科总体上可能倾向于理想主义或道德主义立场，理科总体上可能倾向于理性主义或技术主义的立场，应用学科总体上则可能坚持实利主义立场。国外的一项调查也证明了上述倾向性的存在。[5]

2. 当代大学社会批判意识的淡化

当代大学与社会关系的复杂化以及大学知识性质、目标、职能的多样化，也导致大学社会批判立场的模糊化和社会批判意识的淡化。

在现代社会，大学走下了神坛，这本是一种必然性回归，只是在这种回归中，大学似乎越来越被动，变成社会现实生活的适应者、世俗要求的提供者，丧失了反省和批判的意识。

当代大学社会批判立场的模糊与社会批判意识的淡化，还源于大学对直接利益的诉求。当代大学已经现实地成为庞大复杂的利益集团，受利益的影响与左右，大学的目的不再单纯，追求知识与真理的动力有所减弱，对民众进行道德提升和理智培育的职责有所忽视，大学日益行政化和商业化。在这里，知识、学问、教学被降格为谋利的手段，这不仅无助于发挥大学引导社会健康发展的作用，甚至会使大学成为纵容和制造社会弊病的帮凶。

大学知识性质与结构的变化，也是大学批判性弱化的原因。在传统大学，知识总体上是统一的、未分化的，在性质上是以人文为主导的。这种整体性和人文性的知识，是直接关涉人生目的、意义，人的命运与价值的知识，因此，它的批判性是显而易见的。现代社会，知识发生了重大的转型：原来在大学中居主导位置的人文知识逐渐为科学技术知识取代，即便人文知识没有被从知识体系中彻底驱除，但已龟缩到一隅。而且，当代大学的人文知识，也不同于传统的人文知识，它已为科学同化和改造过，是学科化形态或技术规范化形态的人文知识。技术知识是行动知识或非反思性知识，在技术性和应用性知识主导的时代，大学批判意识淡化是必然的。至于知识的学科化和专业化，则导致了知识和视野的片面性和狭隘性，意味着大学对社会公共问题整体批判能力的下降。此外，当代大学社会批判立场还具有矛盾性：主观上具有社会批判的意识，客观上却又顾虑批判可能带来的利益风险；在思想上批判社会不合理现象，自身行为又落入不合理行列；在评价同一事物时，有时从道德主义出发，有时又从现实主义出发。积极地说，这体现了宽容和多元；消极地看，则缺乏一贯立场，摇摆不定。

三、中国大学社会批判立场的当代视野

大学社会批判立场从单一到多样、从确定到模糊、从强烈到淡化的发展，虽然有客观性，但客观性并不等于合理性与向善性。批判性的弱化或缺乏，无论对大学自身还是对社会，都不是利好之事。因此，有识之士强烈呼唤重树大学社会批判立场，强化大学社会批判意识。

1. 何以需要大学的社会批判

大学的社会批判具有重要的价值导向、价值整合以及健全人的精神等功用。批判的旨趣在于解放人的思想。批判向来与进步同行，批判是发展的环节。特别是当代，更需要大学的社会批判。

当代社会是知识激增与信息爆炸的社会。信息社会最突出的特点是信息来源渠道广、流量大、性质杂、歧义多、变化快。大学处于信息的交汇点，被纷繁复杂的信息包围着，先进的与落后的、正确的与错误的、传统的与现代的、东方的与西方的、精英的与大众的、主流的与支流的等林林总总。如果对之缺乏筛选、甄别、批判和整合，不去伪存真、去粗取精，大学就难以行动，就达不到教育青年、培养新人的目的。

当代社会又是一个物质化和技术化社会。这样的社会，一方面为人们提供了日益丰富的物质资料和技术便利，为人的充分发展不断开辟着美好的前景；另一方面，又往往耽于物质、感官而疏于高尚的精神，迷于自我而荒于世界，造成天人关系、物我关系、身心关系失调。因此，必须唤起大学社会批判意识，使大学担起社会批判的责任，通过批判，指示人类健康永续发展的路径。

当代社会是充满竞争的社会。要在竞争中生存和发展，必须不断创新。而批判无疑是创新的重要基础与方法。一个人、一个社会，若缺乏批判意识，是不可能进步的。要有所创造、有所发明、有所成就和作为，必须学会怀疑与批判。因此，大学必须营造怀疑与批判的气氛，培养人的批判性品质。

2. 大学社会批判立场当如何定位

大学应该如何对待它所面对的社会？如何定位自身的批判立场？这些是值得人们思考的重要问题。有人认为社会批判缘于大学内在品性，大学在本质上是指向批判的，批判是大学社会责任的体现；有人将批判社会看作大学教学、研究和服务之外的第四大职能；[6] 等等。不过，值得注意的是，人们在面对现实中不断模糊淡化、日渐迷茫的大学社会批判现状的时候，往往持有一种怀旧的、感伤的情绪，以老眼光看待新事物，以传统的道德尺度裁量和评价现代社会及其问题，实际上是在主张向后看，用传统观念和规范救治当代社会。比如，有人批判单一的科技教育，强调注重人文教育；反对片面的专业教育，要求加强通识教育。这本无错，然而在一些人的心目中，所谓的人文精神，主要是传统文化精神，进一步说主要是以儒家思想为核心的中国传统文化精神，进而主张以之应对现代社会的危机。这种大学观，具有相当浓厚的传统道德主义和文化保守主义色彩，之于中国社会批判，并无多少助益。

我们认为，充分且正确发挥大学的社会批判功能，一个基本前提是坚持历史主义、摒弃绝对道德主义，即以变化发展的、与时俱进的、开放的态度对待大学的批判立场。这就要求我们首先必须把握时代精神，认清中国社会现阶段状况及其今后的根本任务，唯有如此，确立大学社会批判立场才有根基，也才有意义。很明显，从传统向现代社会的全面转型，建设富强、民主、法制的现代化国家，是当代中国社会的时代精神和发展大势。大学既面临着实现转型的迫切任务，更肩负着通过自身转变促进整个社会转变和发展的重任。简言之，大学一方面要顺应现代化建设的需要，另一方面要批判现代化转型进程中与时代发展趋势、规律相左的一切观念、制度、规范以及习气，并在批判中传播和创建具有现代性特质的新思想、新制度和新文化。中国社会现代化进程处在初级阶段，现代化水平还不高，因此，现代化建设首先需要在思想上、制度上克服来自传统文化的阻力。要发展先进生产力，发展现代市场经济体系，建设民主法制国家，塑造现代公民素质，必须本着面向现代化、面向世界、面向未来的精神，批判旧思想、旧文化、旧道德，建构时代发展需要的新思想、新文化、新道德。只有这样，大学社会批判才能真正发挥正确的价值导向作用，才能为当代中国的发展开辟广阔而美好的前景。

参考文献

[1]《北京文学》编辑部.今日思潮：《北京文学》随笔纪实精品 [M]. 长春：吉林文史出版社，2000：351.

[2] 欧阳康.社会认识论导论 [M]. 北京：中国社会科学出版社，1990：83.

[3] 马克思，恩格斯.马克思恩格斯选集：第3卷 [M]. 北京：人民出版社，1972：404.

[4] 陶文昭.精英化世纪：现代知识阶层与社会发展 [M]. 北京：中国发展出版社，2000：67-68.

[5] 郑也夫.知识分子研究 [M]. 北京：中国青年出版社，2004：90.

[6] 赵婷婷，邬大光.大学批判精神探析 [J]. 高等教育研究，2000（2）：15-20；陆有铨，潘艺林.21世纪的行动：增强大学的批判功能 [J]. 教育发展研究，1999（3）：32-34，37.

（本文原载《教育研究》2004 年第 9 期）

学科制：现代大学基层学术组织制度的创新

宣　勇　张金福

　　大学是知识创造、应用与传递的机构，是建设和发展创新型国家的重要主体之一。从现实来看，我国大学的自主创新能力还比较薄弱，综合水平不高，这势必制约大学在建设创新型国家中作用的发挥。从历史来看，大学自主创新能力的提升，不能一蹴而就，既需要外部制度的推动，更需要改革基层组织制度去催化创新主体的自主和自觉。我国大学现行的以知识传递为主导的基层组织制度，在某种程度上不利于知识的创造和可持续产出。有鉴于此，突破长期制约、影响大学自主创新能力发展的制度性障碍，以知识创造为主导创设大学内部的组织机构和运行机制，成为大学改革的时代课题和重要使命。本文拟从历史和现实出发，以基层学术组织制度为切入口，探讨大学基层组织的体制和运行机制，提出基于学科组织的"学科制"基层学术组织制度，以增强大学的自主性，提高我国大学的自主创新能力，确保大学在建设创新型国家中发挥应有的作用。

一、问题的提出：历史与现实的维度

（一）大学基层学术组织制度变革是现代大学组织演变的历史要求

　　现代意义上的大学诞生于中世纪，当时的教师行会与学生行会是大学的基层管理制度。19世纪初,洪堡创建柏林大学,大学基层实行讲座制组织制度,这种组织制度以强制性研究任务为中心,把研究和教学统一在教授身上,强化了教授的统治地位和对大学管理方面的重要影响。这种学术管理制度,解放了大学基层组织的学术生产力,使德国成为世界高等教育中心。德国大学的成功,引起了世界各国大学的关注。英国、法国的大学纷纷效仿,推行讲座制,强调科学研究。从推动学科发展的角度讲,讲座制使学科愈分愈细,有利于学科的深化发展。但讲座制规模过小,不利于学科之间相互交叉和渗透。美国没有照搬德国讲座制模式,而是将系科制和讲座制两种组织制度融合在一起,创立了一种灵活而宽松的教学科研体制——学系制。

与讲座制相比,学系制淡化了讲座教授的个人权威,注重教授集体对学术事务的管理。在美国,学系是大学最基层的行政和教学单位。教授享有相当的独立权,可以向行政人员提出建议,行政人员根据教授的意见来处理学术事务,学系制体现了集体治学和教师自主性的理念,能够充分激发教学科研活力,发挥大学的功能。

然而,学系制的不足之处也是不容忽视的,它以牺牲一般性、广度、交叉和多学科合作研究为代价。[1] 学系制阻碍了大学效益的提高,不能满足社会和经济变化的需求。因此,一些大学已尝试建立新的体制来弥补这种不足。德国大学变革的方向就是在大学创设学系制,并将原有的研究所这类基层组织合并形成学系,使新的学系具有教学、研究与服务的职能。英国大学推行学群制,将教学、研究以及社会服务的职能集中在基层学术组织——学群上。法国则将拓宽基层学术组织的职能作为大学结构改革的方向。

西方大学基层学术组织演变的进程表明,一方面,大学的基层学术组织成长与组织创新之间有一种本质的联系,两者相互依赖、互为因果,每一次大学基层学术组织的变革,都在不同程度上激活了基层学术组织的活力。大学基层学术组织同与之相适应的管理制度之间表现为一种互动关系。另一方面，在西方大学基层学术组织分权、权力下放、管理重心下移是改革的一大趋势，它们把管理权和学科发展的决策自主权赋予知识活动的最基本的细胞——基层学术组织及其负责人，以充分激发基层学术组织的活力，让其学术主体充分、自由地活跃在学术研究的最前沿，从而提升基层学术组织的自主创新能力。

此外，西方大学基层学术组织在其变革和发展过程中都被深深印上了本国政治经济制度的痕迹，具有本国特色，呈多元化格局。但是在这种多元化格局背后，大学基层管理制度演变也有一个共性，那就是大学组织的职能不是分散在不同的组织机构上，而是集成在大学的基层学术组织上。

（二）大学基层学术组织变革是建设高水平大学的现实需要

大学基层学术组织是大学组织结构中直接承担知识传递、知识发现和创造以及知识服务职能的最底层的组织。我国高等学校在新中国成立后由于受苏联高等学校办学模式的影响，基本上实行的是校-系-教研室的组织制度。这是一种以知识传递为主导的大学基层组织制度，虽然几经变革，这种三级组织制度仍在部分大学沿用。多数大学则在基层实行双轨制：或者沿用以往的教研室制，或者引进或整合学系教师，组建研究所制度。这两种组织制度在大学中共同承载教学科研和社会服务的职能，但在实际运行过程中暴露出了不少局限性，难以适应当前我国建设高水平大学及研究型大学的目标。

就教研室制的基层组织制度而言，其主要职能是围绕本科生教育开展教学及教学研究活动，这种组织形式在完成本科生教育任务等诸多方面发挥了应有的作用。但是，随着我国高等教育的改革和发展，一批基础较好、教育质量较高的大学的功能发生了深刻变化，逐步形成了集人才培养、科学研究、社会服务为一体的功能格局。办学功能的变化不仅促进了其人才培养质量和学术水平的迅速提升，也加快了这些学校向研究型、高水平大学的转型。[2] 在这种情况下，以课程为基础、以教学为主要功能的教研室难以承担包括本科专业、硕士学位点、博士学位点以及具有一级学科学位授予权的学科点的建设任务，同样偏重教学研究的教研室也难以适应科学研究的要求。具有科层制特点的教研室很少考虑社会的实际需求，加之受僵化的管理体制的制约，形成了封闭的组织特点，导致学校不关注社会、学校与社会隔离的状况。在这种情形下，大学难以履行服务社会的职能，原有的以教学研究为主要职能的教研室制，从学科建设、学位点建设以及自主创新能力提升等方面来看，显然已不能适应现代大学的办学要求。

就研究所制而言，其职能在于集中部分科技开发能力强的研究人员，对内从事本专业前沿科学技术的研究，对外独立承接科研项目，实现科研成果与教学成果的相互转换和资源共享。研究所制这种大学基层管理制度，具有规模小、灵活性强、学科易于调整等优点，对大学的发展以及水平的提高，做出过应有的贡献。但是，研究所是直接面向课题的一种组织管理形式，其原则上不直接承担教学任务，而只承担科研任务，这样就把研究从教学中剥离出来，使科研游离于教学之外，不利于大学本科教学工作的开展。教师由于过于注重科研活动，把大量的时间和精力都投入到科研和社会服务中去，人才培养被淡化。同时，在这种组织制度下，研究所直接参与科研开发，偏重于研究的当前利益和短期效应，与大学的自由探索精神相悖。更为重要的是，研究所制的局限性还在于"知识生产实用化"。由于市场因素的渗入、社会需求的高涨以及大学绩效管理的盛行，大学的知识生产出现了实用化倾向，其负面影响是可能会导致知识生产创新能力低下，带来学术的肤浅化与泡沫化。

由此可见，现行大学基层学术组织制度无论是教研室制还是研究所制，使大学在现实的运行中，其功能要么被弱化，要么缺位，不能完整地承载现代大学的使命和任务以及教学、科研与社会服务三大职能，不能适应研究型、高水平大学的办学要求。大学基层学术组织制度的变革和创新，是现实的迫切需要。

二、学科制：大学基层学术组织的制度创新

学科是大学组织的核心细胞，是大学的基层学术组织。学科有两层含义：一是作为知识分类的体系，二是作为知识劳动的组织。学科组织实质上是以知识的生产、传播和应用为目标，以学者为主体，以知识信息和各类学术资源为支撑，按照学问的具体分类开展科学研究、人才培养及社会服务的学术组织。学科组织并非一开始就存在，在它成为组织之前，是通过寻求对其共同面对的、具有同样级别和性质问题的解决而彼此非正式地联结在一起的专业人士所组成的实践社群。当这种实践社群发展到一定阶段时，学科的组成要素初步成型，学术已经积累到一定水平，学科初步具有教学、研究、社会服务等三个方面功能。学科临界规模形成，也标志着学科组织正式形成。当学科组织正式形成后，组织内部成员之间便能团结协作，主动迎接挑战和积极参与，学科组织能够持续地吸引优秀的青年加入，学科组织成员在共同目标下进行自由探索，在开展学术研究的基础上支持知识创新。

学科制作为一种基于学科组织而建构起来的学术组织结构、学术运行机制，是大学最基本的学术组织制度。在学科制组织制度下，学科、任务与平台三个要素构成学科制的框架。教师人人进学科，归属学科管理，学科是教师的家；教师根据研究任务汇聚在不同的平台，成为知识产出的团队，任务是学科制运行的核心要素；不同的平台为研究任务提供了支撑环境。实行学科制后，学校自身则立足于宏观调控、协调和监督，成为"决策中心"；学院负责具体的教学工作的展开与协调，成为学校与学科联系的"桥梁"；学校将具体管理权力（规划权、人事权、资源分配权、质量控制权等）下放给学科，学科是拥有一定权力和职责的实体，负责教学、科研和行政管理，是学校的基层"管理中心"。当学科组织形成之后，为了推进组织的有效运行，实施相应的管理成为必然，实施管理就需要建立

学科制的现代大学管理制度。

(一) 学科制是现代大学基层学术组织制度的创新

学科制大学基层学术组织制度的提出并非偶然。世界大多数的知名大学,如美国加利福尼亚大学,英国牛津大学、剑桥大学等之所以在学术水平上取得较快的发展,成为世界一流大学,从某种程度上说,与其重视开辟新的知识领域,形成新的学科,实行基于学科的管理模式有着密切的联系。学科制大学基层学术组织制度,有着传统学术组织制度所不具备的优势和特色,是大学基层学术组织制度创新的必然选择。

1. 学科制能充分体现并保障大学的组织特性

对大学具有什么组织特性,研究者们虽众说纷纭、莫衷一是,但是基本认同大学组织的学术性、民主性以及松散性等特性。"组织特性内蕴在特定的组织方式与运作机制中,并通过组织方式与运作机制予以保障。"[3]大学所具有的组织特性凝结在大学组织结构与运行机制中,而且这种组织特性也只有通过一定的组织结构和运行机制才能得到保障。在大学组织结构中,基层学术组织因其组织使命与任务,是大学组织结构的重心所在,学科制基层学术管理制度因自身所具有的特点与大学的组织性具有高度一致性,因此学科制基层学术管理制度,不仅能够充分反映现代大学的组织特性,而且能够保证大学的组织特性的发挥。

2. 学科制能够使大学权力结构有机地统一起来,有效提高知识的产出能力

大学的权力结构在不同程度上存在着行政权力与学术权力的矛盾和冲突。一般而言,大学权力结构合理、协调,有助于大学知识生产与创新的使命的实现,否则就会成为大学组织使命完成的制度性障碍。长期以来,我国大学由于基层组织设置的问题,行政权力与学术权力存在冲突和矛盾,影响了大学的知识自主创新能力的提高,制约了高水平、一流大学的建设和发展。学科制能有效地协调各种权力,既能保证学术权力的有效实现,保证学术决策的自主性,实现学术自由,释放大学知识产出与创新的活力,又能保证行政系统与学术系统之间商议性民主的实现，保证行政权力对学术权力的服务和监督，实现大学的知识传递、保存、应用和创造的职能。

3. 学科制有利于将教学研究、社会服务集中在学科组织的载体上，提高学术资源使用效率

教研室制大学基层学术组织模式由于偏重组织教学研究与教学改革，难以完成大学学科建设与发展的使命，而研究所制大学基层学术组织模式，由于倾向于课题研究或社会服务而疏于教学，也不能承载大学的使命。在现实中，研究人员在研究所从事研究工作，教学人员在学系下的教研室从事教学工作，导致教学、研究、社会服务相分离，使大学职能分散在不同的基层学术组织中，这实质上是一种粗放式知识生产与服务。这样带来的直接后果是组织中的交易成本和边际成本过高，从而降低了学科的知识持续产出的效率。如果采取学科制，学科承载大学的三大职能，能够把大学的教学、研究以及社会服务有效地统一集中于学科这样一个平台上，可以降低大学系统内部组织之间的交易成本和边际成本，减少内耗，提高总体效益，从而有利于实现大学组织功能和效益的最大化。

4. 学科制有利于实现知识共享互动，推动知识主体自我成长，提高自主创新能力

知识创新需要知识主体在一定的专门领域刻苦钻研，同时还需要知识主体之间广泛的交流、合作和互动。学科制管理模式按知识结构、年龄结构、职级结构来组建团队，形成团队结构。这种团队结构是一种矩形结构，是一种既有纵向职级层次分工（学科带头人、首席教授或方向负责人、副教授、讲师等），又有横向跨研究方向联系的组织结构。在这种结构中，组织为了加强各研究方向之间，成员与成员、成员与组织之间的协作，把组织管理中的"垂直"联系和"水平"联系结合起来，既讲分工又重视协作，是集权化和分权化较好地结合起来的一种组织结构。

学科制作为一种基于学科组织的现代大学管理制度，不仅能充分保障大学教师的自主性和创造性，而且能有效地保障大学教师的根本利益。因此，学科制代表了大学制度发展的一个方向，是现代大学基层管理制度发展的一大趋势。

（二）学科制的构建

1. 整合原有的基层学术组织，实现学科组织化与建制化

知识创新常常源于知识的交流、共享和融合，重大成果的取得常常是采用多学科交叉的研究技术和方法的结果，思想创新的主要源泉是知识流动和人员流动。学科组织化与建制化，就是解构原有的教研室、研究所等基层学术组织，以二级学科为依据，以有利于知识的交流、共享、融合和汇聚为原则，建构学科组织。学科组织根据研究方向设若干研究团队，研究团队由方向负责人（或课题负责人）以及相应方向成员（或课题组成员）组成，将志趣相同和专长互补的一批教师组合在一起，使大家在一个共同研究领域相互碰撞、砥砺，不断产生新知识、新思想、新技术。这样，学科组织就有了明确的研究方向和领域，每个方向有首席教授和相对稳定的研究团队；每个团队有较为充足的科研经费以及开展研究工作的条件。当一个研究方向发展到一定水平后又形成新的学科以及相应研究方向，如此循环往复，滚动发展，学科就会日益繁茂，水平也会不断提高。

整合后的大学组织构架为：基层是学科，中层是学院，顶层是学校，形成了学校—学院—学科二级机构三级管理的模式。[4] 学科建设和发展的主要任务由学科带头人及其所带领的学科团队完成。学院由若干相关的一级学科或学科群组建，学院的管理职能主要是负责学科带头人的聘任与考核，抓好专业与教学质量建设。学校降低管理重心，从过多的过程管理中解放出来，重视学术权力在办学过程中的参与。学校依据社会发展的要求，提供社会需求信息，做好宏观的政策研究和导向，制定各学院的工作目标并实施考核，为各学院提供必要的教育资源、公共管理以及必要的技术和生活后勤服务。这样，就能够充分调动和发挥各学院的行政管理的积极性，焕发基层的办学活力。

2. 完善学科组织的职能

学校按照知识配置的原则来筛选、提拔和配置学科带头人、方向首席教授、学术骨干、助手、学科的行政管理人员和实验技术人员，在读的硕士研究生、博士研究生和博士后研究人员，以及国内外访问学者等学科成员。学校按照学科水平和规模为学科配备诸如学科带头人、首席教授、学术骨干办公室，以及研究生学习室、实验室、教学研究设备运行经费等资源。学科组织的人力资源战略是构建一个有利于知识创造的"实践社群"，以提高学科组织的智慧，从而提升学科组织的知识创新能力。

学科的职能包括以下几个方面：承担由学院安排的本科生课程教学任务、科学研究任务；承担学科研究生招生、培养和日常管理的相关工作；组织并承担学位点申报，各类重点学科、实验室、基地等学科建设工作；组织各类科研项目的申报；组建竞争、合作的研究群体或创新团队；组织学术交流活动；接受并完成各级各类检查和评估；从利用知识与创新知识的角度对本学科成员的学术成就和学术潜力进行考核和评估；创造确保学科成员知识增长和晋升机会同等重要的运行机制，使学科成员与学科组织共同成长；营造学科带头人、方向首席教授与学科成员之间交流、合作的环境，承认和肯定学科成员个人的知识产权；根据需要向学院提出设岗建议方案；根据学校任职条件和要求推荐校聘岗位受聘人选；成立咨询机构或学科性公司，开展社会服务；根据学校和学院的财政政策，实行学科自主理财制度。

3. 实行学科带头人负责制

学科带头人应当是一名领导型学者，既是该学科领域的专家，也具备该学科发展的战略思维，同时又有组织管理才能。学科带头人全面负责学科的规划和学科资源配置。在科学技术迅猛发展的今天，在竞争激烈的形势下，学科发展方向和研究课题的选择、机遇的把握以及战略的驾驭、决策的部署等十分重要。所有这些都对学科带头人的素质提出了严格的要求。因此，大学对于学科带头人的任职条件应有较高的要求：具有教授专业技术职务；具有高度的学科使命感、责任感，以及强烈的事业心和进取、创新、奉献精神；学术地位高，学术视野开阔，触角敏锐，在本学科领域有较深的造诣、较高的知名度和影响力；有高度民主意识和较强的组织管理能力，办事公正，具有较强的竞争与合作意识、宽容精神。

学科带头人的作用在于，设计组织的结构和组织政策、策略，规划组织发展的愿景；协助学科成员正确把握学科的真实情况，增进成员对组织使命的了解，促进每个人的学习和创造；发展学科的组织智慧，组织智慧的高低，并不取决于学科是否聘用了一群高职称、高学历的人，而主要取决于组织能否有效地取得所需知识，能否利用知识创造新知识，组织内部是否广泛地分享知识，以及如何善用彼此的知识来带动进一步的创新成长；加强组织的知识整合，克服职位情结、部门情结，通过降低知识传递成本，达到组织知识整合的目的；建立透明、公平、民主的决策机制，以利于每位成员创造力的发挥。

当然，作为一项制度创新，学科制仍然需要在我国大学基层管理制度改革与建设的进程中，寻找更合法的制度依据，需要在实践中不断积累、改革、充实和完善，需要不断地获得其合理性的内核。在今后学科制的实施过程之中，需要建立起与之相配套的机制，以达到学科制的预期目的。只有这样，才能够在实践中体现出学科制的合理性，长久地保持其生命力。

参考文献

[1] 陈彬，陈何芳. 浅论大学基层学术组织的四大职能 [J]. 现代教育科学，2003 (9)：26-28.

[2] 兰州大学. 深化基层学术组织改革 促进高水平研究型大学建设[EB/OL]. (2005-12-13) [2006-12-13]. http://www.edu.cn/edu/gao_deng/gao_jiao_news/200603/t20060323_154272.shtml.

[3] DAFT R L. Organization theory and design [M]. 7th ed. Mason：South-Western College Publishing, 2000：486.

[4] 宣勇. 研究型大学的使命与组织结构的选择 [J]. 教育发展研究，2005 (21)：30-33.

（本文原载《教育研究》2007 年第 2 期）

高考改革何去何从

刘海峰

一、建立以统考为主的多元招生考试制度

当下社会，高考制度改革何去何从？人们从不同视角审视，提出不同建议。有论者提出应模仿美国的大学招生方式，以"三合一"的方案来代替目前的高考模式，既看高考考分，又看高中成绩，还看社会活动、文体活动、公益义工等德行表现和成长记录，以综合成绩来决定是否录取。从理论上说，这样录取最为全面、更加理想，但实际上，在目前的中国却很难做到。移植需要相应的制度环境和文化土壤，否则就会水土不服，无法生长。在中国几千年的历史上，封建统治者曾多次尝试通过考察德行表现来选拔人才，但在中国这个人情社会中，几乎所有这方面的努力都因人情与关系的困扰而无法坚持下去，不得不回到考试的老路上来。现在招考制度改革还遇到了道德水平滑坡、诚信缺失所带来的挑战，这是我们推行改革时不得不考虑到的问题。

高考不仅是一个教育问题，而且是一个社会问题。高考除了具有为高校选拔合适人才、以考促学等教育功能之外，还具有维护社会公平、保障社会稳定、促进社会流动等社会功能。有些改革设想从教育的角度看十分理想和合理，但却可能危害公平竞争机制，进而影响社会稳定。学校教育是春风化雨的过程，升学考试则是决定学生前途的转折关口。高考对教育

的影响是渐进的、长时段的，而不当的高考改革引发的社会矛盾则是突发的、显性的，当从教育理想出发推出的某些高考改革办法与社会公平产生矛盾并可能影响社会稳定时，平民大众和决策者基本上是从社会公平的立场考虑解决问题。

当然，主要依靠分数录取新生的办法确实有其不足，从长远来说，应逐步把综合评价列入招生评价体系。是否可考虑先在统一考试大格局不变的情况下，单独开辟一条类似于台湾大学入学新方案中的"推荐甄选"途径，探索在测验能力的基础上，综合评价高中生的成绩和德智体美等各方面表现，择优录取大学新生。允许少量大学作试点，看看是否有可行性。我们一再看到公平选才与扩大自主权之间的两难选择，现在部分重点大学实行自主招生，已经遇到了很多难以解决的问题。只有在高校招生基本上能够自律或受到有效监督的条件下，综合评价择优录取才有现实性和可行性。

现行的高考制度有其局限性，尤其是录取环节问题较多。但许多问题并非制度设计问题，而是人的问题，是具体操作人员的问题。即使是被抨击得最多的高考划定分数线办法，也非一无是处。目前，这种由省市招生委员会和行政部门划定各层次高校录取分数线的办法，从表面上看高校没有自主权，但其实多数高校的实际录取分数线并非省市招生办越俎代庖划定的，而是由各高校自身的学术声望和报考人数尤其是填报第一志愿的考生数所决定的。录取分数线高于本批次分数线很多的高校，省市所划定的分数线也只是参考分数线或最低保障分数线。真正在上线考生中录取不足的高校，大多数还是可以降分录取的，部分生源缺乏的高职院校和民办高校实际上不用分数线，等于申请入学。因此，划定分数线在很大程度上是为了防止不正之风的泛滥或保证基本的水准，实质上对高校的自主权并没有多少侵害。高考体制中有不少做法也与此类似，它的出现和存在有一定的必然性和合理性。

二、从统一走向多样

在中国高等教育已经进入大众化阶段，以往为选拔少数精英的高考模式必然要发生变化，而基础教育课程改革的推进，必将促进高校招生考试的内容、形式、录取办法等方方面面的调整。

近年来随着高中课程改革的推进，一些实验省份更为迫切地提出高考改革问题。确实，中国的高考具有指挥棒功能，对中学教育影响巨大，高考不加以改革，高中新课程就很难顺利推行。高校招生考试与中学教育的关系是一个复杂的问题，它牵涉大学与中学的关系、考知识与考能力的关系。从理论上说，高考的目的是为高校选拔合适的新生，主要应考虑大学的需要；从实际出发，由于中国的高考对中学教学有强大的制约作用，因此要根据中学的教学内容和程度进行命题。美国最重要的"高考"（SAT）主要考测学习能力性向，出发点是大学选拔人才的需要而不是中学的学习内容。中国的高考改革既要考虑大学的因素，也要考虑中学的因素。要协调高考与新课改的关系，应在充分研究的基础上进行制度设计。现在高考命题权已逐渐下放到省、自治区、直辖市，实验省份有自主权提出各自的改革方案，这既体现了高考改革的多样性，又可论证可行性。

从世界范围来看，许多国家的高校招生考试都在改革，一些原先完全分散由各高校单独招生的国家，逐渐采用统一考试成绩作为录取新生的重要依据，而原先实行统一高考制度的国家和地区，高校招生则朝多样化方向发展。总的说来，中国高考改革的发展趋势是从统一走向多样。具体而言，多样化应包括以下几方面。

（1）考试组织形式。从全国统一命题到分省命题，这是在考生急剧增加、考试安全风险增大的情况下，为体现各省份差异而推出的改革。如何既照顾地区之间的差异，又使考试组织尽量做到经济和高效，且保持较高的权威性和科学性，有效防止出现泄题事件，避免试题不利于非省会地区的考生，是值得我们慎重考虑的问题。应允许各省份有各种选择，允许经济和文化发展水平相近、地缘接近的省份实行大区联考，或委托教育部考试中心和命题质量较好的省份代为命题。

（2）考试内容。可以在现有的基础上进一步多样化，科目组也可以渐进地走向多样，以体现特色和差异，但要掌握推进的范围和进度，应充分考虑考试成绩的可比性以及考试成本。

（3）考试层次。可以考虑由现在一次考试定层次的模式变为大学统考和专科统考两次考试。

（4）考试时间。考试时间多样化，不是简单的增加考试次数，变成一年两次或多次。在招生人数不变的情况下，这样的区分意义并不大，只能是在增加考试机会的同时，也增加考试压力和考试成本。时间多样化是指在全国统一考试之后，各个高校再进行一次单独招考，将统考成绩与单考成绩结合起来进行录取。全国统一高考采取标准化命题以便于快速准确评卷，各高校单独招考则可以采取各种主观试题以显特色。两次考试的好处是既有统一的测试分数以便于各大学比较评估生源质量，又能体现各校招考的特色，而且还可以在一定程度上遏制高考集体舞弊的现象，两次考试显然增加了作弊的难度以及暴露的风险。

另外，现在的高考体制基本上是招考合一，将来也可考虑招考分离，扩大高校自主招生的权力。考试可委托专门的考试机构负责命题和评卷，而由高校自主决定录取模式。也可参考台湾的做法，将分数化为级差，按级差录取。这样做的好处是避免分分计较，但不如现行办法来得直观准确。系科可指定考试科目，或可增加某一特定学科分数的权重，例如数学系对考生的数学考试原始分数按150%计算。当然，现行高校录取、省市招办监督体制也有其合理性，使录取新生在相当程度上有章可循，杜绝腐败，以保证高考制度的公平性。

总之，高考改革应在全面研究和长期规划的基础上渐进地推行，在稳中求进，因为渐进的改良往往要优于休克疗法式的突变，对社会和学校造成的震荡较小。在现阶段，应在坚持统一高考的基础上不断改革，逐步建立起以全国普通高校招生统一考试为主，多元化考试评价与多样化选拔录取相结合，政府宏观指导、调控，高校自主招生、自我约束，社会有效监督的高校招生考试制度。

(原载《教育研究》2005 年第 3 期)

建设教学服务型大学
——兼论高等学校分类

刘献君

为了全面体现高等学校的社会职能，推动高等学校为地方经济社会发展服务，努力办出特色，提高办学水平和教育质量，除建设研究型大学、教学研究型大学、教学型本科院校外，还应该建设教学服务型大学。

一、建设教学服务型大学之意义

建设教学服务型大学能使高等学校全面体现三大社会职能，推动高等学校为地方经济社会发展服务，在服务的过程中形成自己的特色，提高办学水平和教育质量。

（一）高等学校分类应全面体现三大社会职能

高等学校定位和分类是紧密联系的，分类是定位的前提。高等学校分类是社会经济、政治和文化发展到一定阶段的产物，也是高等教育发展过程中不可回避的一个基础性的重要问题。世界各国以及联合国教科文组织都对高等学校分类问题进行了大量研究，提出了卡内基分类法、国际教育标准分类法等。我国学者对高等学校分类同样进行了大量研究，提出了三分法、四分法、层次划分法、范围集中度和两个维度划分法等。[1]

高等学校分类就是根据学校的社会职能和高等学校发展的现状，将高等学校依据不同的类型和层次进行合理的划分。《中华人民共和国高等教育法》第三十一条明确规定："高等学校应当以培养人才为中心，开展教学、科学研究和社会服务，保证教育教学质量达到国家规定的标准。"因此，研究高等学校分类就必须探究高等学校教学、科学研究和社会服务三大社会职能。相对而言，教学、科学研究两个职能的内涵比较清晰，容易得到人们的重视和理解，社会服务职能的内涵则要复杂、模糊得多。有人认为，社会服务就是通过人才培养、科学研究为社会做贡献；有人则认为，社会服务就是为经济建设服务，就是学校创收。在提法上，也有服务、社会服务、直接为社会服务、使用知识、参与社会生活等不同提法，不同的提法也表示对社会服务的重点认识不同。[2]

社会服务的职能，来自"威斯康星理念"。"威斯康星理念"，就是把大学的资源和能力直接用于解决公共问题。大学的职能，随着社会经济发展而发展，由教学发展到教学、科学研究，再发展到教学、科学研究和社会服务。威斯康星大学创建于1848年，地处美国麦迪逊市。几十年间，都是规模很小的非教派学院。到了20世纪初，查尔斯·范海斯担任校长期间（1904—1918年）正是威斯康星州的农业由小麦种植转向畜牧业的转型期，对专门技术和管理的需求十分迫切。范海斯校长顺应这一需求，提出大学必须为社会发展服务的办学理念。他明确提出："服务应当成为大学的惟一理想"，"大学应当成为服务于本州全体人民的机构"，"教学、科研和服务都是大学的主要职能"，"州立大学的生命力存在于它和州的紧密关系中。州需要大学来服务，大学对于州应有特殊的责任。教育全州男女公民是州立大学的任务"。[3] 学校通过知识推广部和组织流动图书馆为社区提供知识服务；建立"两结合委员会"以加强大学与州政府的合作关系，为州政府提供决策咨询；大量的研究生、本科生进入州政府，以影响和服务州政府及社会；等等。威斯康星大学通过为州服务，推动了州的发展，同时也促进了大学自身的发展。威斯康星理念逐步得到全美甚至全世界高等学校的认同，社会服务成为大学的第三大社会职能。一般认为，社会服务的职能是大学教学和科学研究职能的延伸，是指从事以满足社会需要为目的的各种服务活动。[4]

高等学校的三大社会职能既相互联系又相对独立，每种职能都有各自明确的内涵，不能相互取代。在高等学校分类和定位中，每一所大学都应力争体现三大职能，但各自应有所侧重，不同的侧重，构成了不同的类型。在我国现有高等学校的分类中，有的侧重体现教学，有的侧重体现科学研究，有的教学与科学研究并重，但缺少侧重体现社会服务的类型。因此，在现有高等学校研究型大学、教学研究型大学、教学型本科院校、专科学校和高等职业学校的分类中，应增加教学服务型大学，列在教学研究型大学之后。在高等教育体系中，努力建设一批教学服务型大学。

（二）地方大学应该为地方经济社会发展服务

高等学校的现代使命不仅是人才培养和科学研究，也不仅是提供一般性社会服务，还在于成为地方经济和社会发展的中心，推动、引领地方经济社会的发展与进步。大学依托地方而生，随着地方发展而发展。

世界范围内高等教育的区域化、地方化趋势发端于19世纪初的美国。独立战争后，美国面临着拓展西部疆域、建设新国家的任务，迫切需要具有实际本领的建设人才和开发人才。然而，殖民地时期的高等教育与国家的开发建设脱节，高等教育与各州经济发展之间的矛盾日益突出。在这样的背景下，美国通过创办州立大学、兴起"赠地学院"和创办社区学院等三大战略性举措，发展地方大学，开创高等学校直接为社会经济发展服务的职能。在英国，为了推动大学与蓬勃兴起的各地方城市工商业活动的结合，19世纪的新大学运动应运而生。1836年，伦敦大学学院的建立，标志着新大学运动的开始。随后，杜伦大学、曼彻斯特欧文斯学院、埃克塞特大学学院、伯明翰梅森学院、利物浦大学学院和谢菲尔德大学学院等相继创办。它们大都由所在城市捐资兴建，与所在地的工商业发展和市民生活密切相关，主要为地方培养专门的技术人才，所设课程和专业侧重考虑本地区生产和生活的需要。继英美之后，西方其他发达国家在进行高等教育改革与发展教育事业中也十分重视区域化和地方化问题，强调建设与区域经济相适应的高等教育。在亚洲，印度独立以后，政府鼓励各邦建立农业学院和地区性工程学院，以满足地区经济发展的需要，促进社区进步。20世纪60年代，泰国政府认识到高等教育集中于首都曼谷不利于各地区经济发展的弊端，于1964—1967年在西北、东北、南方分别创办了清迈大学、孔敬大学和宋卡王子大学三所大学。这些大学对于推动当地经济、科技和教育发展，特别是对保存和发展当地的传统文化起到了决定性的作用。

在我国，自改革开放以来，随着社会经济文化的发展，高等教育区域化和地方化的发展十分迅速，一大批地方大学在全国各地崛起。截至2003年，我国共有1552所普通高等学校，其中中央部门所属高校111所，占普通高校总数的7.2%；地方政府所属高校1268所，占普通高校总数的81.7%；民办高校173所，占全部高校总数的11.1%。[5] 地方大学与地方之间的关系被人们称为"地方大学地方办，地方大学为地方"。地方大学办学的目标和宗旨，应该是为地方经济和社会发展服务。自创办以来，特别是自本科教学工作水平评估以来，地方大学开始思考自己的定位，探索如何为地方服务。[6] 明确提出建设教学服务型大学，有利于地方大学明确自己的发展方向，坚持自己的发展宗旨和办学目标，采取一系列重大措施，努力为地方经济、社会、文化发展做出自己的贡献。

（三）推动各校形成自己的办学特色

我国是一个幅员辽阔、人口众多、资源分布不均匀、经济发展极不平衡的大国。各地区之间的差别巨大，各地方大学所面对的"地方"、服务的对象各不相同，需要形成自己的办学特色。

1. 经济发展不平衡

经济是人类社会生存和发展的基础。我国各地区之间经济发展极不平衡。从人均GDP来看，以2006年为例，上海为7330美元，北京为6410

美元，甘肃为 1130 美元，贵州为 740 美元，最高水平为最低水平的近 10 倍。[7] 从城镇居民人均可支配收入来看，以 2005 年为例，最高的上海为 18645 元，最低的新疆仅为 7990 元。从农村居民人均纯收入看，最高的上海为 8248 元，最低的贵州仅为 1877 元。[8] 地方大学，特别是地处非省会城市的大学，所面临的经济发展状况差别极大。

2. 教育发展程度不一

教育发展状况受经济社会发展程度的制约，经济发展的不平衡，导致教育发展的不平衡。从高等教育毛入学率来看，以 2004 年为例，上海为 55%，北京为 53%，天津为 52%，而云南为 11.15%，贵州为 10%。[9] 从每 10 万人口高校在校学生数来看，以 2005 年为例，北京为 6580 人，天津为 4340 人，上海为 3838 人，而青海为 905 人，云南为 904 人，贵州为 838 人。[10] 综上所述，提出建设教学服务型大学，有利于每一个学校坚定服务地方的信念，下功夫去了解分析地方经济、政治、文化发展状况，从而确立自己的办学理念、目标，建设自己的学科专业体系，努力形成自己的办学特色。

二、建设教学服务型大学之对策

我国部分大学，在自己的办学实践中，采取多种措施，开展以满足社会需要为目的的多种服务活动。总结经验，笔者认为，建设教学服务型大学，应从以下几个方面着手。

（一）合理定位

世界上的任何事物都不是孤立存在的，而是整个系统网络上的一个个结点，相互联系、相互制约。做任何事情，明确自己在整个系统中的位置即定位，是基础和前提。建设教学服务型大学，首先要将自己的学校定位于教学服务型大学。教学服务型大学以本科教学为主，根据条件和需要适度发展研究生教育；教学和科学研究以服务地方为宗旨，培养地方需要的应用型人才，产出地方需要的应用性成果；大力开展以满足社会需要为目的的各种服务活动，形成为地方全方位服务的体系。教学服务型大学要面向地方、了解地方、研究地方、服务地方、学习地方和融入地方，建成与地方相互作用的大学。有的学校在定位时意识到自身对地区的经济建设和社会发展的功能与价值，为当地培养大量适用性专门人才、为当地经济建设提供智力与科学技术服务、为当地社会发展提供先进思想和文化的重要性，并把不可替代性作为思考学校定位的根本立足点。[11] 有的学校提出要从服务区域经济发展的高度给学校科学定位，学校"要面向基层、服务地方、办出特色"[12]。有的学校以"地方性、应用性、多科性、高教性"为定位，立足地方，培养具有创新精神和实践能力，理论基础比较扎实的应用型、复合型高级专门人才，使学校成为地方经济、文化、科技、教育人才培养与培训的基地。[13]

（二）人才培养以服务地方为宗旨

我国地方之间差别极大，因而对人才的需求也极不相同。因此，人才培养应以服务地方为宗旨，具体体现在以下几个方面。

1. 学科专业建设

要根据地方经济发展状况、资源状况、人才需求，探索学科专业的设置与建设。地处常德的湖南文理学院在学科专业建设中，通过以下措施反映地方人才需要。一是不简单抛弃被普遍认为"市场需求不旺、招生规模不大"的所谓传统"冷门"专业，如历史学、思想政治教育、地理科学、农学等，根据地方经济建设和人才市场需求，予以拓展和改造，满足地方需要。二是按照突出应用型人才培养思路，加大目前地方人才需求旺、就业前景好的"热门"专业建设。三是建立"规格加特长"的人才质量标准体系，鼓励学生"一专多能""一专多证"，不拘一格成才，满足地方多元人才需求。四是整合教学资源，开设系列地方特色专业课程，增强人才培养适应性，满足地方经济建设和社会发展的需要。

2. 人才培养方案

人才培养方案包括培养目标、基本规格及课程设置等，人才培养方案和培养模式的制定，同样要适合地方的特点及其对人才的要求。内蒙古工业大学采用"2+3"与"1+4"并行的教育模式，培养少数民族高级技术人才。"2+3"模式：学生利用 2 年时间既学习普通本科专业一年级课程，又补习部分必要的高中知识，同时提高汉语水平，第三学年学生在全校范围内自主选择专业，完成后续 3 年本科专业学习。"1+4"模式：在少数民族预科生入学学习 1 年后，选择 10%—15%基础好、学习成绩优秀的学生进入各专业一年级，完成后续 4 年本科专业学习。通过这样的学习，少数民族毕业生基础知识学得扎实，又具有独特的文化素养和知识结构，成为蒙汉兼通同时又掌握一门外语的"三语"工程技术人才，满足了民族地区经济社会发展的需要。

3. 师资队伍建设

人才培养，教师是关键，要努力建设一支与教学服务型大学相适应的教师队伍。提出"威斯康星理念"的范海斯校长有一句名言："鞋子上沾满牛粪的教授是最好的教授。"在教师引进和培养中，要重视教师的价值认同，即热爱地方、融入地方，为地方发展甘于清贫、乐于奉献；既要重"学"，又要重"术"。"学"指"求真"，指向基础理论研究人才、学术型人才；"术"指"求用"，指向应用研究人才、实用型人才，他们愿意深入基层，具有宣传、鼓励、说服的能力。

（三）建立全方位的社会服务体系

教学服务型大学，应开展以满足社会需要为目的的各种服务活动，建立全方位的社会服务体系。

1. 为地方政府提供决策咨询

影响地方发展的因素有很多，其中最重要的、影响全局的是地方政府的发展战略、规划和政策等。学校要通过建立咨询机构、选派优秀教师到政府任职、开展调查研究等多种方式，为政府决策提供咨询服务，使政府决策更具有科学性、前瞻性。青岛大学在服务地方的过程中，制定了"青岛大学服务青岛行动计划"，市政府以正式文件转发全市，其中有关为政府提供决策咨询的内容有：学校和政府联合组建青岛发展研究中心，研究青岛发展问题，并定期编辑出版《青岛发展研究》；学校、政府、市民共同组织城市精神大讨论，确定了"诚信、博大、和谐、卓越"的城市精神；学校定期开展"我为青岛发展献计策"活动。

2. 形成地方研究群体，开展服务地方的科研活动

教学服务型大学应根据地方经济、社会、文化发展的需要选择科学研究项目，和地方科研人员共同组织研究群体，为地方工业发展和农民脱贫致富服务。浙江理工大学采取建立"校企联建研发中心"的方式，加大与地方、企业的合作。多年来，分别与浙江永通染织集团有限公司、萧山市荣盛纺织有限公司、南方轻纺有限公司等多家企业建立科技合作关系，联合组建了浙江理工大学永通纺织技术研究中心、荣盛产品研发中心、南方纺织材料高新技术研究所等集研究、设计、开发、技术培训于一体的合作机构。这些企业为学校提供科研经费数千万元，学校通过成果转让、新产品开发为企业创造效益累计达数亿元。湖南文理学院以地方为科研基地，面向农村开展科学研究，取得了成效，例如，教师和当地科研人员共同选育的湘扁豆1号和湘扁豆2号在常德市全面推广，产出经济效益8000多万元；依托超大无核珍珠养殖成果，以洞庭水殖股份有限责任公司为推广基地，加速成果转化，产生了良好的经济效益。

3. 为新农村建设提供智力支持

我国是一个农业大国，服务农村、服务农民，为新农村建设提供智力支持，教学服务型大学责无旁贷。智力支持可以通过定向人才培训、文化宣传、技术咨询、成果转化和科学知识普及等多种方式开展。如海南师范大学面向少数民族和贫困地区的"播种希望"行动计划（2006—2010 年）

初见成效。这项计划由省政府、地方政府、海南师范大学共同组织，包括三项行动：少数民族和贫困地区中小学教师脱产提高培训行动，每年从11个市县选派280名在职乡镇中小学教师到海南师范大学脱产培训；顶岗支教与师资培训行动，每年从海南师范大学选派500名优秀师范生到乡镇初中顶岗实习任教，同时，被顶岗的500名初中教师到海南师范大学离岗培训；举办"周末流动师资培训学院"行动，利用周末，整合全省优质教育资源，选派优秀教师送教下乡，送课下乡，开展课堂教学诊断性研究，实现全员培训。

（四）建立合作机构与制度

学校为地方服务，两者合作互动，要有相应的机构和制度。首先，要建立相应的合作机构。从美国及我国的情况来看，这种机构有"学校政府两结合委员会""政府、企业、学校圆桌会议""大学-社区合作委员会"，以及由地方政府和有关人士组成的"学校董事会"，等等。各校各地可根据自己的实际情况选择相应的机构。其次，要建立相应的制度，约束双方、多方行使自己的权力，履行自己的职责、义务，更好地建设教学服务型大学。

参考文献

[1] 孔繁敏，等. 建设应用型大学之路 [M]. 北京：北京大学出版社，2006：17.

[2] 刘宝存. 威斯康星理念与大学的社会服务职能 [J]. 理工高教研究，2003（5）：17-18.

[3] 蔡克勇. 创建一流大学需要先进的办学理念 [J]. 中国高教研究，2003（11）：34.

[4] 同 [2].

[5] 教育部发展规划司. 中国教育统计年鉴：2003 [M]. 北京：人民教育出版社，2004：18.

[6] 和飞. 地方大学办学理念研究 [M]. 北京：高等教育出版社，2005：7.

［7］ 全国各省市 2006 年综合经济数据（包括港澳台）［EB/OL］.［2007-04-21］. http://
www. wmwk. net<http://www. wmwk. net>2007-3-22.

［8］ 2006 年中国居民收入分配年度报告（全文）［EB/OL］.［2007-04-22］. http://cn. chin
agate. cn/economics/2007-02/01/content_2365373. htm.

［9］ 商江. 全国各省市自治区高等教育毛入学率差距［EB/OL］.［2007-04-22］. http://
blog. cfan. com. cn/html/41/351841-itemid-92072. html.

［10］ 国家统计局人口和就业统计司. 中国人口统计年鉴：2006［M］. 北京：中国统计出
版社，2006.

［11］ 游俊. 科学定位 办好地方性综合大学［J］. 中国高等教育，2002（20）：36-37.

［12］ 吴崇恕. 以科学的发展观为指导，确立正确的治校理念，促进学校健康迅速发展
［Z］. 孝感：全国新建综合性本科院校工作研讨会，2004.

［13］ 蒋承勇. 坚持教育创新开创台州学院新局面［J］. 台州学院学报，2003（2）：5-9.

（本文原载《教育研究》2007 年第 7 期）

大学理性：历史传统与现实追求

张学文

大学是人类极度渴望理性（rationality）并且长期坚持守护理性的产物。随着人类的文明进步，大学也在变化、发展和进步，今日世界所有国家的大学几乎都处于历史的转型阶段。正如斯坦福大学原校长唐纳德·肯尼迪指出的，诸多证据表明，社会对大学的期许和大学看待自身的方式之间存在着不和谐。[1] 面对当前种种不和谐现象，在理论上澄清大学"理性之源"，寻找真正的"大学之门"，在现实中淡化非理性，回归理性，应当成为高等教育理论研究的迫切课题之一，这也是关涉人类如何善用大学以及如何防止误用大学的头等大事。

一、探寻"理性之源"

要探寻大学理性①从哪里来，就要追问哲学意义上的"理性之源"。在西方哲学史上，理性主义（rationalism）一般来讲包括三方面的内涵：其

---

① "理性"概念是哲学的重要基石，是理解西方文化传统不可或缺的概念性工具。随着 20 世纪人类对理性文化传统的批判与解构，理性概念及其文化形态受到了哲学、政治学、法学、伦理学、文学等领域的严格审查。在普通词典上，理性主要包括两层含义：一是指属于概念、判断和推理的思维形式或思维活动；二是指理智，即以认识、理解、思考和决断为基础的控制行为的能力。通常的哲学词典没有专列词条，仅以理性主义加以总括。令人困惑的是，大多数对理性及其相关内容进行广泛、深入探究的哲学文献，特别是那些所谓经典文献，对其所探究的理性是什么，都没有给出明确的说明。如康德的《纯粹理性批判》，尽管以理性为核心词，但全书竟然没有对"什么是理性"做出具体说明。这种情况被哲学界称为"理性"的"非理性困厄"。因此，本文对"理性"概念亦做如此处理。

一是一种世界观，把世界看成一个合乎理性的世界，人只要运用自己的理性，便可以认识它的规律；其二是一种人生哲学和人生理想，把理性看成人的本质，认为遵循理性指导的生活是最好的生活；其三是一种文化传统，它尊重理性，崇尚科学，重视逻辑思维，相信知识的力量。[2] 依照这种逻辑思路，可以说，西方哲学史是一部探寻理性的历史，而所谓探寻理性的过程就是"认识"，探寻理性的结果就是"知识"。

当西方哲学史上第一个哲人泰勒斯宣布"水是万物的始基"时，他就是运用自己的理性做出了人类历史上第一个理性判断。这一判断集中表现了人类思维的统一性与超越性，揭示了事物的普遍性与齐一性。"水是万物的始基"扬起了希腊理性的第一面旗帜，从此，人们相信理性可以洞见和把握世界的本源，哲学开始抛弃了远古关于天地生成的非理性信仰和传说，沿着追寻世界本源的理性之路向前发展。毕达哥拉斯学派"数是万物的始基"则开创了一种不是从感觉经验上升到普遍的理性概括，而是从抽象概念下降到感性事物的路径，并研究了"有限"与"无限"的对立，成为西方哲学史上"理性"和"非理性"对立的最初表述。数学在古希腊直至近代欧洲都被认为是表现人类理性的最典型科学。"理性"一词在它的原初意义上就是一种科学精神，"理性主义"就是主张用科学来理解和解释自然的哲学道路。苏格拉底力求从思维的角度把握人，主张到"心灵世界"中去探求真理。在与人讨论"什么是美德"时，苏格拉底引导人们坚持理性的指引，追求知识的确定性。他认为，"对于美德，不论它们有多少种，而且如何不同，它们都有一种使它们成为美德的共同本性"。柏拉图不仅系统阐述了理性主义本体论，而且阐述了理性主义认识论。他使真、善、美与理性天然合璧，成为光照千年西方哲学的"理性之源"。亚里士多德则处处关心确定的概念，把理性主义对事物确定性的追寻提高到哲学本体论的高度，把精神和自然的个别方面的本质，以一种简单的方式，高度概括成一系列理性原理。古希腊理性主义在亚里士多德的"主动理性"中臻于极致。[3] 至此，古希腊的学术体系及其学者的学问取向已经蕴含了后来西方大学与学术文化传统中引以为重大特征的种种萌芽：对绝对知识的执着信念，通过知识而臻于善与自由的境界。古希腊时期作为认识论发展的第一阶段，为后世奠定了理性主义的传统。

泰勒斯、毕达哥拉斯、柏拉图、亚里士多德等学者都从事纯理论与纯思辨性学术研究，对他们来说，研究自然本身就是一种回报，而"那种主导我们自己所处的社会的思想，即认为科学是物质进步的关键，这对古代社会来说是非常陌生的"。[4] 古希腊时期的这种自由知识观鲜明地反映了那个时代的爱智传统与理性精神，成为自由教育、学术自由的思想基础，深刻地影响着后世倡导自由教育的思想家与教育家。

到了文艺复兴和启蒙时代，理性思维的重大特征首先就是把矛头指向盲目信仰和崇拜权威的蒙昧主义，提倡科学，大胆思索，鼓励人们大胆质疑宗教经典和神学教条；学者们还论证了理性的基础、功能和作用，认为科学是发挥理性作用的工具和方法，科学对自然本质的认识和规律的发现会使人们在理性上获得真理，在行动上获得自由。如果从知识论角度来衡量，英国的自由运动和法国的启蒙运动都延续了古希腊以来西方怀疑与求真的血脉，相信可以通过理性的力量改善人们的生存状况，并且认定自由、平等、人权是天赋的价值观念。德国的新人文主义运动既推崇古典文化为完美的范型，又反对平面、单调的理性主义，其直接后果就是建立起了一种新知识观和历史观，促进了现代学科体系的产生。康德明确指出，以理智来证明上帝的存在和灵魂的不灭必将陷入自相矛盾的境地，他鼓励世人运用自己的理智，认为只有通过知识才能获得真正的自我解放；费希特把对自由本质的理解建立于对知识本质的认识上，并由此规定了学者的道德使命；黑格尔随后将康德认识论发挥到极致，认为通过理性思辨就能洞悉世界的本质，视纯粹理性为探索和解决一切真理问题的必经之途。

从学术发展史来看，康德最早复兴古希腊自由知识观，尝试论证学术自主性，提出"非功利性是一切终极价值（真理、正义、美等等）的条件"[5]，即不能以功利性标准评价真理、正义与美；随后，他以哲学非源于外在功用而源于理性和真理本身率先将德国大学的哲学院提升为"大学的灵魂"。因此，可以说，经过文艺复兴、启蒙时代以及德国新人文主义运动对自由知识观的吸收与融合，学术界这种源自古希腊的对知识的探究已经不局限于闲暇的好奇了，因为只有越来越精确的知识验证才能满足人们的需求："高深学问忠实于真理，不仅要求绝对忠实于客观事实，而且要尽力做到理论简洁、解释有力、概念文雅、逻辑严密。此外，学者们对真理的标准会有分歧。由于这些标准将不断受到审查，因此最重要的是这些标准的自我矫正。"[6] 由于客观性是真理能否站稳脚跟的标准，于是，学术的客观性就从德国大学所称的"价值自由"（Wertfreiheit，也称价值中立、价值无涉，即学术结论不受价值影响）中脱颖而出。与古希腊自由知识观一样，价值自由同样强调知识的内在价值，只是它与学术自由、学术独立的要求紧密相连，强调学术领域由"学者共和国"支配，理性知识是自主的，学术是自律的，具有独立于宗教、政治、经济等领域的内在逻辑。正如维布伦所说的："客观性的目的是对已知事物进行理论上的组织和逻辑上的连接，在考虑权宜之计或方便的时候，一定不能使它们的本来面目受到歪曲，而必须忠实于当时公认的现实。"[7] 因此，高深学问与学术研究在排除了价值影响之后，就可以公之于众，接受社会与公众的鉴别与批判。

二、大学理性从哪里来

按照高等教育哲学的看法，以理性主义为主导的高等教育哲学也可以被称为认识论高等教育哲学，它首先把大学视为理性的产物和理性的工具，认为大学是探索高深学问和普遍真理的场所；其次，它认为大学对真理的探索出自纯粹的理性冲动，即在不计较功利得失的前提下独立自主地探索纯粹的知识和学问；最后，它要求大学教育重视自由教育，重视心智的训练，以培养自由人和完全人。

从教育发展史上看，历史上任何一种新的高等教育机构的产生往往都是人类探寻高深学问即理性繁荣的结果。大学自创生以来就理所当然地成为人类传承知识与创新知识的主要场所。所以，围绕知识的认识论问题可以说就一直是大学理性的核心问题和中心议题。一般地说，所谓认识论就是关于知识的理论，是探求人类认识现象的本质、来源及其发展规律的哲学理论。它涉及三类相关问题：知识的性质或认识论术语意义，认识的证实或证伪的标准，认识经验与认识对象之间的关系。[8] 希尔指出，大部分近代哲学家倾向于把认识看成对真理的领悟，认识的标准是理性的必然。[9]

认识论告诉我们，理性作为人类认识自身以及自身之外世界的工具，不仅彻底变革了人与世界之间的关系，而且大大拓宽了人类的知识视野，改变了知识世界的整个面貌。与理性主义在西方哲学史上的发展阶段相适应，大约从公元前 5 世纪起一直延续到近代社会，世界各大文明的高等教育机构，都在对此做出文化与制度上的回应。在古希腊，柏拉图的阿卡德米学园（Academy）与亚里士多德的莱森学园（Lyceum）即以当时古希腊活跃的知识生活为前提；在欧洲中世纪，大学产生的基本条件就是当时的学术文化与知识复兴运动；到了近代，欧洲近现代大学的脱胎换骨更是直接得益于自然科学的兴起与启蒙运动的理性思维。所以，从教育史学角度看，认识论及其理性思维的发展通常会推动新的高等教育机构的产生和发展，即知识认识论的推进必然促进大学这种社会特殊组织机构的演化和制度变迁。

哈佛大学原校长普西曾指出，"每一个较大规模的现代社会，无论它的政治、经济或宗教制度是什么类型的，都需要建立一个机构来传递深奥的知识，分析、批判现存的知识，并探索新的学问领域。换言之，凡是需要人们进行理智分析、鉴别、阐述或关注的地方，那里就会有大学"[10]。赫钦斯认为，任何社会都应有大学这样的机构，其目的就是对社会上最令人困扰的问题进行尽可能深刻的思考，甚至思考那些无法想象的问题。[11]

布鲁贝克则直接指出，正如高等教育的界限埋嵌在历史发展中一样，高等教育哲学的许多方面也是随着历史的发展而逐渐显现的。[12] 事实上，历史上几乎所有的大学都是在坚守自身理性与客观性的基础上，通过设法部分满足各自所属的历史时期的社会需求来获得自己的合法地位的。

1. 中世纪大学

按照高等教育史的划分，欧洲中世纪一般指从公元 5 世纪的西罗马帝国灭亡到 15 世纪文艺复兴前，历经一千多年，其可划分为两个发展阶段。第一阶段为 5—10 世纪。此时，"教父学"占统治地位，古希腊罗马文明受到抑制和毁坏。第二阶段为 11—15 世纪。由于经济与理性复苏，作为人类最"黑暗时代"萌生的"智慧之花"的大学开始闪烁"一些非常耀眼的光芒"，即出现历史上所称的中世纪大学。作为一个四分五裂、高度分权的文明之地，这个时代的欧洲没有一种拥有至高无上地位且居于完全中心的权力，它从头到脚一分为二，从皇帝与教皇开始，通过国王与大主教，直到贵族与住持以至庄园主与教区牧师，以及代表世俗与教会的法律与法院，采取两种形式的治理方式。大学就是在这种分权的、有社团思想的影响下发展起来的。中世纪欧洲有两种学术行会：一种是以"博洛尼亚大学模式"为基础的意大利大学，它是世俗的，以学生为中心，以满足市场需要为目标；另一种是巴黎的比较正统的"教会大学模式"，其形式是教师控制学生，以学徒、工匠、师傅的行会组织形式代代相传。中世纪的绝大多数大学最终都趋向于行会组织的正统模式，这成为大学具有适应能力并经久不衰的关键所在。[13] 12 世纪，欧洲地区最有名的大学包括意大利的博洛尼亚大学和萨莱诺大学、法国的巴黎大学和蒙彼利埃大学、英国的牛津大学。到 13—15 世纪，大学已经几乎遍及欧洲各主要国家。

这种起源于欧洲中世纪后期的高等教育机构，就是真正现代意义上的大学。与其他行会组织一样，大学同样需要从皇帝、教皇、国王、主教或至少是市镇处获得一张特许状。其中，层次最高的特许状是教皇或皇帝授予的"studium generale"和"ius ubique docendi"，前者可以使大学赢得国际性地位，后者使大学获得的则是在各地教学的权利。特许状意味着大学的学位得到了国际性的承认。对大学来说，最重要的特权包括两种：其一是独立自主发表自己意见的权利，其二是自由迁徙的权利。这些特权无论是对世俗社会还是对教会，都是极其有效的威胁；[14] 但对大学来说，却是普遍主义和理性精神萌发的前提条件。普遍主义主要体现在三个方面：教师来自世界各地，学生广泛多样，课程与项目承载普遍真理。换句话说，大学只有如此才能成为真正的世界性机构，师生来自世界各地，教授"七艺"，其中绝大多数使用通用语言——拉丁语①。英国历史学家、教育史学家哈罗德·珀金基于历史研究的观点表明，中世纪欧洲和其他诸多文明之间最令人惊讶的一个区别是：尽管中世纪欧洲具有自己的宗教信仰并对其他的信仰采取不宽容态度，但对自己的理智能力缺乏自信心。[15] 这意味着，就算是教会也必须仰仗大学的理性精神，必须依靠大学的服务和它培养的人才才能生存与发展。

如此说来，在中世纪社会结构中，获得特许状的大学受到教皇与君主的保护，成为权力与威望的中心，最主要的原因也在于大学与知识的联系。教士、贵族、有产阶级要经过知识熏陶，以获取一种适合他们的精神生活方式。同时，由于中世纪大学在兴起之时正处于一场伟大的学术复兴中，即现今历史学家所称的 12 世纪的文艺复兴，[16] 因而可以说，中世纪大学不经意间激活了长达千年的单调沉寂的思想文化领域，间接为社会培养了很多伟大的学者，在一定意义上为 14 世纪和 15 世纪的文艺复兴和宗教改革做了准备。另外，中世纪大学是一个学者团体和行会组织，"是一个学术的世界作为一个整体出现"的，因而成为教师和学生共同探索高深学问的场所。[17] 它们值得荣耀之处在于"学问的神圣化"，且这种荣耀和幻想还没有从这个星球上消失，因而自然而然成为"现代精神的摇篮"。

---

① 有学者认为，中世纪大学的"世界精神"后来因拉丁语的死亡、宗教的分裂而解体，直到 19 世纪末才渐渐得以恢复，至 20 世纪则蔚成风气，只不过其共同的基础由共同语言或宗教变成了科学思想或公认的知识性格。

还有研究表明，中世纪大学主要受传统权威而非外在权威束缚，其实验和研究要比我们想象的自由得多，甚至在 12、13 世纪，很少发生科学研究者因抱有纯粹的科学观念而受到教会迫害的事例。尤其是亚里士多德哲学的重新发现，打开了思想界传统信念的缺口，展示了一个新的知识世界，刺激了学者们的求知欲；而阿伯拉尔开创的知性主义传统则加速了经院哲学批判方法的产生，提供了"于不疑处有疑乃是探寻之始；探寻是真理之母"的批判武器。[18]

中世纪是人类历史上最黑暗的时期，但也是大学萌芽与发展的时期。中世纪大学通过自身的理智能力部分满足了教会对知识与人才培养的需求，获得了自己的生存空间与合法地位；最重要的是，中世纪大学是理性复苏的产物，重视理性的学术研究成为中世纪大学的基本精神。当然，这个时期的学术研究主要是学者个人的行为，还没有制度化，因而尚不能称之为大学的职能。[19]

2. 欧洲近代大学

尽管英国最早实行资本主义制度，但其大学教育制度却长期处于低迷状态，以牛津大学和剑桥大学为代表的古典大学是那个时代欧洲近代大学的典范，却也一直是封建势力和宗教势力最顽固的堡垒。牛津大学历史悠久，但具体在哪一年创建，至今无法考证。根据当地人的说法，牛津大学创始于 1167 年，当时英国国王亨利二世下令禁止英国的神学学生到巴黎大学研究神学或宗教，因而一帮宗教学者及学生慢慢聚集于此，逐渐演变出学院的雏形。1214 年，当时的天主教赋予神学院特权，准许学者及学生在此城居住及学习，自此，牛津大学获得大学的合法地位。剑桥大学成立于 1209 年，是由一批为躲避斗殴而从牛津大学逃离出来的学者建立的。英国国王亨利三世在 1231 年授予剑桥大学教学垄断权。16 世纪上半叶，实行宗教改革的亨利八世下令学校解雇研究天主教教规的教授并停止教授"经院哲学"，自此，剑桥大学的教学和研究重点从宗教和神学转向古希腊和拉丁经典、圣经和数学。当然，尽管这两所古典大学在理性主义光照下被迫进行了部分改革，但 16—18 世纪牛津大学与剑桥大学自由教育的大学教育观仍在逐渐走向衰落。直到 1827 年，伦敦大学学院的创建才正式宣告 19 世纪英国"新大学运动"拉开帷幕。

可以说，到 19 世纪之前，以牛津大学、剑桥大学为代表的英国古典大学重视人文教育，具有浓郁的贵族气息，培养"有教养的绅士"。这种延续至今的办学传统使当时的英国大学获得了合法地位，这个时期的英国大学正处于现代化起步时期的近代大学发展的第一个阶段。对"何谓大学"的经典答复就是：大学是一个教化机构，目的是培养有学问的青年绅士。

19 世纪后，西方学者们开始真正从理论上研究高等教育哲学观，考察高等教育原理，尤其是大学理念、目的、使命与功能等相关的主题。英国的纽曼是第一个真正从学理上来阐述大学理想和教育观的著名教育家。正如克拉克·克尔所言，"'大学观'，也许从未有人象纽曼红衣主教在一个多世纪前创立都柏林大学时表述得那样清楚"[20]，以至于其后所有关于大学教育的论著都成为他的演讲和论文的注脚。在《大学的理想》一书中，纽曼认为，大学的主要功用是教学而非科学研究，大学应是传授普遍性知识的场所，大学的任务是提供自由教育和从事智力训练，以培养和造就有知识、有智慧、有理想、有修养的"绅士"。纽曼的大学教育理想在于通过自由教育，训练人的智力，造就社会的绅士，提升社会的品位和格调。为培养具有高尚德性和高度理性的绅士，大学应该提供普遍性的和完整性的知识教育，这种知识应该是具有普遍意义的真理性的知识，即"知识本身即为目的"。其内涵就是："知识之所以真正高贵，之所以有价值，之所以值得追求，其原因不在于它的结果，而是因为知识内部含有一种科学或哲学的胚芽。这就是知识本身即为目的的理由。这就是知识可以被称为自由知识的原因。"[21] 在纽曼看来，本身既是工具又是结果的知识叫作自由知识，也可称之为"哲理性知识"。从根本上说，"知识本身即为目的"的教育观与洪堡"纯知识""纯科学"的教育观是一脉相承的。正是这种大学理念对 19 世纪欧美大学教育的发展产生了极其重要的影响，尤其是英德两国大学的教学与科研突飞猛进，成为世界高等教育研究中心，在某种意义上可以说是这种新的大学教育目标观的产物。

总体上说，进入 19 世纪之后，以英国大学为代表的古典大学仍然把它们的合法性建立在人文主义抱负上，这种人文主义抱负的发展以自由教育观念为顶点，自由教育观念使得 19 世纪的英式学院在学理上完全合法化。红衣主教纽曼从词源学的角度提出"大学是传授普遍知识的地方"，故"强调传授知识，传授为人之道"成为当时大学的主流。

18 世纪 70 年代之后，德国文化教育领域功利主义、自然主义与新人文主义三大思潮呈现争鸣之势。到 18 世纪 90 年代，后者逐渐取得支配地位，成为 19 世纪德国大学改革的主要思想资源，并在客观上为价值自由与学术自由的最终制度化提供了必需的知识场域。在新人文主义者看来，大学具有一项专门学校与学术社团所缺乏的基本职能，即通过创造性思维的培养促进个体的发展，这为大学后来的研究型定位提供了思想基础。康德、费希特、黑格尔使德国大学建立了学术规范与唯心主义知识论之间的密切联系。德国大学及其学者所探索和发展的知识，仅仅是一种纯理论或逻辑性的知识。在某种意义上，这是中世纪大学经院辩证法传统在德国的流传。1808 年，真正对柏林大学起奠基作用的神学家施莱尔马赫在《关于德国式大学的断想》中阐明了自己的大学观：主张思想自由和思想独立，要求学生必须对最高知识的统一性有一个明确的概念；大学教育的首要目的应该是认识；大学必须培养学生的科学精神，为此，大学要有精神上完全自由的气氛，科学则要从对外在权威的屈从状态中解放出来。[22] 自此，德国大学开始了传授知识和追求真理合而为一的探索历程。1809—1810 年，洪堡担任普鲁士内政部文化教育司司长期间成功组建了柏林大学，这让他成为世界大学史上里程碑式的人物。洪堡继承并发展了中世纪把大学视为"学者社团"的观点，把柏林大学建成了一个从全欧洲吸收成员的学者团体。他认为，大学是高等学术机构，是带有研究性质的学校，是受国家保护但又享有完全自主地位的学术机构。"就整体而言，国家决不能要求大学直接地和完全地为国家服务，而应当坚信，只要大学达到了自己的最终目标，它也就实现了而且是在更高层次上实现了国家的目标"[23]，即国家行为应服从理性原则，承认科学活动的自主性，为科学活动提供保护和支持，使理性按其自身的原则得以发展。由于德国模式的大学推崇纯理论基础研究特别是理性思维的训练，所以它是相对远离社会的、按照内在规律去吸收营养和发育成长的独立的有机体，因而被19世纪法国诗人、文艺批评家圣佩伟·查理·奥古斯丁称为"象牙塔"（Ivory Tower）①。伯蒂尔森则把洪堡这种大学理想概括为四个要求：把科学与研究联合起来，通过哲学把各种经验科学联合起来，把科学与普通教养统一起来，把科学与普遍的启蒙结合起来。如果这样理解高度专门化的科研辩解和指令，那么1810年柏林原理的丰富内容事实上就是现在所谓自由教育的一个变种。[24]

同样是在19世纪，在新人文主义思潮的影响下，德国大学逐渐摆脱了英式古典大学完全通过教学培养自由人的机械观念，开始转向更注重人类理性的科学与研究，并通过这种现代大学观获得了合法地位。洪堡创办的柏林大学宣布了以神学为主导的巴黎"教会大学模式"时代的结束，以及崇尚科学和真理的研究型大学模式时代的到来，它以教学与研究并重的特色而成为"所有现代大学之母"。

3. 现代美国大学

作为英国的殖民地，独立前的美国教育是宗主国英国教育模式的克隆。1636年，哈佛学院创建（1780年改名为哈佛大学），即完全移植了剑桥大学模式。至少到19世纪80年代，美国的小型独立学院一直独领风骚了两个半世纪。这些数量众多的分散的小型学院在美国人心目中留下了高等教育的"学院"烙印。自19世纪始，哈佛大学、耶鲁大学和一批新兴大学开始模仿"洪堡模式"。1876年，由吉尔曼担任首任校长的约翰·霍普金斯大学宣告成立，标志着与传统英式学院特色不同的德式研究型大学

---

① 有关把大学称为"象牙塔"的说法来源，还有待考证，但含义基本一致，即指大学疏离社会、与社会保持一定距离，以维护大学自治、理性与学术自由的历史传统。

在美国诞生。美国教育学家弗莱克斯纳认为，创立了约翰·霍普金斯大学，美国才真正拥有了自己的大学。

珀金认为："德国的模式在美国得到了最有意识的模仿，但其后果却很少具有德国性。"[25] 这是因为 19 世纪美国自由市场式的高等教育体制与德国的国家控制和国家提供经费的大学体制有天壤之别。例如，即使像耶鲁大学、哈佛大学这样以向教派牧师和基督徒绅士提供自由教育为初衷的老学府也深刻意识到市场的作用，而根据 1862 年《莫里尔法》创办的州立学院则更是有意识地去适应地方对农业技术教学的需要。但在 19 世纪中期，绝大多数美国学院提供的仍然是自由科目方面的自由教育，这依然是中世纪"七艺"的现代翻版。直到今天，美国高等教育一直保持这种教育传统，为学生提供普通训练课程。

研究者指出，甚至像吉尔曼这样从德国取经归来的美国学者也在许多方面误解了德国大学的思想："经常谈论着'科学研究'的那些雄心勃勃的美国人，把这一术语与德国的理论和实践的内容凑合起来，而它在德国具有十分不同的背景。德国人的'纯学术'理想——它在很大程度上不受功利性要求的影响，对许多美国人来说变成了'纯科学'的观念，它具有这一概念在德国所常常没有的方法论含义。Wissenschaft[①] 一词所具有的更广泛的，几乎是'沉思'的含义被美国人忽略了，美国人似乎总是假定'调查'即意味着某种有特殊科学意义的事物。"[26] 美国人认为，一所学院除非有相当一部分人力、物力专门用于研究，否则它就不可能成为一所大学。这一信念对美国高等教育具有重大影响。比如，追随约翰·霍普金斯大学的哈佛大学、耶鲁大学、哥伦比亚大学，以及密歇根大学、威斯康星大学、加利福尼亚大学等众多州立大学通过设立研究生院，来获得完全大学的地位。这样，美国的顶级大学群最终形成了一种双层体制：一层是

---

① Wissenschaft 是德国大学所特有的一种最纯粹、最高形式的知识，常常被译为科学，但其含义远远超出了自然科学，更接近从中世纪继承下来的传统人文主义。它如此纯粹，以至于不同于实际知识或应用科学。

"学院"或本科生阶层，另一层是"大学"或研究生阶层。这种双层体制尤其是研究生阶层是现代欧洲体制所没有的，是美国高等教育机构的创举。

概括地说，现代美国大学教育模式的形成源于英国"大学是教学的机构"的观点，继而则源于德国"大学是研究的中心"的观点，美国文化以其所特有的兼容并包精神，使这两大分支融合成为一个奔涌向前的潮流。以威斯康星大学为代表的研究型大学的教学、研究和社会服务并重的取向为美国大学获得了合法地位，威斯康星理念（Wisconsin Idea）① 标志着大学理性新时代的开始。

综上所述，笔者认为，所谓大学理性，就是大学在其产生与发展的历程中对外部世界达到最完全认识的能力及其所表现出来的稳定特征。换句话说，大学理性首先是一种历史与文化传统，它既是稳定的，也是进步的，表现为张扬理性精神，追求知识与真理，把理性看成大学发展过程中的本质特征；其次，大学理性还是一种大学哲学观和方法论，关系到大学如何认识自身以及如何对待外部世界的问题。对西方大学发展史的比较研究与历史研究表明，从古希腊学园到中世纪大学，从近代偏重教学的英式大学到偏重研究的德式大学，再到现代教学、研究与社会服务并重的美式大学，大学理性无时不贯穿于其中：第一，知识与理性是整个学术系统工作的基本材料和基本工具，教学和研究则是操作这种材料和工具的基本活动；[27] 第二，大学的研究对象就是所谓的"高深学问"，这本身就是大学基于自身理性执着追求的结果；第三，现代大学所倡导的社会服务，必定是大学应用自身所特有的高深知识和理性来解决社会问题的实践过程。现代大学三大功能的合法地位分别在不同时期以不同途径于不同的国家或地域获得。然而，无论过去、现在，还是将来，学术界大多数人在谈论大学

---

① "威斯康星理念"本意是基于大学所拥有的理性、知识与学问，来加强大学与社会之间的良性互动，但由于随后仿效的一些州立大学或私立研究型大学的社会服务并没有坚守这种理念所依赖的学术基础，仅出于功利目的为社会提供低水平的社会服务，因而遭到弗莱克斯纳和赫钦斯等人的激烈批判，并引发了理性主义与功利主义的对峙。

相关话题时，仍会自觉或不自觉地恪守"价值自由"与客观性，把大学理性当作发展的至高原则，这也间接成为高等教育哲学思想演变的"大熔炉"。

三、余　论

美国当代著名的高等教育思想家克拉克·克尔曾指出，1520 年以来西方世界建立的机构中至今以其公认的形式维持到 20 世纪中叶的约有 85 个，其中 70 个是大学，[28] 而那些与经济利益、政治权力联系紧密的机构几乎都在漫漫历史长河中消失得无影无踪。这无疑间接为大学理性所具有的穿越历史时空、照亮人类文明进程的永恒性主题提供了一个显著的例证。近现代大学的发展史就是一部内部逻辑与外部压力不断对抗、相互制约继而在新的起点上建立新的平衡的历史。尽管随着现代大学功能日益复杂化，社会服务已成为大学的三大功能之一，但这种服务也不应当急功近利。现代大学"主动走向社会"从来都是以恪守历史上曾经一以贯之的大学理性为前提的：一方面，它应当不屈从于任何外在权威，并且具备摆脱任何外在诱惑的独立性格和精神气质；另一方面，它还必须意识到应当避免妨碍真理探讨的连贯性和完整性，不以牺牲客观真理的普遍价值为代价。因此，如何在上述矛盾之间维持某种必要的平衡，而又无损于大学理性，业已成为所有关心这一人类"智慧之花"未来命运的学者必须严肃面对的课题。

法国当代著名思想家、解构主义哲学代表人物德里达指出，现在全世界大学都是模仿欧洲特别是 18、19 世纪的德国模式筹建起来的，都要求大学的独立性与其相对于国家、政府、社会、市场的自主性。大学的信念就是不惜一切代价、无条件地追求真理；大学与所有类型的研究机构都不同，它原则上应该是独立地、无条件地提出真理、人的本质、人类、人的形态的历史等问题的地方，即应该是无条件反抗和提出不同意见的地方。[29] 由此可见，就算德里达手中的后现代主义解剖刀无往不利，但对大学恪守理性与追求真理的内在本质依然充满敬畏之心。概而言之，大学作为这个世俗社会中理性精神、精英意识与卓越原则的发源地与贮存库，它还必须意识到促使自身独立于这个体系之外的意义：大学本身就内含理性至上的逻辑渊源——按照自然的法则去追寻真理和发现真理。

参考文献

[1] 肯尼迪. 学术责任 [M]. 2版. 北京：新华出版社，2002：4.

[2] 李步楼. 理性主义和非理性主义 [J]. 江汉论坛，1995 (6)：62-66.

[3] 姚定一. 论西方哲学古典理性主义的历史流变 [J]. 四川师范大学学报（社会科学版），1991 (4)：16-25.

[4] 劳埃德. 早期希腊科学：从泰勒斯到亚里士多德 [M]. 上海：上海科技教育出版社，2004：138.

[5] 沈文钦. 何谓"为学术而学术"：纯学术观的类型学考察 [J]. 北京大学教育评论，2007 (1)：66-80，190.

[6] 布鲁贝克. 高等教育哲学 [M]. 3版. 杭州：浙江教育出版社，2002：14.

[7] 同 [6].

[8] 冯契. 哲学大词典：修订本 [M]. 上海：上海辞书出版社，2001：1192.

[9] 希尔. 现代知识论 [M]. 北京：中国人民大学出版社，1989：2.

[10] 刘宝存. 大学理念的传统与变革 [M]. 北京：教育科学出版社，2004：序1.

[11] 赫钦斯. 美国高等教育 [M]. 杭州：浙江教育出版社，2001.

[12] 同 [6] 120-124.

[13] 克拉克. 高等教育新论：多学科的研究 [M]. 2版. 杭州：浙江教育出版社，2001：29-30.

[14] 同 [13] 30.

[15] 同 [13] 31.

[16] 哈斯金斯. 大学的兴起 [M]. 上海：上海人民出版社，2007：4.

[17] 张斌贤，李子江. 大学：自由、自治与控制 [M]. 北京：北京师范大学出版社，2005：28.

[18] 同 [17] 29.

[19] 同［10］21.

[20] KERR C. 大学的功用［M］. 南昌：江西教育出版社，1993：1.

[21] 纽曼. 大学的理想（节本）［M］. 杭州：浙江教育出版社，2001：33.

[22] 贺国庆. 德国和美国大学发达史［M］. 北京：人民教育出版社，1998：41.

[23] 陈洪捷. 德国古典大学观及其对中国的影响（修订版）［M］. 北京：北京大学出版社，2006：197.

[24] 克拉克. 探究的场所：现代大学的科研和研究生教育［M］. 杭州：浙江教育出版社，2001：22-23.

[25] 同［14］40-41.

[26] 同［14］41-42.

[27] 克拉克. 高等教育系统：学术组织的跨国研究［M］. 杭州：杭州大学出版社，1994：25.

[28] 同［20］107-108.

[29] 杜小真. 大学、人文学科与民主［J］. 读书，2001（12）：3-13.

（本文原载《教育研究》2008 年第 1 期）

世界高等教育质量评估发展背景、模式和趋势

周海涛

高等教育质量评估在 20 世纪中期以来的世界高等教育演进变化中有着不可替代的影响和效用，其关注点也经历了从粗到细、从量到质、从划一到多样、从量"入"到评"出"的发展过程。考察高等教育质量评估发展进程可以看到其背景因素、基本模式和共性趋势。

一、世界高等教育质量评估发展的历史背景

20 世纪 50—60 年代，西方主要国家的高等教育规模不断扩张，一些国家的高等教育在这一时期进入了大众化阶段。高等教育的大发展引发了社会各界对高等教育质量的担忧和关注，加之公共权力问责潮流的兴起，高等教育质量评估的理论研究和实践探索在这一背景下应运而生并获得发展。

1. 高等教育的规模扩张与多样化发展逐渐凸显质量问题

"二战"后，在国际竞争、经济发展、科技进步、民主化运动的推动下，发达国家的高等教育基本上都经历了一个由精英向大众化、普及化发展的历程。高等教育规模不断扩大，私立高等教育机构蓬勃发展，新型的教学和学习方式趋于多元化。这在很大程度上满足了社会大众接受高等教育的需求，同时也凸显了高等教育数量与质量的矛盾。在高等教育规模扩

张与多样化发展的形势下，如何保障质量成为当时各国高等教育界共同关注的问题。

2. 高等教育经费总额与结构的变化要求提高利用效率、保障投入收益

高等教育规模的不断扩张、教育水平的逐步提升、教育技术手段的持续更新和学生培养成本的日渐提高，促使高等教育对投入的需求大幅度增加。尽管各国都面临着国家预算日益紧缩与教育经费需求持续增长的矛盾，但高等教育投入经费的总额还是不断增加，高等教育经费在国家公共开支中所占的比重不断上升。与此同时，由于高等教育规模过快扩张，生均财政性教育经费呈下降趋势，因此，各国一方面积极探索提高高等教育经费使用效率的途径和措施，如将综合拨款改为专项拨款，另一方面也推行了个人或家庭分担高等教育经费的政策。这几方面的因素促使政府、社会各界把对高等教育的关注重点集中到质量上，保障和提高质量成为提高经费利用效率的主要努力方向，而随着家庭分担高等教育成本，家庭也要求提高高等教育质量以保障其收益。

3. 对公共权力问责的兴起强化了对高等教育质量的关注

20世纪下半叶欧美新公共管理思潮兴起后，人们对公共权力的行使效果有了新的认识，即公共权力的行使应当具有经济性、效率性、有效性，无过错并不等于符合人们的愿望，人们对公共权力问责的意识日渐强烈。高等教育在很大程度上是受公共财政支持的，因此，对其问责是对公共权力问责的重要组成部分。特别是在公共经费紧缺的情况下，大学对各种资金的使用情况及使用效果也越来越受到人们的关注，大学的利益相关者要求大学对资金使用情况及效果做出说明、解释。高等教育问责的开展要求高校向社会证明自己的教育质量水准。

二、当前世界高等教育质量评估的基本模式

1. 以美国为代表的认证模式

以美国为代表的国家或地区采用通过认证（院校认证和专业认证）[1]来评估高等教育质量的认证模式。在这种模式下，认证一般由民间的社会中介机构来实施，其设有一套认证的最低标准，只对高校的办学理念、教学、科研、服务等方面做出引导性的要求，以此判断被认证高校是否具备通过认证的最基本的条件。这一模式强调保障高等教育质量的底线，起到了质量"守门人"的作用。另外，它也是一种"目标达成"评估，它以院校根据认证标准制定的目标为根据，确定各校是否达到了自己制定的目标，是否完成了自己规定的任务，同时评估专家也会针对各校的具体情况提出改进意见与咨询建议。这一模式充分尊重高校的质量自主权，以提高质量为目标，发挥了高等教育质量"推进器"的作用。

2. 以英国为代表的院校审核模式

院校审核（Institutional Audit）模式是英国首创并于近年被普遍看好的高等教育质量评估模式。英国高等教育质量保障署（QAA）对英国高等院校展开的院校审核方式类似财经系统的财务审核方式[2]，其关注点不是受审院校的学术水平本身，它是对院校保障学术水准和质量水平的机制的有效性、真实性、可靠性，以及为达到既定目标而提高自身学术水准的方法技术、维持质量的规则程序及实际应用情况进行考察和评议，进而实现质量保障目标的评估模式。

3. 以法国与丹麦为代表的政府评估模式

以法国与丹麦为代表的国家或地区采用由政府组织实施高等院校质量评估的政府评估模式。在这种模式下，一般政府机构中设有专门的评估组织，如作为独立行政主体直接向共和国总统汇报、不受教育部部长领导的法国国家评估委员会（CNE）[3] 和对丹麦各级各类教育机构进行评估的丹

麦评估研究所（EVA）[4]，评估活动的经费也由政府提供。采用政府评估模式的原因在于，既然高等院校在很大程度上是由公共财政提供支持的一项事业，那么它就必须接受公众和政府的问责，将自身的发展与国家社会的发展结合起来，将国家战略与社会目标结合起来，既关注自身的发展，也考虑其对科技、经济、社会发展做出的贡献。

4. 以日本与荷兰为代表的自我评估模式

以日本与荷兰等为代表的国家或地区采用了自我评估模式。在这种模式下，主要以高等院校为评估主体，由高等院校内部人员通过各种评估手段和方法在校内对本校的教学、科研、社会服务等各方面进行评估。[5] 院校通过评估，可发现自身在教学、科研等方面的不足，明确改进方向，最终达到改善质量的目的。其核心理念是高等教育质量是院校自己的事情，院校有权利进行自治，更有责任进行自律。评估不仅要求院校对社会和政府说明情况，更重要的是使其对自己的长处和不足有深刻的认识和反思，这样才会不断提高水平。自我评估既可以为同行专家的现场评估做准备，也是激发高等院校自我改进的动力。

三、世界高等教育质量评估的发展趋势

由于政治、经济、文化以及教育管理体制的差异，各国高等教育质量评估的发展也各不相同。但在差异化的背后，世界高等教育质量评估也呈现了一些共性特征和趋势，主要体现在以下几方面。

1. 提高评估工作的针对性与区分度是各国高等教育质量评估发展中的共同追求

美国的高等教育质量评估体系很有特色：州政府对各高等院校的办学条件有一套最低标准，据此授予各院校办学许可；而中介机构的认证却没有绝对划一的标准，只是对学校的办学理念、教学、科研、服务等方面做出引导性的要求。英国采用的院校审核模式充分尊重院校的质量自主权，院校自己设定质量目标，进行质量管理，由英国高等教育质量保障署评估院校质量工作的成效。印度高等教育质量评估别具一格，其采用的评估指标是统一的，但在具体评估中则按照不同院校类型对指标的权重进行调整，最后根据平均累计得分得出评估等级，这在一定程度上实现了分类评估。欧洲高等教育质量保障联合会（ENQA）2003 年的调查报告显示，欧洲大陆最常用的高等教育质量评估方式是分专业进行认证和评估。[6] 而韩国则相反，高等教育质量评估不管院校类型、层次、特色而均采用统一的评估基准，这种做法遭到了韩国教育界的激烈批评。

2. 高等教育质量评估目的多重化

提高质量是评估的根本指针，同时通过公布质量信息来保障社会各界对高等教育质量的知情权及利益相关者的利益也是评估的重要目标。美国的高等教育认证有院校目的和公众目的。院校目的主要是实现高等教育质量的自我提高；公众目的则着眼于保护消费者的权益，保证公共投入的有效性和公众对高等教育质量的知情权。[7] 英国高等教育质量保障署则希望通过与高等教育的供给者、全体教职员工、学生、雇主等各方的共同努力，提高高等教育质量，在保障高等教育学术标准和质量水平上维护学生和广大民众的利益，并提供一个有关学术标准和质量的信息发布、交流平台，保障各方的相关权益。日本提出依据大学评价基准，通过大学定期的自我评估，保证大学教育研究活动的质量，促进大学自我改善；通过公布评估结果，让大学接受社会监督。

3. 评估的管理主体与执行主体相分离

管理主体不直接对高校开展评估，执行主体在评估人员选用、内部管理、经费收支以及评估流程安排上享有较大的自主权，但同时接受管理主体的监督与审查。在美国的高等教育质量认证体系中，联邦教育部和民间的认证委员会并不直接开展认证工作，其主要职能是对认证机构进行评估，并发挥监督、制约和协调作用；通过评估并被认可的认证机构是认证的执行主体，对高等院校开展认证工作。[8] 在英国，高等教育质量保障署是院校审查的执行机构，在人员选用、经费收支和内部管理上都具有较大的自主权，高等教育基金委员会（HEFC）则以监督、审核等方式来对高等教育质量保障署的评估工作进行管理。2002 年，荷兰政府成立了荷兰认证组织（NAO）①，负责对高等教育已有专业和新设专业的认证工作。但荷兰认证组织并不直接进行认证、评估工作，而是建立基本的认证标准框架，委托其认可的、独立的评估中介机构来实施认证、评估。法国国家评估委员会、丹麦评估研究所在评估工作中，也日渐显现充分发挥专家优势的趋向。评估的管理主体与执行主体的分离，有利于充分发挥政府的宏观管理职能，提高评估工作的专业性、科学性、客观性和公信力，从根本上保证评估工作的成效。

4. 明确高等院校的质量责任与自主权，突出高等院校在质量改进中的核心作用

2006 年，国际高等教育质量保障机构网络组织（INQAAHE）在其发布的评估守则中明确提出，高等教育质量保障及其改进的主要责任在于高等院校。[9] 这一原则得到了世界各国的广泛认可。在英国，高等教育质量保障署自 1997 年成立到 2002 年期间，主要在院校和学科两个层面开展质量保障活动。院校层面的质量保障活动被称为学术质量审查，其主要目的是通过对高等教育机构的检查，来确认各校是否具备充分、必要、有效的学术标准和质量管理程序。[10] 学科层面的质量保障活动被称为教学质量评估（TQA），主要考核被评估学科的教学质量和学生的学习状况。由于在实施过程中受到了不少质疑，高等教育质量保障署在 2002 年改变了这种直接评估院校教学质量的做法，赋予院校更大的质量自主权——根据自身的实际情况来设立质量目标，开展质量保障活动。[11] 在澳大利亚，高等院校在质量保障中发挥着主体作用，各校内部一般都设有相关的委员会，来对课程设置、教学过程和论文等进行评估、监控和指导，并结合学生的就业

---

① 该组织于 2005 年 2 月被荷兰与法兰德斯地区认证组织（NVAO）替代，因比利时法兰德斯也加入该组织而更名。

情况对教学工作进行相应调整，体现了学校在提高教学质量上的主动性和创新意识。

5. 不断加大对院校内部质量保障体系的评估力度

在高等院校获得更大的质量自主权后，外部评估机构开始加强对院校内部质量保障体系的评估。2002年，英国取消了对高等院校教学质量的直接评估，以院校审核取而代之，其核心是审核高等院校内部质量保证机制的有效性。[12] 美国同样如此。以美国中北部认证协会的认证标准（2003年）为例，该标准有五个一级指标，每个一级指标有三个构成要素：标准陈述、核心要素和证据实例。其中，证据实例是院校用来证明每一个指标核心要素的质量证据，以向认证机构证明院校内部质量工作的成效。在以院校自我评估为主的国家，质量评估的根本目的更是针对院校实际情况，发现实际存在的问题，评判质量工作的成效、得失与改进方向，并对外公布相关信息，接受外部机构监督与审查。

6. 重视资源的使用效率以及学生的学习过程和学习成效

教育投入是高等院校各项工作开展的前提条件，传统的高等教育质量评估偏重选择教育投入指标来进行评判，如师资力量、教学设施、图书馆、教学计划、课程设置、规章和制度等，但衡量高等教育质量的落脚点是教育的产出。近年来各国高等教育质量评估的指标体系越来越注重学生的学习产出，以美国中北部认证协会的认证标准（2003年）为例，五个一级指标中，有两个指标（"学生学习和有效教学""知识的获取、发现与运用"）直接与学生的学习有关。英国高等教育质量保障署在取消直接的高等院校教学质量评估后，公布了新的学位授予标准，该标准用近50%的篇幅阐述了各级学位获得者应达到的学习成效。[13] 在院校审核过程中，院校同样要提供办学效果、学生学习过程和成效方面的质量信息。创建于1984年的法国国家评估委员会，其宗旨也是帮助政府评价拨款产生的效益，进而增强政府对大学拨款的使用效果。

7. 围绕指标体系收集的质量信息开始注重定性描述，而不仅仅是定量统计

现以美国中北部认证协会的认证标准（2003 年）为例，其指标体系以定性描述为主，各指标没有定量要求。而且，在认证的实施阶段，认证人员一般先与院校领导者会谈，确定需要收集的各种资料、信息以及收集方法。质量信息的收集工作，主要通过查看教师档案、学生成绩、试卷以及与院校各类人员进行访谈、座谈的方式来完成。英国的院校审核，主要从院校发布的教学质量报告、院校自述、近六年来的院校质量报告、学生代表提交的信息等方面来收集质量信息，其中对定量信息也没有统一的要求。在提交质量证据时，高等院校自主选择的空间较大，并越来越倾向于提供定性资料。

8. 评估结果全部或部分向社会公开，一些国家在向高校拨款时有限参考评估结果

评估结果的处理与使用是高等教育质量评估工作的重要环节。一方面，在评估结果的处理上，英国高等教育质量保障署的审核结果都会在其官方网站上公布，同时设有专门网站来发布各高等院校的教学质量信息，公众可以免费上网查询。[14] 美国、澳大利亚、德国等尽管在方式、内容上有所不同，但都会有选择地发布高校的质量信息。另一方面，在评估结果的使用上，英国、韩国、澳大利亚等都会参考评估结果来进行拨款，但这类拨款一般只占拨款总额的很小比例。日本的做法比较特殊，为了集中力量建设 30 所国际一流大学，日本将评估结果与财政拨款挂钩，根据评估结果对排名前 5% 的大学进行重点投资，希望通过这一手段在较短时间内提高国内顶尖大学的教育质量。但研究者普遍认为，如果将评估结果与拨款直接挂钩，会导致高校产生迎合行为，而不考虑从自身的实际出发来提高教学质量，这将有悖质量评估的初衷。

9. 不断完善评价准则或标准，加强对评估工作的评估

近年来，越来越多的高等教育质量评估（或保障）机构和行业协会开发了相关的评估原则、行为指导准则等元评价层面的标准，以期通过促进质量评估机构的规范化来提高评估工作本身的质量，最终达到保障教学质量的目的。国际高等教育质量保障机构网络组织于 2007 年出版了修订后的《良好实践的指导原则》，即各类外部质量评估（或保障）机构所共同遵循的准则。亚太质量网也公布了"会员资格准则"[15]，要求所有加盟的评估机构都能遵循这一准则。美国的高等教育认证委员会（CHEA）本身也是元评价机构，主要对评估机构进行资质认可。荷兰政府还专门制定了《质量评估机构的协议》，对评估机构提出了一系列要求，并定期进行审查。

10. 重视开展高等教育质量评估研究，提高评估的专业化水平

美国六大区域认证协会都在不间断地开展高等教育质量认证研究，对认证机构的使命、目标、机构成员、独立性、质量认证的标准与过程等不断进行改进和调整。于 1991 年组建并于次年开展工作的丹麦高等教育质量保障和评估中心（后并入丹麦评估研究所），其职责是通过研究、收集和传播国内外的先进经验，探索科学有效的评估办法，对丹麦的高等院校进行评估，指导高等院校的评估和质量保障工作，促进高等院校提高教学和科研质量。

参考文献

[1] YOUNG K E,CHAMBERS C M, KELLS H R. Understanding accreditation[M]. San Francisco:Jossey-Bass,1983:58.

[2] 夏天阳. 各国高等教育评估 [M]. 上海：上海科学技术文献出版社，1997：128.

[3] 范文曜，马陆亭. 国际视角下的高等教育质量评估与财政拨款 [M]. 北京：教育科学出版社，2004：19-20.

[4] PETERSEN J C. Internationalizing quality assurancein higher education[EB/OL]. [2008-01-02]. http://www.eva.dk.

[5] 菅昭. 转变中的大学政策 [M]. 东京：玉川出版社，1995：80.

[6] DEI(Danish Evaluation Institute). Quality procedures in European higher education:an ENQA survey [EB/OL]. [2007-06-03]. https://www.enqa.eu/wp-content/uploads/proc edures1. pdf.

[7] DICKSON R C. The need for accereditation reform[EB/OL].[2007-06-03]. https://academicstrategyconsortium. com/wp-content/uploads/2022/01/The-Need-for-Accreditation-Reform. pdf.

[8] Council for Higher Education Accreditation. CHEA almanac of external quality review[M]. Washington,D. C.:CHEA Publications,1999:6.

[9] INQAAHE. Guidlines of good practice in quality assurance(revised)2007[EB/OL]. http://www. inqaahe. org/Upload/INQAAHE.

[10] 金顶兵. 英国高等教育评估与质量保障机制：经验与启示 [J]. 教育研究，2005 (1)：76-81.

[11] LAUGHTON D. Why was the QAA approach to teaching quality assessment rejected by academics in UK HE?[J]. Assessment & evaluation in higher education, 2003, 28 (3): 309-321.

[12] 同 [11].

[13] QAA. Annual review and reports[EB/OL].[2007-06-03]. http://www. qaa. ac. uk/aboutus/annualreports/default. asp.

[14] QAA. About the quality assurance agency for higher education[EB/OL].[2007-06-03]. https://www. qaa. ac. uk/about-us.

[15] APQN. Membership criteria[EB/OL].[2007-06-03]. http://www. apqn. org/membership/criteria/.

(本文原载《教育研究》2008 年第 10 期)

我国学位与研究生教育发展30年：回顾与展望

谢安邦　朱宇波

我国 1977 年恢复研究生教育，并于 1981 年重建学位制度。学位制度的建立为研究生教育科学、健康地发展提供了有效的指导。30 年来，我国研究生教育经过不断改革和发展，取得了辉煌的成就，但也存在许多亟待解决的问题，要求进一步深化研究生教育体制改革。

一、研究生招生的迅速恢复和学位制度的重建

新中国成立后，从 1949 年到 1965 年，我国共招收研究生 23393 人，毕业 16397 人，为社会主义建设培养了大批高级专门人才。此外，这一时期我国积极探索并初步建立了自己的研究生教育和学位制度。但"文化大革命"使研究生教育工作遭受了巨大的挫折，1966—1977 年，研究生招生培养工作停止。

粉碎"四人帮"以后，研究生教育工作得以恢复。1978 年我国恢复招收研究生，随后的三年内共招收研究生 22424 人，接近 1949—1965 年 17 年的招生总数。这期间，研究生招生迅速恢复、规模快速扩大的原因主要有以下几方面。（1）从研究生教育的社会需求来看，"文化大革命"的干扰和破坏，造成了高级人才严重短缺的状况；"文化大革命"后百业待兴，社会主义现代化建设急需大批高层次专门人才。（2）从研究生招生的生源

来看，尽管恢复高考后招收的本科生尚无应届毕业生，但"文化大革命"十年累积下来的欲报考研究生的人众多。（3）从研究生教育制度来看，国家采取了一系列适切的措施保证研究生教育的迅速恢复和发展，例如放宽报考条件，实行二、三、四年制并行（二年制主要是为高校培养师资，采取研究生班集体培养的方式；四年制是从二年制研究生中选拔出一部分，再读两年），研究生班集体培养和个别培养相结合，招收在职研究生，允许科研机构招收培养研究生，等等。

研究生招生的迅速恢复和发展，为学位制度的建立创造了条件。从 1979 年开始，我国制定并通过了《中华人民共和国学位条例》等一系列重要的法规和文件，这标志着学位制度初步建立。

二、学位制度重建后研究生教育的发展

（一）研究生教育规模：在从"单一"向"多元"的转化中壮大

根据《关于审定学位授予单位的原则和办法》，我国分别于 1981 年和 1983 年进行了学位授权审核工作，共批准硕士学位授予单位 425 个、博士学位授予单位 196 个，研究生培养能力快速增强。1981 年，招收研究生 9363 人，随后几年快速增长，到 1985 年，研究生招生数达 46871 人，是 1980 年招生数的 12 倍多。这一时期研究生招生规模快速扩大的原因主要有以下几方面。（1）恢复高考后招收的本科生毕业，为研究生招生提供了足够的优质的生源。随着本科教育的较快发展，研究生教育的发展也在加快。（2）各培养单位在"调整、改革、整顿、提高"方针指引下，加强自身的内涵建设，提高了培养能力。（3）从 1982 年开始，我国自主招收培养博士生，培养层次从以硕士为主体转变为硕士、博士并行培养，培养层次多元化，研究生的招生规模扩大。（4）扩大了在职研究生的培养比例，并于 1984 年起开始招收委托培养研究生。随着研究生培养方式的多样化，

研究生教育规模不断扩大。

由于发展过快，出现了培养条件不能满足培养规模急剧扩大的状况。1986 年 12 月，国家教委发布《关于改进和加强研究生工作的通知》，要求根据"保证质量、稳步发展"的原则，确定研究生教育的发展速度。随后的几年，研究生招生规模得以控制，并呈下降趋势。到 1991 年，研究生实际招生数总计 29679 人，比 1985 年减少了 17192 人（见图 1）。

（万人）

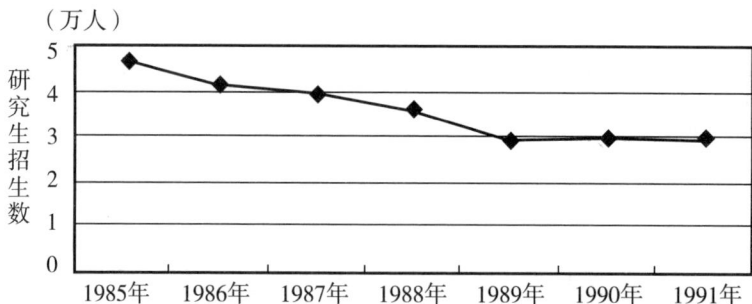

图 1　1985—1991 年研究生招生情况

数据来源：根据吴镇柔等主编的《中华人民共和国研究生教育和学位制度史》（北京理工大学出版社 2001 年版）中的数据整理。

1992 年初，我国进入全面改革开放时期，学位与研究生教育也随之启动了新一轮的深化改革，要求研究生教育"坚持方向、稳定规模、优化结构、深化改革、改善条件、提高质量"。从 1992 年到 1999 年，我国研究生教育规模持续扩大，稳步发展。全国研究生招生数从 1992 年的 33439 人发展到 1999 年的 92225 人，8 年增长了近 6 万人（见图 2）。

（万人）

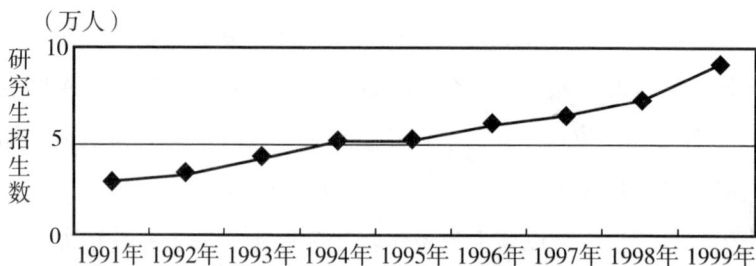

图 2　1991—1999 年研究生招生情况

数据来源：同图 1。

这一时期研究生教育强调为经济建设和社会发展服务，重视培养高层次应用型专业人才。我国从 1990 年设置第一个专业学位工商管理硕士（MBA）起，到 1999 年先后设置了 9 种专业学位并招生。1995 年 11 月，国家教委发布《关于进一步改进和加强研究生工作的若干意见》，要求"'九五'期间研究生招生数的增量部分，优先用于培养专业学位和其它各类应用学科的人才"，"扩大专业学位研究生教育占硕士生教育的比重"。专业学位研究生教育的发展改变了我国研究生学位类型比较单一的状况，同时也促进了我国研究生教育规模的扩大。

1999 年以后，我国研究生教育进入了大规模的扩招阶段，这一阶段的扩招有其必然的原因。（1）我国研究生教育已经实现了从"单一"到"多元"的转变，并进一步发展，研究生培养能力极大提高：从培养层次看，不仅能大规模地培养硕士，而且能独立自主地培养博士；从培养类型看，不仅进行学术性学位教育，而且进行多种类型的专业学位教育；从教育制度看，我国学位与研究生教育制度经历了建立、发展，已经走向成熟；从培养方式看，既有计划招收培养，也有委托培养和自筹经费培养；从学位授予方式看，包括应届毕业研究生学位授予、具有研究生毕业同等学力的在职人员的学位授予、来华留学研究生学位授予、名誉博士学位授予等。（2）1999 年以后，我国高等教育开始大规模扩招，本科教育规模的迅速扩大既为研究生教育做了生源的准备，也为研究生教育规模扩大提出了教育结构上的内在要求。（3）从社会需求来看，研究生培养规模还不能满足社会发展对高层次人才的需要。2000 年 12 月，李岚清在国务院学位委员会第十八次会议上指出，我国研究生教育的规模与质量还不能适应科技进步、经济建设和社会发展的需要。2002 年，李岚清在国务院学位委员会第十九次会议上继续强调，研究生教育要适度超前发展，要立足国内努力培养高素质人才。

1999 年以来，我国研究生招生规模以年均 30.2% 的速度快速增长，其中，2000 年和 2003 年增幅分别达到 40.0% 和 32.7%，招生量从 1999 年的

9.2万人激增到2004年的32.6万人，增长了2.5倍。[1] 从2004年起，出于对研究生教育资源不足和保证研究生教育质量的考虑，研究生教育规模的增速减缓，2004年全国招收研究生32.63万人，比上年增加5.74万人；2005年全国招收研究生36.48万人，比上年增加3.85万人；2006年全国招收研究生39.79万人，比上年增加3.31万人。（见图3）

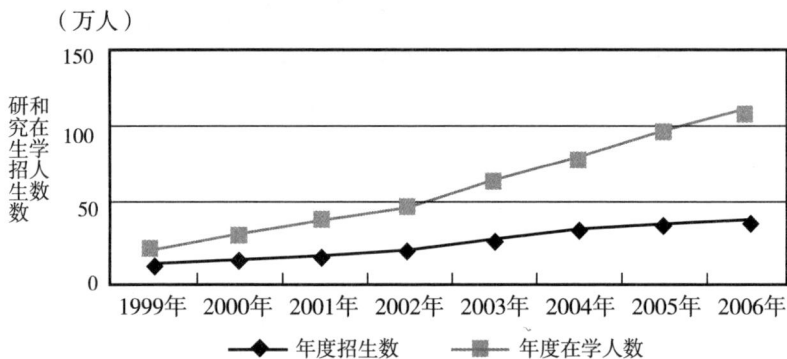

图3　1999—2006年研究生招生数和在学人数

数据来源：根据1999—2006年的《全国教育事业发展统计公报》数据整理。

从以上回顾中可知，30年来我国研究生教育规模是在研究生教育从"单一"走向"多元"的过程中扩大的，是在数量和质量的张力作用下波动发展的。2006年，我国在学研究生数达到1104653人，从数量上看，我国已经步入研究生教育大国的行列。

（二）研究生培养质量：研究生教育的生命线

我国在扩大研究生教育规模的同时，高度重视处理数量与质量的矛盾，强调在质量基础上的数量发展，在研究生招生和培养过程中，始终坚持宁缺毋滥的原则，把质量作为研究生教育的生命线。我国研究生教育坚持以科研创新能力为核心的质量观，强调研究生理论水平与实际能力的平衡发展。为了提高研究生培养水平，重视学科建设和研究生培养基地的建设，以及研究生教育质量评估工作的开展。

1. 加强学科建设和培养基地建设

学科、专业是研究生培养的基本单位。我国于 1981 年拟定了授予博士、硕士学位的学科和专业目录，为研究生招生、培养和学位授予提供了基本的依据。但是，研究生教育学科专业目录长期以来存在着学科专业设置狭窄和不够规范的状况，不利于研究生创新能力的培养。为此，我国对研究生教育学科专业目录进行了多次修订和调整。1997 年形成的学科专业目录构成了我国研究生教育学科专业的基本框架。2005 年 12 月，国务院学位委员会对研究生教育学科专业目录进行了进一步的调整。至此，我国研究生教育学科专业目录包括 12 个学科门类、89 个一级学科、385 个二级学科。研究生教育学科专业目录的多次调整，理顺和规范了一级学科，拓宽了二级学科，从而更适应提高以创新能力为核心的研究生培养质量的要求。

为了提高研究生培养质量，我国采取了评选和建设重点学科的政策措施。1987—1988 年，我国进行了首批重点学科点的评选工作，在国家重点学科评选和建设的推动下，省、部级重点学科的评选和建设也得以开展，形成了相互支撑、滚动发展的国家、地方（部门）、学校三级重点学科建设体系。到 2007 年，我国批准了 286 个一级学科国家重点学科、677 个二级学科国家重点学科。

"211 工程"和"985 工程"是我国建设重点学科和高等学校的重要举措。"九五"期间，国家在"211 工程"学校中共安排了 602 个重点学科建设项目，建设资金总量约为 183 亿元；"十五"期间，共安排了 777 个重点学科建设项目，建设资金总量为 184 亿元。"十一五"期间，"211 工程"进入第三期建设阶段，从 2007 年到 2011 年，中央总投资按 100 亿元安排，即将进入实施规划阶段。[2] 经过"九五"和"十五"两个阶段的建设，"211 工程"学校整体实力得到较大提高，研究生培养能力提高 5 倍。"211 工程"学校仅占普通高校总数的 6%，却承担了全国五分之四的博士生、三分之二的硕士生的培养任务。十年来，"211 工程"学校累计培养了硕士生 50 万人、博士生 12 万人。[3]

从 1999 年起，"985 工程"进入一期建设阶段，到 2002 年，确定重点建设 34 所高校，其中中央专项资金投入达 140 多亿元。2004 年，"985 工程"进入二期建设阶段，截至 2007 年，列入"985 工程"重点建设的高校达到 39 所。

此外，为了培养更多数量和更高质量的研究生，我国实施了建设研究生院的制度。研究生院的设置须经国务院批准试办和正式建立两个阶段，从 1984 年试办研究生院起至今，先后有 56 所高校设置了研究生院，成为研究生培养的重要基地。从论文评选情况来看，1999—2004 年全国共评选出优秀博士学位论文 591 篇，其中 56 所设研究生院的高校的入选论文共 404 篇，占总数的 68.4%。[4]

研究生教育学科建设和培养基地建设为提高研究生培养质量、促进研究生教育发展起到了重要的作用。这些措施改善了基础设施、增强了学科实力、优化了学科结构，为研究生教育质量的提高和创造型人才的培养创造了更好的物质条件和学术环境。这些高水平的学科和研究生培养基地，在研究生教育改革和发展中起到了不可替代的骨干作用和示范作用。

2. 推进研究生科研创新能力的培养

我国研究生教育坚持质量第一的原则，并把科研创新能力作为研究生培养质量的核心要素。对研究生科研创新能力的要求不仅针对博士学位教育，也针对硕士学位教育。对硕士学位教育的科研要求成为我国研究生教育不同于欧美等国的特色之一。在我国，硕士学位并不是通向博士学位的一个"过渡性"环节，而是一个独立、完整的学位层级。根据学位条例的要求，硕士生不仅要完成课程学习，掌握坚实的基础理论，还要参与科研实践，完成科研论文。我国硕士生毕业后，大多成为高校师资和其他科研机构学术人员的重要来源。30 年的实践证明，硕士生在促进我国科学技术的发展方面发挥了积极的作用。

为了进一步促进研究生科研创新能力的发展，从 2003 年起，教育部投入大量资金启动"研究生教育创新计划"项目，包括举办全国博士生学术论坛、研究生暑期学校，建设研究生创新中心，资助优秀博士生开展科研创新和访学等。"研究生教育创新计划"项目提供了多层次、多类型的创新教育平台，有助于扩大研究生的学术视野，拓宽研究生的学术交流渠道，增加研究生的科研实践机会，进而有效地促进其科研创新能力的提高。

为了激励博士生的科研创新精神，提高他们的科研创新能力，从 1999 年起我国实行优秀博士学位论文评选制度。根据《面向 21 世纪教育振兴行动计划》的安排，教育部资助出版优秀博士学位论文，并对在高等学校工作的优秀博士学位论文作者给予教学和科研资助，旨在鼓励、支持全国优秀博士学位论文作者在高等学校不断取得创造性成果。1999—2007 年，全国共评选出优秀博士学位论文 884 篇。这些优秀博士学位论文作者在国家资助制度的支持下，以高等学校为平台，在教育、科研、社会发展等方面做出了重大的贡献。

3. 抓好研究生的联合培养

研究生的联合培养是我国为提高研究生培养质量采取的重要培养方式，它有利于充分利用各种教育资源，实现研究生教育资源的优势互补；同时，也有利于促进研究生理论知识和科研、实践能力的协调发展。当前我国研究生联合培养方式主要包括：校校联合、高校科研机构联合、产学研联合、国外高校与国内高校联合。

特别值得一提的是，我国政府对国家公派留学的资助力度日渐加大，这不仅体现出我国研究生教育向更大范围国际化发展的趋向，也反映了我国对更高的国际研究生教育先进水平的追求。我国国家公派留学生奖学金的投入，在"九五"期间是 15 亿元，在"十五"期间为将近 22 亿元，增加了将近 50%。[5] 从 2007 年度和 2006 年度我国出国留学人员数据来看，2007 年国家公派出国留学人数比 2006 年增加了 58.66%。[6]

近年来，我国对公派留学的管理工作进行了有效的规范。2007 年 7 月

16 日，教育部、财政部发布《国家公派出国留学研究生管理规定（试行）》，对公派出国研究生的选拔与派出、国外管理与联系、回国与服务、违约追偿、评估等方面做出了详细的说明和规定。这一规定的实施将有利于选拔和派出优秀的研究生到国外深造，保证他们在国外学习和生活的质量，也有利于提高出国留学研究生的回国率。

4. 强化研究生教育质量评估

研究生教育质量的监督与评估是学位与研究生教育质量保障的重要手段。我国从 1985 年开始进行学位与研究生教育的评估实践，经过 20 多年的经验总结和理论探索，形成了不同方法、不同主体、不同内容的评估活动形式。（1）在评估方法上，有定性评价、定量评价、定性评价和定量评价相结合的评估；（2）在评估主体上，有以政府为主体开展的评估和以社会中介机构为主体承担具体任务而开展的评估；（3）在评估内容上，有对研究生院进行的整体评估，有针对学科进行的评估，有针对不同问题进行的单项评估，还有对学位授权点进行的合格评估、水平评估和选优评估。

研究生教育评估工作对保障研究生教育质量起到了积极的作用：对研究生院进行的整体评估有效地改善了研究生院的教学和管理，对学科和学位授权点的评估有效地提高了学位授予质量，优秀博士学位论文选优评估有效地促进了博士生创新能力的培养。

（三）学位与研究生教育管理："从上至下"的分权管理

1. 从两级管理体制向三级管理体制的转变

我国学位与研究生教育管理体制，以 1991 年为分界线，经历了从中央和培养单位的两级管理，到中央、地方、培养单位三级管理的改革发展历程。

在研究生教育恢复和学位制度建立初期，学位授权审核、研究生招生和培养等工作均由国家教委和国务院学位委员会集中管理。1991 年，国务院学位委员会同意江苏省学位委员会作为第一个经批准建立的省级学位委员会。截至 2005 年 10 月，全国各省、自治区、直辖市（不包括港、澳、台地区）陆续成立了学位委员会。根据 1995 年的《关于加强省级学位委员会建设的几点意见》和 1997 年的《关于加强省级人民政府对学位与研究生教育工作统筹权的意见》，省级学位委员会有权结合本地区情况统筹规划本地区的学位工作。

随着省级学位委员会和相关机构的建立，以及培养单位研究生培养经验的积累和培养能力的提高，学位与研究生教育管理的重心逐步转移到地方政府和培养单位。中央政府逐渐从过去的集中计划和直接管理，转向更多地采取立法、评估以及经济手段和信息服务等进行宏观调控。学位与研究生教育从二级管理体制到三级管理体制的改革，强调了地方政府对本地区学位与研究生教育工作的统筹权，有利于增强学位与研究生教育对不同地区实际情况和发展需要的适应性。

2. 重视学位授权审核制度建设

从 1981 年进行第一次学位授权审核，到 2006 年，我国共进行了 10 次学位授权审核，并于 2007 年部署了第 11 次学位授权审核工作。

长期以来，我国学位授权审核实行国家集中统一的评审制度。近年来，为了增强学位授权审核工作的灵活性，提升培养单位的学科建设和科研水平，保证和提高研究生的培养质量，我国学位授权审核制度的改革迈出了较大步伐，其目标是建立国家宏观管理、地方统筹和授予单位自主办学相结合的学位授权审核制度。(1) 国务院学位委员会依法对全国的学位授权审核工作进行宏观政策指导，制定统一的学位授权审核质量标准及其他相关规章，负责博士学位授予单位、硕士学位授予单位和博士学位授权学科的规划、布局和审核。(2) 扩大省级政府对本地区学位授予单位及学位授权学科布局的统筹权，省级地方政府结合国家和区域的社会、经济、教育、科技发展需求，在提高研究生教育质量、优化学位授予单位和学科布局方面发挥主动性和能动性，促进研究生教育与区域经济社会协调发展。(3) 学位授予单位作为学科建设主体，自主进行学位授权学科的规划和建设。经教育部批准设置研究生院的学位授予单位在增列和调整学位授权学科、研究生招生、导师评聘等方面享有广泛的自主权。

三、我国学位与研究生教育的问题分析

（一）研究生教育规模的预控机制不够健全

从 1978 年恢复研究生招生至今，我国研究生教育招生规模经历了三个高速发展的时期：一是 1982 年、1983 年、1984 年三年迅速增长，年增长率分别为 18%、41%、48%，1985 年的招生人数在 1984 年的基础上又翻了一番；二是 1992 年、1993 年、1994 年，年增长率分别为 12%、26%、20%；三是 1999—2004 年六年年均增幅达 28.6%，其中 2000 年和 2003 年与前一年相比增幅分别高达 39.3% 和 32.7%。研究生教育招生规模的发展速度过快，必然面临教育资源和社会需求两方面的矛盾。在教育资源有限和社会需求不足的情况下容易产生研究生教育质量下降、就业困难等问题。

从我国研究生教育的发展历程来看，大多是在研究生规模过大，并由此引发重大教育和社会问题时，国家才进行调整和控制。国家对研究生教育规模的预控力度不够，机制不够健全，高校也缺乏自我约束的主动性，同时，没有充分地考虑到研究生教育规模扩大与研究生多元化培养两者之间的内在关系。

（二）学位与研究生教育结构不够合理

1. 学位科类结构不够合理

我国研究生教育恢复至今 30 年来，已基本形成学科门类齐全的研究生教育体系。目前，12 个学科门类均已招收培养研究生，但各门类研究生所占的比例相差悬殊。从学位授予情况来看，截至 2003 年，我国被授予学位的研究生在 90 万人左右；授予学位多的学科主要是工学、理学和医学，授予学位少的主要是军事学、哲学、教育学和农学（见图 4）。

（万人）

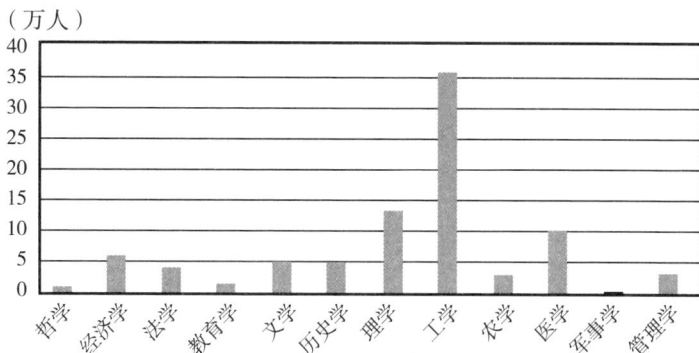

图 4　1982—2003 年分学科授予研究生学位情况（不包括专业学位）

数据来源：根据 1982—2003 年的《中国学位与研究生教育发展年度报告》数据整理。

从 2004—2006 年研究生培养情况来看，三年招生总数为 1089042 人，在校生总数为 2903159 人，毕业生总数为 596407 人。其中，工学、理学、管理学、医学等学科的学生数较多，军事学、哲学、历史学、教育学等学科的学生数较少（见图 5）。

（万人）

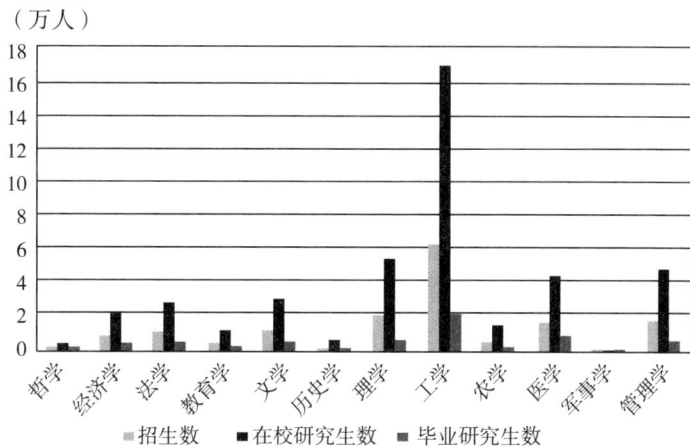

■招生数　■在校研究生数　■毕业研究生数

图 5　2004—2006 年分学科研究生情况

数据来源：根据 2004—2006 年的《中国统计年鉴》数据整理。

2. 学位类型结构不够合理

我国研究生教育在很长时期内以学术性学位教育为主，到 20 世纪 80 年代中后期才开始论证专业学位教育的问题。1990 年，我国设置了第一个专业学位 MBA，并于 1991 年开始招生。此后，专业学位教育日渐发展，种类日益增多，规模日益扩大。截止到 2006 年底，招收培养专业学位研究生的单位达到 401 个，占硕士学位授予单位的 56.2%，专业学位研究生招生总数已达 57 万人。[7] 到 2007 年，我国 18 种专业学位均已招收培养研究生。

从 2000 年到 2005 年我国专业学位授予情况可知，从 2004 年起，我国的专业学位教育有了飞跃式发展（见表 1）。

表 1　2000—2005 年专业学位授予情况

年份	2000 年	2001 年	2002 年	2003 年	2004 年	2005 年
博士（人）	63	69（1）	88（1）	216	174	211
硕士（人）	4554	9470（3118）	13738（5069）	17567	31694	44243

注：括号中的数字为总数中授予同等学力人员博士、硕士学位的人数。

资料来源：根据 2000—2005 年的《中国教育年鉴》数据整理。

这一方面反映了我国对各类高层次专业人才的需求增大，另一方面也反映了我国专业学位教育逐步走向成熟。尽管我国专业学位教育的规模日益扩大，但与发达国家相比，仍有较大差距。在美国，自 20 世纪 60 年代中期以来，大约有 85% 的硕士学位专业注重实践，注重科研的硕士学位专业只有 15%。

3. 学位层次结构不够合理

从我国两级学位研究生招生比例来看，尽管硕博比日益上升，到 2006 年已达到 6.1∶1，但与美、英等发达国家研究生教育硕博比（10∶1）相比，我国硕士教育在整个研究生教育体系中的比例明显偏小（见表 2）。

表2　2000—2006 年我国硕士、博士招生数及其比例

年份	招生数（万人）		
	硕士	博士	硕博比
2000 年	10.34	2.51	4.1：1
2001 年	13.31	3.21	4.1：1
2002 年	16.43	3.83	4.3：1
2003 年	22.02	4.87	4.5：1
2004 年	27.30	5.33	5.1：1
2005 年	31.00	5.48	5.7：1
2006 年	34.20	5.60	6.1：1

资料来源：根据 2000—2006 年的《中国教育年鉴》数据整理。

4. 学位区域结构不够合理

研究生教育发展有赖于经济的需求和推动，一般而言，一个国家的经济格局影响着该国研究生教育区域结构的形成。[8] 我国文化经济发展的不平衡，对研究生教育的区域结构产生了重要的影响。从表3、表4可知，东部地区学位授予单位和授权点的数量与比例都明显高于中部地区和西部地区。

表3　我国东、中、西部地区博士学位授予单位
暨一级学科、博士学位授予授权点数及比例表

地区	博士学位授予单位		一级学科授权点		博士学位授权点	
	总数（个）	占全国的比例（%）	总数（个）	占全国的比例（%）	总数（个）	占全国的比例（%）
东部	199	63.78	454	66.57	951	61.67
中部	59	18.91	127	18.62	340	22.05
西部	54	17.31	101	14.81	251	16.28
合计	312	100.00	682	100.00	1542	100.00

资料来源：根据顾海良主编的《教育体制改革攻坚》（中国水利水电出版社 2006 年版）的数据整理。

表 4　我国东、中、西部地区硕士学位授予单位、授权点数及比例表

地区	硕士学位授予单位		硕士学位授权点	
	总数（个）	占全国的比例（%）	总数（个）	占全国的比例（%）
东部	415	57.16	4848	50.02
中部	148	20.39	2602	26.84
西部	163	22.45	2243	23.14
合计	726	100.00	9693	100.00

资料来源：同表 3。

（三）学位与研究生教育经费不足

1. 国家教育经费总投入不足

1993 年，国务院颁发《中国教育改革和发展纲要》，提出要逐步提高国家财政性教育经费支出占国民生产总值的比例，20 世纪末达到 4%。但近些年来，这一比例不仅没有上升，反而有所下降。从 1993 年全国教育经费执行情况来看，国家财政性教育经费支出占国民生产总值的比例由 1992 年的 2.99% 下降至 2.76%。1994 年，国家有关部门将原来的"国家财政性教育经费支出占国民生产总值比例"调整为"国家财政性教育经费支出占国内生产总值比例"。1994 年，国家财政性教育经费支出占国内生产总值的比例仅为 2.68%。[9]

1995 年，我国颁行《中华人民共和国教育法》，其中规定"国家财政性教育经费支出占国民生产总值的比例应当随着国民经济的发展和财政收入的增长逐步提高"。为了贯彻该法的精神，1995 年之后的几年，国家财政性教育经费支出占国内生产总值的比例有所提高。1995—2005 年，国家财政性教育经费支出占国内生产总值的比例分别为 2.41%、2.44%、2.49%、2.55%、2.79%、2.87%、3.19%、3.32%、3.28%、2.79%、

2.82%。[10] 尽管如此，国家财政性教育经费支出占国内生产总值的比例仍然较低。

2. 生均教育经费支出不足

尽管财政性教育经费支出总量有所上升，但由于近年来扩招、教育成本增加等，由财政支出的生均教育经费呈下降趋势。1998 年，全国普通高等学校生均预算内事业费支出为 6775.19 元，全国普通高等学校生均预算内公用经费支出为 2892.65 元；2005 年，全国普通高等学校生均预算内事业费支出减少到 5375.94 元，全国普通高等学校生均预算内公用经费支出减少到 2237.57 元（见图 6）。

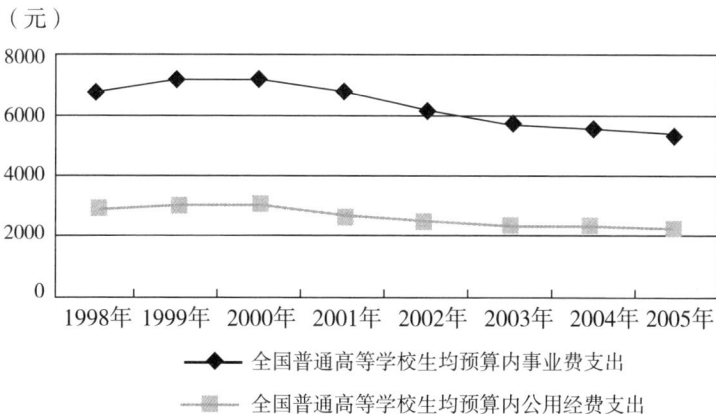

图 6　1998—2005 年全国普通高等学校生均教育经费支出情况

数据来源：根据教育部 1998—2005 年的《全国教育经费执行情况统计公告》数据整理。

3. 高校科研经费不足，国家科研经费投入机制不合理

20 世纪 80 年代以来，我国高校获得科研经费的渠道日益多样，例如国家科委下拨的科技三项费用、教育事业费中的科研经费专款、"973 计划"项目、国家自然科学基金项目、"863 计划"项目等。"十五"期间，全国高校累计获得科研经费 1300 多亿元，但导师获得的科研经费远不能满足研究生培养的需要。有学者于 2004 年上半年对部分高校博士生教育和科研工作的关系、目前高校博士生教育的科研经费能否满足要求等问题进行了调研，回收答卷 81 份，认为目前高校博士生教育的科研经费能满足要求的博士生导师有 5 人，占 6.2%；认为目前高校博士生教育的科研经费不能满足要求的博士生导师有 76 人，占 93.8%。[11]

高校科研经费的不足与我国科研经费投入在各部门的配置不尽合理有关。在科研经费总支出中，高校每年的科研经费支出远低于科研机构，以全国科学研究和试验发展（R&D）经费投入为例：2006 年，全国 R&D 经费总支出为 3003.1 亿元，各类企业经费支出为 2134.5 亿元，政府部门属研究机构经费支出为 567.3 亿元，高校经费支出为 276.8 亿元；企业、政府部门属研究机构、高校经费支出占此项总支出的比重分别为 71.1%、18.9%和 9.2%。[12]

高校不能获得更多科研经费的另一个原因是，我国科研经费投入忽视基础研究和应用研究，以 2006 年全国 R&D 经费总支出为例，基础研究经费支出为 155.8 亿元，应用研究经费支出为 504.5 亿元，试验发展经费支出为 2342.8 亿元，基础研究、应用研究、试验发展经费支出所占比重分别为 5.2%、16.8%和 78.0%。[13] 而高校的科学研究主要集中于基础性研究。有关分析结果显示：博士生导师的科研课题以理论性较强的基础性研究（基础研究和应用研究）课题为主，共 408 项，占 74.7%；以技术开发课题为辅，共 138 项，占 25.3%。[14]

四、我国学位与研究生教育发展的展望

我国研究生教育经过 30 年的改革与发展，取得了显著的成就，基本实现了"高层次专门人才的培养立足于国内"的奋斗目标。目前，从数量上看，我国已经跨入研究生教育大国的行列。在新的历史时期，构建社会主义和谐社会、建设创新型国家和人力资源强国这一系列战略目标，对我国研究生教育提出了新的任务和要求。研究生教育作为培养高层次专门人才和杰出创新性人才的主要渠道，应适时地将发展目标从使我国成为"研究生教育大国"转向成为"研究生教育强国"。"研究生教育强国"的发展目标，要求以科学发展观统领研究生教育，在稳步扩大规模的基础上，以保证和提高质量为核心，坚持"深化改革、优化结构、创新机制、提高质量"的方针，促进我国学位和研究生教育事业协调、健康、可持续发展，把我国的研究生教育质量提高到国际领先水平。

（一）继续深化体制改革，进一步扩大培养单位的自主权

高校以法人资格依法自主办学是学术自由和学术自治的应有之义。《中华人民共和国高等教育法》规定："高等学校自批准设立之日起取得法人资格"，"高等学校应当面向社会，依法自主办学，实行民主管理"。

有效地扩大培养单位的办学自主权，必须使政府和培养单位之间责权分工明晰，各司其职。一方面，政府运用立法、拨款、规划、信息服务、政策指导等必要的行政手段，对培养单位进行宏观调控和间接管理；同时，建立完善的社会监督机制和评价体系，对培养单位自主办学进行有效的指导和监督。另一方面，培养单位在政府和社会的指导与监督下依法办学，科学合理地利用各种教育资源，提高办学质量。

我国学位与研究生教育制度建立以来，经过不断调整和改革，培养单位的办学自主权日益扩大，但研究生教育发展面临的限制性条件还很多，经济、政治体制改革的深入和高等教育的分层、分化，要求进一步扩大研究生培养单位的办学自主权，以增强其办学活力和对社会需求的主动适应能力。市场经济的发展、社会需求的日益多样、各培养单位自身的具体情况和特色等，决定了培养单位在如下几个方面应切实地享有实质性权利。

1. 培养单位自主招生的权利

我国计划经济体制下的研究生招生是在国家和政府主导下进行的，硕士研究生招生由国家下达招生计划、组织全国统考，各培养单位则根据研究生入学考试的成绩、招生指标和国家主管部门制定的录取标准招收研究生。尽管我国经过不断创新和改革（实行"推荐免试""单独考试""委

托培养""定向培养""自筹经费""本硕连读""硕博连读"等研究生招生形式），有效地扩大了培养单位的招生自主权，但国家通过下达招生计划对招生总规模予以控制，使得培养单位难以实质上享有自主招生的权利，难以更好地根据自身的实际情况满足和适应社会的人才培养需求。

笔者认为，培养单位不仅有权根据社会需求和自身实际情况决定自己的招生规模，也应有自主确定招生条件、招生方案和招生程序等权利；国家应制定相关的法规，通过宏观调控来约束、规范培养单位的招生活动。

2. 培养单位自主设置学位点的权利

《中华人民共和国学位条例》颁行后的很长一个时期，我国实行国家集中统一的博士、硕士学位授权评审制度。1986 年，国务院学位委员会颁行《授权部分学位授予单位审批硕士学位授权学科、专业的试行办法》，按照该办法，我国试办研究生院的高校可以在"一定学科范围"内自行审批硕士点，即只要一级学科内有一个博士点或至少有两个硕士点，就可在该一级学科内自行审批其他各学科、专业的硕士点。但目前高校自行审批硕士点是在国家统一指导与控制下进行的，其审批的硕士点要报国务院学位委员会备案，国家有否决权。因此，培养单位自主设置学位点的权利并没有较大程度的体现。

为了进一步扩大培养单位自主设置学位点的权利，可以把审批学位点的否决权由国家转移到行业（学科专业），行业内各相关单位通过对各个学科点的教学条件、学术水平、优势和特色等方面的比较，以协商的方式自行决定学位点的归属，最后经国家仲裁予以确定。这种方式可以先在"985 工程"高校进行试点，在总结经验并加以改进的基础上逐步推广。

3. 学校授予学位的权利

我国的学位授予制度规定，学位授予标准由国家统一制定；学位由国务院授权的高校和科研机构授予；高校和科研机构及其学科、专业开展学位授予工作，必须首先取得国务院的授权。这种体制下的学位是"国家学位"，非"学校学位"，学校在授予学位方面的权利没有从根本上实现。

从世界各国学位授予权的变革历程来看，较早实行学位制度的国家基本都从由国家授予学位改为由学校授予学位。当前，美、法、日等国均实行"学校学位"的授予制度。

研究生教育分层办学的发展以及高校间教学和管理水平的差异，必然导致不同高校同一学程或专业培养质量的差异。为了体现教育公平，以学校为主授予学位的模式应成为今后学位授予工作改革的一种趋势，即经国家授权和认可，部分高校可自主制定各自的学位授予标准，并向达到学位授予标准的毕业研究生授予"学校学位"。学校授予学位是学校享有办学自主权的重要体现，也是高等教育分层办学的必然要求，它必将推动高校自主地采取措施，提高办学质量。

（二）分类指导，稳步、有序地发展我国研究生教育

1. 优化研究生教育的层次结构和类型结构

当前，我国学位层次和类型方面的问题主要表现在以下方面。硕士、博士学位教育比例不协调，硕士学位教育规模在整个研究生教育体系中的方向过小；虽然学位类型结构有了较大优化，但专业学位教育所占比例仍然过小。为此，我国研究生教育应坚持"分类指导"的原则，分层办学、有序发展，形成合理的研究生教育层次结构和类型结构：稳步发展博士学位教育，较快发展硕士学位教育，使硕士学位教育和博士学位教育的比例逐步达到 10：1 左右；在硕士学位教育中，应重点发展专业学位教育，使专业学位教育与学术学位教育的比例逐步达到 1：1，并向 2：1 的方向发展。

2. 调整研究生教育的区域结构

目前，我国学位的区域结构存在着东西部地区的学位结构失衡的问题，西部地区现有学位授权点和研究生培养的规模不能满足西部大开发对高层次人才的需求。同时，西部地区之间也存在着学位区域结构失衡的现象。学位区域结构失衡的问题是各地区历史、经济、文化教育发展不平衡的结果，想较好地解决这一问题需要有效的"扶持"政策，即政府通过宏

观调控手段和有效的政策倾斜，增加西部地区学位授权点的数量，使学位授权点的地区分布趋向合理。同时，政府制定系列人才流动优惠政策，吸引优秀人才到西部去，从根本上促进西部地区的学科发展。

（三）提升研究生教育质量，促进研究生创新能力的发展

1. 树立以创新能力为核心的质量观

国务院学位委员会第二十二次会议通过的《中国学位与研究生教育发展纲要（2006—2020年）》，突出了研究生教育与科技创新、增强自主创新能力以及建设创新型国家的关系，强调了学位与研究生教育要围绕重大原始创新、集成创新和引进消化吸收再创新等自主创新层面的不同特征和内涵进行。这有助于我们更好地理解研究生教育的质量内涵。

提升研究生教育质量，重要的是根据"创新能力"这一核心要素，制定不同的学位授予标准，体现不同层次、不同类型研究生教育的不同要求。如硕士生应具备初步的创新能力，博士生则应具有突出的独创性或原创性；学术性学位教育强调科学理论创新，而专业性学位教育突出科学技术创新；等等。

2. 建立多渠道的经费筹集机制，加大投入

由研究生教育大国向研究生教育强国的迈进需要足够的经费支撑。现有的社会经济条件下，有限的财政拨款显然难以满足日益扩大的研究生教育规模对经费的需求。因此，必须建立多渠道的经费筹措机制，为研究生教育提供必要的物质基础，尽可能地解决规模发展与质量保障之间的矛盾。

多渠道的经费筹集机制必然要求政府、社会和个人等受益方共同成为研究生教育的投资主体：实施研究生教育成本分担，坚持"谁受益、谁付费"的原则，使个人成为研究生教育投资的主体之一；政府根据不同学校类型、不同学校层次、不同区域制定合理的收费标准，并以奖学金、助学金、贷学金等制度作为研究生教育收费制度的配套措施；实行成本分担后

政府不应因实行成本补偿而减少对研究生教育的财政投入，而应该使研究生教育经费随国民生产总值的提高有所增加；国家在科研经费投入中应扩大基础研究经费的比例[15]，确保主要进行基础性研究的高校获得足够的研究经费；广开财源，鼓励和支持企业、社会团体、民间机构捐资助学、集资办学等。

3. 积极开展"产学研合作"，实施交叉学科研究生教育

一方面，我国研究生培养中长期存在基础与应用相脱节、理论与实践不挂钩的现象，这种培养模式不利于研究生实践能力的培养。因此，产学研合作教育作为促进理论知识向实践能力转化的有效途径应成为研究生培养的重要模式。

另一方面，我国实行研究生分科培养制度，尽管研究生学科专业目录经过多次调整，但仍然存在学科专业口径过窄的状况，这必然影响研究生创新意识和创新能力的培养与提高。为此，交叉学科研究生教育应成为研究生创新能力培养的重要模式。交叉学科培养有利于优化研究生的知识结构，形成跨学科知识背景，从而为创新提供必要的知识基础。另外，交叉学科带来的知识融合、思维碰撞、方法互动等都有利于研究生创新意识、创新思维的养成和创新能力的提高。

4. 完善学位与研究生教育评估工作，促进研究生培养质量的提高

建立科学合理的学位与研究生教育质量评估机制，改变单纯由政府开展学位与研究生教育评估的局面，鼓励社会中介机构参与评估，实现评估主体多元化，使政府评估和社会评估优势互补；评估结果应及时向社会公布，以便真正发挥评估的监督作用，促进学位与研究生教育工作的改善；加强评估人员的专业培训，提高其专业素质，使评估工作得以科学展开；在政府和社会等外部评估的基础上，培养单位应自觉进行自我评估，并使自我评估工作制度化、规范化、系统化和科学化，通过自我评估从内部促进学位与研究生教育工作的完善，提高研究生的培养质量。

（四）面向世界，立足国内、自主发展我国的学位与研究生教育

面向世界意味着我国研究生教育将不断地学习和借鉴国际先进经验，积极与国际研究生教育接轨，同时也意味着努力把我国研究生教育的特色、经验和优势资源推向国外，为国际研究生教育做出贡献，确立真正的研究生教育强国地位。

立足国内、自主发展是我国研究生教育一贯坚持的政策。研究生教育的发展不仅需要学习国外的先进经验、利用国外优势的资源，也需要推进国内研究生教育交流与合作，实现经验的相互借鉴与创新和资源的优势互补。

参考文献

[1] 吴启迪. 国务院学位委员会 2004 年度工作及 2005 年工作思路的报告 [J]. 学位与研究生教育，2005（6）：1-8.

[2] 吴启迪. 国务院学位委员会第二十三次会议以来工作进展情况报告及会议主要议题的说明 [J]. 学位与研究生教育，2007（11）：1-6.

[3] 同 [2].

[4] 陈伟. 设研究生院的高校入选全国优秀博士学位论文统计 [J]. 中国研究生，2004（6）：31.

[5] 中华人民共和国国务院新闻办公室. 教育部介绍公派出国留学及来华留学工作有关情况 [EB/OL]. （2006-05-29）[2008-08-15]. http://www.scio.gov.cn/xwfbh/gbwxwf-bh/xwfbh/jyb/Document/313476/313476.htm.

[6] 中华人民共和国教育部. 教育部公布 2007 年度各类留学人员情况统计结果 [EB/OL]. （2008-04-02）[2008-08-15]. http://www.moe.gov.cn/jyb_ xwfb/gzdt_gzdt/moe_1485/tnull_27184.html.

[7] 吴启迪. 国务院学位委员会 2006 年度工作报告及 2007 年主要工作的说明 [J]. 学位与研究生教育，2007（3）：1-8.

[8] 薛天祥. 研究生教育学 [M]. 桂林：广西师范大学出版社，2001：83.

［9］国家教委，国家统计局．1994 年全国教育经费执行情况统计公告［EB/OL］．（1995-07-26）［2008-08-15］．https：//www.eol.cn/shuju/tongji/jingfei/202007/t20200721_1739506.shtml.

［10］1995—2005 年全国教育经费执行情况统计公告［EB/OL］．（2006-12-29）［2008-08-15］．http：//www.edu.cn/jiao_yu_jing_fei_497/.

［11］高校博士教育中有关科研经费问题的调查与分析［EB/OL］．（2007-06-04）［2008-08-15］．http://www.cutech.edu.cn/en/jqhd/kjgz/2007/06/1180925412987704.htm.

［12］国家统计局．2006 年全国科技经费投入统计公报［EB/OL］.（2007-09-12）［2008-08-15］.http://www.stats.gov.cn/tjgb/rdpegb/qgrdpegb/t20070912402432144.htm.

［13］同［12］.

［14］同［11］.

［15］谢安邦，罗尧成．关于我国大学科研体制特征及改革的研究［J］．教育研究，2006（3）：54-59.

（本文原载《教育研究》2008 年第 11 期）

大学治理结构：现代大学制度的基石

龚怡祖

大学是一国教育体系的重要组成部分，大学办得好不好，对能否实现一个国家的教育价值理想和奋斗目标举足轻重。在新的历史发展条件下，进一步转换政府管理大学的职能与方式，落实高校法人地位，推动大学依法自主办学制度的创新，建立大学利益相关者普遍关心的参与机制，是"国家中长期教育改革和发展规划纲要"的题中应有之义。未来一二十年里，现代大学制度建设将被进一步纳入改革议事日程，而现代大学制度的基石，是大学治理结构。

一、大学治理结构的内涵与本质

大学治理结构的"胎盘"是企业治理结构，其理论源头是公司治理理论。公司治理理论源于制度经济学家和信息经济学家对企业领域里产权形态与决策权结构之间复杂关系的研究，其基本观点是：古典企业制度建立在所有者与经营者不做分离的基础上，在这种企业模式里，所有权与经营权的信息是对称的，决策权结构简单明了，不存在代理风险，因为"组织剩余"是独享的；现代企业制度则不同，它对古典企业制度进行了重大创新，迈向了法人公司制模式，这种企业模式建立在所有者与经营者分离的委托代理关系基础上，所有权与经营权的信息是不对称的，"组织剩余"要由经营者与所有者分享，由于存在着代理风险，决策权结构变得复杂起来，以便在有效激励代理人的同时防止其损害委托人利益。这种复杂的决策权结构就是"企业治理结构"。后来人们发现，委托代理现象并非企业所独有，各种非营利性组织也逐渐被纳入治理研究的视野。1995年，全球治理委员会正式将治理定义为"是个人或组织、公共部门或私有部门管理其一般事务的多种方式的总和，它是一个使得冲突和多元利益得到妥协并采取合作行为的持续过程"[1]。

大学治理结构正是将这样一些理论、方法、视角引入现代大学制度研究领域与实践领域的产物。当人们郑重其事地谈论大学治理结构问题时，一般是指那个旨在回应"冲突和多元利益"要求的大学决策权结构安排问题，探讨的是需要建立怎样一种组织性框架及机制，才能够在"冲突和多元利益"状况下管理其一般事务。可见，提出大学治理结构命题的关键性前提，是必须确认出现了"冲突和多元利益"现象。"冲突和多元利益"现象在我国主要是经济体制发生变革后社会利益主体不断分化的产物，现在已经成为我国社会的重要特征之一，而判断"冲突和多元利益"在大学是否存在，一是看大学是不是"非单一化组织"（"非单一化组织"由其组织属性所决定，必然导致多方博弈关系），二是看大学与其他社会主体之间是否存在着委托代理关系（委托代理关系由于信息不对称及代理人活动的外部性，必然带来代理风险）。迄今为止，无论是经济学家还是管理学家对大学这种组织所进行的研究，其结果都表明，大学是一个典型的利益相关者组织，因而它不是"单一化组织"。至于委托代理关系，由于我国公立高校办学体制改革进程已完成举办权与办学权的分离，高校与政府之间形成了特殊公法人与一般公法人的事实关系，双方在构成委托代理关系方面已不存在法律障碍。

因此，大学治理结构在本质上是指体现大学"非单一化组织"属性和委托代理关系特点的决策权结构，旨在满足具备独立法人地位的大学在面向社会和市场自主办学的过程中应对"冲突和多元利益"的治理需要。该决策权结构一般具有以下特征：能够有效体现大学的独立法人地位和利益相关者组织属性，能够包容大学依法与产权主体通过委托代理关系形成的契约管理模式，以大学法人财产的合法、有效、有利使用为契约内容，以所有的利益相关者为契约关系范畴下的治理主体，有能力使"冲突和多元利益"得到平衡并使各利益相关者采取合作行动。

从理论上不难看出，大学治理结构为重塑政府与大学的关系、再造政府对大学的管理流程提供了建立新范式的可能。

二、大学治理结构不同于企业治理结构

虽说大学治理结构的"胎盘"是企业治理结构，但是如果机械地照搬企业治理结构来构建大学治理结构，那将犯下致命的错误——大学组织的社会构成及目标与企业存在着根本性差异。

首先，大学组织的社会构成与企业极不一样。作为利益相关者组织，大学不像企业那样，是由法律身份及利益取向都呈现出极大一致性，因而可以按股份来计算其表决权的股东们构成的，而是由法律身份及利益偏好都存在较多差异但又互相关联的不同主体构成的。因此，大学的"组织剩余"（利益或风险）不可能像企业那样按照代理协定要么由股东承担要么由经理承担，而是要由所有的利益相关者分担。这个特点与企业很不一样，会对大学的治理结构产生非常重要的影响。换言之，听任大学决策权力主体"唯一化"是一个明显的错误。

其次，大学的社会属性决定了它的目标与企业不一样。作为一种在人类社会担负着重要特殊使命的知识创新组织，大学不像企业那样只能在私法领域中活动。大学属于公共部门，其办学行为的受益人是不特定的社会公众，因而其目标必须建立在公共利益的基础之上。这个特点也会对大学的治理结构产生非常重要的影响。换言之，假定大学治理目标只需满足它自身的需要，也是一个明显的错误。

大学与企业在社会构成及目标方面的根本差异，决定了这两种组织的

治理结构在功能与使命上也存在着根本差异。一般而言，企业治理结构的功能是建立产权与经济效率的关联机制，以便对代理人进行有效激励并防止其机会主义行为。企业代理人的责任是实现股东利润最大化。而大学治理结构的功能是建立大学决策过程与社会权利主体的联系机制，克服组织中的"内部人控制"现象，实现社会价值平衡。大学代理人的责任是实现利益相关者利益最大化——实际上是社会利益最大化。由上述各种差异所决定，大学的"组织剩余"也与企业的"组织剩余"不同：它不是可用货币单位来计量的私人价值，而是须由社会利益来度量的公共价值，其分配原则不仅取决于产权，而且取决于法权。

那么，到底什么是大学所需要的治理结构呢？关键是看什么样的治理结构最有利于释放大学的本质功能，最能够提升大学的人文生产力与科学创造力，最能帮助大学用它创造出的物质成果与精神成果造福人类社会，它是大学所需要的治理制度安排。质言之，只有在决策活动中最大限度地满足了大学本质属性与公共利益需要的治理结构，才是能够被大学和社会认可与接受的治理结构。

大学治理结构必须体现以社会为本的现代精神，为社会价值诉求在大学决策权结构中得到有效表达提供制度性、程序性的框架，通过多元权利主体参与以及各主体之间的协商合作机制，抑制由于管理取向过强和科层制作用过度而造成的"内部人控制"现象，消除代理风险。一个有效的大学治理结构，应该根据利益相关者组织属性区分战略利益相关者和一般利益相关者，将决策控制权按照实际需要，合理地分配给不同的治理主体，并使不同主体之间产生权力依赖和制约关系。

三、大学治理结构必须有能力吸纳各种利益相关者的资源

大学之所以被看作一个典型的利益相关者组织，是因为大学提供的教

学科研服务具有典型的正外部性和公共效用不可分割性等特点，在很多情况下没有特定的受益人，因而也就没有唯一的利益主体。按照弗里曼的理解，利益相关者是指那些能够"影响"组织目标的实现或是被这种实现"所影响"的个人或群体。有学者据此认为，公立大学的利益相关者包括出资人、教师、校长、院长、学生、校友以及所有纳税人等。在现实生活中，有些利益相关者是主动地（或自愿地）与大学建立联系从而有意识地对大学施加影响，当然同时也受到大学的影响；另外有一些利益相关者则是在社会发展过程中被动地与大学建立了关系，他们更多地表现为受大学发展的影响。总之，大学自身不是完整意义上的办学利益主体。

在治理的运行逻辑中，不同的利益相关者将各自的资源贡献给大学，这同时也意味着他们换取了参与大学发展过程、享有控制其"组织剩余"的相关权利。当这一契约关系到达"结算期"时，所有签约主体必定会根据自己的实际付出程度，来对照其价值诉求在大学"组织剩余"中得到表达的程度，对"组织剩余"的分配是否恰当、是否公平做出判断，进而对下一轮运行中是否应继续贡献自己的独特资源以及是否需要增减这种付出做出决定。这是理性人在重复博弈格局下的必然选择。毫无疑问，在正常情况下，所有的利益相关者都希望看到大学的良好发展，每一类利益相关者在参与大学发展的过程中，也都愿意将自己所拥有的独特资源带给大学。这些"独特资源"包括政治资源、经济资源、文化资源、人力资源等，每一种资源都携带有该资源主体的特定基因与价值，相互之间具有不可替代性。对于大学来说，排斥任何一类利益相关者所能够提供的资源都不利于它的发展，都是不明智的。

然而，在大学的前治理时期，排斥某些利益相关者的现象在大学里经常发生。不可否认，由于所扮社会角色的不同，不同的利益相关者的价值诉求不可能完全相同，必然会存在一定分歧。比如，对于大学制度设计，行政主体首先关心的往往是如何增强组织执行力等管理系统机能，而学术主体首先关心的往往是如何确保学术自主权等学术系统机能。产生这类分歧本很正常，它们恰恰是"冲突和多元利益"的真实表现，但是如果允许行政权力排斥学术权力的现象长期存在并泛滥下去，大学就岌岌可危了。在价值诉求不尽一致的情况下，要是没有一个协商机制和被所有"签约主体"都接受的决策权分配结构，就不可能形成它们的"共治体系"，以达成法人的统一意见并执行之；如果其中一个主体只想让别的"签约主体"无私地贡献资源，而自己却独吞决策权和"组织剩余"，那么其他主体继续合作的可能性将会越来越小。渐渐地，大学会失去这部分利益相关者所能给予的独特资源，大学进一步发展的社会基础亦必然随之被削弱。

可见，契约关系的履责与维系，必须建立在签约主体对"组织剩余"能够拥有合理期待及控制能力的制度安排基础之上，每一类利益相关者都不应单独地对大学行使控制权。大学在决策活动中根据利益相关者组织的性质，通过契约性关系设计和法人共治框架，提供利益整合渠道和民主决策机制，恰当处理不同权利主体之间的利益与风险分配问题，同时规范各方主体的博弈行为，从而有效率地达成大学目标，是保证其良性运行的重要制度条件。历史的经验证明，把大学的发展建立在能够吸纳各种利益相关者所提供的宝贵资源的制度基础上，是建设世界一流大学的必要条件。

四、大学治理结构是推动高校依法自主办学的配套工程

大学不像中小学那样由政府作为法定责任人来承担办学责任，而是需要面向社会独立承担办学责任。改革开放30年来，我国经济体制改革、教育体制改革和高等教育管理形态的演进，已经把高校推上了依法自主办学的轨道，历史的进程大致在三个方面缔造了大学的治理需求及条件。

其一，我国高等教育办学体制发生了历史性重大变化，不仅突破了国家垄断形式，出现了公立高校、私立高校两种办学体制互为补充、共同发展的局面，而且在公立高校办学体制改革方面，《中华人民共和国教育法》

《中华人民共和国高等教育法》以及《中华人民共和国民法通则》通过明确高校的独立法人地位，对公立高校实行举办者与办学者分离、举办权与办学权分离的体制安排完成了法律确认，使政府与公立高校之间除了具有法律所规定的行政管理关系之外，还建立起具有法律依据和操作空间的具有委托代理性质的契约管理关系。

其二，我国高等教育管理体制发生了历史性重大变化。改革开放以后，为了推进政府职能转变，同时也为了提升高校办学的自主性，我国政府先是通过明确和加强高校自主权的方式向公立高校一次次分权，而后又以明确法人权利的形式对高校"松绑"，目的是使原本社会主体性不强的公立高校能够作为独立的办学实体，面向社会和市场自主地办学。上层政治权威的多方位分权与放权，不但使大学决策责任骤然加重，而且使大学决策权处于前所未有的高度集中与紧张状态，决策风险、代理风险也随之出现。在把高校推上自主办学轨道的情况下，怎么消除大学里随之而来的"内部人控制"现象，又怎么确保大学在自主办学的同时做到自我约束、自我发展、依法行使自主权……，解答这些问题的迫切性日益上升。

其三，我国高校办学经费筹措结构发生了历史性重大变化。随着高等教育投资体制从不许收费转变为允许收费，从排斥非财政资金转变为鼓励社会投资，高校办学经费的来源日益多元化，教育事业收入、社会及海外捐赠、企业赞助、银行贷款、国际援助等预算外资金在高校教育经费结构中的比重不断提高，在许多高校里已达到甚至明显超过预算内资金水平。这一变化的意义深远而重大，它表明我国大学的社会基础正日益广泛化，也标志着我国大学的利益相关者组织属性已经从模糊变得清晰，并将最终浮出水面。

政府与大学之间这种"一退一进"的共识与互动，一个重要初衷就是通过国家还权于大学来提升大学的自主地位，使国家和社会成员在同等条件下获得大学更好的教育产品、科技成果与公共服务，现在这一目的只是部分地达到了。因为，在"一退一进"的过程中，由于大学的制度创新相对滞后，大学的民主决策机制并没有真正建立起来，"对利益相关者负责"并没有成为我国大学领导者在转型时期的重要治校理念和职责，"冲突和多元利益"也没有获得体制表达的机会，学术主体、社会主体等重要的战略利益相关者更是未能进入大学决策权结构。我国大学迄今还只能进行局部的、微观的管理改革，不能进行宏观的、深层的治理变革，利益相关者参与大学决策事务的局面迟迟不能形成，这也降低了社会公众特别是社会新兴阶层对它们的支持热情。

这些年来，我国大学内部不断滋生并日益加重、广遭诟病且难以根绝的诸多弊端，也印证了制度创新的必要性：目前，大学里普遍存在着行政主体"一股独大"、高高在上的现象，权力过度集中于一个系统甚至是一两个人手里，决策者习惯于从少数人的利益出发进行决策；一些大学的领导过于迷恋科层化管理，忽视大学组织的特殊性，脱离学校的基本群众，有意无意地以中层干部的圈子为"工作"半径，很少真正深入基层进行调查研究；一部分"双肩挑"人员利用"官学一体"的特殊身份和"有利地形"，抢占科学研究与学术资助的公共资源，不但破坏了学术竞争的公平公正原则，而且阻碍了真正的学术研究活动。在这些不良现象的侵蚀下，大学里一些带有根本性质的办学关系面临本末倒置的危险，有些学校里还出现了严重的腐败和对社会不负责任的现象。

在当代，大学已走到经济与社会发展的中心位置，"更多的生产主体和消费主体参与了争夺高等教育价值取向主导权的博弈"[2]，大学的各种利益相关者之间形成了更加复杂的价值关系。为此，"需要广阔的制度创新空间，以保障在博弈中无法取得价值取向主导权的主体可以做出新的选择"[3]。对于大学而言，应当审时度势，主动适应自身社会基础与利益结构的历史性变化，主动创新利益相关主体在决策领域的表达机制，以延续自身的发展性与生命力；对于政府而言，应当高瞻远瞩、兴利除弊，从打造大学具备学术社团、执行教育公务、依法自主办学、拥有完全权利能力、依法接受国家监督等公法设施特征的基点出发，为大学创新制度提供有力的法律保障、政策支持与监督机制，加快现代大学制度的建设步伐。

参考文献

[1] Commission on Global Governance. Our global neighbourhood：the report of the Commission on Global Governance ［R］. Oxford：Oxford University Press，1995：2.

[2] 潘懋元，肖海涛. 现代高等教育思想演变的历程：从 20 世纪到 21 世纪初 ［J］. 高等教育研究，2007（8）：9.

[3] 同 ［2］.

（本文原载《教育研究》2009 年第 6 期）

大学章程地位与要素的国际比较

马陆亭

　　章程是约定和阐述独立主体使命，界定内部各利益相关者的责任和义务，书面写定的有法定意义的组织规程。任何一个有独立自主权的机构都需要明晰组织规程以使人了解自己的使命，规范自己的组织运营。1995年，《中华人民共和国教育法》（以下简称《教育法》）规定，学校有按照章程行使自主管理的权利；1998年，《中华人民共和国高等教育法》（以下简称《高等教育法》）规定，申请设立高等学校应当向审批机关提交章程等内容，说明了章程的法律地位。但目前我国的绝大多数高等学校并没有章程，只有为数不多的学校在进行试点。本文以国际的、历史的视角，对大学章程所体现的法治精神、要素内容进行探讨，并对我国的大学章程建设提出看法。

一、以制定章程为契机推动大学依法自主办学

　　改革开放特别是20世纪90年代以来，我国不断进行高等教育管理体制改革的探索，目标是建立"中央和省两级管理、以省级政府为主""政府办学为主、多元化办学格局"和"高等学校面向社会依法自主办学"的管理体制。对此进行进一步分析，是为了适应社会全方位变化及教育自身发展的要求，有效地激发和释放体制的活力。对于普通高校而言，就是建立政府宏观管理、学校面向社会自主办学的体制。

30 年来，我们在推动大学自主办学方面做了很多工作，大学的自主权在逐步增强。但是，大学的内、外部管理，行政色彩还比较浓，在治理模式上缺乏有法定意义的组织规程，因此经常陷入权力"放"与"收"的循环。

大学需要自主办学，但政府也不能放弃应有的责任。这可以在"宏观有序、微观搞活"原则的指导下，在《高等教育法》和大学章程的框架下，通过推进政府对大学的契约式管理来实现，即政府对大学提出目标和要求、提供财政及政策支持、进行绩效评估，大学在宏观框架内实行自主办学。日本的国立大学法人化改革、法国对大学的合同管理等都反映出了这种趋势。

《高等教育法》规定，"高等学校自批准设立之日起取得法人资格"。大学法人需明晰两种关系：一是办学的外部关系，即所谓的面向社会和依法办学；二是办学的内部关系，即自我管理和约束机制。第一种关系主要由法律明确，由章程承接；第二种关系主要由章程明确，辅之以具体的规章。因此，大学章程上承国家教育法律法规、下启学校规章制度[1]，是推动和规范大学面向社会依法自主办学的基本依据，是处理学校与政府、社会的关系以及自身内部关系的准则，是大学在法律框架下行使自治权利的自我规范，有大学"宪法"之称，具有法律效力。

二、大学章程的历史沿革与地位作用

由于各个时期、不同国家大学发展背景的差异，大学组织规程有不同的表述方式。大学历史悠久的法国为"statutes"（法规、章程）及"ordinance"（法令）；英国上有"charter"（特许状，授予特种权利的法令或正式文件），下有"statutes"（章程、条例）；德国有"statutes"和"constitution"（章程、宪法）；美国有"charter"、"bylaws"（地方法规、内部章程、细则）、"statutes"多种表述方法；日本将其称为"charter"（宪章、共同纲领）。在我国香港地区，上有"ordinance"（法令、条例），下有"statutes"（规程）。叫法虽异，但其本质内容却有着一致性或相似性，本文笼统冠以"大学章程"之名来进行探讨。

（一）大学章程产生的背景与历史

历史上总的来说先有特许状后有章程，但后来因时代和国别不同，它们也交织在一起。特许状和章程尽管有不少共性，但还是有所不同的。

1. 大学特许状

现代法人与早期的特许法人有着渊源关系，罗马法中出现的特许法人是最早的法人形式。特许法人不是自我形成的，而必须由外部权威创立。在当时的社会治理中，经由特许状而获得法人资格是设立法人团体的唯一途径。

大学是最早的特许法人之一。借鉴中世纪的行会组织，巴黎大学的教师经过艰苦斗争逐渐获得了当时行会所能有的特许权，也审时度势地创造了他们所需要的自治机构。按照欧洲中世纪的传统，大学特许状由教皇或国王颁发，赋予大学开设课程、招收学生、聘请教师、制定学术标准的权利。大学特许状的权威性首先来自教权，中世纪教会拥有足以与世俗权力抗衡的权力，因此，教会颁发的特许状赋予了大学诸多特权，但宗教改革之后赋予大学特权的特许状主要来自王权和国家权力。英国牛津大学、剑桥大学、格拉斯哥大学等古老大学都首先经由教皇颁发特许状成立[2]，牛津大学、剑桥大学虽然早期并没有整体得到过皇家特许状，但其所属的学院几乎都是根据皇家特许状而成立的，并在成立伊始就拥有独立的法人地位[3]，其后，很多英国大学系皇家特许状而建立。发源于殖民地时期学院的美国大学，其最初的合法性也源自特许状，如1636年成立的哈佛学院于1650年获得马萨诸塞议会为其颁发的特许状，威廉与玛丽学院于1693年得到英国皇家特许状而成立。

在中世纪，大学特许状所赋予大学的权利甚至是超世俗的，大学享有独立的司法权,凌驾于地方法律之上,如学生不受所在地法律约束,屡生事端。1209 年牛津大学罢教和东迁,作为地方妥协的结果,1214 年部分迁徙的师生重新回到牛津,牛津市长被要求发誓尊重大学的自由和习惯。在地位上,特许状有点像当今的执照或政府批文,是界定大学与政府之间权利义务关系框架的法律性文件,但其内容非常详细:确立大学特许法人的法律地位,规定大学内部法人治理结构,纲领性地划分大学内部各方的权力、职责,等等。

2. 大学章程

巴黎大学取得行会式特许权并成为自治机构,重要特征便是拥有自己的章程,有权要求其成员进行遵守其章程的宣誓,有权开除违规者。[4] 巴黎大学最早的章程,当属 1215 年的章程,为教皇特使为巴黎大学制定[5],但 1231 年教皇格雷古瓦九世发布谕旨同意颁发的新章程被称为巴黎大学真正的"大宪章"[6]。

英国大学章程依据特许状或国会法案而制定。在高等教育的治理制度中,大学章程起着核心的作用,规定了政府如何介入、在什么范围和多大程度上介入大学治理,社会在什么范围和多大程度上参与大学治理,大学如何在适应社会发展要求和保持大学自治、学术自由中取得平衡。

德国的高等教育产生于中世纪晚期,大学虽然采取了巴黎大学自治团体的模式,但不是作为学者联合体自发产生的,而是由代表封建邦国的诸侯建立的,因此大学既是国家机构又是社团法人,大学在获得建立教育机构许可的同时,必须提出自己的章程作为"基本法"。章程确立后,不能随意改动,改动要经过严格的程序。1737 年成立的哥廷根大学,其哲学院章程规定"所有教授,只要不涉及损害宗教、国家和道德的学说,都应享有教学和思想自由这种责任攸关的权利",这是德国第一次在法律的意义上申明学术自由的原则,因此被看作德国大学史上的一个里程碑。[7]

美国大学的章程以特许状为基础演变而来,如建立于殖民地时期、后来成为世界著名私立大学的那些大学的章程就起源于英国王室或殖民地议会颁发的特许状。而建国后成立的私立学校，其创办要得到所属州政府的签准，因此，其章程制定及其法律效力源于本州的相关法律法规。对公立院校来说，其通常由各州议会通过立法而建立，大学章程的法律效力一般源自联邦或州立法。

日本大学原来并没有章程，但伴随着先期启动并于 2004 年 4 月正式实施的大学法人化改革，从明治时期开始的历时一百多年的政府对大学的传统管理模式发生了巨大变化，各个大学都在重新研讨自身定位和未来发展目标，大学宪章作为一种新制度管理下的新形式应运而生。2003 年 3 月 18 日召开的东京大学评议会通过了《东京大学宪章》，之后在《东京大学宪章》这一范本的引领下，各公立大学纷纷效仿制定自己的章程。

（二）大学章程的治理意义

办学不仅是大学内部的事情，还涉及大学与政府、与社会各方面的关系。章程就是规矩，体现着法治精神，前提是大学取得办学自主权。

1. 章程是大学依法自主办学的产物

在中世纪，大学经由特许状而获得独立于出资人和举办人的独立法人地位，享有学术自由和独立的财产权，并享有独立于股东或发起人的永久存续权。如伯明翰大学皇家特许状开篇即以皇室的名义对大学的成立加以许可，规定"大学自建立起，即以该大学的名称永久存续，并拥有完整的权利和能力，可以此名称起诉或被诉，并承担、坚持和实施所有其他的合法行为"。特许状的契约性质还限制了政府任意改变大学的权利义务范围和性质的能力，根据英国高等教育法专家法灵顿（D. J. Farrington）的研究，英国政府只有在三种情况下才能修改特许状：原特许状中明确地保留了修改特许状的权力，该法人已经处于死亡或半死亡状态，法人同意修改特许状。[8]

为了使大学真正拥有办学的自主权，通过立法确立其自主地位，通过章程确定其运行规则，是现代西方市场经济发达国家的普遍做法。法国有关高等教育法案赋予了大学教学与学术、行政与财政自治权利，规定"以科学、文化和职业为特点的公立机构为国立高等教育和科学研究机构，具有法人资格，在教学、研究、行政、财政方面享有自主权"，同时又要求大学依据法律由校务委员会的多数决定自身章程和内部结构。英国大学自古就有高度自治和学术自由的传统，在法理上，大学和学院属于"私人部门机构"（private sector institutions），拥有很大的自主权，大学特许状、章程对此均有明确界说，政府不能插手大学内部的资源分配、课程设置、学位授予等事务。引导 19 世纪初期德国大学改革的思想家们认为，大学只有获得自由，才能很好地完成历史赋予它们的使命，而大学自由的制度保障只能是大学自治，在此大学理念指导下形成的制度中，大学虽为政府所立，却享有充分的自治权。在法人化改革中产生的《东京大学宪章》提到，本宪章是关于东京大学的组织结构、管理运营的基本原则，对于东京大学相关的规定，必须依据本宪章的基本意旨进行解释和运用施行。

大学因自主办学而需要章程，大学章程会同有关法律，厘清了大学和政府及其他社会组织的界限，明确了大学自治的空间和自治权的范围，因而成为大学运行的合法依据，也从根本上确立了大学的管理运作体制。

2. 章程是外部对大学实施影响的产物

西方大学自成立以来，就一直是政教双方竞相争取的力量，并因特许而获得自治权利。但是，大学的成长发展从来就不是基于孤立的自治，其自诞生以来也从未实现过完全的自治。"大学在其作为一个学术机构出现之后，就一直处于不同社会势力和力量的作用之下，最初是教会、皇帝、国王和城市的交互影响，之后是政府、市场和科学的相互作用。"[9] 自治是一个程度和范围的概念。

特许状或大学章程本来是大学自治的象征和保障，但在强权面前它们又是脆弱的。虽然教皇和法国国王相继给予巴黎大学司法特权，但权力毕竟掌握在当权者手中，干涉大学自治易如反掌。13 世纪中期，教皇亚历山大四世通过发布"新的光明之源"谕旨，表示支持托钵会修士，并毫不犹豫地取消了大学的特许权。随着西欧民族国家的进一步兴起，大学更进一步从桀骜的"国王大公主"成为"国王掌中之物"[10]。

大学不能超越社会而独立发展。章程或特许状既是大学自治的一个保证，也是政府参与大学治理的一个机制。在英国牛津大学，从早期教皇特许，到1571年牛津大学成立法案对其法人地位的确认，再到1636年查理一世的皇家特许状（the Great Charter）对大学权力的强化与分配，以及从对多个章程版本的并存、修改要不要得到枢密院批准的讨论，到2002年"女王会同枢密院"（Queen-in-Council）审议批准的新章程生效，无不体现出外部与大学之间及大学外部各主体之间对大学的控制、妥协与协商。日本大学"宪章"一词的英文是"charter"，也就是英国的"特许状"，这不能不让人感受到政府的影响。

三、大学章程的内容要素

（一）章程对大学使命的彰显

大学使命及其具体的办学目标，与大学的特色、定位密切相关，章程必须予以明述。

1. 使命是大学之魂

使命规定着该大学存在的价值，规范着大学的发展方向。与使命一致的事情可以做，不符合使命的事情不能做，保证大学不"见利忘义"、盲目发展。明确使命，还能使政府、大学、社会机构与大众等主体从战略高度思考大学的发展方向。

因大学有其同质性的一面，使命可能会有一些共同点。但是，大学使命要呈现自己鲜活的特性。杨福家在评述耶鲁大学的使命（保护、传授、推进和丰富知识与文化）时说："初看耶鲁大学的基本使命，似乎只是词语的堆砌，但是仔细品味，就能了解，假如使命只有'传授知识'，那么它就对美国近 4000 所大学与学院都适用；若加上'推进和丰富'，只有 3% 的大学能够胜任；再加上'文化'两字，就只剩 1%；至于能够涉及'保护知识和文化'的，只怕不足 3‰。""大学的使命要有差别性、特殊性，如果一所大学的使命什么学校都能用，那它的表述就不很贴切了。"[11]

日本大学宪章被誉为大学"精神构造上的骨骼"。从东京大学宪章中，可以清晰地感受到其立足于全球视野和全球思维的战略选择高度和指向，东京大学给自己名字的前置定语是"世界的"而不是"日本的"。其他著名国立大学的宪章的使命部分也均表现出强烈的全球化价值取向，追求在积极的合作交流中打造大学的国际竞争力。而地方公立大学及一些私立大学，则表现出较强的务实性。

德国《洪堡大学章程》明确："致力于教研的经、教与学的结合，科学的命脉植根于自由，而自由源于责任，学校因而也致力于学术自身责任及自我管理。"为了实现自己的使命要求，巴黎第四大学在其章程中规定"要在作为绝对准则的自由精神之中，在客观和其成员在自信、目标、方法和工作表述上相互尊重的精神之中，完成其教育任务和学术任务"，牛津大学则表明"该大学有权开展任何法律允许的，且是为实现目标而被视为必要或需要的活动"。

2. 办学目标是大学使命的具体体现

大学章程要描述大学的未来发展蓝图，规划大学自身发展的中长期目标，这种规划是基于法治精神的一种制度性保障。章程使大学内的每个机构，甚至每个成员都了解到未来的发展方向和目标，对教师和学生的行为起到了一种潜移默化的指引作用。如果说使命的共同部分还可以多一些的话，那么，大学的办学目标则一定要明确、具体，要把学校的定位规范下来，要体现使命的要求。

美国密歇根州立大学在章程的序言中指出，作为政府赠与地的学校，其职责是提供农业、工业及其他课程的自由性及实践性教育，为学生的学术生涯和职业生涯做准备。康奈尔大学的章程规定，学校的主要任务是推动学校工业课程的自由和实践教育，学校主要教授与农业、机械相关学科的知识，包括军事战略等。德国波鸿–鲁尔大学章程规定，"作为德国第一所综合性大学，波鸿–鲁尔大学依照学科价值同等原则，将传统大学与科技大学的学科相结合，学科设置涵盖了神学及工程"，并进一步明确提出要"为日后的就业做准备，使学生能够将科学知识应用到实际工作中去"。东京大学提出："将基于学术自由的精神，追求真理的探究与知识的创造，维持和发展世界最高水准的教育与研究作为目标。培养拥有广阔视野，具备高度的专业知识和理解力、洞察力、实践力、想象力，具备国际性和开拓者的首创精神的人，培养各个领域的具备领导素质与人格的人。"可见不同层次、类型的大学的办学目标是不同的。

大学章程一般还会对学校的名称、校址、印章、规模、学科门类设置和教育形式等做出具体的规定，表明办学要有稳定性，涉及使命、目标及与之相关的具体内容不宜轻易改动。

（二）大学章程的内部治理要素

内部治理是大学章程阐述的重点，主要体现在决策机构、行政机构、学术机构的划定上，包括机构间的运作程序，各机构及重要岗位的职责、义务等。

1. 决策机构

各国大学章程均明确规定了大学的决策机构和重大问题决策程序。

在美国，董事会是大学的最高决策与审议机构，如芝加哥大学章程规定，董事会拥有大学的最高决策权，大学校长向董事会负责，并执行董事会决策；法国大学校务委员会是大学的决策机构，负责决定本校的政策，尤其是审定与政府签订的合同内容、决定预算和决算、分配人员编制等；根据特许状和章程，英国大学理事会（council）或校董会（board of governors）作为大学的议事决策机构，对处理大学的事务拥有最高权力，包括制定大学的发展规划和确立大学的战略方向，确保对大学事务、财产和经费的有效管理和控制，决定大学的组织结构、人员编制和总体构成，理事会还是大学公章的唯一使用者和监护者；德国大学的领导机制以本校的基本章程为准，实行校务委员会制或校董事会制，如波鸿-鲁尔大学实行校务委员会制，洪堡大学实行校董事会制。

大学章程还规定着大学决策机构的运作和一些具体的权力。如美国的大学章程规定了董事会的规模、职责、组织结构、选拔和任期等，董事会的作用还包括选择校长、监察教授职位的聘用和高级行政职位的任命等。董事会一般都下设一些委员会，章程要针对各委员会的不同职能对其职责做出具体的规定。英国大学理事会规模通常为 20—40 人，校外人士占大多数，近几年大学教授的比例有所增加。理事会有权任命理事会主席、副主席和其他成员，与评议会联合提名荣誉校长人选，任命校长、代理校长、财务官、代理荣誉校长、审计师，根据评议会的推荐和建议设立学术岗位和学术管理机构。理事会有权成立常务委员会或临时委员会。

2. 行政机构

大学章程规定了大学的行政组织结构和执行程序，包括一些主要机构和重要岗位的职责与运作。一般而言，决策机构如大学董事会并不管理具体的日常行政事务，其制定的政策方针由校长去具体实施。大学章程规定了各个行政部门的职能及权限，保证各部门能够在校长的主持下各司其职。

总体上，校长对外代表大学，对内负责有关大学自治的一切事务，大学章程一般都会明确校长的职责。如英国大学校长的权力是大学法和大学章程所赋予的，属于职位性的权力；校长是大学学术和行政首席执行官，是大学学术领域的主要负责人，是拥有大学治理领域的最高权力的个人，直接对理事会负责。法国大学校长虽然由政府任命，但他不是行政官员，基本的规矩是新校长一旦当选，他的职权就由大学的章程界定了，外部的官员或工商界无权干涉。巴黎第四大学的章程列举了大学校长的权力，但其权力受到相当多的限制。校长虽然主持三个委员会，但必须执行其决议，接受其建议与意见；校长要保障大学的财产管理，而不可谋取私利；校长有权任命中层管理人员，但须征得相关委员会的意见。

3. 学术机构

大学管理需重视教授的作用，学校重要的权力机构都吸收教授加入，这一点从国外大学的章程中就可清楚地看出。例如，耶鲁大学章程规定"每个学院的终身教授同时是行政人员，他们和校长、教务长、院长一起组成终身职员理事会。该理事会是学院的管理机构，处理有关教育政策、学院管理的事"。

大学章程要明确规定大学的学术机构。法国大学设学术委员会，对科研政策及科研经费的分配提出建议，为科研计划、科研指导资格、文凭的设置与变动等方面的问题提供咨询。学术评议会是英国大学最高学术权力机构，负责管理大学的学术工作，规范、监管学生的纪律，享有制定大学学术政策的全部权力，是可以和各个学部、系直接打交道的机构。在德国大学里，评议会对学术事务以及重大的行政事务拥有审议决策权，大学章程对评议会的组成做出详细规定，本校教授要在该机构中拥有绝对多数的席位和表决票。

四、我国大学章程的制订

目前，我国开始了制订大学章程的试点，笔者认为，这项工作应该与现代大学制度建设联系起来思考。综观国外的大学章程，内容有简有繁，如日本的比较简短、英美的比较繁多，从中可以发现一个由简至繁的修改过程。因此，不要期望章程的制订能一步到位，章程在内容的选择上需要经历一个甄别、充实、完善的过程。在章程制订初期，不能太"繁"，要定大事，章程要能经得起时间的检验，具体的细节可由章程之下的规章予以约束。从工作推进的角度看，章程是在学校使命定位与办学目标确立的情况下，对外部关系的一种责任说明和对内部管理的一种运行规范。《高等教育法》第二十八条提到的有关章程内容的规定，系法律层面的要素要求，须予以遵循。大学章程的具体内容要素如下。

（一） 大学的外部关系及章程的生效程序

《高等教育法》提到了章程应规定举办者与学校之间的权利义务、经费来源、章程修改程序等内容，直接涉及大学的外部关系。大学外部关系的明晰，将使大学的运行在有法可依的基础上进一步做到有章可循，有助于大学成为自主办学的实体，也有助于在减少行政干预的前提下满足政府预期，有助于增加政府的宏观指导作用和提高学校的办学活力。

大学章程应呈现大学与举办者、地方、校友及其他利益相关者的关系，并予以组织落实。公办大学首先要体现国家意志和公共利益，明确社会参与治理的方式，如杨福家就曾经向温家宝同志提出构建有社会参与的校务委员会，以作为大学的决策机构。这里还需要考虑学校的自身特点和长期发展要求，突出一些重点，如地方大学必须密切关注地方的发展，甚至可以专设负责与地方关系的副校长来加强这项工作。

大学章程的制订、生效与修改，其实涉及对章程属性的理解。笔者认为，它是大学自主办学和政府宏观调控结合的产物，因此相当于一个法定的合约，需共同签署，需政府批准方能生效。《高等教育法》第二十九条规定修改章程应当报原审批机关核准，就体现出了这个意思。我国的大学章程还只是初生之物，还有个完善的过程，因此其生效与修改可先由学校主管部门批准，待以后条件成熟时，可以考虑根据学校的层次、类别和使命要求，分不同情况，由各级人民代表大会（立法机关）审议通过，以增强章程的权威性和严肃性。

高校面向社会依法自主办学，需要与政府建立起一种相对平等的关系：通过转变政府职能落实高校的自主法人地位，通过合理规划高校的分类定位确立高校发展的使命方向，通过建章立制规范权责关系和完善约束机制，通过目标管理满足政府的要求和实现高校的自治。待大学章程生效后，政府可对高校实施目标或契约管理。在性质上，政府与高校的契约为行政契约，界于行政行为和私法契约之间，兼具行政的公务性和契约的合意性。

（二）大学使命和办学目标的阐述

大学使命和办学目标也就是《高等教育法》提到的办学宗旨。大学的办学宗旨的共性因素可能要多一些，因为同为大学会有共同的属性：育人是根本，并且都有着通过教学、科研、服务贡献社会的大功能。但是，定位很重要，共性之后要有特性，各高校的使命要有所区分，从宏观的角度看整个高校系统要与社会多样化的需求相匹配。通过对国外大学的考察可以发现，使命是一个很重要的词，是区分该校与他校的关键所在。而我国高校在这一点上区分度不大，校训、宗旨比较泛化。

确定了定位之后，就该认真探讨遵循什么样的教育理念来实现定位，即教育理念要与定位相一致。中央部门直接管理的大学要为全国服务，注重为有志青年公平地提供机会，增强国际开放性；地方性高校要更多地为地方发展服务，有地方特色。这里的变化要更多一些，因为理念多种多样，如北京大学、复旦大学可以多讲通识教育，而一些专业性大学特别是地方专业学院要多讲专业教育，即在通识教育和专业教育之间有一个"光谱地带"，适应于不同的学校，这也是高等教育多样化的基础。

有了定位和理念，办学目标就呼之欲出了，这里需注意的是要处理好目标贴切性和激励性的关系，使政府、社会、师生广泛认同并努力为之奋斗。使命、目标一旦确定，就要有稳定性，要长期不懈地坚持下去。学校要办出特色，要体现出依法治教的精神，不能朝令夕改。

（三）大学内部治理结构的规定

《高等教育法》提到大学章程规定的事项应包括"内部管理体制、财产和财务制度"，尽管只有寥寥数语，却涉及复杂的管理命题。大学内部治理结构清晰，可使大学的决策和运行有章可循，有助于提高学校办学效益和完善自我约束机制。

要确立大学的内部领导体制，完善党委领导下的校长负责制。高校实行中国共产党基层委员会领导下的校长负责制、依法自主办学实行民主管理等是见诸法律文本的内容，必须遵循，我们党的执政地位不容动摇。高校在其制度建设中应当创造性地探讨"党委领导、校长负责、教授治学"的实现机制，通过科学合理的责任分工保证有序办学、减少矛盾并激发办学的活力。可以借鉴国外大学董事会或理事会与校长的责权划定来确立一些原则：具体界定党委和校长的职责，党委通过对校务委员会的领导及对战略规划的审定来把握大学的发展方向，党委负责校长的遴选工作，副职由正职提名，等等。另外，要明确在大的原则框架下，各高校可以有所不同。

要设定好行政管理机构。管理机构及其重要岗位的职责应当清晰，机构的运作程序应当明确，重要职责和关键性程序应当在章程中写明，再辅以相应的规章，这是办学效率和约束机制的制度性保障。在现代大学制度建设中，要注重学术和行政两支队伍的建设，它们的管理和激励模式是不同的，要精心铺架学术人员和行政人员并行成长的学术生涯和管理生涯的"双阶梯"发展道路，努力打造精干、高效、专业化的行政管理队伍。从制度上保证学术委员会、教授会等组织对学术问题的决策作用，这既体现了对学术规律的尊重，也体现了对学术人员价值的肯定。教育领域是一个与智力有关的被严密规则化的人才市场，因为文化资本不直接等同于经济资本，所以学校教育系统能够相对公正地保持独立性和自律性，这也是高校的尊严所在。但是，学术、金钱、权力间的相互寻租现象，正在伤害着高校的尊严、破坏着社会的公正性、腐蚀着学术进步的土壤，使高校对智力和知识贡献的激励性降低，对创新型国家建设和人力资源强国建设不利。目前，现代大学制度创新的重点和难点在中间层次，并集中在大学内学院一级的权力机制上。大学内学院一级的权力分配有一个"权力增加、责任加大但行政权力又要减少"的两难问题：一是大学一级及其职能部门的部分权力需要向学院一级转移，这样才能增加学院的活力；二是学院的权力要向教授们倾斜，这有助于激励学者们献身科学并减少对权力的学术寻租。这是一个必须以创新的思维来解决的问题，并且由于教授"治学、治校"必须首先从基层开始，大学内学院管理体制的创新又是现代大学制度建设绕不开的一个问题，因此，要重视和加强大学基层学术组织建设，特别要提高教授在基层学术组织管理和学术问题上的决策权，充分发挥教授会的作用，保证学术自由，努力形成优秀学术人员脱颖而出和广大教师专注于学术工作的制度和机制。

（四）大学办学的其他客观性要素

大学办学的其他客观性要素即具体的事实性要素，也就是《高等教育法》所提到的学校名称和校址、办学规模和教育形式，以及学科门类的设置。

学校名称和校址看似简单，其实是十分严肃的事情，把它们写入章程，就表明不能轻易改动。办学规模也是这样，论证好并写入章程的办学规模是不能轻易被突破的。国外一些名校多少年来规模一直稳定，并不追求以大取胜。规模的突破必将引发使命、目标的改变，如原来1万人的规模，现在成了3万人，其教学方式、质量、生源能一样吗？扩张的精英大学还能真正保有自己的精英地位和模式吗？普通高校的教育形式有可能是多种多样的，但要明确以哪种为主、哪些尽量不搞，教育形式要与其使命、目标相一致。

学科门类设置要体现高校自身的发展方向和特色。这里既有宽口径设置以增强灵活性的问题，又有把自己的特色学科做好做强的问题。学科建设对大学发展的重要意义很清楚，重点是要论证好、规划好、建设好，围绕学科、专业做好基础条件和团队建设方面的工作。

参考文献

[1] 牛维麟. 现代大学章程与大学管理 [J]. 中国高等教育，2007（1）：13-14.

[2] 孙贵聪. 英国大学特许状及其治理意义 [J]. 比较教育研究，2006（1）：12-16.

[3] 代林利. 牛津大学治理结构的形成与演变 [J]. 现代大学教育，2007（4）：35-40.

[4] 韦尔热. 中世纪大学 [M]. 上海：上海人民出版社，2007：27.

[5] 贺国庆，王保星，朱文富，等. 外国高等教育史 [M]. 2 版. 北京：人民教育出版社，2006：39.

[6] 同 [5] 93.

[7] 陈洪捷. 德国古典大学观及其对中国的影响 [M]. 修订版. 北京：北京大学出版社，2006：16.

[8] 同 [2].

[9] 张斌贤. 关于大学史研究的基本构想 [J]. 北京大学教育评论，2005（3）：17.

[10] 勒戈夫. 中世纪的知识分子 [M]. 北京：商务印书馆，1996：132.

[11] 杨福家. 大学的使命与文化内涵 [J]. 现代教育论丛，2008（2）：90.

（本文原载《教育研究》2009 年第 6 期）

论高等学校的综合发展与特色办学

李立国

经过 20 世纪 90 年代高等教育管理体制改革和新世纪的改革发展，我国高校办学的综合化程度显著增强。但是，在高校办学向综合化迈进的过程中，也出现了盲目扩大规模、大量设置新的学科专业、盲目提升办学层次、办学类型趋同等问题。因此，近年来有人提出了办学的特色化问题。许多人心存疑惑：我国高校办学的综合化到底出了什么问题？综合化的战略发展方向是否正确？是否因为综合化导致了特色迷失？综合化与特色化之间到底是什么关系？本文试就这些问题做一探讨，以利于高校的科学发展。

一、高校办学综合化是高等教育发展规律和
高校办学规律的本质要求

（一）办学综合化是高校人才培养的本质要求

高校的根本任务是培养人才，培养人才不能单靠某一学科，而要求有比较齐全的学科设置。因为任何一个专业的学生都不可能只学习本专业的知识，他们必须具备一定的人文素养、科学知识以及与本专业相关的学科知识。高校不同于企业，也不同于科研院所。企业可以靠生产经营一种产品发展壮大，科研院所可以以一个学科专业为研究方向，但是高校不能只办一两个专业，而是要把一定数量的学科聚集在一起，形成合理的知识结

构，致力于培养合格人才。在欧洲的德国、法国，虽然科研院所研究实力很强，但其都必须与高校联合招收研究生，因为高校具有多学科的学习条件和学校文化氛围，而科研院所无法满足上述要求。[1] 在科技迅速发展、知识更新速度加快、人才流动越来越快的情形下，具有一专多能、综合知识和高素质的人才能够更好地适应时代不断变化的要求，因此高校的人才培养目标应该转向培养综合素质高、知识面广、自主学习能力强的人才，而做单一学科布局的高校局限于较少的学科领域，培养的人才知识结构单一、适应面窄、迁移适应能力差。从学术研究的角度看，在大学被院系、学科分割后，本来完整的知识在某种程度上被割裂，现在我们提倡通识教育，就是为了减少这种负面效应。[2] 由于学科较为齐全，综合性强的高校能够更好地开展通识教育，培养时代所需的合格人才。

（二）办学综合化是高校科学研究的内在需要

学校的多学科发展不仅有利于培养高质量的人才，同样也有利于学校整体研究实力的提升。从学科发展的规律看，现代科学发展呈现出越来越综合化的趋势，同一学科群之间存在着较强的联系，不同学科群之间也存在联系，大学综合化能为各种学科相互促进、共同发展创造条件，为大学的科研发展特别是新兴学科、交叉学科的发展奠定良好的知识基础。在第二届中外大学校长论坛上，北京师范大学校长钟秉林提出，高校的综合化趋势是由经济全球化、科技发展、学科综合化这种大趋势决定的。只有加强综合化，学校的科研水平才能提高。综合化的培养氛围对于学生有潜移默化的重要影响，学生的创造能力只有在逻辑思维能力和形象思维能力的完美结合中才能得到提升。耶鲁大学校长列文提出，应重新认识和利用学院、系和专业之间的紧密联系。他指出，耶鲁大学的院系不是孤立的，它们都是整体的一部分。在这样的环境中，跨学院跨系的教师聘任和学科专业设置经常能够为整个高校带来额外的效益，在学院和系之间的交叉点配置资源可以对研究学问、教学和更广的社会产生强大的影响。

（三）办学综合化是世界高等教育的发展趋势

从历史来看，在工业化早期阶段，为职业做准备是以专业教育为特色的大学教育的社会使命和历史责任。19 世纪德国工科大学的发展反映了资本主义工业化发展对高等专门人才和专科教育需求的变化，反映出发达国家高等教育从注重人文知识和人格养成向注重近代科技和职业技能的转变。其他国家如日本、英国、美国也出现了以培养实用职业技能为主要办学宗旨的单科和多科大学勃兴的局面。英国城市大学、美国赠地学院都是单科和多科大学发展的历史证明。但是，随着科技进步和经济社会发展，专业化办学使得学科与专业间彼此封闭、少有联系，学生与学科被局限在各自的知识与技能范围内，学生所学知识与工作所需要的专业技能之间的反差极大，大学变成了"一座被割裂的房子"。"二战"之后，由于认识到时代发展的要求，世界上一些国家通过一系列改革政策的实施加快单科和多科大学的综合化。如美国的研究型大学都是学科比较完备、人才资源丰富和财力雄厚的综合性大学。如果再加上其他类型的 400 多所综合性大学，美国的综合性大学超过了 600 所。综合性大学与单科和多科大学相比，更有利于培养学生的综合素质。因此，从单科大学和多科大学发展到综合性大学，是知识经济时代对大学的要求，也是单科和多科大学的理性选择。[3] 当然，高等教育的综合化主要是指其综合化程度的提高，而并非指只存在唯一的模式。

历史证明，综合化是世界高等教育的发展趋势，符合高等学校办学规律。我们看到，在提及世界一流大学时，人们经常提到规模较小但实力超强的高校，如普林斯顿大学、加州理工学院、巴黎高等师范学院和伦敦政治经济学院等。但这只是少数个案，并未反映出一流大学共性的方面。在世界一流大学中，也就只有这么几所学科较少的学校，绝大多数世界一流大学皆为综合性大学。我国有学者曾对 30 所世界著名高校的学院设置进行了分析，发现有 8 类学院的设置频率超过 50%，分别为理学院（100%）、

文学院（96.7%）、工 学 院（83.3%）、商 学 院（83.3%）、法 学 院
（73.3%）、医学院（70.0%）、教育学院（50.0%）、建筑学院（50.0%），
这充分反映了这些学院设置的普遍性。[4] 同时，大部分著名高校也设有特
色学院，如哈佛大学的政府学院、耶鲁大学的戏剧学院、加利福尼亚大学
伯克利分校的化学化工学院等。特色学院虽在每所高校中所占比例很小，
但学科优势明显，通常是该领域在世界范围内的权威。在上海交通大学
2004 年的"世界大学学术排行榜"上，亚洲和大洋洲地区的 20 所顶尖高
校中，日本有 9 所，澳大利亚有 7 所，此外是新加坡国立大学、首尔大学、
奥克兰大学和中国的台湾大学。20 所高校中，除东京工业大学学科领域较
狭窄外，其他高校的学科均较为齐全，属综合性高校，它们既可以向学生
提供全面均衡的教育，也可以实现跨学科研究。

当然，高校的综合化并不意味着学科越多越好。大学的学科设置也有
边界，并不是规模越大、学科越齐全就越好，因为学校的资源是有限的，
有些学科之间的相关性不大，特别是在信息技术发达的情况下，大学可以
利用其他学校的力量弥补自己某些学科的不足。比如伦敦政治经济学院就
采取了"夹缝中求生存"的战略，利用校外学术资源培养本校人才。

二、高校办学的特色化与综合化相辅相成

高校的办学特色可以体现在学校定位、人才培养、科学研究等诸多方
面，但办学特色集中体现在人才培养和学科建设这两个方面。高校要形成
自己独有的人才培养与学科发展优势，并以此确立学校的地位和影响，带
动学校整体的可持续发展。

（一）高校的办学特色体现在人才培养目标、办学规格等方面

追求办学特色并不是否定综合化。对于特色，我们不能做肤浅、庸俗
的理解。特色并不简单地等同于"人无我有"，并不等同于填补学科专业

的空白。特色是由不同学校同一学科专业相比较而得出的，特色是同质产品的比较，而不是异质产品的比较。特色是在比较与竞争中形成的，没有比较、没有竞争，也就没有了特色。我们不能因为北京大学有数学专业，中国人民大学有经济学专业，就不允许国内其他高校办这些专业了，关键是不同类型、层次的高校形成各具特色的人才培养目标、办学规格。同样是数学专业、经济学专业，重点大学主要是培养理论型人才，而一般本科院校则主要培养应用型人才。同一类型、层次的高校，在培养目标、专业方向、课程设置上也要体现出自己的特色。在我国高校的发展过程中，一个突出问题就是盲目追求办学层次的提升，其结果是办学目标、人才培养目标、专业定位与课程设置的趋同化。全国大多数本科院校的培养方案与顶尖重点大学相同，这样培养出来的人才怎么能够真正具有高质量呢？怎么能够适应经济社会发展对不同层次、类型人才的需求呢？

近几年，一些"热门"专业加速发展，甚至在短期内出现了"井喷式"增长。对此，我们不能简单斥之为"盲目"。这些学科专业的确是市场经济和社会发展所需要的，是社会用人单位所需要的。一方面是"热门"专业泛滥，更为关键的是不同层次、类型高校的"热门"专业趋同化，培养目标、培养方案与课程设置高度雷同，人才培养结构不合理，人才培养特色缺失，所培养的毕业生找不到合适的工作岗位。另一方面是社会用人单位难以招到合适的毕业生。高等教育资源配置、结构布局、学科专业设置和人才培养结构还不能完全适应国家现代化建设和经济社会发展的现实需要，人才供需的结构性矛盾仍很突出。社会高层次专门人才供给不足与部分专业人才相对过剩并存，行业企业急需实用人才短缺与高校毕业生就业难并存，这"两个并存"现象尚未有根本性转变。出现这些问题的原因主要是很多高校在办学定位、办学层次、学科专业设置、人才培养结构与模式等方面存在着较为严重的"千校一面"的趋同化现象。经济社会发展所需要的人才是多层次、多类型的，而高校的发展方向却是单一的。经济社会发展固然需要一大批拔尖人才，但需要更多的是数以千万计的专门人才和数以亿计的高素质劳动者。单一化的高等教育发展方向与多样化的人才需求相矛盾，势必导致大量的毕业生学非所用，导致毕业生结构性失业问题日趋严重。要解决二者失衡的问题，关键是不同高校的同一专业设置要分清层次和类型，办出特色和水平。

（二）高校的办学特色就是在学校众多学科中形成自己的优势学科，在某些领域形成自己独有的优势

高校的办学特色就是在学校众多学科中形成自己的优势学科，保持自己独有的优势领域。高校需要合理的学科结构和较宽的学科专业范围，其中应有相应数量的学科达到较高水平。高校在确立战略目标时，一定要想清楚，是加速发展新设学科、培育新的学科增长点，还是利用资源和优势发展传统优势学科、巩固已有的竞争能力？缺乏一个明确的战略目标，高校在竞争、多变的环境中就容易迷失方向，有限的资源将被耗散在盲目增长和内部冲突的协调之中。要解决这个问题，就需要高校在优势学科与一般学科之间做出选择，重点发展优势学科。

前几年，高校中出现了一股办综合性大学的热潮。一些具有行业特色的高校，为了扩大办学规模，纷纷在自己的传统学科之外办起了诸如经济管理、计算机、外语、法律、信息、金融之类的专业。由于办学实力有限，加之市场迅速饱和，这些专业的毕业生的就业压力越来越大。很多高校已对学科结构做出了力度较大的调整，如中国地质大学（北京）将一些非优势学科的招生名额转移到就业需求旺盛且为学校优势学科的资源勘查、能源、地球物理与信息技术等学科。北京科技大学的冶金专业在全国学科排位中名列前茅，毕业生供不应求。但由于工作环境比一些高新技术企业艰苦，所以前几年人才培养规模出现萎缩。市场的迫切需求促使北京科技大学下决心把冶金学科的人才培养规模扩大了 50%，同时加大了宣传力度。在了解到这个专业抢手的就业形势后，许多学生把该专业作为第一志愿。2008 年该专业的毕业生就业率达到 100%。[5]

（三）高校办学的特色化与综合化并不矛盾

综合化符合高等学校办学规律，符合世界高等教育的发展趋势。我国在推进高校综合化过程中之所以出现办学特色迷失，是因为有的高校盲目攀比办学层次，导致培养目标与办学规格趋同化，这也是由高校盲目扩大规模、盲目设置新专业引起的。只要不同类型、层次的高校科学定位、各安其位，我国高等教育质量就可以得到有效提升，高等学校人才培养与经济社会发展需求之间的矛盾也可以得到有效缓解。因此，我们不能因为推进办学的特色化而否定综合化的趋势，更不能认为是综合化导致了办学特色的迷失。

三、推进高校办学的特色化，既要靠政府的科学引导，更要靠高校之间的合理竞争

（一）建立国家高等学校分类体系和分类标准，加强对高等学校的分类建设、管理和评价

目前我国高校之所以定位不明确、特色不鲜明，主要是因为我国高等教育仍处于大发展、大分化时期，特别是高校之间的竞争环境并没有真正形成。政府给予学校的投资和激励政策对学校的办学取向起着关键作用。"211工程"、"985工程"、重点高校与重点学科建设等都反映了国家高等教育资源的配置过程。由于"重点"是依据高校的办学层次和成果的"高、精、尖"来确定的，高校只有跻身金字塔尖才能赢得这些支持。为了获取更多的国家办学资源，高校就想办法去迎合"重点"的要求，力争"攀高""升级"。在我国现有的高等教育体制下，高校的科学定位、特色发展与政府的分类指导、分类支持密切相关。科学与合理的分类可以推动政府、社会、高校在资源配置等方面协调配合，从而有利于真正建立起符合社会需求的多层次、多类型的高等教育体系。因此，必须充分发挥政府

的宏观调控职能，制定高等学校分类体系和分类标准，加强对不同类型高等学校的分类指导和管理。

各级政府部门根据高校的不同使命进行资源配置，制定具体的经费投入、项目安排、行政审批等政策，在生师比、生均拨款、教师专业技术职务结构、教师工作量结构、评估与奖励等方面制定不同的政策，鼓励高校办出特色，在各自的层次与类型内追求卓越。在各级各类高校中培育一批强校，实现各级各类高校的协调发展。支持具有行业背景的院校保持特色，提高其服务行业能力。支持地方高校发展，增强其服务区域经济社会发展能力。重点办好一批示范性高等职业技术院校，引领高等职业技术院校有序健康发展。根据不同层次、类型高校的特点制定评估指标体系进行评估，引导不同层次、类型高校各展其长，争创一流。

(二) 高校要强化办学理念，科学定位、办出特色、办出水平

大众化的高等教育应该形成多层次、多类型的高等教育体系。各高校应根据国家高等学校分类体系和分类标准，科学定位、各安其位、办出特色、办出水平。高校的宏观学科专业结构要满足社会的整体需求，微观学科专业结构则要满足学校自身发展的需要。因此，微观结构的合理并不能代表宏观结构的合理。高校学科专业的设置一定要遵循国家有关规划的要求，这样才能保证宏观、微观学科专业结构的和谐发展，进而保证高等教育适应经济社会发展的需要。高校主干学科专业的拓展不能盲目，应该在办好优势或特色学科和专业的基础上，注重学科之间的交叉与协调，注重围绕优势或特色学科专业构建学科群。

办学特色必须在长期办学过程中积累形成，并具有与时俱进的时代性和相对稳定性。换言之，高校办学特色，不是一朝一夕自贴或被贴上去的标签，也不是一时的广告宣传和媒体炒作的产物。特色的形成过程是一个创造的过程，学习和模仿他人的结果不是特色。特色是创造的结果，我们不能把差异理解为特色，差异并不代表特色，特色形成于竞争之中。美国

的高等教育系统堪称高等教育多样化的典型，美国有各种关于高等教育机构分类的标准，包括具有权威性的卡内基分类标准。由此，美国3900余所高等教育机构被分成若干类别，这些分类标准也可被我们借鉴。一个必须注意的问题是，在美国是先有高等教育机构的多样化，后有高等教育机构的分类标准，而不是先有分类标准然后按这种分类来办学。换言之，分类标准是一种归纳的结果而不是演绎的体系，更不是指导或限定各个学校发展的"办学原则"。[6]

特色是高校长期奋斗的结果，学校的特色也需与时俱进，随着实践的发展而不断丰富其内涵、充实其精神。一流高校不是一蹴而就的建设的结果，而是在特定的历史过程中形成的。世界上每一所一流高校都是在充满挑战与未知变化的过程中形成的。每一所一流高校的发展都是在不断变革中调整、完善、创新自我的过程。世界高等教育发展史上有多个具有里程碑意义的重大事件，每一个事件都是高等学校特色的展现。从表面上看，这些特色是在某一所学校产生的，是由某一位校长提出来的，但实质上它的出现建立在高等教育的内在规律基础之上，有着深刻的社会基础，并经过了长期积淀。所以，办学特色是在学校发展与竞争中形成的，其关键在于尊重高等教育规律，尊重人才培养和科学技术发展的趋势，真正立足于教育规律。

参考文献

[1] 朱清时. 创建一流大学需要从欧洲借鉴什么 [J]. 学位与研究生教育, 2001 (9): 1-2.

[2] 杨玉良. 关于学科和学科建设的思考 [J]. 新华文摘, 2009 (23): 128-130.

[3] 闵维方. 高等教育运行机制研究 [M]. 北京: 人民教育出版社, 2002: 654.

[4] 刘少雪, 程莹, 刘念才. 创新学科布局 规范院系设置 [J]. 清华大学教育研究, 2003 (5): 66-75.

[5] 宋晓梦. 首都高校坐不住了 [N]. 光明日报, 2009-02-04 (5).

[6] 冯向东. 高等学校定位: 竞争中的抉择 [J]. 北京大学教育评论, 2004 (2): 15-17.

(本文原载《教育研究》2010 年第 4 期)

大学精神文化刍议

卢晓中

一、对大学精神文化的基本认识

目前，关于文化的认识和界定汗牛充栋，本文择一代表性的界定，即广义的文化是指人类后天获得的并为一定社会群体所共有的一切事物，它使人区别于动物，是人类对生活环境进行加工改造的结果。一般而言，它主要包括精神文化、制度文化和物质文化三个层面。而狭义的文化则指一定社会群体习得且共有的一切观念和行为。显然这一界定更着重于精神文化层面。[1] 如果将这一界定用于大学这一特定的社会群体，那么，所谓的大学文化也就是指大学群体习得且共有的一切观念和行为。由此可见，大学精神文化既是大学文化的一个重要层面，也是一般意义上的精神文化的具体化和个性化。

从大学精神文化所包含的文化元素来看，主要有大学精神、理念、校训、校风、学风、教风、管理作风等。对于这些精神文化元素，我们可以做一个简单的分类：大学精神、理念、校训等精神文化元素属于价值层面的精神文化，这些精神文化元素着重体现和申明一所大学的价值诉求；而校风、学风、教风、管理作风等精神文化元素属于实践层面的精神文化，它们实际上是在从实践的角度告诉人们（学生、教师、管理者等）应当如何践行大学的价值诉求。从以上意义来看，价值层面的大学精神文化与实践层面的大学精神文化显然又是密切相关、相辅相成的。如北京大学提倡"兼容并包"的大学理念，形成了"民主""自由"之校风；清华大学提倡"厚德载物"的大学理念，则有"严谨""认真"之校风；而南开大学提倡"允公允能"的大学理念，就有"开拓""活泼"之校风。

处于观念形态的大学精神文化并不是虚无缥缈的，它可以通过大学的人、事、物来承载和践行。就"人"而言，大学的办学理念常常通过校长的一些办学思想来体现，学生的学习理念则可以在学习过程中体现出来。而所谓"事"，诸如大学的教学制度、管理制度以及师生关系等，也都能在相当程度上反映出一所大学的办学理念。至于大学的"物"，许多大学，特别是一些有悠久历史的大学都非常重视使学校里一些物化的东西成为教育的元素。比如，大学建筑这样一种比较典型的"物"，它在一定程度上也能反映大学的办学理念。大学建筑"物"的第一要素或者说基本要求，无疑是它的基本功能，如教学楼是上课用的，所以要具有作为教学楼所应有的功能；第二要素，或者说更高的要求，则应是一种意蕴或者说"物语"，它可以诉说大学的一种思想理念，这是建筑的一种高境界、高追求。

在大学发展实践中，大学精神文化可以是显性的彰显，如凝练成句的大学理念、校训、校风、教风、学风等。大学精神文化最显性的一种彰显就是校训，如哈佛大学的名言"与柏拉图为友，与亚里士多德为友，更要与真理为友"，约翰·霍普金斯大学的校训"真理使你成为自由人"，清华大学的校训"自强不息、厚德载物"，等等。这些校训无疑是在表达各校办学的一种价值诉求，彰显着它们的办学主张。大学精神文化也可以是一种隐性的体现，其中大学的建筑、环境等物化形态都蕴含着一定的大学精神文化。另外，还有各种规则制度所体现的大学精神文化，比如人们经常论及的现代大学制度建设，首先必须用先进的理念来引领。如果说一种规则制度没有承载一定的思想理念，那么可以说这种规则制度本身就有问题。

二、大学精神文化元素的关系

这里着重从价值层面的大学精神文化元素，诸如大学精神、大学理念和校训，来考察它们之间的关系。

（一）大学精神与大学理念

大学精神与大学理念关系密切，它们之间既有区别，又有联系。首先，大学精神不同于大学理念。大学精神是大学优秀的文化传统，是一代又一代的大学人共同创造的精神财富；而大学理念更多表达的是大学人（包括个体）对大学的认识及其办学主张。大学一般都有自己的大学理念，但不是每一所大学都有自己的大学精神。

其次，大学精神源于大学理念。一所大学在其漫长的历史的各个时期，都会有相应的主张和坚守的大学理念。当一个时期的大学理念对大学发展起到了积极的引领作用，促进了大学的发展，那么这一时期的大学理念就会成为一种优秀的文化积淀下来，成为大学优秀的文化传统，最终成为大学精神的有机组成部分，从而使得大学精神与时俱进地不断丰富和发展。而如果某个时期的大学理念对大学发展并没有起到积极的推动作用，甚至还阻碍了大学发展，那么这一大学理念在大学的历史发展长河中不会留下什么印迹，更不可能成为大学优秀的文化传统即大学精神的一部分。

大学理念又基于大学精神。对于一所大学来说，任何时期的大学理念，都必须建立在大学优秀的文化传统基础之上，具体而言，就是大学依据自身的优秀文化传统所体现的核心价值观，结合时代发展的需要，提出或确立新的大学理念。这也是大学精神的实践价值的主要体现。

（二）大学校训与大学理念、大学精神

校训对一所大学而言，是一种极其重要的精神文化元素，它对内能形

成一种文化上的向心力，对外则是学校个性和精神面貌的一种重要彰显，是获得外在认同和支持的一种重要途径。一所大学的校训在提出之初通常从应然的角度来表明大学的一种办学理念，这一办学理念起着引领这所大学不断发展的作用。处在理念形态的大学校训，经过漫长的历史演变过程，最终会成为大学一种优秀的文化传统，即大学精神。而这一历史演变过程，实际上体现了大学对自身文化传统的体认与珍视，也可以看作校训在大学发展实践中是否得到切实践行的重要标志。

一所大学的校训具有相对的稳定性，如果校训"朝令夕改"，必然导致大学实践上的无所适从。但这并不意味着校训内涵一成不变，大学应当根据时代的发展需要，不断地丰富和发展其内涵。如清华大学所确立的"自强不息、厚德载物"这一校训，出自《周易》的"天行健，君子以自强不息""地势坤，君子以厚德载物"，其原生含义表达的是：天（自然）的运动刚强劲健，相应于此，君子应刚毅坚卓、奋发图强；大地的气势厚实，君子应增厚美德、容载万物。对清华大学来说，就是要求师生在气节、操守、治学等方面都不屈不挠、战胜自我、永远向上，力争在事业与品行两个方面都达到最高境界；在做人做事方面应该顺应自然、胸怀博大、宽以待人，承担起宏伟的历史任务。对今天的清华大学来说，其校训除继承了原生含义外，还被赋予了时代的新内涵，即清华师生要树立一流意识、胸怀祖国、放眼世界、争创一流等，这也体现了现代大学精神文化的发展性。[2]

校训的制定应成为学校文化建设的重要组成部分，它既应是独特的，也应经得起历史的考验。但从目前我国大学的校训来看，存在以下两个明显的误区。

一是校训的形式化。尽管每所大学都有自己的校训，但许多校训在大学的办学实践、教师的教学实践以及学生的学习实践中并未得到很好的践行，甚至有相当一部分流于形式。笔者曾对某所大学做过一个抽样调查，有85%的在校生、72%的教师不知校训或记不全校训，而在该校校友中，这个比例更高达 90%以上。

二是校训的雷同化。一项针对国内 256 所大学的调查显示，大学校训同质化、标语化现象严重，一些校训在师生中的认同度不高，感召力不强。其中有 192 所大学的校训为"四词八字"的口号式，比例高达 75%。校训带有"勤奋"的有 68 个，带有"求实"的有 65 个，带有"创新"的有 59 个，带有"团结"的有 49 个，带有"严谨"的有 25 个。在 256 个校训中，包含以上 5 个词语中任何一词的有 147 个，占比超过了 57%。还有一些大学的校训完全一样，有 8 所大学的校训同为"团结、勤奋、求实、创新"，有 27 所大学的校训同为"严谨、勤奋、求实、创新"，不同的只是先后排列顺序。[3] 这种雷同化的现象在一定程度上反映出许多大学的办学缺乏个性，甚至是千校一面；同时，这也在很大程度上反映出一些大学在办学思想理念上的匮乏。

三、大学精神文化的时代特征

作为具有一定共同价值的大学精神文化，其产生和发展具有一定的普适意义；同时，一个时代的大学精神文化，无疑在不同程度上都带有这个时代的印迹。我们可以基于以上认识来考察大学精神文化的时代特征，这些时代特征也体现了现代大学精神文化的发展趋向。

（一）大学精神文化的发展性

大学精神文化的发展性包括继承的发展和创新的发展两个方面。阿什比曾说："任何类型的大学都是遗传与环境的产物。"[4] 所谓遗传，实质上就是大学长期形成的一种优秀的文化传统，这种优秀的文化传统随着大学发展会变得愈加丰富和深厚，并成为每个时期大学进行发展选择的重要根据，比如大学办学理念及发展定位的确立等，都需要依据其文化传统。正如恩格斯所说的那样："历史从哪里开始，思想进程也应当从哪里开始，而思想进程的进一步发展不过是历史过程在抽象的、理论上前后一贯的形式上的反映。"[5]

在德国著名学者勒尔斯看来，经典的大学观念在形成以来的近二百年中表现出惊人的内在一致性。尽管历经政治变革，尽管不断建立了许多新型大学，但经典的大学观念至今仍是持不同学术立场的学者所能接受和理解的理想、完美的观念。[6]

在大学发展的实践中，许多大学都非常重视学校的办学历史，认为把学校的历史追溯得越久远越好，但并没有真正弄明白悠长的办学历史究竟为大学积淀下来了哪些优秀的文化传统，以及这些优秀的文化传统对大学今天的办学究竟意味着什么，或者说有什么作用，也即其实践价值如何实现。比如，大学如何根据自身的文化传统确立新的目标定位、办学理念及特色等。一所大学的历史悠久并不必然带来文化的厚重，也未必就是大学的财富，只有长期坚持不懈地重视大学文化建设，注意总结、概括大学优秀的文化传统，并通过现代转换使之成为今天大学办学的文化资源（如转化为新的大学理念），悠长的办学历史才会积淀深厚的文化底蕴，才会成为大学发展的财富。

我们常常会发现这样一种现象：两所不同的大学，尽管它们都有悠长的发展历史，但给人的感受却是，一所大学有与其历史相当的文化积淀，而另一所大学则未让人感受到悠长的办学历史所留下的那种文化的厚重。究其原因，这与大学是否真正重视自身的历史，特别是历史上积淀下来的优秀文化传统，以及能否有效地将之转化为今天办学的文化资源有密切关系。

所谓环境，则主要是指大学的"与时俱进"。在大学精神文化方面，大学的"与时俱进"则体现在其创新发展上，主要包括两个方面：一是为优秀的文化传统赋予新的时代内涵，这也是大学精神文化得以不断丰富和发展的重要动力与途径，如随着时代、环境发展的需要为校训赋予新的内涵与诠释；二是根据时代、环境发展的需要不断创造性地提出新的大学精神文化，比如新的大学理念、新的大学校训。

（二） 大学精神文化的兼容性

"海纳百川，有容乃大。"所谓大学精神文化的兼容性，主要包括两个方面的意蕴：一是就大学精神文化的多元性而言，就是对多元的大学精神文化的兼容并包；二是就学术自由而言，大学精神文化的一个核心价值观就是对不同学者的学术观点、学术行为的兼容并包，应当说这是大学学术繁荣之路，也是大学发展之道。大学精神文化的兼容并包主要指的是共存、认同、互补、融合。这是一个逐级递进的过程。在这个过程中首先是允许多元大学精神文化共存，再发展到相互认同。在这一基础上，多元大学精神文化需要互补，也就是各种不同的文化相互取长补短。兼容的最高层次就是融合，融合并非要求不同文化一定要融为一体，而更多地是追求一种"和而不同"的学术生态，所以，从这一意义上看，"和"就是融合。

特别值得注意的是，大学精神文化的兼容并非同化，也就是说，它不仅不是一种文化（往往是主体文化）对另一种文化（往往是非主体文化）的完全否定与排斥，而且更加强调通过优势互补，使得大学精神文化得以丰富和发展，它所表现出来的是大学精神文化的主体与其他文化的积极关系，即在多元文化的兼容中丰富和发展主体文化，同时，文化兼容的多元状态也使得满足大学人对文化的多元选择需求成为可能。

从大学精神文化发展的历史来看，大学精神文化的兼容性不仅促进了大学精神文化自身的不断丰富和发展，而且是大学发展的必不可少的因素。如蔡元培先生在任北京大学校长期间提出的"思想自由、兼容并包"的治校理念，主张对不同的学术观点的兼容、对性格各异的学者的包容，从而使得北京大学成为中国新文化运动的发源地。

（三） 大学精神文化的整合性

从大学精神文化系统建设的角度来看，大学精神文化的极大繁荣，既表征了现代大学发展的勃勃生机，同时也给现代大学发展带来了某些困惑。现代大学精神文化的发展方向在哪里？面对如此丰富多彩的现代大学精神文化，大学实践活动究竟应选择和践行哪些文化？这种选择和践行会不会造成大学发展实践上的偏颇？对于这些困惑，笔者认为，解"困"的途径就是寻求大学精神文化的整合。勒尔斯曾从大学理念的角度阐述过整合大学精神文化的必要性："大学独立自治、学术自由、教学与科研相结合以及支持它们的通才教育，这一切都是经典的大学观念发展的组成部分。为了有可能用理念论的哲学观点制定内部纪律和培养学术界的精英，必须将上述几个组成部分结合为一体。"[7]。

　　从整合大学精神文化的基本思路来考虑，要以共同的核心价值观作为整合大学精神文化的基础，根据大学精神文化各元素的文化功能，来建立它们之间的相互联系，从而形成一个功能整合的大学精神文化系统。而这种整合具体涉及以下几个主要方面：一是价值层面的精神文化元素之间的整合，如大学精神是一种优秀的文化传统，对其进行总结和凝练更多地要体现大学历久弥新的核心价值诉求，大学理念则是基于大学精神的核心价值诉求，来表达大学"与时俱进"的价值诉求。二是价值层面的精神文化元素与实践层面的精神文化元素的整合，比如对教风和学风的概括和表达，一方面应反映价值层面的大学精神文化的价值诉求，另一方面要更多体现其实践引领性和指导性。三是精神文化、制度文化与器物文化的整合。比如，许多大学注重用自然物来表达大学的某种精神文化或思想理念，这就需要人们对自然物的特质做出适当的、与大学的核心价值观相一致的教育诠释。如某学校校园里栽种了许多木棉树，该校也以木棉花为校花，并力图建构一种木棉文化来引领学校的发展。木棉的特质是挺拔巍峨、蓬勃进取、不屈不挠，生命力旺盛顽强；花开时丹霞满树、如火如荼，花落后绿叶满枝、郁郁葱葱。木棉的这些特质，象征奋发、超越和高洁。[8] 这正是该校所主张的核心价值观。

（四）大学精神文化的个性

从根本上来说，大学特色即文化特色，如建立在独特的核心价值观基础上的大学精神、理念和校训等。应当说，这种文化特色实际上也是一所大学极富价值的个性标识。虽然大学的个性标识很多，但大学精神文化的个性标识比其他个性标识更具内涵、更为鲜明，也更为持久。

特色一直被认为是大学发展中的一个重要元素。《现代汉语词典》对特色的解释是"事物所表现的独特的色彩、风格等"，实际上也就是事物的"与众不同"之处。当然，并不是所有的"与众不同"都可以被称为特色，这里有必要厘清有关概念之间的联系与区别。首先，特色与特点不同。特点也是一种"与众不同"，《现代汉语词典》对特点的解释是"人或事物所具有的独特的地方"。显然从这一含义来看，特点的内涵要比特色广泛得多，或者更确切地说，特色是那些更为深刻、更具内涵的特点。任何一所大学都会有自己的某些特点，但不是任何一所大学都有自己的特色。其次，大学特色与单一的特色项目也不同。大学特色体现了大学发展的战略取向，对大学发展具有根本性、全局性影响，是大学形成竞争力和发展力的关键所在。而单一的特色项目则是某一方面或某一局部的，虽然可以成为大学发展的某一亮点，但难以对大学的整体发展起到重要的引领、带动或影响作用。最后，如果说特点是一个中性的概念，那特色则更注重其积极意义。也就是说，特色是大学的核心竞争力，是大学发展的软实力，是形成大学品牌的基础。就一般意义而言，大学特点和特色项目都有发展成为大学特色的可能，但可能并不等于现实。也就是说，在实际中有的特点和特色项目能够发展为大学的特色，而有的特点和特色项目可能永远不能发展为大学的特色。而在战略意义上至关重要的是，大学如何选择那些特色项目和特点，如何通过不断丰富和发展，使之最终成为能够形成大学核心竞争力、引领大学整体发展的特色。

从大学的发展历史来看，大学特色一般有两种形成方式：一种是自然生成，这也是一种文化自然现象；另一种是自觉追求，即文化自觉。从文化自然到文化自觉，体现了大学文化发展的一种趋势：如果说过去大学的发展更多出于一种文化自然，比如大学起初并没有一个明确的特色目标，后来在长期的历史发展过程中自然而然地形成了某种特色，那么现代大学则更注重文化自觉，比如对特色的自觉追求，也就是大学在办学过程中对那些适应社会、经济发展需要，符合教育规律，利于自身生存与发展的"特色"的主动追求，即"特色化"。这也是特色目标发展成为大学的真正特色，最终形成大学品牌的过程。如果说特色更多地是在强调大学的"与众不同"，那么品牌则注重这一"与众不同"的公认度和影响力。我们经常看到有的大学没有办多长时间，就自称有了什么样的办学特色、有了什么品牌。实际上这里所谓的特色只能算得上一个特色目标，若要让其真正成为大学的特色，最终成为大学的品牌，则需要假以时日、长期坚持。

不论是自然生成，还是自觉追求，一所大学特色的形成不仅是一个长期的、渐进的历史过程，同时也是一种特有的文化嬗变现象。决定特色的因素是多元的，正如阿什比所言，特色是与学校的历史文化传统、社会自然环境等紧密联系着的。综观那些以其特色而著称于世的大学，如德国的柏林大学曾以其浓厚的重科研气息而一度成为"世界现代大学的楷模"，同时也使得世界高等教育的中心转移到德国，又如美国的威斯康星大学以其面向实际、注重实用的办学思想与模式，形成了风靡世界的"威斯康星理念"，创造出现代大学发展的一种崭新模式，等等，它们的发展历程都显示出传统与环境作用的重要性。而决定大学特色的主要力量乃是大学在办学过程中有意识地对传统的不断继承与扬弃和对环境的不断适应与改造。

值得注意的是，大学精神文化的整合并不排斥和否定大学内部精神文化的多元与个性，更不意味着一定要把这种"多元与个性"整合成"清一色"，而大学的个性特色也不应是"清一色"的，大学系统内部的文化应当是丰富多彩、千姿百态的，如院系的组织文化、基层学术组织的学术文化、学生的社团文化等。只有围绕共同的核心价值观，通过合理引导和系统建构大学系统内部各个层面的特色，才能形成既个性纷呈又整体有序的大学特色，而这也正是大学精神文化发展之趋势。

参考文献

[1] 郑金洲. 教育文化学 [M]. 北京：人民教育出版社，2000：4.

[2] 徐葆耕. 关于清华大学校训的解释 [EB/OL]. （2007-11-13） [2023-06-05]. http://edu.enorth.com.cn/system/2007/11/13/002318534.shtml.

[3] 刘阳. 大学校训，为何似曾相识 [N]. 人民日报，2007-07-25 (11).

[4] 阿什比. 科技发达时代的大学教育 [M]. 北京：人民教育出版社，1983：7.

[5] 马克思，恩格斯. 马克思恩格斯选集：第 2 卷 [M]. 北京：人民出版社，1972：122.

[6] 卢晓中. 现代高等教育发展研究 [M]. 青岛：中国海洋大学出版社，2009：150.

[7] 同 [6] 139.

[8] 黄治中. 木棉花正红：中山市石岐中心小学的学校文化解读 [J]. 广东教育（综合版），2007 (1)：8-11.

（本文原载《教育研究》2010 年第 7 期）

高校教师学术职业分化中的生师互动模式研究

史静寰　李一飞　许　甜

最近十几年间，中国高等教育出现了历史上从未有过的数量增长与规模扩张。虽然世界上已有近百个国家经历了高等教育从精英教育阶段向大众化教育阶段的过渡，但以大基数、高速度、短时间为特征的"中国式"高等教育大众化之路还是引起了世人关注。综观近年来国内外学者对中国高等教育大众化进程及变革问题的研究，主要遵循教育研究的"外部"逻辑，按照"外部需求压力—高教系统扩张—资源条件约束—内部组织变革"的思路，重在揭示宏观体制上教育与政治、经济、社会的联系，而对教育学的"内隐"意涵——"育人""教与学""师生之间交往"等微观层面发生的变化关注较少。而后者却是博耶（Ernest L. Boyer）所论大学学术职业的首要责任，是每一个高等教育机构的每一个教师都要珍视的。[1]

社会转型与学术变革对高等教育系统的整体冲击显而易见，而教育内部活动的细微影响却不易把握。但真正影响教育品质的事往往发生在大学课堂，在师生互动的教学情景中。[2] 只有深入大学教育的核心工作——由师生共同构成的教学活动发生的变化，我们才能真正理解阿特巴赫（Philip G. Altbach）所说——近半个世纪的"学术革命"从根本上改变了大学本质，使学术职业经历前所未有巨大压力的本质含义。[3]

本文从高等教育大众化影响下的中国不同类型高校学术职业的分化入手，从教育的本质内涵——教与学、教师与学生的交往出发，探寻不同类型院校中的生师交往模式及其对学生的影响。在大学教师学术职业受到社会变革大环境强烈影响的今天，关于生师互动行为及模式的研究有助于我们更全面了解丰富多变的外部世界如何影响教育系统的内部运转，如何改变看似平静稳定的教师学术职业及工作生活状态。

一、院校规模扩张与学术职业分化

由精英教育阶段迅速走进大众化教育阶段是中国高等教育在 21 世纪最初十年发生的最为突出和深刻的变化，它对整个教育系统，特别是高等教育的形态、结构、功能划分等带来了全面影响。

（一）高校及教师队伍的规模扩张与结构变化

扩招虽然是整个高教系统的共同任务，但在高教系统内部，不同院校主体所承担的扩招任务并不一致。总的说来，中国高等教育大众化的任务主要是由地方本科院校、专科院校承担的。自 1998 年始，我国"有研究生院高校"的本专科学生数增幅较小，从 1998 年到 2002 年增幅为 100.90%，之后增幅减缓，2006—2010 年仅增长 1.11%；而"其他本科院校"从 1998 年起一直是扩招的主力，1998—2002 年增长率为 163.08%，此后也一直处于高速增长状态，2006—2010 年增长率达到 50.31%；"专科院校"在扩招之初表现不俗，从 1998 年到 2002 年增长 156.50%，2002 年到 2006 年也有很大增长，近年来趋于稳定。（见表 1）

表 1 1998—2010 年我国三类普通高校本专科学生数变化情况及增长率对比

	学生数（人）				增长率（%）		
	1998 年	2002 年	2006 年	2010 年	1998—2002 年	2002—2006 年	2006—2010 年
有研究生院高校	473275	950792	1048782	1060379	100.90	10.31	1.11

续表

	学生数（人）				增长率（%）		
	1998 年	2002 年	2006 年	2010 年	1998— 2002 年	2002— 2006 年	2006— 2010 年
其他本科院校	2137984	5624594	8985554	13506368	163.08	59.75	50.31
专科院校	797505	2045603	6836099	7511123	156.50	234.19	9.87
总计	3408764	8620989	16870435	22077870	152.91	95.69	30.87

扩招最初表现为学生数量的增加，进而是教师的扩充。可以说，教师数量增长既是高校扩招的直接结果，也是扩招进入深层的表现，因为生师比不仅影响高校教师的职业生态，也会对学生的学习过程和结果产生影响。1998—2010 年我国三类院校教师的增长趋势与各类型院校学生数的增长趋势基本相符，但更细致地进行分析，即可看出，三类院校专任教师数与学生数的增速并不完全匹配："有研究生院高校"教师增长速度较快，2002 年以后教师数的增速甚至超过了学生数；"其他本科院校"1998—2006 年学生数的增长速度显著快于教师数，2006 年之后教师数增速才开始赶上；而"专科院校"1998—2002 年学生数增速较快时，教师数也有较大幅度的增加，2002—2006 年教师数的增速跟不上学生数增长，近年来情况有所改善。（见表2）

表2 1998—2010 年我国三类普通高校专任教师数变化情况及增长率对比

	专任教师数（人）				增长率（%）		
	1998 年	2002 年	2006 年	2010 年	1998— 2002 年	2002— 2006 年	2006— 2010 年
有研究生院高校	70475	92312	110258	121910	30.99	19.44	10.57
其他本科院校	255602	362570	392200	813583	41.85	8.17	107.44
专科院校	81176	163537	222200	407634	101.46	35.87	83.45
总计	407253	618419	724658	1343127	51.85	17.18	85.35

生师比是影响教育质量的重要因素。中国高校扩招以来，各高校的生师比发生了很大变化，1995 年统计显示全国高校生师比为 7.3∶1，2010年已达 16.44∶1。不同类型院校的生师比变化并不完全相同。三类院校中，"有研究生院高校"的生师比最低，"其他本科院校"次之，"专科院校"生师比最高。虽然 1998—2002 年三类高校的生师比均有较大增长，但"有研究生院高校"的生师比增幅最小，2002 年以后更是逐年下降；"其他本科院校"生师比在扩招后的最初几年（1998—2006 年）增势最为明显，2006 年后逐渐趋缓；"专科院校"生师比一直较高，而且波动较大。（见表 3）

表 3　1998—2010 年我国三类普通高校生师比变化情况

	1998 年	2002 年	2006 年	2007 年	2008 年	2009 年	2010 年
有研究生院高校	6.72	10.30	9.51	9.26	9.03	8.86	8.70
其他本科院校	8.36	15.51	22.91	15.49	13.32	16.37	16.60
专科院校	9.82	12.51	30.77	17.78	23.46	18.44	18.43
总计	8.37	13.94	14.31	15.77	16.04	16.32	16.44

（二）教师学术职业的功能分化

伴随扩招而来的不仅是高校规模扩张及生师比扩大，更有整个高等教育系统膨胀后教师职业的功能变化：工作量增加带来的压力、不同教师群体的定位、教学与科研投入之间的矛盾与冲突等。在这一过程中，由于不同类型高校面临迥异的外部环境与期待，拥有不同的学术资源与力量、不同的任务目标和定位，其教师队伍逐渐显现出职能与活动上的分化。费维泽以美国高校教师为对象的研究已经发现，"在解释教师工作时间的配置方面，院校特征远比其所在学科重要"[4]。

2011 年清华大学教育研究院采用自编调查工具"中国普通高校教师队伍状况调查问卷"对 44 所高校（含八大区域四大类型院校）进行了教师

问卷调查。调查共发放问卷 4900 份，回收有效问卷 3801 份，回收率为 77.57%。调研发现与美国高校教师研究类似的结论：高校教师的工作时间分配显示出与院校类型相符合的特征。

从"985 院校"到高职高专院校，四类院校教师日均工作时间逐渐减少。"985 院校"教师的日均工作时间最长，达到平均每天 9.82 小时；其次是"211 院校"教师。这两类院校教师的工作时间均高于教师日均工作时间。（见表 4）

表 4　四类院校教师日均工作时间情况（小时）

	"985 院校"	"211 院校"	地方院校	高职高专院校	平均值
正高级	10.37	10.19	9.6	8.26	9.89
副高级	9.71	9.61	9.02	8.53	9.18
中级	9.39	9.28	8.56	7.98	8.66
初级	9.13	8.91	8.52	7.85	8.25
无职称	10.00	8.13	8.00	9.16	8.97
平均值	9.82	9.61	8.93	8.21	9.08

随着教师职称升高，"985 院校"教师投入教学的时间比例减少，投入科研的时间比例上升。教师从事社会服务的时间并不随职称变化而呈规律性变化。总体来看，"985 院校"教师投入科研的时间比教学时间多 7 个百分点左右，职称越高的教师，投入科研的时间也越多，正高级职称教师科研时间占比比教学时间占比多 15.38 个百分点。（见表 5）

表 5　"985 院校"不同职称教师工作时间分配比例情况（%）

	教学	科研	社会服务
正高级	35.12	50.50	20.01
副高级	42.00	47.87	14.05
中级	44.73	42.98	16.31

续表

	教学	科研	社会服务
初级	39.58	42.17	25.00
无职称	46.67	41.11	27.50
平均值	40.59	47.14	16.93

"211院校"不同职称教师工作时间变化情况与"985院校"教师类似，但是变化的幅度较小。教师的主要工作为教学，教学比科研的时间占比多7.20个百分点，拥有正高级职称的教师从事科研的时间虽然也多于其他职称的教师，但教学、科研时间比例基本持平。（见表6）

表6 "211院校"不同职称教师工作时间分配比例情况（%）

	教学	科研	社会服务
正高级	43.11	43.49	20.16
副高级	49.06	40.21	16.29
中级	47.17	36.56	24.65
初级	52.00	29.50	23.13
无职称	36.25	56.67	38.33
平均值	46.94	39.74	20.38

地方本科院校和高职高专院校教师投入教学的时间更多，而用于科研的时间更少（见表7、表8）。

表7 地方本科院校不同职称教师工作时间分配比例情况（%）

	教学	科研	社会服务
正高级	49.53	37.76	18.60
副高级	58.51	32.89	18.54
中级	63.20	29.05	17.54

续表

	教学	科研	社会服务
初级	59.67	27.26	23.54
无职称	50.91	23.00	22.50
平均值	54.36	29.99	20.14

表 8 高职高专院校不同职称教师工作时间分配比例情况（%）

	教学	科研	社会服务
正高级	64.94	21.07	24.52
副高级	69.41	16.84	19.77
中级	70.26	15.87	19.11
初级	72.75	11.69	20.73
无职称	76.71	5.82	23.90
平均值	70.30	15.52	20.13

如果按照"研究型"（"985 院校"）、"研究/教学型"（"211 院校"和部分地方本科院校）、"教学型"（高职高专院校和部分地方本科院校）大学的功能划分①，三类院校教师在教学、科研工作时间上的不同，并非取决于教师的个人意愿或选择，而由不同类型院校的功能特点所决定。本研究的这一发现与美国相关研究的结果基本相同：教师花在不同活动上的时间因学校类型不同而不同，两年制学院、文理学院和综合性院校教师花在教学上的时间比研究型和博士学位授予大学教师要多（占比依次为70.1%、64.8%、61.1%、45.2%和53.2%），而后两类院校的教师用于研

① 中国高等教育机构分类是个复杂问题，目前关于分类的研究很多，但尚未有统一的分类方法。与本文比较接近的另一种分类方法是根据不同院校科研和教学的规模大小和比重，分出"研究型""研究/教学型""教学/研究型""教学型"四类（参见广东管理科学研究院"中国大学评价"课题组相关研究）。由于在本研究中"研究/教学型"院校与"教学/研究型"院校内涵差别不大，故合为一类。

究的时间比综合性院校、文理学院和两年制学院教师要多（占比依次为 31.0%、23.3%、13.6%、9.6%和4.7%）。[5]

综上所述，伴随高等教育的规模扩张，大陆地区高校教师的学术职业也开始发生分化。教师学术职业明显表现出与其所在院校相吻合的特征，而这些特征很大程度上受高等教育大众化进程的影响。

二、不同类型高校生师互动模式研究

高等教育的大众化阶段，在社会、市场、政府等多元力量的"撕扯"下，高校教师在更广泛的教育职能上面临期待与压力，教学这一大学最为传统及核心的职能必然受到其他各种事务的"侵蚀"，不同类型院校教师在教学与科研的平衡上也表现出不同侧重与偏好。在这样的背景下，不同类型院校教师的教学与科研状况、其生师互动模式就成为研究大众化阶段高校教师学术职业分化的必然论题。

本研究关注这一特征并聚焦于生师互动行为及模式问题，是因为我们相信：大学中的生师互动，看上去微观具体，却是一个能透视宏观环境变化、具有教育学研究永恒价值的问题。对这一问题的研究既有助于揭示社会变迁在院校层面的真实含义，还可以使我们深切感受由师生交往而体现的教育血液的流动，全面认识以人为中心的教育活动的真谛。

本研究重点关注中国不同类型院校是否存在生师互动的模式差异，这种差异对学生的学习收获及就学满意度影响如何，生师互动模式差异的原因何在。尝试回答这些问题可推动我们进入生师互动的结构内部，深入分析不同院校生师互动的细节和方式。

（一）学术职业范畴下的生师互动及其内涵

生师互动是大学人际关系的核心表现，而人际关系深深嵌入大学中人所生活的社会文化体系、环境和氛围中。课程教学在教育中的重要作用奠定了其在教师学术职业中的地位，而生师互动是执行课程设计、实现课程目标、发挥课程效用的直接途径。社会互动论作为社会学研究的三大核心理论，为人际互动的本质、情感培养与维持、认知过程与效率，以及人际关系性质变化提供了深刻的原理性解释。关于课程论的诸多研究也从实证经验的角度发现并论证了生师互动对于学生和教师成长的影响。

国内外生师互动相关研究的视角和主题可归纳为以下几种。（1）生师互动的类型学分析，包括依据互动的内容分为"学习性互动、社会性互动"，依据互动的发起者分为"教师主导型互动、学生主导型互动"，依据互动的场所分为"正式场合互动、非正式场合互动"或"课上互动、课下互动"等等。（2）生师互动的影响结果分析，包括对学生的学习性发展结果、学生的社会性成长结果、学生的就学满意度等的影响。（3）生师互动的影响机制研究，重在回答生师互动如何影响学生的学业结果、学习情感、学习态度与动机等。[6]

"全美大学生学习性投入调查问卷"（NSSE）的主要设计者库（George D. Kuh）在多年研究的基础上提出：单纯比较生师互动行为发生的频率与均值可以得出初步分析结果，但是这一结果还需与学生特定的学习结果相联系才能更真切反映教育效率。[7] 脱离对特定行为及效果的相关分析，会降低研究结果对行为本身及其意义的解释力。本研究从不同类型院校生师互动主体——学生/教师的差异入手，特别关注教师差异。因为在现实社会及教育的真实情境下，教师作为课程教学的主导方，对生师互动特别是课堂上的生师互动有更多的把握和影响。

（二）样本介绍

本研究所用数据均来自清华大学教育研究院 2010 年研制的"中国大学生学习性投入调查问卷"（NSSE-China），相关调查发放问卷 74139 份，回收有效问卷 60684 份，回收率为 81.85%。由于高职高专院校样本过少，此次分析删除了高职高专院校样本及无关样本，共计获得分析样本 45200

个，分布在全国 44 所全日制本科院校中，其中一般本科院校 22 所，样本 22811 个；"211 院校" 15 所，样本 15140 个；"985 院校" 7 所，样本 7249 个。

（三）分析维度与结果

出于文化适应性原因，我们早在引进并汉化 "全美大学生学习性投入调查问卷" 时就已经根据中国具体教育情景，对五大可比指标进行了一定的增补修订，在 "生师互动" 方面，建构了由 "互动空间（远距离/面对面）和互动性质（指导性/功能性）" 构成的四维度模式。[8] 2011 年，我们又运用经典测量理论（Classic Test Theory，CTT）和项目反应理论（Item Response Theory，IRT）对 "中国大学生学习性投入调查问卷"（2010 年版）五大可比指标的内部一致性信度和测验信息量/测量误差进行检测，发现："中国大学生学习性投入调查问卷" 五大可比指标的信度与 "全美大学生学习性投入调查问卷" 报告的结果[9] 基本一致，说明这一测量工具的五大可比指标具有一定的跨文化特征，可以用于不同文化背景的调查对象。而且，无论是基于经典测量理论的 α 系数（0.86），还是基于项目反应理论的边际信度（0.86），生师互动指标测量信度都最高。

本研究基于生师互动类型研究的已有框架，根据 "中国大学生学习性投入调查问卷" 的设计理论和相关题项，建构了生师互动的次级维度——生师学习性互动和社会性互动，以此作为本研究模型的核心维度。本研究将特定的生师互动行为与其相应结果 "学习性结果" 和 "社会性成长结果" 进行验证分析，以呈现和揭示生师互动对学生的影响。（见表 9）

表 9　生师互动题项及信度

维度	题项内容	信度系数
生师学习性互动	课堂上主动提问或参与讨论	0.781
	课堂上积极回答/思考老师没有既定答案的问题	
	学习表现得到任课老师及时的反馈（口头或书面）	
	和任课老师讨论分数或作业	
	课外和任课老师讨论课堂或阅读中的问题	
生师社会性互动	和任课老师讨论自己的职业计划	0.856
	和辅导员/班主任讨论自己的职业计划	
	和任课老师讨论人生观和价值观等问题	
	和辅导员/班主任讨论人生观和价值观等问题	
	和任课老师一起参与课程以外的工作（比如社团活动、迎新等）	

　　为了检验生师互动作为整体在院校类型上的差异，我们采用多因素方差分析（MANOVA）方法，将"生师学习性互动"和"生师社会性互动"同时作为因变量，以院校类型为自变量，结果显示生师互动在院校类型因素上存在显著差异 [Wilks'Λ = 0.997, $F(4, 88998) = 38$, $p < 0.001$, $\eta^2 = 0.0017$]。从单因素方差分析的结果看出，在"生师学习性互动"维度上，"211院校"得分显著低于"985院校"及一般本科院校，而"985院校"与一般本科院校间无显著差异；在生师社会性互动上，一般本科院校的得分显著高于"211院校"及"985院校"，后二者得分无显著差异。（见表10）

表 10   生师互动子维度在院校类型上的差异分析

	院校类型	样本量	均值	标准差	F	η^2	事后检验
生师学习 性互动 样本量=44714	一般本科院校	22532	34.11	17.89	56.10***	0.0025	一般本科院校> "211院校"
	"211 院校"	14983	32.15	17.31			
	"985 院校"	7199	33.63	17.87			"985 院校" > "211院校"
生师社会 性互动 样本量=44972	一般本科院校	22713	22.46	20.34	49.24***	0.0022	一般本科院校> "985院校"
	"211 院校"	15038	20.44	19.22			
	"985 院校"	7221	21.04	19.92			一般本科院校> "211院校"

注：*表示 $p<0.05$，**表示 $p<0.01$，***表示 $p<0.001$。下同。

为了进一步揭示生师互动的意义，本研究关注了"生师学习性互动"对学生学业成绩排名以及"生师社会性互动"对学生社会性成长的影响。已有研究表明，学生个体差异，如性别、前期就学经验、家庭背景以及所在年级等均会对学生的学业成绩及社会性成长产生影响。在本研究中，学生个体因素用性别（男生=0；女生=1）、是否独生子女（否=0；是=1）来显示，前期就学经验由其高中学校类型（包括职业学校、普通中学、县级重点中学、地市级重点中学、省级重点中学、全国重点中学，依次从1到6赋值）以及高中最后一学期的学业成绩排名（根据成绩排名，依次从1到5赋值）来体现，家庭背景因素用户口（农业户口=0；非农户口=1）、居住社区类型（按照农村、平房区、工矿区、经适房区、事业单位社区、普通商品房区、省委大院、高档商品房区依次从1到8赋值）及父母亲的学历（文盲、小学、初中、高中、大专、本科、硕士、博士，依次从1到8赋值）来体现。（见表11）

表 11　"生师学习性互动"与学生学业成绩排名的相关分析

	一般本科院校 标准化回归系数 （t 值）	"211 院校" 标准化回归系数 （t 值）	"985 院校" 标准化回归系数 （t 值）
生师学习性互动	0.214*** （−32.80）	0.237*** （−29.08）	0.269*** （−23.22）
大二	0.026*** （−3.44）	0.005 （−0.54）	0.025 （−1.90）
大三	0.045*** （−6.03）	0.021* （−2.37）	0.035** （−2.59）
大四	0.004 （−0.64）	−0.017* （−2.05）	0.001 （−0.08）
是否独生子女	−0.048 （−5.85）	−0.004 （−0.41）	0.012 （−0.84）
户口	−0.005 （−0.47）	−0.035** （−2.72）	−0.063*** （−3.38）
居住社区类型	−0.053*** （−5.40）	−0.038** （−2.87）	−0.02 （−1.05）
父亲学历	−0.004 （−0.41）	−0.002 （−0.20）	0.023 （−1.32）
母亲学历	−0.030*** （−3.33）	−0.018 （−1.56）	0.007 （−0.37）
性别	0.223*** （−33.57）	0.216*** （−26.26）	0.175*** （−14.90）
高中学校类型	0.063*** （−9.38）	0.032*** （−3.77）	0.037** （−3.05）
高中最后一学期成绩	0.121*** （−18.44）	0.077*** （−9.4）	0.071*** （−6.15）
样本量	20834	13551	6693
R^2	0.124	0.115	0.112

　　从表 11 的数据分析结果可以看出：第一，在控制了学校因素、家庭背景因素以及学生个体因素后，"生师学习性互动"与学生学业成绩排名显著相关（从标准化回归系数的显著性水平可以得出结论）；第二，从标准化回归系数的大小来看，"985 院校"的"生师学习性互动"与学生学业成绩排名的相关最强，关系最紧密；其次是"211 院校"；一般本科院校的"生师学习性互动"与学生学业成绩排名的相关最弱。

为了更好地了解"生师社会性互动"与学生社会性成长的关系，本研究参考"全美大学生学习性投入调查问卷"对于教育收获的分类标准，建构了学生社会性成长指标，该指标由"认识自我""个人人生观、价值观的确立""明确自己未来的发展规划"构成，指标信度系数值为 0.798。从表 12 可以看出，在控制了学校因素、学生家庭背景因素及个体因素之后，"生师社会性互动"和学生社会性成长的发展显著相关（从标准化回归系数的显著性程度可以得出结论）。从院校类型分类系数大小可以看出，一般本科院校"生师社会性互动"和学生社会性成长的相关最强，其次是"985 院校"，"211 院校"的"生师社会性互动"和学生社会性成长的相关最弱。

表 12 "生师社会性互动"与学生社会性成长的相关分析

	一般本科院校 标准化回归系数 (t 值)	"211 院校" 标准化回归系数 (t 值)	"985 院校" 标准化回归系数 (t 值)
生师社会性互动	0.271 *** (−40.58)	0.211 *** (−25.01)	0.253 *** (−21.37)
大二	0.014 (−1.86)	0.026 ** (−2.73)	0.037 ** (−2.71)
大三	0.039 *** (−5.13)	0.060 *** (−6.30)	0.054 *** (−3.94)
大四	−0.006 (−0.89)	0.008 (−0.95)	0.044 *** (−3.68)
是否独生子女	−0.035 *** (−4.19)	−0.024 * (−2.25)	−0.006 (−0.43)
户口	−0.010 (−1.05)	−0.019 (−1.45)	−0.020 (−1.04)
居住社区类型	−0.018 (−1.73)	0.006 (−0.46)	0.009 (−0.48)
父亲学历	0.035 *** (−3.87)	0.013 (−1.08)	0.005 (−0.30)
母亲学历	−0.026 ** (−2.84)	−0.007 (−0.57)	0.001 (−0.06)
性别	0.045 *** (−6.66)	0.037 *** (−4.36)	0.008 (−0.62)

	一般本科院校 标准化回归系数 （t 值）	"211 院校" 标准化回归系数 （t 值）	"985 院校" 标准化回归系数 （t 值）
高中学校类型	0.068 *** （-9.92）	0.052 *** （-5.91）	0.038 ** （-3.08）
高中最后一学期成绩	0.061 *** （-9.14）	0.069 *** （-8.22）	0.048 *** （-4.03）
样本量	20870	13560	6687
R^2	0.086	0.057	0.073

作为整体的生师互动与学生在学满意度的关系是本研究关注的重点之一。从表 13 可以看出，"生师学习性互动""生师社会性互动"都与学生的在学满意度显著相关。从院校类型来看，一般本科院校"生师社会性互动"与学生在学满意度相关程度最高；而在"985 院校"，"生师学习性互动"发挥的作用更大，学生对学校及就学经历的满意度和"生师学习性互动"高度相关，与"生师社会性互动"的相关则较弱。

表 13　生师互动与在学满意度的相关分析

	一般本科院校 标准化回归系数 （t 值）	"211 院校" 标准化回归系数 （t 值）	"985 院校" 标准化回归系数 （t 值）
生师学习性互动	0.192 *** （-22.29）	0.193 *** （-18.47）	0.220 *** （-14.95）
生师社会性互动	0.213 *** （-24.68）	0.168 *** （-16.00）	0.146 （-9.92）
大二	-0.041 *** （-5.54）	-0.036 *** （-3.85）	-0.017 （-1.29）
大三	-0.033 *** （-4.46）	-0.024 ** （-2.61）	-0.043 ** （-3.29）
大四	0.004 （-0.68）	0.000 （-0.04）	0.002 （-0.13）

续表

	一般本科院校 标准化回归系数 (t 值)	"211 院校" 标准化回归系数 (t 值)	"985 院校" 标准化回归系数 (t 值)
是否独生子女	0.034*** (−4.19)	0.020 (−1.92)	0.021 (−1.43)
户口	0.006 (−0.65)	−0.005 (−0.41)	0.015 (−0.80)
居住社区类型	0.004 (−0.36)	0.020 (−1.53)	0.002 (−0.13)
父亲学历	−0.023** (−2.67)	−0.007 (−0.57)	0.053** (−3.06)
母亲学历	0.009 (−1.06)	0.018 (−1.59)	0.006 (−0.34)
性别	0.033*** (−4.98)	−0.013 (−1.52)	−0.084*** (−7.25)
高中学校类型	−0.050*** (−7.49)	−0.034*** (−4.02)	0.002 (−0.14)
高中最后一学期成绩	0.010 (−1.59)	−0.004 (−0.53)	0.089*** (−7.81)
样本量	20675	13446	6659
R^2	0.143	0.110	0.140

三、分析与研究结论

第一,伴随高等教育大众化的发展,中国高等教育系统内部开始出现功能分化。克尔(Clark Kerr)30 多年前基于美国高等教育发展历程所论证的现代多元高等教育系统内的"功能分化"现象[10],在今天的中国同样存在,而且由于中国高等教育大众化的规模更大、速度更快、时间更短,其分化过程和特征都更为复杂。在中国高等教育大众化进程中,地方普通本、专科院校承担了主力军角色。以大学在校生数为例,2010 年与

1998 年相比，其他本科院校增长 5.3 倍，专科院校增长 8.4 倍；而有研究生院的研究型大学，在校生数仅增长 1.2 倍。本研究基于教师问卷得出的教师工作时间和职能分布，已基本呈现出研究型（"985 院校"）、研究/教学型（"211 院校"和部分地方本科院校）、教学型（高职高专院校和部分地方本科院校）三种类型院校的功能分化。目前存在的问题是：虽然高等教育系统内的机构分层分化在中国已具雏形，但无论是系统内还是系统外，对不同机构的目标与功能定位尚未达成共识；政府、社会及市场也未能通过合理的资源配置方式，推动不同机构有效形成并履行各自职责。这使不同高校难以明晰办学方向，也对高校教师队伍建设产生不利影响。

第二，高等教育大众化发展进程中的院校及教师职业分化是影响生师互动的直接因素和变量。本研究通过对中国不同院校生师互动行为进行类型学分析，不但验证了国外学者提出的"生师学习性互动""生师社会性互动"在中国同样存在，而且揭示出两种互动模式在中国高等教育系统内与不同类型院校的联系。本研究最重要的成果是通过对两种生师互动模式与不同院校学生成长、学习收获和在学满意度的相关分析，揭示出生师互动与学生成长、学习收获和在学满意度直接相关。这使生师互动的意义不仅停留在教育学理念层面，而且可以通过学生的学习行为和收获呈现出来。这一发现使我们更加关注生师互动模式的多样性和有效性问题，也引发我们对生师互动模式与院校人才培养目标、院校环境条件、生师群体需要及特点的"适配"问题的思考，并推动我们认真研究生师互动影响学生成长的途径与机制问题。

第三，生师互动作为极富教育性质的人际活动，存在于所有教育机构。不同院校生师互动模式上的差异，不能简单归结为互动"水平"或"质量"上的高低，而要考虑不同生师群体的特征和不同院校的功能定位。例如，一般本科院校的"生师社会性互动"得分较高，而"985 院校"的"生师学习性互动"得分较高，这表明两类院校的生师互动模式不同。如果再结合不同生师互动模式与学生学习收获及在学满意度之间的关系，各种模式的差异就显得尤为突出。教育的本质意义是使人社会化，从这个角度来说，"生师社会性互动"是更本原、更基础性的互动。一般本科院校在"生师社会性互动"上做得更好，对学生社会性成长的影响更明显，这正是这些院校作为教育机构存在的重要价值，也是其教育功能发挥作用的直接体现。"生师学习性互动"具有更清晰的目标和指向，要求师生有更好的学术基础和训练。"985院校"在这一方面表现突出并不让人奇怪，这和"985院校"的学术研究特质及对生师群体学术能力的选拔直接相联。

第四，生师互动作为教育场景中的人际交往活动，深受社会环境、教育体制和教师职业变迁的影响。其中社会环境是宏观背景，教育体制是约束条件，直接受两者影响的教师职业功能与地位的变化则很大程度上决定了生师互动的形式与质量。因此，研究中国不同类型大学中的生师互动，不能仅仅从教育教学的具体技术层面入手，还要看到大学制度、文化环境及教师学术职业变迁等宏观影响因素和条件。例如，关于"211院校"生师互动状况不如"985院校"，甚至不如地方本科院校的分析，显然要考虑"211院校"在中国社会及教育体制中的特殊境遇：作为地方旗舰大学，"211院校"既是各地本科教育扩招的主力军，又被赋予发展研究生教育的重要责任，还要承担服务地方发展的领头人角色；近年来"211院校"新教师数量增多，但缺乏必要的教学能力培训等。总之，生师互动不仅和生师的个体意愿和能力有关，更与院校环境条件、制度安排和工作价值观相联系。

第五，大学中的生师互动，看似微观具体，却是一个能透视宏观环境变化、具有教育学研究永恒价值的问题。教育史研究中早有学者注意到：大形势的变化、大学规模的扩张、教学形式的发展、教师职业功能及地位的变化等，是生师关系疏远、生师交流匮乏的主要原因。[11]研究者基于理论逻辑推断、实证数据分析和经验感知判断还发现，经济全球化的发展正在打破过去一百年发展起来的大学专业工作模式[12]；高等教育大众化、市场化带来的院校功能（常常表现为院校类型和层次）分化、教育/教学与研究工作的分离、学生事务管理日趋专业化的特点等，都深深影响着院校组织结构、人际关系（包括生师关系）的变化；多元、综合的研究型大学的出现几乎不可抗拒地改变了传统大学的校园文化环境和教师学术职业内涵。汇集美国顶尖大学教授和本科生的哈佛大学哈佛学院的前院长刘易斯（Harry Lewis）在谈及生师关系及互动问题时不无悲观地说：没有任何一所研究型大学可以宣称自己已经真正解决了生师交流的问题。[13] 正处于社会转型及教育改革关键时期的中国社会也出现了关于"大学师生关系缘何陷入功利化冷漠化"问题的讨论。对于这样一个复杂问题，本文只是研究的开始。我们将继续探索，揭示生师互动所代表的教育血液的流动和以人为中心的教育活动的真谛。

参考文献

[1] CLARK B R. The academic life：small worlds，different worlds［Z］. Princeton：the Carnegie Foundation for the Advancement of Teaching，1987.

[2] BOK D. Our underachieving colleges：a candid look at how much students learn and why they should be learning more［M］. Princeton：Princeton University Press，2006.

[3] ALTBACH P G，REISBERG L，RUMBLEY L E. Trends in global higher education：tracking an academic revolution［Z］. A report prepared for the UNESCO 2009 World Conference on Higher Education，2009.

[4] ENDERS J，DE WEERT E. The changing face of academic life：analytical and comparative perspectives［M］. London：Palgrave Macmillan，2009：185.

[5] 阿特巴赫. 变革中的学术职业：比较的视角［M］. 青岛：中国海洋大学出版社，2006：184.

[6] PASCARELLA E T，TERENZINI P T. Student-faculty informal contact and college persistence：a further investigation［J］. The journal of educational research，1979，72（4）：214-218；PETERSON P L，MARX R W，CLARK C M. Teacher planning，teacher behavior，and student achievement［J］. American educational research journal，1978，15（3）：417-432.

[7] CARINI R M, KUH G D, KLEIN S P. Student engagement and student learning: testing the linkages [J]. Research in higher education, 2006, 47: 1-32.

[8] 罗燕, 罗斯, 岑逾豪. 国际比较视野中的高等教育测量: NSSE-China 工具的开发: 文化适应与信度、效度报告 [J]. 复旦教育论坛, 2009 (5): 12-18.

[9] LANASA S M, CABRERA A F, TRANGSRUD H. The construct validity of student engagement: a confirmatory factor analysis approach [J]. Research in higher education, 2009, 50: 315-332.

[10] 克尔. 高等教育不能回避历史: 21 世纪的问题 [M]. 杭州: 浙江教育出版社, 2001: 71.

[11] 包尔生. 德国大学与大学学习 [M]. 北京: 人民教育出版社, 2009: 186-188.

[12] 斯劳特, 莱斯利. 学术资本主义: 政治、政策和创业型大学 [M]. 北京: 北京大学出版社, 2008: 1.

[13] 刘易斯. 失去灵魂的卓越: 哈佛是如何忘记教育宗旨的 [M]. 上海: 华东师范大学出版社, 2007: 67.

(本文原载《教育研究》2012 年第 8 期)

论大学组织冲突

周作宇

　　大学是一种特殊形式的组织，大学组织冲突与大学的改革和发展相伴相生。大学的兴衰起落，在某种程度上说就是大学组织冲突的折射。大学组织冲突的层面包括个体、人际、群体内、群体间、组织之间、内嵌于组织的文化。大学的组织冲突既有组织冲突的一般特征，也有因大学组织的特殊性而显现出的独特性。从大学和外部组织的关系看，围绕"何谓大学"的身份问题而存在着边界冲突。在大学内部，存在着大学"应该做什么"和"如何组织"的使命、功能和结构上的冲突。认识冲突、管理冲突，利用冲突的积极作用、克服和限制其消极影响，对大学发展有着重要意义。

一、大学身份认同：组织边界冲突

　　大学是一种社会实体，存在着多元利益相关人。大学的利益相关人是直接或间接受到大学行动的影响的那些"人"。大学决策对他们有一种"利害关系"，大学的利益相关人分内部利益相关人和外部利益相关人。大学外部利益相关人的范围很广。外部利益相关人在身份上与大学没有内部隶属关系，但是在利益上和大学之间存在一定相互影响关系。从相关人的存在形式上看，有具体相关人和抽象相关人之分。具体相关人有正式的法律身份，抽象相关人则是超越具体组织与个人的拟制存在，比如市场、社会、公众等。

大学的外部利益相关人构成复杂，人群众多，由于各自和大学的关系在性质上有所不同（有正式的关系，有松散的关系；有行政关系，有协约关系；等等），因而表现出不同的互动特征。在互动过程中，不同类型的组织或个人由于长期形成的"组织范式"，不可避免地将自身的思维方式、工作风格、外部期望等个性特征带到与大学的互动关系中来。政府部门拖着科层化和行政化的影子，企业界盯着合作中的利润和效益，媒介聚焦大众的热点和兴趣，千千万万个家庭则关注子女经过大学的洗礼能够在社会阶层和职业中占据的位置。从理论上讲，大学不是政府、不是企业，大学不是非政府组织（NGO）、不是职业技能培训学校，大学就是大学。但在实际操作过程中，不同组织根据自身的"组织范式"对大学的定位、价值观、战略选择、运行方式等特有的品质抱以期待，施加影响，甚至加以干预，其结果是大学与其他组织的同质化。当外部利益相关人凭借自身资源优势（权力、经费等）对大学实施干预的时候，大学和外部的"边界冲突"就会发生。面对边界冲突，大学要么坚卓守望，要么失守就范，要么适时"转身"。如何选择，更多地取决于大学自身对"身份"的体认和认同。

内部利益相关人就是大学组织内通过行动实现组织目标并且享受组织利益的成员。内部利益相关人从大类上分为学术人员和非学术人员。学术人员再细分，还可以分为直接学术人员和辅助性学术人员。非学术人员则是为大学的学术活动提供支持和保障的工作人员。对直接学术人员而言，还可分为完全学术人员和非完全学术人员。完全学术人员是以学术为职业的人，非完全学术人员也从事学术活动，但学术活动不是职业，而是为未来职业做准备的与学术工作相关的活动。大学教师是完全学术人员，本科生是非完全学术人员，研究生是潜在的完全学术人员。

从活动性质上看，研究生的学术活动和大学教师相同，但从职业属性和身份上讲，研究生①是潜在的完全学术人员，但不是现实的完全学术人员。在内部利益相关人中，学生是一个独特的群体，他们具有"生产"和"消费"双重性。这里所讲的生产与消费不是严格的经济学意义上的概念，而是一种隐喻。学生是生产者，乃是因为学生是界定大学的重要主体，离开学生就无所谓大学。学生学习是自我行动，但同时又是在学科规训和教师教学指导下的行为。他们本身就是生产者，也消费着大学所提供的各类服务和产品。

大学里的行政人员属于学术人员还是非学术人员？在"双肩挑"现象非常普遍的情况下，似乎难以区分。按照韦伯式的理想类型，这里的行政人员指那些不从事学术工作，或者专为学术工作（如教学、科研、国际交流等）提供组织服务，或者为全学校成员提供财物服务的人员。前一种行政人员属于辅助性的学术人员，而后者则属于非学术人员。完全学术人员、非完全学术人员、辅助性学术人员和非学术人员构成大学内部利益相关人的结合体。主体的角色不同、价值观不同、工作性质不同、关注内容不同、交往圈子和交往形式不同，必然会产生权力、认知和利益上的冲突。

需要说明的是，如果像剑桥大学前校长理查德（Alison Richard）所言，"大学是抽象的，而这里的人是具体的，正是具体的人界定着大学"，或者如梅贻琦先生更简明界定的，"所谓大学者，非谓有大楼之谓也，有大师之谓也"，那么可以断言，大学学术人员是大学身份的象征。这并不是否定大学其他成员的价值，相反，没有这些人员的投入和参与，现代大学甚至难以正常运转。但是，这些成员也同样存在于其他机构，而且在工作性质上没有根本的区别。所以，在大学身份认同的问题上，学术身份是大学的核心之所在。一切活动都应该围绕学术工作展开。在大学里有不同

---

① 这里的研究生指尚未参加工作的全日制的研究生。按照中国的人事制度和劳动政策，他们还没有获得独立的职业资格。所以，他们虽然也从事学术活动，比如知识学习和学术研究，但还不是以学术为业。

的利益相关人，也需要设置不同类型的岗位承担特定的工作职责和任务，但学术职业以及以此为中心展开的制度安排，乃是大学边界的基本判据。学界讨论的行政权力和学术权力的矛盾以及大学的"行政化倾向"，在结构和制度层面，表现为学术人员和非学术人员在权力上的冲突。

从个体层面来看，大学组织冲突乃是经济利益、政治利益、社会利益之间的冲突；而从大学组织的合法性上看，它则是来自大学内部利益相关人的一种关于大学身份的认同冲突，也就是说，在"大学和其他组织比较起来其特殊性究竟何在"的边界问题上，内部利益相关人在认识上产生分歧，在行为上产生对核心价值的偏离。

大学的身份不是给定的，不能拿大学的一般定义来限定一所具体的大学。大学是什么，不仅仅取决于文本对大学的规定，而且取决于人们，尤其是大学利益相关人的解释。历史上王朝更迭，许多组织销声匿迹，但为什么像博洛尼亚大学、巴黎大学、牛津大学、剑桥大学这样的古典大学能够常青？如果变成了公司，大学能否永续？大学如果像公司一样，将经济利润作为组织追求，那么社会分工中的组织合法性何在？政府对大学的建设发展至关重要，但是如果大学变成政府拖长的尾巴，成为政府的"派出机构"，大学的组织独立性何在，生命力何求？大学的兴衰起落、合合分分、"王旗变换"，究竟该谁主沉浮？在国际高等教育版图中，合并使被合并院校的"户口"消失，升格使院校"华丽转身"也共享"千人一面"，更名使大学出现记忆断裂，大学命运的转承变幻，无不折射出大学组织身份的"边界危机"。边界危机通过边界冲突的形式被释放出来，而在大学身份认同上出现边界冲突的同时，大学自身在结构和功能上也表现出不同程度的冲突征候。

二、大学行动安排：组织使命冲突

在对大学的使命和功能的认识上，学界和高等教育实践领域虽然有涉及文化引领、民主建设等方面的补充观点（这些观点犹在争论之中），但在人才培养、科学研究和社会服务三个方面已形成普遍共识。许多在大学理想、大学理念、大学使命、大学功能的标题下研究大学办学方向的文献，往往将纽曼重自由教育的大学理想，洪堡强调科学研究、提倡学术自由的主张，以及范海斯倡导重视社会服务的"威斯康星思想"作为与三大功能对应的三大理念。克尔在目睹大学的迅速扩张、组织结构日益复杂的现象后，提出"多元巨型大学"（multiversity）的概念。由 college（学院）、university（大学）到 multiversity（多元巨型大学），从学者社团到多元巨型大学，随着大学功能的扩展，大学管理面临着越来越多的挑战。在资源有限、目标模糊、人员流动频繁的组织环境下，大学在使命和治理方面矛盾凸显，冲突频发。

较早论及大学使命冲突的是康奈尔大学前校长珀金斯（James Perkins）。在《组织与大学的功能》一文中，珀金斯在对大学使命和功能演变进行历史追述的基础上，揭示出在大学诸使命之间存在着冲突。他指出，关于大学组织的一般描述是，大学是由董事会、学术机构、行政部门和学生构成的学术社区。董事会从政府那里获得特许状，聘任校长，让其负责行政事务，批准学术机构选拔学生且施以教育，并从事科研和社会服务，实现三大公认的基本功能，但这种对大学组织的简单化描述"具有一定的欺骗性"。事实上，大学是现代社会中最为复杂的组织，它越来越复杂，并且越来越混乱。说其复杂，乃是因为大学的正式结构无法对实际的权力或责任进行明确界定和描述；说其混乱，乃是因为它的功能并不是，也不可能仅仅通过章程的正式规定照章办事而实现。大学的组织窘境在某种程度上是因为自身存在着使命冲突。不仅如此，大学的功能拓展了，不同使命相互冲突，但是大学还保持着原初的针对教学或知识传递功能而设计的组织框架。而大学在科研、社会服务以及民主社会的理想建设等方面的新使命所需要的组织形式，与单纯从事人才培养的组织结构比较，相去甚远。[1]

在珀金斯看来，大学的使命冲突肇始于 19 世纪大学研究功能的兴起。此前，大学也从事一定的科学研究，但研究的目的是促进教学工作，"使教师的大脑更加敏锐、讲座更加鲜活、学生在智力上更加机敏"。研究形式在早期表现为私人的钻研、反思和写作。几个世纪以来，学术研究局限在个人探索的层面，而非机构性行为。因此，大学对学术研究的支持十分有限。但是这样的状况逐步变化，学术人员的注意力从传递知识转向探究新知识。由此，到 19 世纪末，不管研究对教学有无影响，它本身已变成大学的一个目标。研究从对教学使命的支持性存在上升为大学另外一个相对独立的使命。在研究成为大学的一个使命之后，过去紧密联系的研究与教学之间的关系受到了"腐蚀"。如今，两者变得泾渭分明。对研究而言，"创意比人更重要，实验室和图书馆比院系教师会议更重要，外部经费比内部预算分配更重要，学术领域同行的学术评价比学生发展的教学评价更重要"[2]。大学社会服务功能的扩张使大学使命的冲突增加了。根据珀金斯的理解，在广义上看，大学从诞生之日起就通过培养和造就学者、教师和有教养的好公民而履行社会服务的功能；从狭义上讲，大学直接承担社会服务的功能是从美国赠地学院运动开始的。集教学、科研、社会服务于一体的农学专业被认为是将大学三大功能有机结合的楷模。

珀金斯富有洞见地揭示了大学使命之间的结构性冲突，这对研究组织冲突具有重要的参考价值。但是，由于他的着眼点是大学组织层面的问题，对冲突的研究没有展开，所以有必要予以进一步讨论。从总体来看，大学的使命关涉大学的发展方向，与大学的功能有关。大学的功能是大学使命的具体化，大学使命乃至大学功能之间的冲突必须被还原为大学的行动才可以理解。大学行动就是围绕大学使命而展开的一系列活动。按照大学内部组织的职能划分，这一系列活动还可分为行政和学术两大类。学术活动包括教学（主要指面对在校的常规学生而开展的教学活动）、科研和社会服务三种活动。学术活动是大学的核心活动，正是学术活动使大学和社会其他组织实体相区别。珀金斯所谓的使命冲突，主要是从大学学术功能上讲的。学术功能需要行政支持，但学术行动最终由学术人员自身来承担。因此，在分析大学使命冲突的时候，需要将学校组织层面的冲突还原为个体层面的冲突。如前所述，组织冲突涵盖了个体、群体和组织各个层面。无论在哪个层面，资源的有限性和活动的多样性需求是一对永恒的矛盾。在有限的资源里，时间资源是其中一种稀缺资源。

在个体层面，首先是单个个体内部存在冲突。如何理解将大学功能冲突还原为学术人员的个体内部冲突？对大学学术人员而言，一部分人从事教学工作，一部分人从事科研工作，一部分人从事社会服务工作，这种将三种功能分别安排三种不同的人来完成的现象虽然有，但是比较少见。常见的情况是，一个人同时要从事三类活动，这三类活动可能会相互促进，比如，像珀金斯所言，早期大学中的学术研究主要是为了促进教学工作，反过来，教学也会促进对学术问题的深入思考。但是，对单个活动主体而言，这三类活动由于在时间上存在排他性，即此时若用于教学就不能从事科研，搞社会服务的同时就不能从事教学，如此等等，因此存在着相互竞争的现象。

在时间给定的情况下，当不同任务在同一时间区间内要求学术人员做出行动的时候，三大功能之间的冲突就会在个体身上发生。当个体对三种活动不得不做出选择的时候，由时间冲突的表面现象所折射的价值冲突和利益冲突就显现出来。在个体层面，如果经济价值在个体价值观中占有核心位置，那么，按照经济学"理性人"的假设，学术人员会以经济利益最大化原则做出选择，即通过对三类活动的利益计算来分配自己的注意力和精力。那些能够给个人带来更大经济利益的活动会被排到优先位置，有偿的社会服务、高回报的科研项目当然会成为追逐的目标。如果"切割知识边缘"被看作核心价值，学术人员的注意力就会集中在解决学术难题上。个人的价值取向不同，精力投入和注意力分配就会有所侧重。假若个人的价值取向和行为偏好完全自主，那就会使大学"组织失灵"，即大学人员和组织失去联系或只保持松散的象征性隶属关系，大学成员成为自己的雇员。

事实上，尽管大学学术人员在工作岗位上享有相当程度的自主性，大学的组织规范还是有相当影响力的。大学主张什么、鼓励什么、支持什么，就三类活动建立怎样的综合激励机制，在一定程度上影响着教师的行为。如此，个体层面的冲突就上升到个体之间、群体之间和组织层面。学术人员个体之间的关系与工业组织员工之间"流水作业"的工作链关系不同。对三类不同的活动而言，工作关系存在很大的差异。在教学活动中，教师直接面对学生，不受其他教师的影响。大学的课程结构有一定的先后安排顺序，在微观的质量保证上也存在前后制约关系，比如，学生的高等数学学不好，大学物理的学习就可能受影响。但就教学工作而言，在教师间不存在强制性的协作要求，因而不构成直接冲突。但是，由于教师间存在教学资源或激励资源的配置问题，如课时、教学实验室、教学创新团队、教学名师等的配置，因此，个体之间的冲突就有可能发生。类似的冲突还会出现在科研和社会服务等方面。三类活动分别存在的个体间的冲突本质上是资源竞争中的冲突。对个体而言，社会认可和资源获得是冲突的基本动因。这样的冲突是一般的组织中的人际冲突。教学、科研和社会服务三者之间的冲突乃是使命冲突，即功能性冲突。这样的冲突在群体层面，尤其在院系层面也有相似的表现。

院系在学术人员的工作安排上究竟是教学优先，还是科研、服务优先，在导向上有很大的差别。一方面，"育人为本"的呼求和"人才培养是大学核心功能"的大学定位成为官方表达；另一方面，"研究型"因被视为大学水平和声誉的基本判据而受追捧。以横向课题、技术和决策咨询、继续教育为代表的社会服务项目如潮席卷，校办企业和旨在筹集经费的校企合作备受推崇，作为拯救大学的一剂猛药，以企业家精神领导大学的主张见于国际高等教育管理学界，诸多诉求、诸多需要、诸多活动将大学的精力切分，使大学的权力转移。与学术人员个体层面的冲突相似，在组织层面，使命冲突从根本上说是大学价值观的冲突，是围绕不同使命开展活动而不得不面对的大学责任、利益和权力的较量。

大学功能的演进是一个自然的历史过程，是不可逆的。纽曼的大学理想值得"怀旧"，洪堡的大学理想值得追求，但是克尔描述的多元巨型大学无法回归至"是"（to be）。无论是大学这艘船的舵手还是船上的成员，必须直面多重使命、多重功能驱动的挑战，而大学的制度安排必须做出有效的回应。

三、大学组织设计：治理结构冲突

"结构指的是在直接感受到的经验之下潜藏的各种社会安排所体现出来的模式。"[3] 在广义上，大学组织结构是影响大学人员互动方式、制约其行为选择、超越偶然的个体行为表现的大学行动安排模式。这种模式是客观存在的，大学人员或者在意识层面能够直接感受到，或者已经将之内化为行为模式而处于无意识状态。大学组织是一个开放系统，由机构、成员、制度、资源、基础设施等要素构成。由各要素不同的排列组合方式形成的结构，影响着大学人员的行为。根据大学人员的行为属性可以将大学组织结构分为治理结构、学术结构、社会结构、政治结构、经济结构、文化结构等。治理结构是大学为了实现组织目的而在机构设置、权力配置、人员和资源调动等方面做出的制度安排。学术结构涉及人才培养和科学研究中的学术事务，包括学科结构、专业结构、课程结构、项目结构等。

大学内的社会结构由于大学成员构成的不同而表现出不同于一般社会结构内其他组织的特征。其中，大学内部的分层现象具有特殊的社会学意义。总体而言，大学的政治结构与国家政党和政体同构，一个国家有什么样的政体，在大学内部也会相应地存在什么样的政治结构。即便如此，在微观层面，大学仍存在体现不同组织性格的微观政治结构，从而使一个大学不同于其他大学。经济结构乃是大学经济运行中的收入支出结构，不同国家对不同属性大学的经济规定有所不同。在公共经费普遍缩减的大环境下，通过学费、社会服务和经营性收入增加经费总量，是许多大学的应对策略。一些国家的大学有类似"基金"的投资咨询机构，一些国家的大学则有专门针对科研收益中出现的"利益冲突"而制定的内部规定。在支出分配上，不同国家的不同大学也表现出许多不同的结构性特点。关于文化结构，斯诺曾在《两种文化》中有所论及。事实上，在大学内部存在多种亚文化。就学术文化而言，除了斯诺所描述的人文和自然科学两种不同群体分别共享各自的文化价值外，社会科学的兴起、工程科学的分野、跨学科的交叉和融合，都对斯诺两种文化的"理想类型"提出了挑战。上述大学组织结构的各个不同面向都有专门讨论的必要，比较而言，治理结构属于行政性的结构问题，与大学管理实践密切相关，影响组织绩效，故重点讨论。

大学治理是大学决策过程中在大学内部（包括董事会、教师、学生、职员、行政人员、学术委员会、教育委员会、教师大会、工会等）的相关人员之间进行权威、权力和影响力分配的过程。[4] 大学治理在不同国家有不同的传统，在同一个国家不同类型的大学中还有不同的结构和运行模式。特拉克曼（Leon Trakman）在比较英国、澳大利亚和美国的大学治理结构的基础上总结了五种治理模式：教授治校、公司模式、董事会模式、利益相关人模式和聚合模式。[5] 教授治校模式的基本假设是，大学学术人员最了解大学的目标和愿景，他们也知道该如何实现这样的目标。所以，大学应该由学术人员来治理，或者赋予教师大会绝对权力，或者主要由教师代表组成委员会，或两者并行，由此实现教师对学校的治理。公司模式的出现是对公众关于公立大学管理不善、效率低下的批评和指责的回应。聚合模式是以上几种模式取长补短的、综合的产物。聚合模式的典型陈述是：在组织身份上，大学为整个社会奠定知识基础，在学科或专业领域的学术研究上追求卓越，"切割知识边缘"，实现重大突破，为经济发展推动创新；在人才培养方面，无论学生的背景如何，为他们提供各种机会，最大限度地实现他们的潜能；在经济行为方面，大学的一些营利行为能够获得利润；在经费使用上，专款专用，合法合理地用好公共经费；在管理中，保证学术自由，使专家学者公正科学地建言献策，在相关领域提供高水平的咨询服务。[6] 董事会模式是一种委托代理模式，强调受托人（董事会成员）对委托人的诚信态度。利益相关人模式重在突出大学利益相关人不同的利益诉求和在大学决策中的公平表达。

赫根（Eileen Hogan）在考察加拿大社区学院的治理结构的基础上总结了治理的四种模式：一元治理、二元治理、三元治理和混合治理。一元治理下只有一个治理机构，该机构既负责行政事务，也负责学术事务。二元治理下有两个决策机构，一个是董事会，一个是教师大会或教育委员会。三元治理包括三个决策机构：董事会、教师大会和教育委员会。混合治理是前面几种模式的混合，多见于远程教育机构。尽管不同院校、不同学者对治理结构的制度安排和理解阐释有所不同，但对核心问题的认识是共同的：为谁决策、谁决策、怎样决策、如何落实。而无论是一元治理、二元治理，还是三元治理，治理问题都绕不开三大要素：学术事务、资源配置和利益诉求。对三大要素的侧重不同，治理的结构就不同，而每一种模式都只能照顾到大学的局部层面，难求整体平衡。当学生规模小，外部环境相对稳定，大学受到来自政府和市场的压力和影响较小的时候，教授治校有其合理性；而当学校规模扩大，政府和市场的影响增强，经济运作、绩效责任成为突出问题的时候，公司模式似能解燃眉之急。

此外，大学具有公共性，不能封闭办学，必须考虑社会责任和公共利益。对此，董事会模式或利益相关人模式就是积极的回应。多重目标、多重主体、多重利益、多重技术，面对如此多样的大学侧面，任何治理模式都不可能满足所有方面的要求，结构性冲突不可避免。何况，治理结构不仅仅是一个静态秩序问题，还涉及操作化的动力过程。

在相当长的时间里，韦伯的"科层范式"（"官僚范式"）是主要的解释框架和理想类型。与此并行的是"学者社区"的理论解释。这两种模式各有短长。鲍德里奇（Victor Baldridge）根据 1968 年对纽约大学进行的个案研究提出了解释大学治理的"政治范式"[7]，作为对这两种范式的补充。根据韦伯的解释，官僚组织是一个由一系列社会群体联合起来的网络，服务于一定的目标，为了效率最大化相互协作，按照法制理性的原则开展工作。在组织中，制约人们行动的不是人际友谊、家庭忠诚和具有卡里斯马人格的领袖指导，而是经过一定的法律程序确立的原则、规定和纪律。这样的结构有正式的命令链，也有正式的沟通系统。斯特鲁普对大学治理的官僚范式做过系统的阐释，他从胜任力标准、工资的领取方式、等级级别的明确性、职业的专职性、生活方式、终身制特点以及个人财产和单位财产相分离等方面论述了"官僚范式"对大学的适恰性。鲍德里奇在总结学界关于官僚范式的适用性的基础上，从六个方面进一步讨论了大学管理中的官僚成分。① 同时他也指出，在决策过程的权威性、动态性和政策的形成性等方面，官僚范式的解释力存在局限。在官僚范式视野下，权威涉及正式规定的权力，但是对其他形式的非正式权力和影响鲜有论及，如群众运动压力、专家的权力、诉诸情感的权力、不合法的威胁构成的权力等。官僚范式强调正式的结构，对动态过程关注不够。在组织设计中，正式的静态结构不可或缺，但是离开了对动态过程的深入描述，就不能全面反映组织的行动状态。在某一个时间节点上，官僚范式可以解释组织的正式结构，可是在一定时间跨度内，其无法解释组织的变迁过程。官僚范式对政策出台后的有效运行有一定解释力，但对政策形成过程中的博弈和政治斗争少有涉及。鉴于在大学运行的现实过程中各种力量交织、多种矛盾并存，针对大学目标模糊、技术不清、流动普遍的问题，科恩和马奇将大学描述成一种"有组织的混乱机构"。[8] 大学的决策过程像往垃圾桶扔垃圾，并非完全的理性过程，而是在特定时间相互独立的参与者、问题、

---

① 鲍德里奇指出：第一，大学是由政府许可成立的复杂的组织，是承担公共责任的法人。第二，大学结构是一个正式的科层结构，有处室，有规定处室相互关系的条例。每个大学成员都有一定的身份和头衔，如教授、讲师、研究助理、院长、校长等。第三，有必须遵从的正式沟通渠道。第四，尽管边界模糊并且经常变化，但有明确的官僚权威关系。第五，有正式的政策和内部制度及规定。第六，有由相关人员管理的一整套活动和流程，如学生的建档、注册、毕业等程序。

解决方案和选择机会碰巧联系在一起的事件。大学官员个人的优先/重点倾向与特定问题相匹配，是制定解决方案的基础。科恩和马奇的"垃圾桶"理论对官僚范式理性假设提出了挑战。

此外，与"官僚范式"形成鲜明对照的还有"学者社区"范式。根据这种范式，大学是由学者们组成的社区。大学治理与其他官僚结构的治理不同，"圆桌会议"式地全员参与大学管理事务是学者社区的组织特性和需要。在学者社区里，学者们自己管理学术事务，不需要科层化的行政官员。学者社区范式的主张者米利特（John Millet）认为，在大学组织中，大学成员之间的人际互动客观存在，静态的"官僚范式"对此无法解释，因此，官僚结构并非期望的组织描述。[9] 帕森斯（Talcott Parsons）曾对官僚结构中的处室所要求的"公务能力"和执行具体任务的"技术能力"做过区分。诸如医院的外科医生、军事顾问、工业界的科学家、大学的教授，他们的影响力来自自身的专业知识，而不是其正式的"官职"。鉴于专业知识在个人决策中的主导作用，对专业技术人员而言，个人能力应受尊重，组织约束应该放松。

有鉴于此，帕森斯指出，必须设计不同于官僚机构的新型组织，在其中，没有严格的官阶和权威层级，从正式身份上说，大学成员应该是地位平等的同事。[10] 此外，根据鲍德里奇的分析，随着大学的不断扩张，大学越来越没有人情味。师生之间的互动日渐稀少，学生在大学中的疏离感日益增强，学生的不满加剧。为了克服人满为患、官僚浊气上升的巨型大学病，重返"学者社区"，凸显人性关怀、实施人道教育、直面现实生活的吁求浮出水面。古德曼（Paul Goodman）指出，作为学者社区，大学应该增进师生的互动，使课程更加贴近实际，大学教学要更具创新精神，以使学生和所学学科内容能进行实质性的对话。[11] 学者社区范式对大学成员而言，有一种"乡愁"式的怀旧情怀。大学的"原型"理想在纷扰的变革时代虽然值得珍视，但是，这种范式失之简单，几近乌托邦。在鲍德里奇看来，学者社区的倡导者们常常将"描述性"和"规范性"两种不同形式的陈述混淆。大学究竟"是学者社区"还是"应该是学者社区"？学者社区范式与其说是对客观现实的描述，不如说是对"失乐园"的悲鸣。在决策过程中，"圆桌会议"的描述没有反映大学内部不同层面的实际情况。在学系层面以及在一些学术性的专业性委员会里，有相当的"圆桌会议"成分。但在大学高层，决策过程远非"圆桌会议"的平等协商，冲突是不可避免的组织形态。学者社区范式对冲突的解释力多有缺失，为学者社区所推崇的决策中的所谓"意见一致"是过于天真的看法。既然大学决策既非完全的"官方许可"，也不完全是学者们"意见一致"的结果，那究竟如何解释大学的决策过程？对此，鲍德里奇提出了融官僚程序、统一意见、权力运作、矛盾冲突、明争暗斗的政治博弈于一体的政治范式。

根据鲍德里奇的分析，政治范式的基本假设有以下六个方面：（1）冲突是组织活动中的自然形态，不是反常的表现，也非大学社区的沦陷征候。（2）大学分为许多利益群体和权力集团。不同的利益群体尽力影响大学决策以利于其价值诉求和目的。（3）少数政治精英主导核心决策，但这并不意味着一个精英群体可以操纵所有事务；相反，大学的决策分为多种类型，不同的精英做出不同的决策。（4）尽管精英政治占优，但是大学中还存在着民主倾向。年轻教师和学生参与决策的诉求不断增加，他们的声音也确实在决策委员会中有所反映。（5）官僚组织安排下的正式权威受到政治压力和利益集团的议价权力的巨大限制。大学的官员不能随便发号施令，他们需要在权力集团之间斡旋，以期达到利益平衡。（6）外部利益群体对大学具有巨大的影响。大学内部集团不可能在真空中制定政策。[12] 在总结了六大假设的基础之上，考虑到大学的政策关涉"如何将利益群体的欲望转化为政治资本"的核心问题，鲍德里奇重点从政策形成过程切入，提出了大学治理的政治范式。根据这种范式，大学治理和决策是一个政治过程。大学处于复杂的社会结构之中，不同群体由于存在生活方式、价值追求和政治利益的分歧而产生冲突；围绕冲突出现的诸多压力集团对大学政策的制定施加影响；各种利益诉求通过正式程序最终转化为大学政策；

在政策形成并付诸实施后，冲突和紧张暂时得以清除。政策实施过程中会不断出现信息反馈，经过一段时间的集聚，新一轮冲突产生。如此循环，展现了大学政治的现实面相。

政治范式弥补了官僚范式和学者社区范式的缺陷，将大学微观政治的动态摩擦和互动过程揭示出来。但是，鲍德里奇的政治范式也存在一定的局限。这种范式未能解释为什么在持续的冲突中组织还能延存，它低估了日常官僚程序的影响，同时，还有许多其他政治程序没有引起该范式的注意。该范式对长期规划和决策模式的重要性没有充分体认，对组织结构在政治努力中的制约作用也认识不足，而且忽视了大学组织的环境因素。事实上，大学组织本来就是一个复杂多面体。官僚范式、学者社区范式、政治范式各有其适用的解释范围和侧面。在对大学组织治理的理解上，它们各自强调某个方面而忽视了其他方面。作为"认识工具"，它们各有用处。官僚范式基于"理性假设"，在一定程度上潜在地将组织喻为机器，强调常规运转秩序。学者社区范式中的"学术人"则怀揣梦想，生活在纯净世界，不食人间烟火，通过"群言堂"自我管理，建构一个学术的理想国。这种模式虽然浪漫无际，但它是大学性格的理想写照。政治范式是对官僚范式、学者社区范式的补充和拓展，而并非旨在取代这两种范式的"独尊"范式。政治范式提醒人们，人是"政治动物"，个人之间、组织之间的讲价还价、竞争合作、斗争妥协等现象，是组织的常态。

以上关于大学组织冲突的讨论，实践背景限于美国等西方国家，理论多为西方学者创造。尽管冲突的形式和解决策略在不同国家和文化背景下有一定的差异，用西方的理论解释中国的实践，难免存在"削足适履"的缺陷，但是，作为高等教育机构，大学组织特性存在一定的跨国跨文化共性，这是理论借鉴和评价以及实践问题分析的基础。对中国高等教育实践而言，按照《国家中长期教育改革和发展规划纲要（2010—2020年）》的判断，提升高等教育质量和建立现代大学制度是两项重大任务。在某种意义上说，"钱学森之问"和"去行政化"就是这两大问题的通俗表达。

泛泛而论，在宏观层面，高等教育系统本身存在结构、规模和效率问题。高等教育质量和制度的关系既受微观层面活动的影响，也和超越微观层面的要素相关。个别大学的质量不能反映高等教育整体的质量。但在统计学意义上，不同类型、不同层级的大学的质量代表集合状况，可以在一定程度上反映高等教育质量的一般水平。在微观层面，大学质量和大学制度相关。细分析起来，大学质量不是笼统的质量，而是具体的与特定使命和功能联系的质量，即人才培养质量、科研质量和社会服务质量。现代大学制度的核心是决策和秩序问题，包括谁决定、为什么、谁做什么、收到什么样的效果，涉及大学的治理结构和管理运作过程。

大学组织设计是人为的过程，也是承袭历史传统的结果。大学组织在身份、使命和结构上的冲突以及冲突在实践操作中的展开，既受共时性的环境影响，也受历时性的惯习约束。空间和时间作为两个影响变量，构成观察大学组织发展的坐标，在大学组织发展和制度安排的实践中具有重要意义。导致冲突的原因和冲突的后果是多方面的，一般认为，资源短缺、主体的目标和个性不同、多头指挥、权力交叉、评估和奖励系统错位、任务之间相互依赖等都可能是冲突的原因。在最抽象的意义上，资源是人们可以用来认识、生产、消费或交换的有形或无形的利益。韦伯所谓的财富、名望和权力，都是资源。而对拥有多重使命和功能的复杂组织而言，时间是不可忽视的一种稀缺资源。资源的稀缺性是组织冲突的重要根源。而制度、规则和个性，也影响冲突的发生、强度和解决。从冲突的后果来说，一方面，冲突可能是积极的，有助于刺激组织的创造性，暴露组织存在的缺陷，为组织的创新、改进和变革创造条件；另一方面，冲突也可能会激化矛盾、打击士气、制造分裂，加速组织瘫痪或失效。在对待冲突的态度或策略上，通常有回避、和解、调解、控制或权力介入，以及正面对峙等。回避策略指视而不见或将冲突双方分开，使其少有互动。和解策略指息事宁人，强调冲突双方的和谐关系。调解策略旨在寻找冲突双方都觉得比较满意，至少是局部满意的解决方案。控制或权力介入策略指通过更高管理层的介入来解决问题，而不是将冲突限制在相关层级。正面对峙策略是通过彻底而公开的讨论，找到冲突的根源和类型，议定有利于群体的最佳的解决方案，其代价是某个甚至所有的冲突方利益受损。不同文化对待冲突的态度和管理冲突的方法也有所不同。我国经典文献中有许多家喻户晓的箴言，如"和为贵""和而不同"。"和"是价值追求，"不同"可以，但以"和"为基础。这些本土声音反映了我国传统文化在看待和处理人际冲突方面求"和"的价值取向。这在组织沟通中具有积极意义，但是从另一个侧面也反映出一定程度上的对待冲突的消极"回避"态度。

从组织的立场来看，如何正视冲突、管理冲突、设计有效制度、限制冲突的消极作用、发挥冲突的积极作用，是大学组织发展的重要任务。在大学的身份问题上，必须突出大学组织的学术个性，在强调开放办学的同时，厘清大学和其他组织的边界。在大学治理结构上，围绕学术组织的独特性质，一方面要还微观政治以本来面目，另一方面还要在学者社区和管理绩效间求得平衡。如果说大学使命冲突是大学功能拓展的必然结果，而"育人"是大学的根本任务，那么就要在制度上和文化上重塑大学的使命，在三大功能的排序上从个体行为层面开始，设计有利于人才培养这一核心的现代大学制度。

参考文献

[1] PERKINS J A. Organization and functions of the university [M] //PERKINS J A. The university as an organization. 2nd ed. New York：McGraw-Hill，1973：3.

[2] 同 [1] 6-7.

[3] 沃特斯. 现代社会学理论 [M]. 北京：华夏出版社，2000：13.

[4] ALFRED R. Shared governance in community colleges [Z]. [S. l.]：Education Commission of the States，1998：1-8.

[5] TRAKMAN L. Modelling university governance [J]. Higher education quarterly，2008，62 (1-2)：63-83.

[6] 同 [5].

[7] BALDRIDGE V. Academic governance：research on institutional politics and decision making ［M］. Berkeley：McCutchan，1971.

[8] COHEN M D，MARCH J G. Leadership and ambiguity：the American college president ［M］. New York：McGraw-Hill，1974.

[9] MILLET J. The academic community ［M］//BALDRIDGE V. Academic governance：research on institutional politics and decision making ［M］. Berkeley：McCutchan，1971.

[10] PARSONS T. Introduction，in Max Weber，the theory of social and economic organization ［M］//BALDRIDGE V. Academic governance：research on institutional politics and decision making. Berkeley：McCutchan，1971.

[11] GOODMAN P. The community of scholars ［M］//BALDRIDGE V. Academic governance：research on institutional politics and decision making. Berkeley：McCutchan，1971.

[12] 同 [8].

（本文原载《教育研究》2012 年第 9 期）

关于中国特色现代大学制度的理论认识

张应强　蒋华林

《国家中长期教育改革和发展规划纲要（2010—2020 年）》（以下简称《教育规划纲要》）提出了完善中国特色现代大学制度的目标和任务。但是，对什么是中国特色现代大学制度、中国特色现代大学制度的"中国特色"是什么、中国特色现代大学制度与现代大学制度的"普适性"是什么关系等基本理论问题，人们鲜有深入涉及和系统回答。如果不解决上述基本理论问题，在建设和完善中国特色现代大学制度过程中，就会出现思想理论上的混乱和改革实践中的偏差，也就不能采取正确的政策措施，就不能取得预期的建设结果。因此，有必要就中国特色现代大学制度的有关基本理论问题进行深入研究和探讨。

一、正确认识和理解现代大学制度

要理解中国特色现代大学制度，首先必须正确认识和理解现代大学制度。现代大学制度是一个中国化的概念，西方学者较少直接使用这一概念。我国高等教育领域自 20 世纪 90 年代中期就开始广泛使用"现代大学制度"这一概念，并对其内涵和特征进行了持续研究。

大学制度就是关于大学管理或治理所形成的管理或治理框架、规则体系和制度安排。应该说，无论中外，有了大学就产生了相应的大学制度。在大学发展的每一个时期，都存在大学制度，无论这种大学制度是在大学演变过程中自然形成的还是在政府和社会干预下形成的。

在西方,中世纪大学是现代大学的源头。中世纪大学催生和确立了大学独立、大学自治、学术自由的大学理念,开启了大学的制度化过程。大学通过比较完善的制度逐步成为一种定型化的、专门的、独立的学术与教育机构[1],形成了一种"行会型"大学制度。在德国的"第二次大学革命"中,柏林大学基于新人文主义教育理念,创造了一种研究与教学相结合的"学术社团型"大学制度。美国威斯康星大学则创造了一种面向市场和社会需求的"社会服务型"大学制度。随着这些大学制度经历了与弗莱克斯纳所说的"现代大学"、克尔所称的"多元化巨型大学"、克拉克定义的"创业型大学"等大学理念的冲突和融合,传统大学逐步演化为"现代大学",大学制度也相应步入现代大学制度阶段。

我国近现代大学是世界现代化过程"冲击-反应"的产物。我国通过向西方国家派遣留学生、延请西方教习、开办洋务学堂、移植和借鉴西方大学理念和制度等来建立近现代大学和高等教育体系。我国的大学制度先后经历了学习和借鉴欧洲国家大学制度以及美国大学制度的过程。从 1949 年至 1978 年的 30 年间,我国在经历了"苏联模式"和解放区高等教育模式(大学制度)的激烈冲撞之后,形成了一种政治和教育高度融合的革命化、劳动化、大众化的教育制度。[2] 改革开放之后,我国重新学习和借鉴西方国家(主要是美国)的大学制度,开始探索中国特色现代大学制度。

从世界范围来看,现代大学制度是现代社会的产物,所指的是特定时期的大学制度。它是从 20 世纪 50 年代开始,在大学逐步进入社会的中心并产生众多利益相关者之后,面对复杂的大学内外部关系和矛盾而形成的关于大学的制度安排以及指向未来的趋势。从历史演进来看,现代大学制度是大学制度在中世纪大学萌芽后,在保持大学传统、应对环境变化、响应社会需要的过程中,经历近千年的磨合和调适,"进化"到现代所形成的大学制度。我们称为"现代"大学制度,以区别于在此之前的大学制度。

　　一般说来，现代大学制度主要包括两大方面：一是宏观方面或者说高等教育体制方面，主要涉及大学与政府的关系、大学与社会的关系、大学与大学的关系；二是微观方面或者说大学自身层面，主要涉及大学的内部治理结构，其核心是大学内部的学术权力与行政权力的关系。关于现代大学制度的特征，教育部前部长周济同志在中外大学校长论坛报告中的论述具有代表性，即"强调大学办学自主与社会职责的相辅相成，追求大学学术权力和行政权力的平衡和谐，鼓励大学人才培养和科学研究的密切结合，重视大学自我发展与自我约束机制的有机统一"[3]。

　　目前，要理解现代大学制度的内涵，有几个关键性认识问题需要进一步明确。

　　第一，现代大学制度并非目前的、西方国家的大学制度。对现代大学制度，有一种从时间和区域意义来理解的观点。从时间意义看，认为现代大学制度是关于"现代大学"的制度，当今世界的大学都可被称为"现代大学"，因而现代大学制度就是当前已有的大学制度。从区域意义理解，认为西方发达国家的高等教育和大学系统比较先进，现代大学制度就是目前西方发达国家的大学制度。这种理解是有失全面的。大学制度是关于大学的一种制度安排，不同历史时期有不同的大学制度安排，因而有不同的大学制度。现代大学制度意指"大学制度"的"现代版"，其核心概念是"大学制度"而非"现代大学"。因此，现代大学制度并非"现代大学"制度，不是关于"现代大学"的制度。西方发达国家的确探索出了一套比较先进的大学制度，但大学的制度安排不可避免地受到不同国家教育和文化传统的影响。现代大学制度是就世界范围内的大学制度而言的，人类社会的各种文明、各个国家都对现代大学制度的形成和发展做出过自己的贡献。这就是说，现代大学制度是建立在当代世界文明成果基础之上的，而不是某个国家或某些国家的大学制度。

　　第二，现代大学制度具有指向未来的理想特性。现代大学制度中的"现代"（modern）一词，既具有时间意义，又具有价值意义。就单纯的时间概念讲，中西方对"现代"一词的理解是不同的。中国把鸦片战争以来的历史称为近现代史，西方国家（欧洲国家）则把自文艺复兴以来的历史称为现代史。其实，历史分期并非只是一个单纯的时间节点的确定。中西方对"现代"起点的不同确定，以及以重要的历史和文化事件作为标志，本身就说明"现代"一词是兼具时间性和价值性的。正如"传统"不是单纯的时间概念一样，"现代"也不是单纯的时间概念，它们都具有价值特性，并且与未来直接关联。我们今天所说的"传统"的东西，在过去就是那个时期的"现代"；我们今天所说的"现代"的东西，在未来就是"传统"。如此看来，单纯从时间意义上来理解现代大学制度没有实质性意义，现代大学制度呈现状态性与过程性兼具的特点。正如"现代化"具有追求发展和进步、表现人类美好追求的价值意义一样，现代大学制度也是一个具有价值特性的概念，具有追求完善、指向未来的理想的大学制度的意义。

第三，现代大学制度体现了普适性和多样性的统一。大学是一个具有共同价值追求和"世界性性格"的机构。在现代社会，虽然各国政治制度、经济发展水平、文化传统存在重大差异，各国也建立了不尽相同的大学管理制度和高等教育体系，但大学在基本性质和理想追求上却具有高度一致性——大学是学术和文化机构，是文化传承和知识生产机构，是教育和人才培养机构；大学自治、学术自由、学者治校成为各国大学坚守的基本信念和追求的基本目标。

20世纪50年代以来，不同国家大学的相互借鉴和影响以及不断加强的大学国际化趋势，使各国大学更具相似性、共同性和国际性，形成了共同的理念、制度和价值追求。在全球信息化时代，大学文化、大学制度正在超越地域限制和意识形态壁垒，一种与时代相适应的大学制度的全球流动已经形成。在大学发展史上，大学制度、大学模式、大学理念相互借鉴和相互影响的例子屡见不鲜。新中国的大学制度建设就受到了苏联高等教育模式的深刻影响，我们仍然可以在我国当前的大学制度和模式中看到苏联模式的影子。[4] 美国约翰·霍普金斯大学的创办就在相当程度上借鉴了德国的大学理念和大学制度。而美国结合本土实际和经验创造的威斯康星思想和大学制度,在第二次世界大战以后风靡全球,各国高等教育和大学深受其影响。这就是说,在相互影响和借鉴中形成的现代大学制度,具有在全球流动和发展的趋势。这就是现代大学制度普适性的表现。

但是,大学制度又是一国对自身高等教育体系和大学系统所做的一种制度安排。大学制度安排与国家的政治制度、行政体制、经济发展水平、文化传统高度相关。在现代,特别是国家全面介入高等教育和大学之后,大学制度成为国家制度的重要组成部分,不可避免地受到国家政治经济文化制度的影响。大学制度因此表现出鲜明的国别特色而具有多样性。

第四,现代大学制度仍在发展变化中。现代大学制度的形成是一个历史过程,当前的现代大学制度仍然在进一步发展之中。这种发展,是在遵循大学传统和应对变革的张力中进行的。面对不断变化的外部环境,大学的理念和制度都在进行调整。现代大学制度当前正在经历的变化,从外部来讲主要有大学与政府、大学与社会的关系的调整。随着大学的社会作用不断加大和重要性不断加强,各国政府都加强了对大学的干预和影响,大学也越来越多地通过应对和满足多样化社会需求来获得社会资源和财政资源,这就给大学自主、大学自治的理念和制度带来了严峻挑战。与此同时,大学的组织形态和社会角色也在变化,如多元化巨型大学、创业型大学、官产学研联合体、全球高等教育超级联盟、数字化校园甚至数字大学、大学公司或公司大学等新型大学形式的出现,给大学的理念和制度带来强烈冲击。

从大学内部管理和治理来讲,随着大学与社会关系的日益广泛和紧密,以及大学社会职能的多样化,特别是将社会问责制引入高等教育系统,过去松散的大学管理模式已不能适应现代大学的发展需要,传统的"教授治校"模式已不能满足大学的发展要求。大学开始调整内部组织构架和管理行为,大学中的行政权力与学术权力迅速分离,行政系统和行政权力逐渐强化，学术组织（学部、院系）与职能部门的关系更加复杂，大学日益表现出行政权力主导的特点，甚至出现了大学职业经理人（管理团队）来管理大学的现象。就大学与大学的关系来看，由于资源的市场化配置，各国大学系统逐渐形成适应多元化社会需要的分流、分工、合作和竞争的院校功能体系，不同类型、不同服务面向、不同适应性的多样化院校体系已经形成。

二、中国特色现代大学制度的思想内涵

中国特色现代大学制度，是社会主义制度下的现代大学制度，它体现现代大学制度的普适性和共同趋势，体现大学的本质特性，有利于大学健康发展和发挥大学的社会作用，有利于主动适应国家政治制度、经济制度和文化制度并与之协调。

（一）中国特色现代大学制度的基本特征

第一，中国特色现代大学制度首先必须是现代大学制度，必须体现现代大学制度的共同特征和发展趋势。不能因为强调"中国特色"而偏离现代大学制度的共同特征和共同要求，"中国特色"绝不意味着与现代大学制度的普适性内容和特征相冲突。过分强调国情而排斥普遍规则，"中国特色"就会成为不改革不发展的"挡箭牌"，我们建设的大学制度就不是现代大学制度，就不是具有现代意义和价值指向的大学制度，就是"落后的"大学制度。我们也不能把"中国特色"和"现代大学制度"对立起来；否则，强调"中国特色"也就没有任何意义。

第二，中国特色现代大学制度必须有利于中国大学的健康发展和大学社会作用的充分发挥。建设现代大学制度本身并不是目的，目的是通过建立和完善大学制度，促进大学的健康发展，有效发挥大学的社会作用。因此，那些落后的、阻碍大学健康发展和社会作用发挥的体制机制等因素，不能是"中国特色"。比如，"文化大革命"时期实行的"革命化"大学制度，虽然产生在中国，但它不是中国特色现代大学制度；大学缺乏自主权和大学的行政化运行也不能是"中国特色"，因为就世界范围来看，大学自产生以来就是独立的学术与文化机构，必须有高度的自主权，必须按照学术生产的逻辑运行；"大学官本位"也不能是"中国特色"，因为"官本位"不仅是我国的一种封建文化糟粕，而且与现代民主政治和服务型政府的理念严重不符。

第三，中国特色现代大学制度是主动适应中国社会政治、经济、文化特点和改革发展趋势的大学制度。所谓主动适应，就是完整体现大学的本质特性，在充分发挥大学自身价值判断基础上的适应，而不是不加选择和判断的被动适应。主动选择和适应，既指对我国社会政治、经济、文化现实特点的适应，也包括对我国社会政治、经济、文化改革发展趋势的适应。在某种意义上，主动适应也意味着超越和批判。大学是有独立价值追求和价值标准的，特别是在教育和文化价值方面，大学存在的意义，不仅在于适应现实文化，更在于超越现实文化、批判现实文化和引领社会文化发展。

（二）现代大学制度"中国特色"的来源

按照上述特征，我们认为中国特色现代大学制度之"中国特色"的来源主要有以下几个方面。

一是高等教育是社会主义事业的重要组成部分。《中华人民共和国宪法》（以下简称《宪法》）第十九条规定："国家发展社会主义的教育事业，提高全国人民的科学文化水平。"《中华人民共和国高等教育法》（以下简称《高等教育法》）第三条规定，国家"遵循宪法确定的基本原则，发展社会主义的高等教育事业"。这就是说，在我国，高等教育是社会主义事业的重要组成部分，政府是将大学作为"事业单位"来管理的。虽然这与西方市场经济国家普遍把大学定位于学术与文化组织和独立法人有显著区别，但是，我国将高等教育作为社会主义事业的重要组成部分，除了保证高等教育的社会主义性质和政治方向之外，也有利于将高等教育纳入社会主义现代化建设范围统筹规划，并与其他社会发展领域协调改革和发展。改革开放后，我国实施科教兴国和人才强国战略，坚持以人为本、统筹兼顾、协调发展的科学发展观，动员国家和全社会的力量，集中全社会的资源和智慧，加大对高等教育的资金投入和政策支持力度，极大促进了高等教育的整体改革和快速发展，充分体现了将高等教育作为社会主义事业所带来的优越性。

二是中央政府是高等学校和高等教育事业的举办者和管理者，统筹全国高等教育发展。《宪法》第十九条第二款规定："国家举办各种学校，普及初等义务教育，发展中等教育、职业教育和高等教育，并且发展学前教育。"第八十九条第七款规定，国务院"领导和管理教育、科学、文化、卫生、体育和计划生育工作"。《高等教育法》第十三条规定："国务院统一领导和管理全国高等教育事业。省、自治区、直辖市人民政府统筹协调本行政区域内的高等教育事业，管理主要为地方培养人才和国务院授权管理的高等学校。"第十四条规定："国务院教育行政部门主管全国高等教育工作，管理由国务院确定的主要为全国培养人才的高等学校。"《宪法》和法律明确规定国家举办学校，同时规定了各级政府的高等教育权利和义务。

同时，我国始终强调中央政府对高等教育发展的全国统筹。《高等教育法》第六条规定，"国家根据经济建设和社会发展的需要，制定高等教育发展规划"。第二十四条规定，"设立高等学校，应当符合国家高等教育发展规划，符合国家利益和社会公共利益"。这些计划和规划的共同特点是强调建立和完善中国特色社会主义现代教育体系，对不同时期的全国教育事业进行总体谋划，提出重要改革领域和重大改革举措。为保证这一体系的形成，我国特别强调教育资源的全国布局，强调高等教育区域均衡和协调发展。虽然其他国家（地区）也会对高等教育发展做出某些规划，但它们很少能"举全国之力"对高等教育资源进行整体规划、布局和调整，更少有中央政府主导的高等教育对口支援、促进欠发达区域高等教育发展的政策和行动。高等教育发展的全国统筹，对于我们这样一个区域经济和高等教育发展严重不平衡的国家实现高等教育公平和社会公平，体现高等教育的后发优势，建立和完善现代高等教育体系，增强高等教育国际竞争力，充分发挥高等教育对经济建设和社会发展的引擎作用，具有重要的意义。

三是高等学校实行党委领导下的校长负责制。新中国成立以来，我国高校内部领导和管理体制几经调整，最后确立了党委领导下的校长负责制。《中国共产党普通高等学校基层组织工作条例》规定："高等学校实行党委领导下的校长负责制。高等学校党的委员会（以下简称高校党委）统一领导学校工作。"《高等教育法》以法律形式对此予以确认，其第三十九条规定"国家举办的高等学校实行中国共产党高等学校基层委员会领导下的校长负责制"，第四十条规定"高等学校的校长、副校长按照国家有关规定任免"。这就是说，党委领导下的校长负责制，是目前我国高校内部治理结构基本框架的基础。这一基础是我国基本政治制度在高等教育领域的反映，是必须维护和坚持的。同时，我们注意到，这一领导和管理体制在实际运行中出现了诸多复杂问题，导致了持续争论。核心问题是在高等学校这类学术和文化组织中，如何在充分尊重和体现学术与文化组织特点的基础上改进并加强党的领导。我国的社会组织和机构种类繁多、性质各异，充分尊重组织各自的特性，是在坚持党的领导和社会主义政治方向前提下科学确立各自领导和管理体制的关键。

三、中国特色现代大学制度的基本框架及其完善

按照现代大学制度的普适性要求以及"中国特色"的来源，我们认为中国特色现代大学制度的制度安排由三个层面所构成。就大学与政府的关

系而言，其基本框架是大学自治、依法办学、政府管理；就大学与社会的关系而言，其基本框架是社会参与、中介协调、开放竞争；就大学的内部治理结构而言，其基本框架是党委领导、校长治校、教授治学、学术自由。

要建立和完善中国特色现代大学制度的基本框架，目前需要进一步解放思想，在如下领域加大改革力度。

一是着力改革和调整大学与政府的关系。大学与政府的关系涉及面广，但核心在于确立大学自治的理念和完善相关法律与制度，把高等学校建设成为面向社会依法自主办学的法人实体，确立大学真正的独立法人地位。出于历史原因和中国现代化的特殊性，我国近现代大学自诞生以来就承担着抵御外侮、富民强国、振兴民族的伟大历史使命，我们奉行的是"政治论高等教育哲学"，缺乏西方大学那种延续了数百年的"大学自治""为知识而知识"的传统，加上几千年来形成的高度集权的管理文化和管理体制"惯性"，大学长期处于政府的直接管控之下，甚至演变为政府的附属机构或延伸机构。大学不能自治，就无办学自主权可言。我国历次的高等教育管理体制改革，主要调整的是中央政府、行业主管部门和地方政府在管理大学上的权力分配关系，而没有涉及政府和大学之间的关系，没有确立大学自治权和自主权。大学的办学权来自政府，要经过政府的"授权审批"。大学接受政府委托和授权，作为政府的"被委托人"和"代理人"开展教育活动和办学活动。从1979年苏步青等呼吁"给大学一点自主权"到目前的大学办学自主权诉求，我们总是希望政府"下放"办学自主权，政府也的确会"下放"一些办学权利，但在实际运行中往往陷入"一放就乱，一乱就收，一收就死"的怪圈。其实，大学办学自主权是大学本身所固有的权利，"下放"办学自主权恰恰说明办学权不在大学手中，而在政府掌控中。

目前世界上主要有中央集权管理和地方分权管理两种高等教育管理体制，但这是针对高等教育宏观管理而言的，而不是针对大学办学而言的。

可以说，在日本实行国立大学独立行政法人化改革之后，世界各国大学都实行了高度的大学自治体制。政府与大学的关系，不是上下级关系，而是两个平等主体的关系；中央政府和地方政府的关系，不是领导与被领导的关系，而是全局与局部的关系。高等教育集权管理体制并不必然导致大学缺乏办学自主权。因此，我们需要参照国际惯例，处理好"管教育"和"办大学"的关系，即政府宏观管理高等教育，高校自主办学。《教育规划纲要》提出要推进政校分开、管办分离，政府要进一步转变职能，减少审批事项。真正将之落到实处，首先必须确立大学自治的理念，从法律上、制度上确认和保障大学是面向社会依法自主办学的法人实体。

二是着力改革和完善大学与社会的关系。第二次世界大战后，高等教育已逐步进入社会的中心，产生了众多利益相关者，大学力求对不断变化的社会需求做出最快的反应和最大限度的适应。但是在我国，由于长期的计划经济体制以及由此带来的政府对大学的过度保护，大学与社会的关系还比较僵硬，大学对社会需要的变化反应不及时、适应不够，社会问责体系和市场竞争机制还没有作为约束机制进入大学办学领域中，由此形成了我们特有的"办好大学很难，办垮大学也很难"的现象。因此，目前改革和完善大学与社会的关系，关键在于在确立大学作为独立自治法人实体的前提下引进完全的市场竞争机制，革除高等教育领域的"双重体制"，促使大学从面向政府办学转向面向社会和市场办学，从高等教育质量的政府评价转向社会评价和市场评价。[5] 西方大学发展壮大的经验一再表明，竞争促使大学准确定位，竞争产生多样化，竞争带来办学压力、动力和活力，竞争增强大学的社会适应性，竞争也使民众采取"用脚投票"的方式来评价和检验大学的办学质量。在大学依法办学前提下，基于市场和社会需要的大学竞争不仅不会带来混乱，而且会形成一种比政府控制更好、更稳定的大学竞争和发展秩序。

三是着力完善大学内部治理结构。大学内部治理结构涉及大学的学术权力和行政权力的关系。西方国家是在把大学看作学术与文化组织的前提下来讨论学术权力问题的，即大学是学术组织，大学治理必须保证学术权力的主导作用，行政权力只是一种辅助性力量。行政权力对学术事务的干预，包括大学引进和建设专门的强大的管理团队，目的不在实现大学的行政性目标，而在于使大学作为独立自治主体达成其卓越的学术目标和提升其市场竞争力。

对我国大学而言，由于长期以来形成的面向政府办学的特点，我们在大学的定性和定位上与大学的现代性相去甚远，实际上把大学办成了政府的附属机构或延伸机构。大学以行政级别以及校长和行政人员的"官员制"和"任命制"与政府行政体制相对接，完成了与政府行政机构的同体同构，因而大学内部以行政权力为核心建立起管理框架和科层体系，大学的行政化运行由此大行其道，学术权力因既无制度保障也无实际的附着机构而"虚化"。这就是说，学术权力与行政权力的关系在我国大学与西方大学之中有着本质不同。

对我国大学而言，完善大学内部治理结构，除了处理好学术权力与行政权力的关系之外，还要考虑如何改进和加强党的领导。这关键在于完善党委领导下的校长负责制，在于大力倡导学术自由并建立学术自由的制度保障体系。

党委领导下的校长负责制目前在运行过程中所产生的诸多问题和导致的争论，源于我国大学制度顶层设计中的一些思想束缚和认识误区。对于大学这种学术和文化机构，我们需要进一步解放思想，充分考虑大学的组织特性，革去照搬政府行政系统的做法，在坚持党对高等教育的领导和社会主义办学方向的前提下，探索一种适合大学组织特性的党的领导方式和管理体制。

第一，党委领导是党委集体领导而不是个人领导，校长负责也不应是校长个人负责。从本质上讲，党委领导下的校长负责制不是"一长制"而是"委员会制"①，是一种集体领导、集体决策和民主管理的框架，对涉及学校改革发展的重大事项、干部任免和学校规章实行少数服从多数的常委会会议议决制。但是，我们社会的文化观念往往在"一长制"思想基础上陷入"是书记领导还是校长负责""是书记拍板还是校长拍板"的对立思维中。我们也过分渲染了个人对大学的作用，希望塑造个人权威，寄希望于出现"巨人型"大学领导者而忽视了建设能够产生好的大学领导者的大学制度。其实，"在好的大学制度下，好的大学校长是成批涌现的；在不好的大学制度下，好的大学校长是个别出现的"[6]。在现代大学多元共治理念和民主协商管理制度下，"巨人型""权威型"领导者的观念明显落后于时代，不符合现代大学发展的实际。这也是我国大学主要领导者之间不和谐甚至产生冲突的思想和文化根源。在某种意义上讲，目前党委领导下的校长负责制运行中的问题，主要不是领导和管理体制本身的问题，而是"家长制"和"官本位"文化的问题。在"家长制"和"官本位"文化之下，大学实行任何形式的领导和管理体制，其结果可能都是一样的。同时，党委领导从内容上讲就是落实党对大学教育的政治领导、思想领导和组织领导，保证大学教育的社会主义政治方向和对社会主义核心价值体系的弘扬，引导和保障大学实行民主管理和共同治理。

第二，改进大学校长的选拔任用方式。大学校长的选任方式是沟通大学外部关系和内部关系的桥梁或枢纽。就大学外部关系而言，它连接我国的行政体制和干部制度；就大学内部关系而言，它直接影响大学内部管理的组织构架和管理干部的选任。从世界范围来看，虽然大学校长的选任在具体细节上有较大差异，但共同点在于，在确认大学是自治组织的前提下，大学校长由大学自主推选（遴选）和决定。大学校长既非国家和政府官员，也无行政级别，只是学校的行政首脑，领导管理团队管理学校事

---

① 委员会实行会议议决制，重大决策和规章等由委员会通过或决定，实行少数服从多数的原则，委员会主任只拥有最后的票决权；首长负责制是指重大决策和规章等由首长会议决定，即便只有少数人支持，首长也拥有最终拍板权。

务。大学中的学院（系、所）只是纯粹的学术活动单元，院长（系主任、所长）并非学校管理层级的成员，不担负行政管理职能，由此围绕卓越学术目标形成一种服务型的扁平化管理框架。《教育规划纲要》提出要改进和完善大学校长的选任办法。要搞好这项改革，必须参照国际经验，重新对大学进行定性与定位，将大学作为一个特殊的社会组织来看待。这里的根本点在于，我们能不能在坚持党的领导和党管干部原则的前提下，重新思考对大学校长及大学行政系统的管理干部所实施的"官员制"和"任命制"，对大学这种学术组织的行政首长采取区别于其他领域领导干部选任的思维和方式，采用更加民主、更加公开、更为灵活的选任办法。唯有如此，我们才能建立起符合现代大学组织特性、体现现代大学制度基本精神的大学内部治理结构。

第三，确立学术自由的文化观念。在西方社会和西方大学，学术自由的观念与生俱来。学术自由源于大学的学术特性和追求真理的特性，大学作为独立和自治的学术组织，从事学术生产、追求真理必须有学术自由。学术自由也是现代大学制度的理念和文化基础。在大学的千年发展史中，学术自由是大学所极力追求和维护的核心价值与信念，是大学处理与教会、世俗王权、现代政府和市场、学术团体内部关系所遵循的基本准则，也是学者生命的真谛。

《教育规划纲要》提出要"尊重学术自由，营造宽松的学术环境"。尊重学术自由，首先需要正确理解和认识学术自由。学术自由首先是一种社会文化价值观，需要全社会确立学术自由观念。西方国家的学术自由不只是针对大学的，而且是针对整个社会文化的，即全社会都天然地理解、接受和确立了学术自由的观念和文化。当某种力量伤害到学术自由的时候，不只是大学而且是整个社会文化都来极力维护和捍卫学术自由。如果社会和文化上没有形成学术自由的观念，只是大学去争取和维护学术自由，这种学术自由在时间和空间上终究都是有限的。目前，学术自由在我国还只是停留在大学诉求层面，还只是学术工作者的呼吁，我们的社会还没有孕育和形成学术自由的社会文化共识。因此，建设一种全社会共识性的学术自由观念，是"尊重学术自由，营造宽松的学术环境"的当务之急。

同时我们也应该注意到，现代学术自由绝不是无条件的、绝对的学术自由，学术自由与学术的社会责任是相辅相成的。不讲社会责任的学术自由不仅会对学术自由本身造成伤害，而且会失去实现学术自由的社会条件基础。

参考文献

[1] 张应强，高桂娟. 论现代大学制度建设的文化取向 [J]. 高等教育研究，2002 (6)：28-33.

[2] 张应强. 新中国大学制度建设的艰难选择 [J]. 清华大学教育研究，2012 (6)：25-35.

[3] 周济. 创新与高水平大学建设：在第三届中外大学校长论坛上的演讲 [J]. 国家教育行政学院学报，2006 (9)：5-10.

[4] 同 [2] 10.

[5] 张应强. 从完善大学制度来抓高等教育质量 [J]. 大学教育科学，2012 (5)：34-37.

[6] 同 [5] 36-37.

（本文原载《教育研究》2013 年第 11 期）

论现代大学制度之现代性

别敦荣

　　大学制度是大学办学与发展的规制。古语说，"成也萧何，败也萧何"，此语用在大学制度上真的是再贴切不过了。人们通常认为，制度优则大学卓越，制度劣则大学平庸，并将大学的成功归结为制度的成功，将大学的平庸归结为制度的平庸。进入现代社会以来，世界各国大学的办学和发展都受到各种新的形势的困扰与挑战，人们对大学制度的关注程度超过了以往任何时期，往往首先从制度角度提出责难和变革希冀，几乎所有国家都曾经或正在面对现代大学制度建设的吁求。我国正在致力于建设现代大学制度，完善大学治理结构，改善大学管理，以优化高等教育体制机制，为高等教育健康快速持续发展创造更有利的环境条件。然而，在探讨现代大学制度建设问题时，我们首先面临的却是现代性的困惑。究竟什么是现代性？现代性与古典性、现代性与传统性和当代性之间存在怎样的关系？有人认为，现代大学制度就是现代的制度，与古代大学制度没有关系，与古典大学制度也没有联系；还有人认为，19世纪的德国大学制度就是典型的现代大学制度，其他的都不可谓"正宗"；还有人简单地将现在的大学制度都作为现代大学制度；等等。各种观点莫衷一是，令现代大学制度建设的实践无以为据、无所适从。因此，把握现代大学制度的现代性特质有着重要的意义。

一、现代性与古典性

现代大学制度不是凭空产生的，它的出现是大学历史发展的必然结果，要理解现代大学制度，不能就现代大学制度谈现代大学制度，而应将其置于大学发展的历史背景中。在学术研究中，存在古典大学理念与现代大学理念、古典大学制度与现代大学制度的分野。表面看来，古典是过去完成时，现代是现在进行时；古典性代表过去，现代性代表现在；古典可能是过时的，现代则是时尚的；古典可能是落后的，现代则是进步的。其实，二者之间的关系并非简单的二元对立关系。大学制度的现代性与古典性之间是一脉相承、协同共进的。

现代与古典，有时序的意义，但又不是单纯的时序概念。现代不是在古典的终点上开始的，而且现代除了表征人类历史发展自现代社会以来所具有的特征外，还包含了人类有史以来所积淀下来的文化底蕴与文明基因，从这个意义上说，现代之中包含了古典。历史从来是连续的，不可能有真空地带，尽管不同的时代总会有新事物诞生，但它并不意味着旧事物就会消失或一夜之间变得与新事物完全相同。正如英国和美国的情形那样，牛津大学、剑桥大学并没有因为伦敦大学的创立而作古，哈佛大学、耶鲁大学等并没有因为弗吉尼亚大学和后来大批"赠地学院"的出现而丧失生命力，相反，新大学的创立不但为老大学树立了新的参照，而且为其提供了新的伙伴，使大学呈现出现代性与古典性和谐共存、交相辉映的图景。

大学制度的演变也是如此。现代大学制度的出现标志着古代大学制度已丧失了其对现代社会的适应性，但现代大学制度并不以替代古典大学制度为宗旨，而是以适应新的社会经济、文化和科技的变化与发展需要为目的，其发展是大学制度的现代性与古典性有机融通的过程。毫无疑问，19世纪以前的高等教育属于古典高等教育，当时的大学属于古典大学，当时的大学制度属于古典大学制度，无论从哪个角度讲，当时的高等教育和大学制度都不具有现代性。19世纪以后，现代大学在世界各国先后建立起来，现代大学制度逐步得到了完善和丰富，现代性成为大学制度的主导特征。与此同时，古典大学在坚守其传统的同时，经历了艰难而痛苦的变革和转型，它们将现代性的制度引入进来，并逐步将其内化，使之成为其现代性的萌发之源。具体说来，大学制度的现代性与古典性之间存在如下关系。

第一，现代性是对古典性的发展。古代大学与现代大学是两个不同历史范畴的教育组织，在古代大学与现代大学的交替中，制度的更替是不可避免的，制度由古典性向现代性转变是大学的社会适应性变革的结果。宗教化和服务神学是古代大学最重要的特性，因此，大学制度的古典性弥漫着宗教化的色彩，主要表现为大学特许状由教会颁发、教师从牧师中聘用且需得到教会批准、教学制度宗教化、神学被置于神圣化的地位、教育教学的目的宗教化等。也就是说，这样的大学制度完全出于宗教目的，且是与教会制度及其仪轨相一致的。"教皇会撇开大学自己来制定有关教学大纲、课程、教材和执礼仗者的薪水、互助金、大学官员、学生纪律、服装和住宿方面的规定。"[1] 科学取代神学的地位是现代大学发展的革命性成果，一整套为世俗的科学服务的制度的建立奠定了现代大学的基础。现代的大学制度是世俗化的，主要表现为大学由政府批准设立；大学从学者中聘用教师且不必得到教会的批准；各学科平等，曾经神圣不可动摇的神学被置于与其他学科同等的地位；各种宗教仪轨不再被作为教学和管理制度，各种直接服务于学生、教师和学术目的的制度建立起来了；等等。大学制度由古典性向现代性的发展不是偶然的、自发的，而是必然的，是适应社会政治变革、宗教改革和科学革命的结果。

第二，古典性是现代性的基础。现代性是大学制度创新发展的结果，但创新的基础在于古典的大学制度。大学历经数百年历史的洗礼，在人类社会的演进中发挥了人才培养和文化传承的重要作用，促进了社会文明的延续、发展与文化进步。在大学制度的现代化转型中，大学并没有完全抛弃古典的制度，也没有改变自身作为社会教育组织的根本属性。现代大学继承了古典大学培养人才和传承文化的职能，但拓展了人才培养的领域、范围、层次和类型，使人才培养逐步由精英教育走向大众和普及教育；增加了科学研究和社会服务职能，将文化科学技术的传承、创新和应用集于一体，更强化了自身作为社会文化教育轴心组织的地位。现代大学的制度不但包含了精英教育制度和文化传承制度的价值，而且继承了许多相关的形式和规范，比如，现代大学的学位论文或毕业答辩制度便由古典大学制度中的辩论考试制度演变而来，学位授予制度也承袭了古典大学制度的形式和各种程序要求，大学的各种组织建制包括理事会、校长、学部（学院）、院长等都是一脉相承的，等等。大学制度的这种继承性不仅使许多历史悠久的古典大学在现代社会的办学和发展中保持了其历史的传统与身份认同，丰富了现代大学制度的历史文化内涵，而且使许多新大学的制度建设有了更多的选择和参照。

第三，现代性的发展不排斥古典性的继续存在。大学制度的现代性是不断发展、变化和累积的。现代大学制度的出现已有 200 余年的历史，其形成不是一蹴而就的，而是不断发展、不断完善的。这种发展既包括了不同国家高等教育环境中的现代大学制度的发展，也包括了各个国家不同政治和社会体制下现代大学制度的演变；前者可以理解为现代大学制度的国家特色的发展，后者可以理解为现代大学制度内涵的扩充与更新。不论是在现代大学制度肇始的 19 世纪初期还是在当代，现代性并没有排斥古典性的存在，也就是说，大学制度的现代性不是古典性的替代性属性，在现代大学制度中二者之间的关系是共生的，是辩证统一的。在现代大学制度中，我们依然可以看到很多具有鲜明的古典性的大学制度，它们在现代大学中依然具有生命力，对现代大学的功能实现发挥着重要的作用。比如，形成于牛津大学和剑桥大学的住宿学院制与导师制不仅在英国现代大学中依然存在，而且在其他一些国家的现代大学制度中也能看到其影子。在美国，尽管巨型大学得到了充分而有效的发展，社区学院遍布全国各地，但以精英教育为宗旨的文理学院制度依然保留至今。在法国，尽管培养工程师的大学校制度广受追捧，且在国际上具有重要的影响，但古典的大学制度仍然保持了顽强的生命力。现代大学制度既包含了对大学制度的古典性的继承和发扬，又包含了具有现代适应性的品格。[2] 在现代大学制度中，古典性和现代性并行不悖，共同保障现代大学履行其历史和现实的使命。

第四，现代性与古典性的相融共存积累了大学制度的文化底蕴。大学是人类智慧的结晶，是人类所创造的促进社会文明进步的、最重要的发展机制。在人类历史的演进中，大学与文明相伴而行，人们赋之以古典、现代之名不过是从其时代特征出发的。从这个意义上说，现代大学既是新生的，又是人类历史积淀的产物。正因为如此，现代大学制度的内涵是丰富的，底蕴是深厚的。不论现代大学教学环境和条件如何更新变化，其基本制度中仍然延续了大学原初的制度。芝加哥大学的百部名著计划、哈佛大学的通识教育制度等，都使现代大学制度散发出浓厚的古典意味。

二、现代性与传统性

在关于现代大学制度属性的讨论中，人们对现代性与传统性的关系莫衷一是。如果说现代大学制度是现代性与传统性的统一，很多人可能觉得难以理解；但如果说现代大学制度有着坚实的传统，人们大都持认同态度。那么，究竟应当如何理解现代大学制度的现代性与传统性之间的关系呢？它们之间是矛盾关系还是共存关系？从语义上看，现代与传统似乎是一对矛盾的存在，二者往往相互排斥。但就大学制度而言，其现代性与传统性本身并不构成矛盾关系，因为从一般意义上讲，现代大学制度源起于19 世纪初期，且至今仍未见其终止发展之势，因此，现代性是大学制度在特定的历史时期所具有的属性，而大学制度的传统性的起始时间难以界定，终止时间也具有显著的不确定性。所以，二者之间的关系并不像现代性与古典性那样明显。从大学制度的内在属性看，现代性与传统性是相互交织的，传统性是凝聚大学制度之魂的属性，是大学制度超越时代、持续发挥积极影响的基础；现代性是大学制度适应时代变革、在现代社会焕发生命与活力不可缺少的品质，而且某些现代性品质在长期的办学实践中会逐步沉淀下来，成为现代大学制度传统的组成部分。现代性与传统性之间的有机联系是现代大学制度能够传承既往、立足现实、面向未来、发挥积极作用的根本保证。现代大学制度的传统性与古典性既相互联系又相互区别，其联系表现在古典大学制度可能成为现代大学制度的传统，其区别表现在现代大学制度的传统的来源除了古典大学制度外，还包括了现代大学制度本身。

现代大学及其制度既有对现代性的开拓，也有对传统性的坚守，在新的时代和新的环境下，传统中富有生命力的元素得到了继承和弘扬，与此同时，富有时代精神的现代特征更成为现代大学及其制度的标识。[3] 在现代性与传统性的关系上，有人可能望文生义，认为现代性是积极的，传统性是消极的，二者是大学制度的两个方面，存在非此即彼、相互否定的矛盾关系。其实不然，从现代大学制度的产生和发展过程看，现代性与传统性并不是相互矛盾的，它们之间是一种相互交集的关系。现代大学制度的发展既是大学自身随着现代社会的发展不断进步的结果，也是大学适应社会变革、不断调整自身社会关系的策略选择。大学在其演进的不同历史时期，将一些具有超越时代品质的制度保留下来，并使其在新的时代或新的环境中继续发挥积极的作用，由此而不断积淀和丰富大学制度传统。进入现代以来，大学制度传统的形成方式依然保持不变，大学制度传统因此得到持续不断的丰富和强化，传统性更成为现代大学制度的一个显著特性。这样一来，现代性与传统性就成为现代大学制度特性的两个重要表征。

第一，传统性包含于现代性之中。建制化是大学存在的基础，现代大学的建立以制度的形成为标志，大学制度的现代性正是在现代大学建立的过程中获得的。在现代大学形成之前，大学已经存在了多个世纪，大学制度在社会的演进中不断变革，大学制度的传统也在不断积淀。现代大学建立以后，虽然大学制度获得了现代属性，但其传统并没有随着历史的逝去而消失，而是伴随大学的延续嵌入了现代大学的生命。如果将传统从现代大学制度中抽取出来，现代大学将成为空心之物，既不可能履行其现代之职能，更不可能发挥大学与生俱来的作用。比如，在现代大学职能的实现中，与招生、课程、教材、讲授、考试、毕业等相关的教学制度对人才培养发挥着基础性的作用，尽管这些制度都具有现代元素和意义，但从根本上说，它们都是大学与生俱来的制度，只是在不同的历史时期其表现形式发生了某些适应性改变而已。正是这些大学产生以来的制度传统铸就了其现代性的根基。因此，现代性与传统性不是一枚硬币的两面，而是不可剥离、不能拆解的，传统存在于现代之中，传统性包含于现代性之中。

第二，现代性是传统性累积的不断延伸。现代大学制度的形成是现代社会的客观需要与大学制度相互作用的结果，也就是说，现代性的获得离不开两个因素。一是现代社会的客观需要。人类进入现代社会以后，随着文化科学技术的进步及其应用的不断拓展，现代大学的社会价值越来越为人们所认识，尤其是现代大学对促进社会公平正义、经济繁荣和国家综合实力增长、可持续发展的作用，越来越受到很多国家政府的高度重视。社会对现代大学的要求越来越多，期望越来越大，现代大学不能无视社会发展与进步的客观需要。二是大学制度的适应性变革。大学制度是绵延不断、不断发展的，随着时代的进步，一部分大学制度因不能适应时代要求而被废除或终止，另一部分大学制度因其超越时代的适应性而得到保留和继承。大学制度的传统就是在适应不同历史时期社会发展需要的过程中逐步累积形成的，但各个不同历史时期累积起来的传统对现代社会需要的适应性是有限的，所以，大学制度还需要创新，进行适应性变革。这就是说，现代大学制度也是大学制度传统适应社会变革的产物。这种适应性变革实质上是大学制度传统性累积的不断延伸，它表明大学制度的现代性是其传统性的进一步发展，客观需要和适应性变革是大学制度连续线性发展过程特征的反映。比如，现代大学的学科专业制度不仅脱胎于古代大学初始的学科分类制度，而且完善于现代以来不同时期的大学学科专业发展制度，既有古往今来的相沿成习，也有与时俱进的扬弃维新。

第三，现代性与传统性的交集是现代大学制度得以彰显其价值的保证。现代性与传统性的统一是现代大学制度的内在属性，没有现代性的大学制度可以是古代大学制度或古典大学制度，也可以是其他什么大学制度，但不会是现代大学制度；没有传统性的现代大学制度，只能是异化了的大学制度，或者是从社会其他领域或部门照搬来的制度，不可能发挥现代大学制度应有的功能。只有同时具有现代性与传统性的大学制度，才能促进现代大学价值的实现，使现代大学成为现代社会不可缺少的精神场所。现代大学不但继承了古代大学的人才培养职能，而且开创了科学研究和社会服务职能，现代大学制度的价值就在于保证现代大学以履行其职能为己任，抵御各种不当诱惑与侵蚀，高扬大学精神，致力于追求学术卓越和社会公平正义。试想，如果没有大学制度的传统，现代大学很可能在滚滚的市场洪流中迷失自我，而深陷功利主义的泥沼不能自拔；当然，如果大学制度不具有现代性，现代大学也很可能自溺于既往的历史中，陶陶然而无视其应有的现代使命，最终为现代社会所抛弃。正因为现代大学制度集现代性与传统性于一身，所以，现代大学能够在守望与开拓中不断前行，适应各种复杂多变的社会环境，保持与政治、经济、军事、宗教等方面的各种社会组织既相互联系又相互区别的良性互动关系。因此，现代性与传统性的交集有助于现代大学制度保障现代大学在错综复杂的现代社会履行其使命。

三、现代性与当代性

在关于现代大学制度的研究中，常常令人深感困惑的是现代性所涵盖的时空背景，也就是现代大学制度所存在的历史时段。这里，现代性与当代性的关系是理解现代大学制度不能回避的问题。从表面上看，大学制度的现代性与当代性确有某种历史逻辑关系，因为就历史分期来讲，现代在前，当代在后，所以，现代性是先于当代性获得的，当代性是在现代性之后形成的。由此可能引申出这样的观点：当代性优于现代性，现代性代表过去一段历史时期大学制度的属性，当代性是在大学制度现代性的基础上发展而来的最具进步性的属性。尽管从历史分期的时序看，上述观点有一定的合理性，但它完全不适于解释社会变革的现代性与当代性的关系。因为尽管当代或当代社会确已成为人们日常普遍采用的概念，但在关于社会历史发展的研究中，现代仍然只有起点尚无终点，当代只是人们在解释最近数十年来的某些社会现象时所采用的概念，或者说，它所反映的依然是社会的现代性，只是为了突出地表现现代社会历史发展过程中现今与过往的差异而使用的。从这个意义上说，当代性与现代性并不矛盾，当代性在本质上还是现代性。这一思想既适应于我国社会发展分析，也适应于欧美国家社会发展分析。

就现代大学制度的发展而言，现代性与当代性之间不存在相互矛盾的关系，可以说，在大学制度研究中，当代性并没有成为一个严谨规范的概念，更没有成为一个与现代性相提并论、有本质差异的表述大学制度特征的概念。所以，在关于大学及其制度的研究中，只有现代大学和现代大学制度，还没有出现当代大学或当代大学制度之说，当代大学制度是包含在现代大学制度范畴之中的。尽管当代性并非大学制度的基本属性，但它仍然可以用来揭示现代大学制度的某些表现和要求。在一般的语义用法中，当代用以表示当今和未来一定时期，当代大学制度尽管属于现代大学制度的组成部分，但它也反映了当今社会的现实需要，具有强烈的现实适应性。从这个意义上说，现代大学制度也具有某种当代性，只是这种当代性与前述各种属性并不在同一个意义上，它们所表达的意思也难以放在同一个范畴中进行比较分析。

中国自清末开始进入社会现代化时期，具有现代意义的大学也自此开始得到发展，在百余年的历史进程中，曾经实行了多种价值导向及与之相适应的大学制度。这些制度是否可以被称为现代大学制度呢？还有，我国现行的一整套大学制度是否具有现代属性，是否可以被归入现代大学制度范畴？要解答这些问题，需要进一步理解现代性的内涵。从用现代性来描述大学制度的属性来看，它不但包含了大学制度对现实社会的适应性，而且更重要的是，它表示大学制度具有维护现代大学价值、坚守现代大学精神、捍卫现代大学使命的功能。尽管现代大学制度具有极大的包容性，早期大学所形成的一些传统至今仍然发挥着影响，但现代性从整体上宣示了其进步性。自清末以来，中国在现代大学及其制度建设方面付出了艰苦卓绝的努力，虽然在某些具体制度建设上不乏效果，但从整体上看，现行的大学制度与现代大学制度还有很大差距，大学制度的现代性尚未得到彰显。正因为如此，《国家中长期教育改革和发展规划纲要（2010—2020年）》提出了完善现代大学制度的任务，并勾勒出了我国现代大学制度的轮廓。由此可以说，我国现代大学制度建设仍然任重道远。

与当代性相关的一个问题是，后现代性能否被作为讨论现代大学制度的现代性的一个概念范畴来使用呢？我们知道，后现代性是与当代性有关的一个概念，尽管在时序上很难说它与当代性有多大联系，但从其意蕴看，后现代性却是对现代性的否定，后现代性与现代性也表现出对立的统一。不论是否定性（解构性）的后现代性还是建设性（建构性）的后现代性，或者是虚假（迪斯尼式）的后现代性，它们的目的都是"终结"包括现代性在内的所有传统，以寻求面向未来的"不拘泥于形式和不追求确定结果的自我突破的创造性"的态度和方式。[4] 后现代性的面向未来是以否定现代性为前提的，所以，与前述现代性的向未来延伸具有完全不同的含义。尽管有学者探讨后现代高等教育[5] 和后现代大学问题[6]，但尚未见到关于后现代大学制度的研究。这也反映了后现代思潮尚未浸入大学制度的变革，大学制度尚不具有后现代性征候。因此，可以认为，在现代大学制度特性的探讨中，后现代性还没有成为挑战现代性的一种新特性。

综上所述，现代性是大学制度发展进入社会历史的现代时期后所获得的一种属性，是此前的大学制度所不具有的一种属性。相对于古代大学制度而言，现代大学制度是一种进步的制度，是一种创新的制度，这种进步和创新集中表现在其现代性上，但大学制度的现代性并不排斥古典性，恰恰相反，现代大学制度是在古典大学制度的基础上建立起来的，现代性不仅包含了古典性，而且吸收了古典性，发展了古典性。现代性与传统性存在着交集，传统存在于现代之中，传统之所以富有绵延不绝的生命力，能够发挥恒久的作用，就在于它被内化到了现代大学制度之中，成为现代大学制度的基本元素。所以，传统性并非落后性的代名词，并不表示任何消极的意义，现代性与传统性之间不存在矛盾关系，现代性是大学制度的传统性的延伸和发展，在大学制度的现代性的延展中，其传统性也在不断累积。当代性一般不被作为阐释现代大学制度属性的概念，也不被作为与大学制度的现代性相对应的概念。现代大学制度不仅存在于当代，而且面向未来发挥作用，这说明它对当代社会需要具有强大的适应性。

参考文献

[1] 里德-西蒙斯. 欧洲大学史：第一卷 中世纪大学 [M]. 保定：河北大学出版社，2008：124.

[2] 别敦荣，徐梅. 论现代大学制度的公正性 [J]. 山东社会科学，2012 (8)：110-118.

[3] 别敦荣，徐梅. 去行政化改革与回归现代大学本质 [J]. 中国高教研究，2011 (11)：13-16.

[4] 崔伟奇. 论现代性与后现代性 [EB/OL]. [2014-01-13]. https://www.gmw.cn/01gmrb/2007-07/01/content_ 636687. htm.

[5] 方展画，颜丙峰. 后现代视野中的高等教育 [J]. 教育研究，2003 (8)：68-72.

[6] 史密斯，韦伯斯特. 后现代大学来临？[M]. 北京：北京大学出版社，2010.

（本文原载《教育研究》2014 年第 8 期）

论研究生教育的发展逻辑

刘贵华　孟照海

在知识经济时代，研究生教育规模扩张是一种普遍的国际现象，但在增量式发展的驱动下很可能步入发展陷阱。2012 年，我国在校研究生规模近 172 万人，比 1998 年增长了 7.6 倍，规模和增速都居于世界前列。目前，研究生教育正面临着质量下降、创新不足和供求失衡等突出问题。2013 年教育部等部委联合下发的《关于深化研究生教育改革的意见》提出，到 2020 年基本建成规模结构适应需要、培养模式各具特色、整体质量不断提升、拔尖创新人才不断涌现的研究生教育体系。在从增量式发展到转型式发展的变革过程中，迫切需要明晰研究生教育发展的普遍规律和内在机理，需要在反思研究生教育本质和进行实践观照的基础上，探讨研究生教育发展的逻辑，为深化研究生教育改革提供理论依据。

一、知识逻辑：高深专门知识的生产和应用

（一）研究生教育与高深专门知识

研究生教育的核心是高深专门知识的生产和应用，因而知识生产方式和应用方式的变化直接影响研究生教育的目标、内容和组织形式。研究生教育与高深专门知识犹如一枚硬币的两面，研究生教育是高深专门知识的生产场所和载体，而高深专门知识则是研究生教育的实质和内容。与基础教育和本科教育不同，研究生教育始终处于知识发展和转型的最前

沿，它对知识变革的敏感性要远远超过其他层次的教育。相对而言，研究生教育面对的是具有不确定性的原生态知识，而其他层次的教育面对的是经过了加工的系统化、结构化知识。知识形态的不同造成了教育方式和方法的差异，因而研究生教育的结构相对自由和松散，而其他层次的教育的结构则相对固定和严密。研究生教育通常没有固定的教材，所传授的知识也大都是"半成品"，有待科学的论证，知识更新的速度也远远超过其他层次的教育。

高深专门知识具有前沿性、不确定性和多变性的特征。这些特征决定了学习者必须具备抽象和复杂的高级认识和思维水平，研究生教育的过程也就是高深专门知识的生产和应用过程。据统计，2012 年，91.52% 的中国作者为第一作者的国际合著论文来自高等院校和研究机构，仅有 2.30% 来自公司企业。[1] 研究生教育与高深专门知识的生产和应用已经融为一体，因而科研与教育是研究生教育发展的"双核"，在科学探究中进行教育与在教育中实现知识创新天然地联系在一起。

研究生教育发展的知识逻辑体现在两个方面。一方面，高深专门知识的发展推动研究生教育的发展。研究生教育的发展取决于人类现有的最高认识水平，中世纪的神学知识与现代社会的大科学（big science）知识使研究生教育呈现出不同的发展形态。另一方面，研究生教育的发展又促进高深专门知识的创造和应用。衡量研究生教育发展水平的重要标志是它在知识创新方面的贡献，纯粹以传授知识为导向的研究生教育必然会遭遇合法化危机。在高等教育大众化阶段，饱受诟病的研究生教育"本科化"现象的根源就在于它没有促进知识的创新。研究生教育与高深专门知识的良性互动，推动着人类教育水平和知识水平的不断提升。

（二）知识逻辑的表现形式

知识具有内在的发展逻辑，它在知识与认识者、知识与认识对象、知识与认识方式，以及知识与社会的关系中生成，并处于动态变化之中。从知识与认识者的关系来说，它揭示的是"谁的知识"的问题，即谁拥有知识并有权支配知识。在原始社会，巫师是高深知识的拥有者，因而知识呈现出神秘性和超验性的特征；在中世纪，牧师是高深知识的拥有者，因而知识呈现出先验性和终极性的特征。"谁的知识"占据支配地位通常是由整个社会的权力结构所决定的。从知识与认识对象的关系来说，它揭示的是"什么知识最有价值"的问题。从原始社会的神学知识到古代的形而上学知识，再到近现代的实证主义知识，知识类型的转变引发了研究生教育内容的相应转变。从知识与认识方式的关系来说，它揭示的是"何种研究方法最有效"的问题。从原始的经验型研究方法到古代的抽象思辨型研究方法，再到近现代的实证主义研究方法，每个时期占主导地位的研究方法的演变推动着教育科研方式的转变。从知识与社会的关系来说，它揭示的是"知识是如何在社会中生成的"问题。古代社会将理性视为永恒的存在，高深专门知识的生成需要依靠"回忆"或"心灵转向"。现代社会将实证和经验作为重要的知识生成方式，而后现代社会则强调多元知识观。知识生成方式的转变引发研究生教育方式的转型。

（三）知识逻辑与研究生教育的发展

历史从哪里开始，逻辑就从哪里开始。世界研究生教育经历了学徒式、专业式和协作式培养模式的嬗变[2]，而推动研究生教育发展的便是知识范式的转型（见表1）。现代研究生教育最早形成于19世纪上半期德国的大学。由于德国研究生教育吸取了中世纪行会中师傅带徒弟的教育形式，由此形成了"学徒式"的研究生培养模式。从学徒式培养模式的知识逻辑来看，它强调的是师傅个体的知识，此种知识存在于师傅对徒弟潜移默化的影响中，是一种关于如何从事科研的缄默知识。从研究方法来说，此种模式依靠的是研究生个人的体验和感悟。从社会的支配模式上看，这个时期的学者通常具有很大的权力，他们的知识权威地位不容置疑。专业式研究生培养模式形成于19世纪后期的美国，以约翰·霍普金斯大学的成立为标志。在专业式培养模式下，知识的拥有者从师傅个体转变为非人格化的专业团体，原本零散的个体性专家知识汇聚成整个专业的集体性知识。与此相应，知识的形式也从缄默知识正式化和专业化为显性知识，其表征形式是研究生教育的专业课程内容。在研究方法上，专业式研究生教育也逐渐摆脱了过去经验性的学习方式，开始强调科学化和专业化的研究方法。从欧美各国研究生教育课程对研究方法的强调便可以看出此种转变。在社会关系上，专业式研究生教育强调的是研究生的社会化过程，即通过学科知识的规训使他们成为专业的科研工作者。协作式研究生教育形成于 20 世纪 50 年代，以背靠美国斯坦福大学的硅谷为重要标志。协作式研究生教育模式的知识主体从专业团体转变为由大学、政府和企业构成的多元主体，知识的生成不再单纯由学术团体所决定，因而知识的形式也表征为囊括各方利益的综合知识。在研究方法上，专业性的研究方法和经验性的研究方法同时受到人们的重视，在学术探究上每种方法都是一种不可替代的独特视角。从协作式培养模式背后的社会关系来看，知识呈现出去中心化的倾向，在学术权威崩塌之后，知识的生产和应用已经弥散到社会的各个角落。

表 1　研究生教育发展的知识逻辑

类型	谁的知识	什么知识	如何认知	支配规则
学徒式	师傅个人	缄默知识	经验性	学者即权威
专业式	专业团体	显性知识	专业性	学科即规训
协作式	多元主体	综合知识	系统性	知识去中心化

二、学科逻辑：高深专门知识的形式和平台

（一）研究生教育与学科

学科是一个历史范畴，是在一定历史时期以一定的措辞建构起来的规范化的知识形式。[3] 作为一种知识的分类形式，学科通常是为了研究的方便和解决实际问题的需要而形成的，它是知识体系和规训方法的统一体。[4] 一方面，学科为人类的知识创新和发展提供重要的基础和结构；另一方面，它又是人类知识生产的产物，是知识主体社会建构的结果。学科与研究生教育具有天然的内在联系，学科是研究生教育的形式，而研究生教育又是学科生产和再生产的主要途径。现代大学是以学科为基础建立起来的社会组织。作为知识的组织形式，学科的每次重大变化都会带来研究生教育领域的相应变革。1987 年，全世界有 8530 个可认定的知识领域，到 21 世纪初，学科种类已有 9000 多种。[5] 学科种类的分化和综合不断催生出新的研究生教育专业。

研究生教育以知识的生产和创新为使命，而知识又以学科作为自己的存在形式。一方面，研究生和导师都在学科的框架中进行科学探究活动，学科视角是他们探究未知领域时无法摆脱的"有色眼镜"。德国著名社会学家曼海姆（Karl Mannheim）指出，视角"表示一个人观察事物的方式，他所观察到的东西以及他怎样在思想中构建这种东西"[6]。在对同一问题的研究中，不同学科的研究生关注的是不同的维度。另一方面，学科知识的生产和新学科的出现又依赖于研究生教育的发展。研究生教育在推进知识创新和新兴学科的诞生方面都发挥了关键作用。因此，学科逻辑在研究生教育中具有基础性地位，它是研究生教育的存在形式和活动平台。

（二）学科逻辑的表现形式

现代意义上的学科得以产生主要源于两方面的推动。一是不断增加的

科学抽象，特别是对事物的数学化和概念化。二是科学方法的广泛应用。[7] 由于人类的求知本性，研究者倾向于追问事物的本质和本原是什么，由此不断将个体经验和社会事实进行抽象，并用数字和概念进行表征。在个体经验不断抽象的过程中，具体领域的学科知识应运而生。同时，随着科学方法的广泛应用和学科知识的不断积累，学科内部也出现了自我增殖的过程，学科的交叉和移植催生出许多新的学科。

学科是研究生教育的组织形式，其内在逻辑涉及学科的研究领域、表征形式、评判标准、生成方式和组织结构等。学科的研究领域揭示的是"学什么"的问题。按照法国哲学家福柯（Michel Foucault）的观点，在不同的历史条件下，什么知识能够进入研究者的视野通常会受到社会关系的制约。从中世纪神学的崇高地位到近现代自然科学的霸权地位，背后都有社会权力的运作。学科的表征形式揭示的是"知识如何组织"的问题。学科实际上是知识的一套编码体系，同样的知识在不同的学科体系中可能处于不同的位置，而支配学科形式规则的通常是社会的精英阶层。在本质主义思维范式下，学科通常被按照知识的内在逻辑层层递进、分门别类地进行编排，而在反本质主义思维范式下，学科的表征形式就会转变为散布于各个问题的扁平化组织形式。学科的评判标准揭示的是"知识准入"的问题。在学科的发展过程中，学科标准通常扮演"守门人"的角色，既接受或拒斥新知识的进入，又整合或规训内部已有知识。学科的生成方式揭示的是"学科如何发展"的问题。学科处于一种动态的发展过程中，在学科的基本范式不变的情况下，会不断有新知识进入和旧知识被淘汰。学科的组织结构揭示的是"在何种架构下运作"的问题，组织结构既是学科知识产生的制度保障，又是学科长期实践的制度化产物。从专业式研究生院的兴起到围绕重大问题建立的跨学科研究中心，学科组织结构的变化直接引发了研究生教育形式的转变。

（三）学科逻辑与研究生教育的发展

学科逻辑经历了前学科、学科化和超学科三个发展阶段，此种逻辑也推动着研究生教育的深刻转型（见表 2）。在前学科阶段，研究生教育关注的是抽象概念和永恒原则，所有的知识都可以归结到哲学和神学的旗帜之下，学科的表征形式表现出原始的统一，这种研究生教育尤其以中世纪的神学院为代表。这一时期的研究生教育按照抽象性的原则对知识进行区别和分类，将世俗性知识排斥在学科体系之外，而学科的发展也更多地依赖理性思辨的方式。这一时期，研究生教育的主要载体是本科教育和研究生教育尚未分化的大学院系。在学科化阶段，研究生教育关注的是科学事实，在本质主义和实证主义思维的支配下，原来的哲学知识分化为种类繁多的自然科学和人文社会科学知识，学科的表征形式表现出分门别类、不断细化的趋势。学科的评判标准也更多地强调科学性和实证性，理工科研究生教育在这一时期的迅速发展便是例证。这一时期的研究生教育更多地强调专业知识的习得和专业能力的养成，采用的是一种从知识到实践的培养方式，而研究生教育的主要载体是大学的研究生院。在超学科阶段，研究生教育关注的是具体的问题，原本条块分割的不同学科的知识开始汇聚到同一实践问题的旗帜之下，学科的边界变得更加模糊，其表征形式表现出高度整合的趋势。评判学科知识的标准开始转变为实践性和实用性，知识的生成也更多地以问题为导向。此种研究生教育的主要载体是各种跨学科研究中心和研究项目。

表 2　研究生教育发展的学科逻辑

类型	研究领域	表征形式	学科标准	生成方式	主要载体
前学科	永恒原则	原始统一	抽象性	理性思辨	大学院系
学科化	科学事实	分门别类	科学性	知识习得	研究生院
超学科	具体问题	高度整合	实践性	问题导向	研究中心

三、社会逻辑：高深专门知识生产的模式和背景

（一）研究生教育与社会

研究生教育是社会活动的一部分，它经历了从社会的边缘走向中心的发展历程。社会的价值取向和结构功能的变化会引发研究生教育的相应变革。中世纪的研究生教育处于与世隔绝的超然状态，成为知识精英自娱自乐的工具。现代的研究生教育与社会的关系变得更加密切，大学、政府、企业和社会以一种相互嵌入的网络化存在方式获得自身的发展。社会的生产方式决定着研究生教育的发展模式和组织形式，社会的发展是研究生教育发展的重要动力。美国学者贝尔（Daniel Bell）指出，从工业社会向后工业社会的转变主要表现为以下三个方面：一是"轴心原则"的转变，它主要表现为社会对科学日益增长的依赖性；二是经济形态的转变，它主要表现为商品制造经济转变为服务经济；三是阶层结构的转变，它主要表现为出现了技术和专业人员的新阶层。[8] 半个多世纪之后的 2012 年，《华尔街日报》更是在《科技变革即将引领新的经济繁荣》一文中大胆预测："我们再次处于三场宏大技术变革的开端，它们可能足以匹敌 20 世纪的那场变革，……它们分别是大数据、智能制造和无线网络革命。"这种社会发展的趋势要求研究生教育在发展目标、功能定位和培养模式等方面做出相应调整。

（二）社会逻辑的表现形式

社会逻辑主要探求行动背后的社会意义和支配原则，研究生教育作为一种人类实践活动，首先需要回答自己的"价值取向"问题。研究生教育哲学中同样存在认识论和政治论之争，因而在不同的社会背景下出现了"为学术而学术"以及"为市场而学习"的研究生教育模式。学术型和专

业型研究生教育的争论，也反映了它们各自在"价值取向"上的不同社会逻辑。其次，研究生教育需要回答自己的"结构功能"问题。从研究生教育作为一种社会的特权到研究生教育的分流筛选功能，不同的社会结构功能决定了研究生教育的形式和结果。再次，研究生教育需要回答自己的"行动模式"问题。行动受制于特定的社会结构，因而英国著名社会学家吉登斯（Anthony Giddens）提出了"结构化行动"的概念，既强调了结构对行动的制约性，又强调了结构的生成性。在不同的社会结构下，会出现不同的行动模式。在分工明确、追求效率的工业生产模式下，研究生教育会摒弃以人格陶冶、学术旨趣为追求的传统培养模式，转而强调研究生教育的标准化和批量化生产模式。最后，研究生教育的社会逻辑需要关注"教育与生活世界的关系"这一问题。从研究生教育与生活世界的分隔到二者的高度融合，研究生教育也从"出世"的学术探究转变为"入世"的学术探究。美国 1995 年发布的《重塑科学家和工程师的研究生教育》就指出，研究生需要具备与非专业人士沟通复杂思想的能力以及有效的团队合作能力。[9]

（三）社会逻辑与研究生教育的发展

根据贝尔的观点，人类社会经历了前工业社会、工业社会和后工业社会的转变。在此种社会逻辑下，研究生教育也出现了相应的变化（见表 3）。在前工业社会中，研究生教育的价值取向以追求对事物的理性认识为目标。研究者期望把握世界最普遍、最一般的规律，因而把哲学作为毕生的追求。从结构功能上看，此时的研究生教育主要是上层精英阶层的特权，研究生教育的主要功能是将其社会地位合法化，并发挥法国社会学家布迪厄（Pierre Bourdieu）所说的"区隔"（distinction）功能，即将研究生与普通下层民众的区别固定化。从行动模式上说，此时的研究生教育是一种田园式的教育，以对精神的陶冶和对真理的追求为主要内容，因而在社会关系上表现出对生活世界的超脱。在工业社会中，研究生教育的价值取向以追求专业知识为目标，主要培养"以学术为业"的学者。研究生教育在结构功能上发挥筛选的作用，研究生教育通常被作为学术行业的"入场券"。从行动模式上说，研究生教育复制了工业化社会的普遍模式，采用福特制的方式将研究生教育的内容、方式和评价等进行标准化处理，以提高研究生培养的效率。在研究生教育与生活世界的关系上，仍然存在知识与实践的分离，研究生教育成了知识生产工厂。在后工业社会，知识已经渗透到社会生活的各个角落，研究生教育不再以外在的功利性追求为目标，而是转向个体的生活体验和人格发展，个体在研究生教育中实现自我的发展。从结构功能上说，科学探究已经成为人们的生活方式，不再是特定阶层和特定行业的特权。在此种背景下，研究生教育更多地发挥"成人"的功能。在行动模式上，这一阶段的研究生教育具有体验性、过程性、不可还原性等特点，因而具有"传记性"的特征[10]。从研究生教育与生活世界的关系来说，以具体问题为导向的探究模式实现了二者的融合。

表3　研究生教育发展的社会逻辑

类型	价值取向	结构功能	行动模式	社会关系
前工业社会	理性认识	区隔	田园式	超脱
工业社会	专业知识	筛选	福特制	分离
后工业社会	个体发展	"成人"	传记性	融合

四、创造逻辑：高深专门知识生产的需求和动力

（一）研究生教育与知识创造

好奇心是人类与生俱来的秉性，从古希腊的"爱智慧"到现代的科学探测工程，人类对于未知领域的渴求和探究推动着人类认识水平的不断提高。研究生教育的主要任务是探究不确定的知识领域，而"不确定性"对

于人类行为来说意味着超越和创造。诚如米塞斯（Ludwig Mises）所言：
"从行为人看来，未来总是一个谜。如果人知道未来，他就必须选择，也
不要行为。他就像一具自动机，只对刺激起反应，而没有他自己的任何意
志。"[11] 外在的不确定性与人的"未完成性"是相辅相成的，它们为人的
自由探究创造了先决条件。研究生教育的发展与变革归根结底受到了人的
创造本能的驱使，因而研究生教育的逻辑起点就是人类的求知本能。如果
人类的本性和所处的环境如动物一样是"规定性"的，就不可能去探究未
知领域，因而也就不可能有研究生教育。

　　追求自我实现是个体发展的最高需求。接受研究生教育的人通常是心
智比较成熟的成年人，他们的个体需求更多地表现在自我价值的实现上。
他们倾向于对事物做出自己独立的判断，创造出属于自己的产品，这也体
现了马克思所说的人的本质观。在马克思主义看来，实践是人的存在方
式，人在社会实践中并通过社会实践创造了人本身。实践作为主观见之于
客观的活动，通过主体本质力量的对象化，创造出一个超出事物现实、更
适合自身生存和发展的新世界。[12] 个体发展的这种内在需求和本质规定性
决定了研究生教育不可能以传授人类已知的基础性知识为主要目标，而是要
充分发掘个体创新的潜能，实现个体价值的最大化。正如泰勒（Anne
Taylor）所说，最优秀的研究生首先会把科研项目作为展示自身生活的平台，
他们所做的任何研究都成为一种象征，所包含的意义超过了生活本身。

（二）创造逻辑的表现形式

　　创造是个体在占有人类知识资源的基础上，通过主体的对象化活动生
成新事物的社会实践活动，它涉及行动者、行动方式、人际关系和制度环
境四个要素。从行动者来说，主体的独立性和能动性是创造活动的首要因
素。过于依赖教师的学生很难形成自己独特的看法，这就是研究生教育强
调独立从事研究的重要性的原因。此外，个体创造也有层次之分，考夫曼
（James Kaufman）等人就提出了四种创造力模型，即学习过程中的"微创

造"（mini-c）、日常生活中的"小创造"（little-c）、专业领域中的"真创造"（pro-c）和杰出人才的"大创造"（big-c）。[13] 研究生的创造更多地体现为专业领域的创造，以及为"大创造"奠定基础的创造性活动。从行动方式来说，创造需要对原有的生产要素进行重组，因而它包含了一个内化、解构和建构的过程。行动者需要在充分理解原有规则和结构的基础上，解构原有的体系，从而创造性地建构出新的事物。从体现研究生学术创造的学位论文来说，它的创作也经历了对学科规范的内化、对现有研究的综述、对论文结构的构建以及对创新成果的呈现等几个阶段。从人际关系来说，作为一种实践活动的创造是在人与人之间的关系中进行的，这是人类实践活动的本质特征。在个体进行创造活动时需要外部的变革促进者，但是外部的力量又不能越俎代庖，保持创造者与外部促进者之间必要的张力是创造成果的重要条件。美国学者凯茨（Joseph Katz）等人就指出："大部分研究生都把与导师的关系作为影响自己教育质量的唯一最重要因素，然而许多研究生也声称这是自己研究生教育经历中唯一最令人失望的方面。"[14] 从制度环境来说，创造是在原有的行动框架中进行的规则重建活动，制度环境对个体行动的约束是影响创造的关键因素。开放的制度环境就比保守的制度环境更有利于创造。

（三）创造逻辑与研究生教育的发展

从研究生个体的教育经历来看，它通常包括模仿、改造和创新三个阶段，这是创造逻辑对研究生教育阶段做出的本质规定性（见表4）。在研究生教育的初期，学生处于模仿阶段，他们此时对于研究生教育的规则体系和导师还处于依附状态。在面对不确定的专业知识领域时，他们只能在此种依附状态中规避各种风险。他们的学习方式更多是内化专业领域的规则，所做的创造也只是学习过程中的"微创造"。在这个阶段，导师的指导是一个关键的因素，但此时的指导方式是韦伯所说的魅力型（charismatic）指导，学生对学术规则的内化更多地借助于对导师行为方式的模仿。

从制度环境上说，这一阶段的学生与外部环境处于一种黏着状态，制度环境被视为一种理所当然的内在假设，并作为一种无意识作用于学生的行动。在研究生教育的中期，学生处于改造阶段，学生主体性逐渐彰显，并开始与原有的规则体系分离。在学习方式上，学生开始按照自己的思想和观点对现有的学科知识进行整合。这一阶段的导师指导依靠的是长期专业化实践形成的规则和习俗，因而是一种传统型的指导。从制度环境上说，学生在实践反思的基础上开始从既定的环境中抽离出来，并以新的视角审视原有的学科构架。在研究生教育的后期，学生处于创新阶段，他们此时已经形成了独立的思想和观点，学习方式也以知识建构为导向。此时的学生与导师结成了科研同伴的关系，因而此时的指导是一种法理型的指导。从制度环境上说，此时的学生常常处于松散的结构中，他们可以自由地进行知识和结构的重建。

表 4　研究生教育发展的创造逻辑

类型	主体特征	学习方式	指导方式	制度环境
模仿	依附	内化	魅力型	黏着
改造	分离	整合	传统型	抽离
创新	独立	建构	法理型	松散

五、研究生教育发展的"钟摆定律"

知识逻辑、学科逻辑、社会逻辑和创造逻辑作为研究生教育发展的内在逻辑，并不是相互独立的运作系统，而是相互嵌套，进而形成一种结构化的网络体系。四种逻辑具有内在的延续性和发展的不同步性，从一个阶段到另一个阶段并不是范式的彻底转型，而是范式的拓展和重建。重视协作式研究生教育，并不否定学徒式研究生教育，而前学科时期的范式也可能会出现在后工业社会中。

　　知识是研究生教育的对象和内容，学科是研究生教育的形式和结构，社会是研究生教育的背景和根基。这三种逻辑在研究生教育发展的不同时期处于不同的地位。在研究生教育发展的初期，知识逻辑是一种显性结构，学科逻辑和社会逻辑则是隐性结构，研究生教育为了探究真理而存在，发展的动力主要来自知识的变革。在研究生教育发展的正式化阶段，学科逻辑是一种显性结构，知识逻辑和学科逻辑则是隐性结构，研究生教育主要是为了培养专门的知识生产者，发展的动力主要来自学科类别和范式的转变。在研究生教育发展的社会化阶段，社会逻辑是一种显性结构，知识逻辑和学科逻辑则是隐性结构，研究生教育主要是为了社会发展，发展的动力主要来自社会需求的变化。因此，研究生教育要经历一个从学科知识驱动到社会创新驱动的发展过程。

　　研究生教育的发展是一个动态的过程，它遵循由知识、学科、社会和创造四种逻辑组成的"钟摆定律"。知识逻辑和学科逻辑可以归结为学术逻辑，在研究生教育的发展过程中，学术逻辑和社会逻辑的交替运动是研究生教育发展的原动力，而学术逻辑和社会逻辑的"支点"是不断变化的社会实践问题（即创造逻辑的驱动），因而创造逻辑是研究生教育发展的原点和动力。当学术研究脱离社会需求时，研究生教育就会从学术逻辑一端慢慢移动到社会逻辑一端，然而当学术研究过于社会化时，研究生教育又会慢慢向学术逻辑一端运动，最终达到动态的平衡。每次动态平衡的实现都会推进作为支点的社会实践问题的解决，而这从根本上说是由创造逻辑推动的（见图1）。

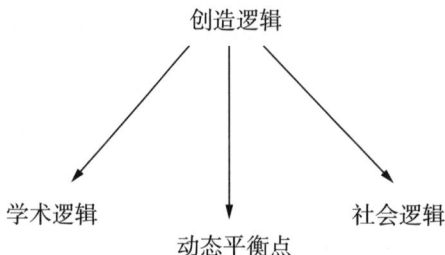

图1　研究生教育发展逻辑的钟摆定律

学术逻辑和社会逻辑的钟摆运动是在创造逻辑的推动下解决具体问题的过程。创造逻辑的核心是由知识创新和应用组成的双螺旋模型（见图2）。创新从本原上说是将新的事物引入原有结构的过程，对创新，不仅要看它的新颖性，而且要看它给实践带来的变化。[15] 这就是说创新是一个提出和运用新知识的过程。研究生教育正是在知识生产和运用的过程中不断发展的，因此研究生教育不仅要强调知识的原创性，而且要强调学术的可转化性，并以转化的成果作为进一步推进知识创新的基础。

知识创新　知识应用

图2　研究生教育发展的双螺旋模型

研究生教育是一种专业教育，但同时又是一种学术探究活动。深化研究生教育改革需要把握研究生教育发展的规律，依据知识逻辑、学科逻辑和社会逻辑的内在要求动态调整研究生教育的内容、结构和模式。在内容调整上，需要扩充学术的概念和范围，按照美国学者博耶（Ernest Boyer）提出的"发现的学术、整合的学术、应用的学术和教学的学术"，合理确定研究生教育的内容，探索实践性知识和缄默知识外显化的有效途径。在结构调整上，需要准确把握学科分化和整合的趋势，强调学科逻辑和问题逻辑的辩证统一，既要重视学科框架在探究问题时的基础性，又要打破学科壁垒、围绕具体实践问题构建知识体系。在模式调整上，需要根据社会结构和生产方式的变革构建研究生教育发展的模式，保持研究生教育与社会需求之间必要的张力。

参考文献

[1] 中国科技论文统计与分析课题组. 2012 年中国科技论文统计与分析简报 [J]. 中国科技期刊研究，2014（1）：27-34.

[2] 李盛兵. 世界三种主要研究生教育模式之比较研究 [J]. 教育研究，1996（2）：12-17.

[3] 万力维. 学科：原指、延指、隐指 [J]. 现代大学教育，2005（2）：16-19.

[4] 刘贵华. 泛"学科"论 [J]. 现代大学教育，2002（2）：75-79.

[5] 刘小宝. 论"跨学科"的谱系 [D]. 合肥：中国科学技术大学，2013：30.

[6] 曼海姆. 意识形态与乌托邦 [M]. 北京：商务印书馆，2000：277.

[7] 同 [5] 28.

[8] 贝尔. 后工业社会：简明本 [M]. 北京：科学普及出版社，1985：1-6.

[9] Committee on Science, Engineering, and Public Policy. Reshaping the graduate education of scientists and engineers [M]. Washington, D. C.：National Academy Press, 1995：4.

[10] 熊和平. 课程：从"圈养"到"游牧"再到"传记" [J]. 比较教育研究，2004（11）：52-56.

[11] 米塞斯. 人的行为：上 [M]. 台北：远流出版事业股份有限公司，1991：167.

[12] 杨奎. 对象性超越与自我超越：主体社会实践的价值归宿 [J]. 中国人民大学学报，2008（1）：72-77.

[13] KAUFMAN J C, BEGHETTO R A. Beyond big and little：the four C model of creativity [J]. Review of general psychology, 2009, 13（1）：1-12.

[14] BARGAR R R, MAYO-CHAMBERLAIN J. Advisor and advisee issues in doctoral education [J]. The journal of higher education, 1983, 54（4）：407-432.

[15] ZALTMAN G, LIN N. On the nature of innovations [J]. American behavioral scientist, 1971, 14（5）：651-673.

（本文原载《教育研究》2015 年第 1 期）

我国地方普通本科院校转型发展若干热点问题辨析

钟秉林　王新凤

引导部分地方普通本科院校向应用型转变（以下简称转型发展）是我国政府在大力发展职业教育的背景下做出的重要决策部署，引起了社会广泛关注，从国家、地方到高校，各层面都做出了积极反应。2015年10月，教育部、国家发展改革委和财政部联合发布《关于引导部分地方普通本科高校向应用型转变的指导意见》（以下简称《指导意见》），从顶层设计的高度，明确了转型发展的重要意义、指导思想、基本思路、主要任务、配套政策和推进机制。一些地方政府先后出台有关政策文件进行宏观指导，并拨付专项经费，推进高校开展试点或组建区域应用型大学联盟。部分高校率先进行改革尝试，已经初见成效。

转型发展是我国经济发展方式转变、产业结构转型升级、解决新增劳动力就业结构性矛盾的迫切要求，是深化我国高等教育供给侧改革、破解高等教育结构性难题的深层次变革，也是部分地方本科院校生存发展的现实需求。转型发展涉及高校多达数百所，厘清相关概念、走出发展误区，对我国高等教育和高等学校发展具有重要的现实意义。

一、厘清概念，明晰内涵

厘清转型发展的概念、明晰转型发展的内涵，是引导地方普通本科院校转型发展的重要前提。

(一) 厘清转型发展的概念

所谓转型，是指事物的结构形态、运转模式和人们思想观念的根本性与深层次转变，是主动求新求变的创新过程。不同转型主体的状态及其对客观环境的适应程度，决定着转型内容和方向的多样性。关于高校转型发展的概念，在近年来我国颁布的政策文件中有三种提法：其一，2014 年，国务院颁布的《关于加快发展现代职业教育的决定》提出，引导一批普通本科高等学校向应用技术类型高等学校转型，重点举办本科职业教育；其二，2014 年，国务院六部委联合制定的《现代职业教育体系建设规划 (2014—2020 年)》提出，鼓励举办应用技术类型高校，将其建设成为直接服务区域经济社会发展，以举办本科职业教育为重点，融职业教育、高等教育和继续教育于一体的新型大学；其三，2015 年，教育部、国家发展改革委和财政部联合发布的《指导意见》提出，引导部分地方普通本科高校向应用型转变，确定一批有条件、有意愿的试点高校率先探索应用型 (含应用技术大学、学院) 发展模式。综合分析上述政策文件，可以归纳出高校转型发展的基本概念：就转型发展主体而言，是部分地方普通本科院校 (含民办本科院校)；就转型发展的目标而言，是发展成为应用型高校或应用技术类型高校 (如应用技术大学、学院等)；就转型发展的人才培养层次定位而言，是培养本科应用型人才。应用型高校或应用技术类型高校是一种新的学校类型的统称，区别于以培养学术型人才为主的本科普通高校 (如综合性大学、研究型大学等) 和以培养技术技能型人才为主的高职高专院校。至于应用型高校的定义、设置和评价标准及应用型人才的内涵和学业标准，目前学界有不同的观点和阐释，学校也有多种理解和表述，[1] 尚需教育理论研究者和实践工作者结合高校多样化的实践探索深入研究和归纳提升。

（二）明晰转型发展的内涵

转型发展的内涵十分丰富，涉及观念转变、目标定位、人才培养模式、队伍建设、制度保障等多方面的内容。

1. 转变教育观念和办学理念是转型发展的重要先导

转型发展成功与否，首先取决于试点院校是否具有新理念和新思维，要着重进行以下四种观念更新。一是树立先进的教育观和教育价值观。坚持以学生为本、促进学生全面发展，遵循教育教学规律和人才成长规律，围绕立德树人开展教学工作，致力于培养适应经济社会发展需求的高素质应用型人才。二是重构富有时代内涵的人才观和多样化的质量观。研究大众化阶段高等教育的发展规律和特征，主动契合经济社会发展对高素质应用型人才的需求，重视学生社会责任感和职业理想的养成以及学习能力和适应能力的培养。三是树立现代教学观。践行"因材施教"教育理念，突破传统的"千校一面""万人一面"的培养模式，研究学生的差异性，尊重学生的选择权，鼓励学生发展兴趣特长，不断深化应用型人才培养模式改革和教育教学体制机制改革。在教学活动中，坚持以学生学习为中心，摈弃以教师、教材和课堂为中心的陈旧教学观，转变教师角色，构建师生学习共同体，探索先进的教学方式和学习方式，鼓励学生自主学习和合作学习，不断改善学习效果。四是树立科学的发展观。坚持规模、结构、质量、效益和速度协调发展，克制动辄扩张规模的冲动，把发展重心放到优化结构、提升质量和提高效益上，保持合理的发展速度；坚持统筹协调，抓住重点，有所为、有所不为，针对应用型人才培养模式改革、应用性学科专业建设、教师队伍建设和现代大学制度建设中的"瓶颈"问题或薄弱环节，集中力量进行改革探索，力争突破；坚持和谐发展，营造为教师学生服务、重视教学工作的管理文化和校园文化；坚持遵循教育教学规律和应用型人才成长规律，注重长期积累、厚积薄发，在应用型人才培养、学科专业建设、学校文化建设等方面通过长期积淀和不断升华，逐步形成鲜明的办学特色，进而形成学校的比较优势和核心竞争力。[2]

2. 明确办学目标定位是转型发展的基本前提

确立办学的目标定位是学校办学自主权的体现，更是学校凝聚人心、制定和实施发展战略规划的重要基础。要瞄准国家与地方经济社会发展需求，结合学校的办学优势和特色，借鉴教育发达国家的办学理念和成功经验，明确应用型本科高校的使命、中长期发展目标、发展思路和发展策略。发展目标既要体现学校的办学理念，具有一流意识；又要实事求是、找准定位、多样化发展，切忌盲目攀比、同质化发展。发展目标定位要内涵清晰，在学校类型、学科专业布局、办学水平和优势特色等方面表述准确。要通过行之有效的方式使办学理念和发展目标定位在校内师生员工中达成高度共识，并获得政府、社会的认可和支持。唯有如此，才能够使各方对学校改革和发展达成共识与形成合力，优化学校改革和发展的内外部环境。

3. 改革人才培养模式是转型发展的核心任务

人才培养是大学的基本功能和根本任务，也是高校内涵建设的核心内容。广义而言，人才培养模式包括人才培养目标和规格、专业设置和建设、课程体系和教学内容、教学方法和教学手段、教学评价和质量监控等内容，涵盖了包括培养目标、培养内容、培养方式和培养条件在内的人才培养诸要素。[3] 转型发展试点院校要认真研究经济社会发展、科学技术进步、教育发展方式转变和教育体制改革给人才培养带来的严峻挑战，不断深化应用型人才培养模式改革。

第一，在培养目标定位上，要从传统的本科学术型人才或专科技术技能型人才培养，转变为高素质的本科应用型人才培养，强调服务地方、对接产业行业。第二，在培养层次结构上，要从盲目追求培养层次升格和学生规模扩大，转变为注重培养质量和效益，安于应用型本科教育，有条件的学校尝试开展专业学位研究生教育。第三，在专业建设上，要从面向学科或面向对口职业岗位，转变为以经济社会发展需求为取向，应用性与学术性相结合，重构应用型本科专业体系。第四，在学科建设上，要从单纯学术取向的学科发展模式，转变为构建应用性学科体系，为应用型本科人才培养提供知识体系支撑，促进应用性学科与应用型专业协同共生。[4] 第五，在科学研究上，要从以基础性学术研究为主，转变为以应用性研究和技术研发为主，重视科研资源向教学资源的转化，为应用型本科人才培养创造条件。第六，在培养方式上，要从相对封闭的人才培养体系，转变为主动面向地方经济建设和社会发展需求培养人才，探索校企合作、产教融合，教学与应用性研究和技术研发相结合，注重学生实践能力、就业能力和创业能力的培养。第七，在课程体系设计上，要从学科和学术导向的课程组合，转变为从应用型人才的知识、能力、素质结构出发，使通识课程与专业课程、理论教学与实践教学、学科专业基础与职业技能训练相互平衡。第八，在师资队伍建设上，要从重理论轻实践的学术导向，转变为重视教师的实践能力和"双师型"教师队伍建设。第九，在质量保障体系构建上，要从学术和学科取向的质量标准，转变为注重技术积累创新与实践能力和服务能力养成的应用型人才培养导向，优化评价指标体系和评价方式，重视社会和用人单位反馈。

二、克服功利化倾向，深化模式改革

转型发展要坚持遵循教育规律和学校发展规律，主动适应经济建设和社会发展需求。抑制功利化倾向，避免"贴标签"，是转型发展顺利平稳推进的关键。

（一）加强内涵建设，克服功利化倾向

当前，在转型发展的实践探索过程中，部分高校存在着比较明显的功利化倾向，在内涵建设和综合改革方面精力投入不足，在获取政策"红利"方面却期望较高。比如，希望通过参与转型发展试点增加本科招生计

划、获取专项经费支持，或从专科层次升格为本科层次、获得硕士学位授权、将学院更名为大学等，这种功利化的动机违背了转型发展政策设计的初衷，如果不加以抑制，可能会造成新的盲目攀高和同质化发展倾向，使转型发展流于形式、名不副实。英国学者金（Roger King）在探讨大学体制多样化时提到了这种功利化倾向，指出有些大学并不很关心大学的体制是否多样化，在寻求更多的研究经费和吸引更多的本科生方面，各大学似乎非常相似，甚至多科技术学院也是一样。大学不可避免地会选择对自身有利而不一定使公众受益的行动。这种秩序源于为了自身利益的行动和系统中各个单位——大学（尤其是大学的领导人）之间的相互影响。[5]

克服转型发展中的功利化倾向，需要正确认识应用型本科教育在高等教育体系中的位置。本科教育随大学形成而产生，随大学发展而不断分化。现代本科教育是一个独立的办学层次，在发展中逐步形成由多种人才培养类型（如学术型、应用型、复合型本科人才等）所组成的本科教育体系，以适应经济社会发展对本科人才的多样化需求和社会公众对本科教育的个性化选择。随着高等教育与经济社会发展的联系日趋紧密，以及产业结构转型升级对应用型人才的规格要求不断提高，高等教育与职业教育的边界已经出现了模糊或重叠交叉的情况。实际上，从大部分本科专业的培养目标、规格和学业标准来看，不仅是地方普通高校，而且包括"985工程"大学、"211工程"大学在内的重点大学也肩负着培养应用型人才的重要使命；从培养具有创新精神和实践能力的高级专门人才的任务来看，高等教育亦具有部分职业教育的属性。因此，应用型本科教育是普通本科高等教育体系中的一种类型，从某种意义而言，也可认为它是现代职业教育体系中的一个层次。长久以来，我国职业教育体系构建和人才培养实践中存在着所谓"断头路"的问题。虽然市场上应用型、技术技能型人才供不应求，但职业教育人才培养体系还不健全，且与普通高等教育体系之间存在壁垒，中高级技术技能型人才培养乏力、上升通道狭窄，不能很好地满足经济社会发展对这类人才的需求。构建现代职业教育体系，打破原来职业教育"断头路"、终结性的格局体系，是转型发展战略提出的重要背景之一。

满足经济社会发展对不同层次应用型人才的需求，打通应用型人才上升通道，无论是从教育的社会功能还是从个体发展角度看，都是必然的发展趋势。对于解决职业教育"断头路"的问题有两种不同的观点。第一种观点主张，职业教育体系与普通高等教育体系相对独立、并行发展，要构建从中职、专科、本科到专业学位研究生各个层次的技术技能人才培养体系，建立伴随劳动者职业发展的教育—就业—再教育顺畅的终身教育体系。[6] 第二种观点认为，打通职业教育发展的天花板，搭建高职院校和普通本科高校融合沟通的"立交桥"，为学生提供自由选择的空间，是构建现代职业教育体系的重要内容；但过于强调职业教育系统内部的衔接与贯通，拔高职业教育学历，会导致职业学校侧重类似普通学校的升学教育，降低技能型人才培养质量，失去办学特色。[7] 两种观点各有侧重，有同有异。一致性在于：打通应用型人才的上升通道，满足社会对高层次应用型人才的需求。矛盾性则体现在：高层次应用型人才培养的体系建构不同。这些问题既涉及高等学校的分类和定位等教育结构问题，也涉及职业教育体系与高等教育体系协调发展等教育体制问题，还涉及公共教育资源配置和政策导向等政府治理问题，解决它们对于我国教育健康可持续发展至关重要。

在当前和今后一个时期，一方面，转型发展试点院校要转变教育观念和办学理念，找准定位、各安其位，不要纠结于"身份"，不能盯着扩规模、上专业、要身份。要坚信有为有位，将主要精力放在学校的内涵建设和特色发展上，放在应用型本科人才培养上，力争在人才培养模式改革、教育教学管理体制创新、产学合作和产教融合育人等方面有所突破，接受社会和用人单位的检验。另一方面，政府有关部门要研究政府管理和市场竞争在资源配置中的作用及关系，引导试点高校结合地方经济社会发展需求和学校优势特色进行多样化的改革探索，坚持遵循规律、试点推动、示范引领、循序渐进的原则，不搞"一刀切"，不搞形式主义，避免新的盲目攀高和趋同发展。同时，要进一步调整研究生教育的类型结构，改革博士、硕士学位授权审核制度和招生录取机制，引导部属大学和地方重点高校与应用型本科院校对接，在培养高层次应用型人才以及搭建"立交桥"方面协同探索。组织专家学者针对问题开展攻关，从顶层设计的角度进行系统研究和科学论证，在实践基础上升华教育理论，用先进教育理论指导实践探索，完善符合中国国情的教育体制和人才培养体系。

（二）重在实践探索，避免"贴标签"

在转型发展的实践探索中，部分本科院校担心被贴上"高职"的标签，对是否转型心存疑虑；部分转型发展试点院校的改革探索尚未全面深化，仅仅是有了"转型"的标签，而对如何实质性转型依旧茫然。

我国重学术、轻技能的传统观念影响深远，在相当长的一个时期内，尤其是在精英化高等教育阶段，高等学校重视学术研究和知识传授，而忽视学生实践能力的培养和综合素质的养成；家长"望子成龙""望女成凤"，希望子女考上名牌大学、从事学术或管理工作，看低技术技能型岗位和服务性工作岗位。同时，由于生源质量、师资队伍、办学条件、就业去向等方面的差异，我国高职教育一直处于高等教育结构的底端。作为转型发展主体的地方新建本科院校多数是由高职高专院校升格而来，担心社会认为转型发展是重回"高职"老路。这些都成为阻碍部分高校转型发展的重要心理障碍。

近年来，高职院校积极进行改革探索，在服务地方、对接产业、产学研合作培养技术技能型人才方面，探索特色发展之路，提供了很多新鲜经验和成功案例。在不少地区，高职院校的生源质量有所改善，就业率和创业率也有"逆袭"本科生的趋势。而转型发展试点院校的实践探索目前大多集中在专业结构调整、师资队伍建设和产学研合作机制等方面，总体上看，试点院校破解这些难题的做法还未能超出高职院校的教学改革思路和实践路径，一些试点院校也对如何在继承高职院校育人传统的基础上开拓创新感到迷茫。

首先，在当前环境下，探索转型发展的地方本科院校不宜被随意贴上"本科高职教育"的标签，而宜使用"应用型本科教育"加以描述。这一方面可以减少传统观念的负面影响，有利于试点院校在相对宽松的环境下改革探索，避免陷入"概念之争"而延误自身发展；亦有利于社会和公众对于应用型本科院校的认可。另一方面，可以避免造成职业教育体系和高等教育体系逻辑关系的混淆，有利于鼓励部属大学、地方重点大学与转型发展试点院校协同探索应用型人才培养，搭建融通职业教育和高等教育的"立交桥"；亦有利于政府有关部门对教育进行统筹协调，对学校进行分类指导。

其次，无论是本科院校还是高职院校，在培养应用型人才的总体目标上具有一致性，在宏观实践路径方面亦无本质差别，应用型本科院校在转型发展实践探索中借鉴高职院校的经验也符合实际、无可厚非。两类高校培养应用型人才本质上的差异性体现在人才培养的层次、规格和所面向的市场的特定需求上。因此，转型发展试点院校要面向地方经济社会发展和市场需求，结合学校学科专业特色优势，认真研究和细化应用型本科人才培养规格和要求，下大功夫深化应用型人才培养模式改革，进行多样化的探索，不断提高应用型本科人才培养质量。

另外，政府和行业企业要采取切实可行的政策措施和经济手段，加强舆论导向，宣传先进的教育观和人才观，提高包括技术型和技能型人才在内的应用型人才的经济待遇和社会地位，优化转型发展的政策环境和社会环境，在高校与地方经济社会发展的良性互动过程中，逐步提升应用型本科院校的社会声誉和地位。

三、坚持依法治教、依法治校

坚持依法治教、依法治校，是建设现代大学制度、优化教育治理结构、提高教育治理能力的重要保障。高校转型发展要从高等教育法制化的角度保证转型政策的合法性和延续性。[8] 《中华人民共和国高等教育法》（以下简称《高等教育法》）明确规定高等学校有权制定发展规划并组织实施。如何将转型发展政策转化为部分地方本科院校的自觉的教育实践行动，按《指导意见》要求"制定改革的时间表、路线图"，如何落实政府转变职能、简政放权、管办评分离，确定中央政府、地方政府和地方高校的权力边界，并发挥市场在教育资源配置中的特殊作用，如何完善我国法律法规体系，确定应用型本科院校同等法律地位，引导企事业单位和社会组织参与应用型人才培养，等等，这些问题都需要在转型发展的实践探索中逐步解决。

首先，要抓住制定大学章程的契机，在国家现有法律框架内，规定应用型本科院校管理和运行的关键方面，如办学理念和宗旨、学校与政府和社会的关系、学校内部治理结构、学校管理和决策规则等。要坚持依法办学，实施民主管理，理顺应用型本科院校与政府、社会和企业行业的关系，形成依法办学、自主发展和自我约束的机制，为学校可持续发展提供制度保障。

其次，就人才培养而言，《高等教育法》第二章"高等教育基本制度"中的相关条款对专科、本科、硕士研究生和博士研究生学历教育都有明确的培养要求并提出了明确的学业标准，其中规定：专科教育应当使学生掌握本专业必备的基础理论、专门知识，具有从事本专业实际工作的基本技能和初步能力；本科教育应当使学生比较系统地掌握本学科、专业必需的基础理论、基本知识，掌握本专业必要的基本技能、方法和相关知识，具有从事本专业实际工作和研究工作的初步能力。显然，不同层次人才培养的学业标准不同，培养目标和规格各有差异。对于专科教育和本科教育而言，对学生掌握学科专业基础理论和知识方面的要求是逐步深入和扩展的，对学生从事专业实际工作的基本能力的要求也是不同的。应用型本科人才和其他各类本科人才的差异不是层次上的差异，而是类型上的不同。

因此，转型发展试点院校要跳出专科教育的培养模式，研究应用型本科学生的培养规格和学业标准，重构学生的知识、能力和素质结构，优化培养方案和课程体系，在达到本科教育基本学业标准的基础上，充分体现差异性，办出各自特色。要正确处理学科与专业的关系，发挥学科建设对专业发展的知识体系支撑作用，促进应用性学科与应用型专业一体化发展。不能混淆不同层次人才培养的学业标准，抛弃原有的学科基础和学术传统，单纯以职业岗位为导向进行专业设置和人才培养，简单机械地减少公共基础课和学科专业基础课，将应用型本科办成"膨胀型专科"，这有悖于《高等教育法》对本科教育学业标准的规定。降低人才培养规格，也会影响学生未来的职业生涯发展。同时，要避免脱离地方经济社会发展需求和应用型本科人才培养目标定位，因循守旧、墨守成规，重蹈学术型本科人才培养的路径。

另外，在应用型本科院校设置和更名问题上，近年来也存有争议，诸如是否应在校名中冠以"应用技术学院/大学"、是否要调整大学的设置标准等，这些尽管表面上看是学校的"符号"之争，但折射出的是办学定位、发展策略、政府导向等一系列重要问题。笔者认为，《高等教育法》规定了大学和学院设置的基本要求，教育部颁布的《普通本科学校设置暂行规定》明确了大学和学院设置的标准与命名原则，应用型本科院校的设置和更名就应依法依规执行。因此，要坚持正确导向，强调"四个符合"，即应用型本科院校设置和更名要符合教育法律法规和申报审理程序、符合教育规律和学校发展规律、符合学校实际情况和发展定位、符合国际高等教育通行惯例。

四、科学借鉴国际经验，注重本土化实践

高等教育国际化的发展，使师生资源和教学资源的跨国、跨地区流动成为常态，同时，也必然伴随着教育理念、管理模式和教学方式的跨国传

播和融合。[9] 教育发达国家在培养应用型人才、发展应用型大学等方面进行了长期探索，形成了多种模式。比如，以双元制为基础和以国家法律制度为保障的德国模式，以国家统一的学历资格框架体系和 TAFE（Technical and Further Education）学院为依托的澳大利亚模式[10]，以辛辛那提大学工学交替等多种模式共存为特色的北美模式[11]，等等。我国高校要认真研究和科学借鉴国外应用型人才培养和应用型大学发展的先进理念与成功经验，结合国情校情，积极探索国际经验的本土化实践，在学习借鉴中创新，探索适应国家和地方经济社会发展的多样化的应用型本科人才培养体系与模式，走出一条具有中国特色的应用型本科院校发展道路。

每个国家应用型本科教育体系及其发展模式的形成都有其独特的经济社会发展需求、历史文化传统和国家教育体制背景，对其经验必须结合我国实际情况加以辨别分析、准确理解、科学借鉴。以德国为例，德国完善的职业教育法律体系、"双元制"的教育体制和应用科学大学一直是我国借鉴学习的对象，但在理论研究和实践运用中也存在理解上的偏差。

首先，德国完备的法律体系确实对应用型人才培养起着保障作用，《联邦共和国各州高等学校协定》《德国高等教育法》是确保应用科学大学成立和法律地位的基础[12]，《联邦职业教育法》和《手工业条例》规定了企业实施职业教育、配合企业外职业教育及提供工作和报酬的义务。但是，不能因此就认为德国"双元制"是行政命令式的[13]，由此片面强调政府和法律的作用。实际上，德国企业自觉、自愿参与职业教育和培训的传统，更不容忽视。

其次，德国职业教育"双元制"可以追溯到中世纪的"学徒制"，具有深刻的历史文化渊源，是德国职业教育法律体系、民族传统、教育理念和制度结构共同塑造的结果。"双元制"主要体现在职业教育范畴，由联邦政府、企业及工业行会等共同负责，高中毕业生可选择读大学或接受"双元制"教育，后者毕业后直接进入劳动力市场，而一般不会进入高等院校即综合性大学或应用科学大学。

再次，德国高等教育领域的"双元制"，是一种将学历教育与职业教育相结合的、更高水平的、复杂的教育模式，其将理论学习与职业培训有机结合、交替进行、以多种形式实施。这种教育模式主要在本科层次进行尝试，在过去的几年里发展迅速。"双元制"本科专业数量大幅度增加，目前约占德国高校本科专业的四分之一；"双元制"硕士专业仅占德国高校硕士专业的4%，且主要培养目的是使毕业生在综合大学里攻读博士学位。

最后，这类学校的德文名称为 Fachhochschule，过去在国内常被译为"高等专业学院"或"高等专科学校"，被当作专科院校看待；近年来又被译为"应用技术大学"或"应用科技大学"。而德国学术交流中心（DAAD）的专家认为这种翻译不尽准确，主张将其译为"应用科学大学"（applied science university），强调其是"以科学为基础、以应用为重点"的从事教学和科研活动的高校，涵盖广泛的应用科学领域的教育和科研，而不仅仅是技术层面。

德国应用科学大学的发展定位和教学科研功能与我国目前发展的应用技术类大学有一定差异。世界各国应用型本科教育的发展和应用型人才培养的背景不同、模式各异，很难在我国高校转型发展中简单移植或照搬，这就需要转型发展试点院校结合国情、区情和校情大胆探索本土化的实践路径，在促进自身发展的同时，丰富世界高等教育领域的理论研究和实践案例。

高校转型发展的关键，不是讨论该不该转型，而是要解决往哪里转、如何转的问题。探索转型发展的实践路径，关注转型院校的核心任务和深层次结构变化至关重要。政府应在完善高校分类与评价体系、监督相关法律法规落实、整合配套制度和改革项目、引导试点院校加强内涵建设等方面加大力度。

参考文献

[1] 陈小虎. 新型应用型本科院校发展定位、使命、路径和方法选择 [J]. 中国大学教学, 2014 (3)：33-40.

[2] 钟秉林. 大学的走向 [M]. 北京：商务印书馆, 2015.

[3] 钟秉林. 人才培养模式改革是高等学校内涵建设的核心 [J]. 高等教育研究, 2013 (11)：71-76.

[4] 钟秉林, 李志河. 试析本科院校学科建设与专业建设 [J]. 中国高等教育, 2015 (22)：19-23.

[5] 金. 全球化时代的大学 [M]. 杭州：浙江大学出版社, 2008.

[6] 申宁. 鲁昕：要下大决心打破职业教育"断头路"格局 [EB/OL]. (2014-04-25) [2023-06-03]. http://edu.people.com.cn/n/2014/0425/c367001-24944814.html.

[7] 张婷. 过于追求"高学历"职业教育会受伤：政协委员为发展现代职业教育把脉 [N]. 中国教育报, 2015-03-12 (3).

[8] 张应强. 从政府与大学的关系看地方本科高校转型发展 [J]. 江苏高教, 2014 (6)：6-10.

[9] 钟秉林. 推进高等教育国际化是高校内涵建设的重要任务 [J]. 中国高等教育, 2013 (17)：22-24.

[10] 孔晓红, 张衍群, 徐君鹏. 澳大利亚学历资格框架体系对我国应用型本科改革的启示 [J]. 河南科技学院学报, 2015 (4)：71-74.

[11] 朱士中. 美国应用型人才培养模式对我国本科教育的启示 [J]. 江苏高教, 2010 (5)：147-149.

[12] 应用技术大学（学院）联盟, 地方高校转型发展研究中心. 地方本科院校转型发展实践与政策研究报告 [EB/OL]. [2023-06-05]. https://wenku.baidu.com/view/46cc452993c69ec3d5bbfd0a79563c1ec5dad7cf.html?_wkts_=1685940435877&bdQuery=地方本科院校转型发展实践与政策研究报告.

[13] 陈德泉. 德国双元制职业教育的重新审视 [J]. 中国高教研究, 2016 (2)：92-96.

（本文原载《教育研究》2016年第4期）

"双一流"建设中的学术突破
——论大学学科、专业、课程一体化建设

周光礼

2015 年 11 月 5 日，国务院发布了《统筹推进世界一流大学和一流学科建设总体方案》，这是中国重点大学政策的最新形态，简称"双一流"建设。新政策遵循"以中国特色、世界一流为统领，以支持创新驱动发展战略、服务经济社会为导向"，坚持以一流为目标、以学科为基础、以绩效为杠杆、以改革为动力，支持一批高水平大学和学科进入世界一流行列或前列，建设高等教育强国。这是一个兼顾国际化与主体性的世界一流大学建设政策。一方面，遵循学科逻辑，强调要在国际可比指标上达到一流；另一方面，遵循社会需求逻辑，强调扎根中国大地办大学。

作为一个组织及环境的整体模型，大学组织可以分为三个层面：生产层面、管理层面和制度层面。制度层面相对开放，生产层面相对封闭，管理层面则发挥媒介和沟通作用。大学的生产单位是系、所等基层学术组织，系、所是围绕学科建立的，其"技术核心"是教学与科研，其产品是专业与课程。因此，所谓技术突破，对大学来说就是学术突破，它特指大学在学科平台上创造性地开展教学与科研活动。如洪堡基于教学与科研相结合原则引入教学实验室和习明纳（Seminar）就是大学技术核心的重大突破。中国"双一流"建设政策在技术核心上突破，就是坚持科教融合、产教融合，推进学科、专业、课程一体化建设。在此有必要探讨一下学科、专业、课程三个概念的关系。学科是科学学的概念，它既指一个知识体

系，又指一种学术制度。专业是社会学的概念，其意是专门学业或专门职业。课程则是教育学的概念。课程来源于学科，从学科知识中选择一部分"最有价值的知识"组成教学内容。专业是由若干门课程组成的，围绕一个培养目标组成的课程群就是一个专业。学科建设、专业建设、课程建设三者既有区别，又有交集。学科建设强调要建设一支高水平的科研队伍，专业建设强调要培养知识面广、应用能力强、就业竞争力强的专业人才，课程建设强调要提升教学能力、保证教学质量。三者的共性在于团队建设、内容建设、评价体系建设及经费支持。

学科、专业、课程等基本概念清晰后，我们可以继续讨论"双一流"建设的技术核心突破问题。技术突破的关键是学科、专业、课程一体化建设，基础是学科建设。办大学就是办学科。学科是大学的细胞，是大学的技术核心领域。学科不仅是一个科学研究的平台，也是一个教学的平台；不仅是一个学者队伍建设的平台，还是一个服务社会的平台。"双一流"建设政策提出的五大建设任务——建设一流师资队伍、培养拔尖创新人才、提升研究水平、传承创新文化、着力推进成果转化都是以学科为依托的。从这个意义上说，没有一流的学科，就没有一流的大学。学科、专业、课程一体化建设重点要把握以下五个方面。

一、确定优先发展的学科领域

"双一流"建设的首要原则是集中有限的资源打造比较优势。任何大学的资源都是有限的，有所不为才能有所为。大学战略规划领域有一句行话，没有重点就没有规划。只有知道自己不做什么，才能知道自己要做什么。任何大学不可能做到所有的学科都是世界第一，即使是哈佛大学、麻省理工学院都不可能发展所有的学科（哈佛大学没有工学院，麻省理工学院没有医学院），更遑论所有的学科都排世界第一。"双一流"建设还有一条补充原则，即同等尊重原则。人类所有的知识都是平等的，各个学科本身也没有高下之分。同等尊重原则要求我们用新增加的资源来支持优先发展的学科领域，不能减弱对现有学科的支持力度。我们的改革要做加法，不要做减法；要做增量改革，不能"劫贫济富"。

从战略管理的角度看，国际上确定优先发展学科领域主要有三条原则。一是学术卓越原则，即现有学科已经具备了卓越品质，如果额外投入资源能迅速取得国内外领先地位，这样的学科可被列为优先发展的领域进行重点投入。这是人们常说的巩固传统优势。二是社会需求原则，即现有学科虽尚不具备卓越品质，但未来发展空间很大，能满足国家或区域的重大战略需求、直接造福人类，这样的学科也可被列为优先发展的领域进行重点投入。这是所谓的寻找新的学科生长点或打造潜在优势。三是跨学科原则，即如果注入资源能促进跨学科研究，促进学科交叉融合，提升大学综合实力，这样的领域也可被划入优先发展的范围。

学科重点建设的一个主要策略就是制定院系规划。院系（所）等基层学术组织是学科的载体，是大学的学术心脏地带。学科建设的主体应该是院系。因此，学科建设的重要抓手就是编制院系规划。院系规划的主要内容是"四学"，即学科、学术、学者和学生。建设世界一流的学科、产出一流的学术成果、汇聚一流的学者队伍、培养一流的学生，是院系发展的战略目标。院系规划的主要方法是基标法，就是要以同类型大学的优秀学科为标杆，开展对标研究，在同型比较中找出自身差距，通过连续的学习和改进，最终达到超越标杆之目的。

二、重构专业教育理念

纵观我国高等教育发展史，我国先后经历了三种不同的专业教育。第一种是面向行业的专业教育。这种专业教育形成于 20 世纪 50 年代"院系调整"，源于"苏联模式"。面向行业的专业教育强调高等教育计划与国民经济建设计划紧密相连，按照产业部门、行业来组织教育教学，以培养大批高度专门化的专业人才。由于过于强调专业对口，大学生知识面窄，适应性和创造性差。第二种是面向学科的专业教育。为纠面向行业的专业教育之偏，20 世纪 80 年代后，高校进行了多次教学改革，总体思路是厚基础、宽口径。为此，我们改变了专业的设置逻辑，从按照行业设置专业走向按照学科设置专业，结果是中国大学的专业种类从一千多种下降为二百多种，此时的"专业"实为"三级学科"。这个阶段的专业教育就是面向学科的专业教育。第三种是面向职场的专业教育。随着创新驱动发展战略的实施，建立与"工业 4.0"时代相适应的专业教育模式成为高校教改新方向。"工业 4.0"是以科研和创新为主体的工业。在此背景下，高等教育的目的乃是促进"大众创业、万众创新"，"让创业成为一种习惯"。创业教育的兴起呼唤一种面向职场的专业教育。

"双一流"建设必须坚持面向职场的专业教育理念。面向职场的专业教育强调创业教育与专业教育相融合、专业实践与创业实践相融合。这种专业教育主要包括三方面内容：一是培养目标应该与实际职业相吻合，应该包含相关专业工作需要的能力和核心知识；二是专业课程能够支撑培养目标的达成，应保持课程目标与专业目标的一致性；三是定期评估目标的达成度，包括学生和社会对目标达成的反馈。[1]

三、创新人才培养模式

"双一流"建设的一项重要任务就是培养拔尖创新人才。一流大学要有一流的人才培养，现行人才培养模式的最大问题是学生创新能力和实践能力欠缺。

第一，创新人才培养模式必须重构人才培养目标。如何确定人才培养目标？这有必要回到高等教育原点，追问什么是大学教育。大学教育分两个部分：向内的教育和向外的教育。向内的教育是指，大学教育要指向人的精神和灵魂，强调大学教育的立德树人功能，培养人的价值观、人格、意志、品质、修养等。向外的教育是指，大学教育应该传授给学生谋生技能，使其拥有一技之长。任何大学教育都包括向内的教育和向外的教育这两方面，故大学人才培养目标应该包括知识探究、能力建设和人格塑造三方面。这一目标体现了专业教育和通识教育的融合。

第二，创新人才培养模式必须重视专业建设与课程建设。大学的产品不是学生而是专业与课程，学生只是大学的顾客，课程是大学的商品。不同专业生均拨款不同，不同专业学费标准不同。由于专业实质上是一个课程群，因此，大学提供的最基本的服务是课程。一流大学的专业建设和课程建设有没有通用的标准？回答是肯定的。根据《悉尼协议》，专业建设主要包括七个方面：培养目标、学生、毕业要求、课程体系、师资队伍持续改进、毕业生跟踪反馈及社会评价。[2]

第三，创新人才培养模式必须重视教学方式方法的变革。科教融合和产教融合是培养拔尖创新人才的两种方式。科教融合强调科学研究与教学融为一体、学科与专业融为一体，以高水平科研支撑拔尖创新人才培养。科教融合理念建立在认知科学的基础之上，认知科学通过大量实证数据证明了一个命题，即认知经历的多样性与学生创造能力呈正相关。课堂教学只能给学生提供单一的认知经历，即记忆和模仿。培养拔尖创新人才，必须改变课堂教学即人才培养主体的观念，把科学研究作为一种更有效的人才培养方式。丹麦的奥尔堡大学大面积推行项目式教学，50%的课程以科研项目代替，取得巨大成功。本科生做科研可以使其获得更多样的认知经历，诸如分析、综合、评价、批判与创造等，认知经历的多样性是创造思维产生的根本原因。产教融合强调校企合作，以产业的优质教育资源支撑拔尖创新人才培养。产教融合基于知识与能力的辩证关系，强调创新创业教育与专业教育相融合。

第四，创新人才培养模式还必须建立"以结果为导向"的评估制度。评估过程应该有学生、行业或企业专家参与，从多维度对学生、专业、课程进行持续的评估和改进，以保证评估结果的客观性、全面性和有效性。

四、重视课程建设

课程是人才培养模式的核心要素。全球大学教改的一个重要趋势是淡化专业、强化课程。课程是大学的真正产品，重视课程建设有利于明确教师在维护一流方面的职责。如果我们把大学视为"超市"，把学生视为"顾客"，那么，专业只是商品分类的柜台，课程才是琳琅满目的"商品"。课程来自学科，学科通过课程影响专业。大学教师角色的无可替代之处在于：在前沿性的学科知识中选择"最有价值"的知识纳入课程，再把这些课程知识有效地传授给学生。[3] 课程的规划和设计能力是大学教师乃至一所大学的核心竞争力。

中国大学实行开放性的师资培养体系，大学教师在职前只有专业发展而无教学发展，导致大学教师的课程规划和设计能力不足。大学教师一般采取照搬母校课程的方式开始职业生涯：年轻的博士初入教师职业，开设新课程时几乎都是把老师的演示文稿改造一下，就移植到了新的学校。这是大学课程质量不高的主要原因。一流大学的教师需要开发一流水准的课程，课程本身也是学术。开设一门新课程至少需要考虑以下八个问题：一是大学的使命是什么；二是对于实现大学的使命而言，什么知识最有价值；三是专业目标是什么，它与大学使命是什么关系，专业目标如何支撑大学使命；四是这些课程在专业中的位置如何；五是课程教学目标是什么，它如何与专业目标相一致；六是每堂课的学习目标是什么；七是如何设计合适的学习活动以实现课堂学习目标；八是如何考核学习成效。

大学教改的另一个重要趋势是以专业为基础的课程体系改革。在课程建设中，一个不可回避的问题是如何优化设计一个专业的课程体系。回答这个问题，可以引入密歇根大学的"课程矩阵"概念。根据课程矩阵的思想，可把一个专业的目标分解为一系列的子目标，将其作为一个维度，然后把这个专业所有的课程作为另一个维度，通过两个维度的关联考察各门课程与目标体系的相关性。

通过课程矩阵分析可以发现三种情况：一是课程重复，即几门课程同时指向一个专业子目标，这时需要考虑合并课程；二是无关课程，即某些课程与专业目标没有任何相关性，这样的课程需要剔除；三是目标虚置，即有些专业目标没有任何课程支撑，这就需要开设新的课程来支持这些目标。通过课程矩阵的检测，我们可以达到优化课程体系的目的。

如果说体制层面的改革主要靠政府，管理层面的变革主要靠学校，那么，技术层面的突破就主要靠教师。"双一流"建设的"技术核心突破"必须坚持立德树人原则，突出人才培养核心地位，着力培养具有国家使命感和社会责任心、富有创新精神和实践能力的拔尖创新人才。因此，大学的技术核心应该是大学教师如何教及学生如何学。破解这一问题的关键是大力促进大学教师的职业发展。我们要积极促进大学教师专业能力和教学能力大发展，大力提升大学教师的师德水平。

五、建立系统化的学术评价国际标准制度

世界一流大学和一流学科必须有世界领先的学术成就，其关键是有世界级的人才。因此，我们必须根据权威性的评估和世界一流标准来建设"双一流"。世界一流大学一定要和同类的大学比较，要按外界公认的国际标准竞争。"只能按照国际公认的标准来达到一流。单独搞一流标准只能偏离方向。只有成员是一流的，机构才能是一流的。因此争取达到一流的大学必须不断评估自己的人员，这种评估必须有外界参与。"[4] 中国"双一流"建设要取得应有成效，这种外部的国际标准非常重要。中国大学现有的学术评估主导模式是一种行政化色彩浓厚的内部评估。这种评估侧重于对教师的工作业绩进行评估，主要包括晋升评估和年度评估，两种评估都是针对教师个人的问责性评估，以惩罚为后盾。建设世界一流大学和一流学科必须引入学科外部评估。学科外部评估是改进性而非问责性的，强

调对院系事业发展（学科、教师和学生）进行综合评估。在国外，这种评估一般5—7年进行一次，具体包括两方面。一是同行评估。同行评估旨在了解院系的科研条件、科研活动和科研成就，同行评估的专家一般由国际学术界的一流学者组成，一般要对具体院系进行为期一周的实地考察。在实地考察前，他们要仔细研读由不同院系提交的背景材料，考察后需撰写评估总结报告和评估结论。二是文献计量评估。文献计量评估一般委托专业的中介机构进行，即对某一院系五年内发表的学术论文进行计量分析，主要测量不同院系的科研表现，具体指标包括出版物的数量、他引率，并与国际上相关的学科/领域进行同型比较。[5] 文献计量评估的结果一般不发给同行评估专家组，这样做是为了通过两种不同的方法（同行评估和文献计量评估）来获得对具体学科的一个相对客观的质量评级。

　　"双一流"建设的关键是建立系统化、常规化的学科国际评估制度。第一，强调国际标准。对于任何一所一流大学的教师、学生和学科，这种外部的国际标准都非常重要。一流大学要在若干学术领域中占有很高的领导地位，一般要有一定数量的世界领先的学者和学科。对于区域领先的高水平大学来说，要有一定数量的国内领先的学者和学科。第二，强化评估的诊断功能。外部评估旨在发现制约学科发展的瓶颈以及寻找学科发展的潜力。外部评估也是对外宣传的一种手段，可以帮助行政领导了解哪些系、项目和教师是最好的。第三，评估常态化。优先建立对院系、交叉学科组的评估体制。世界一流大学的一个惯例是，开展5年为一周期的学科国际评估，定期邀请国际相关学科的知名学者、专家对学校的科研活动、师资水平和人才培养质量等进行评估。这种评估本身就是对大学质量的一种证明。

参考文献

[1] 王伯庆.参照《悉尼协议》开展高职专业建设 [J].江苏教育·职业教育，2014（7）：16-19.

[2] 同 [1].

[3] 周光礼，马海泉.教学学术能力：大学教师发展与评价的新框架 [J].教育研究，2013（8）：37-47.

[4] 周光礼，武建鑫.什么是世界一流学科 [J].中国高教研究，2016（1）：65-73.

[5] 黄容霞，WIKANDER L.一个学科国际评估的行动框架：以学科评估推进世界一流大学建设的一个案例 [J].中国高教研究，2014（2）：42-46.

（本文原载《教育研究》2016 年第 5 期）

大学的德行：传统与现实

周 川

  大学是追求理性的机构，也是崇尚德行的机构。史上众多的教育家和学者对大学的德行问题都曾有专门的阐述。然而，在各种排行榜盛行的当下，大学的德行却经受着严峻的考验，办学者们对大学的关注点似乎越来越多地聚焦在硬性的学术指标方面，诸如高被引论文、重要科研项目和奖励，以及各种人才"帽子"等。这种情况虽说情有可原，但如果走向极端，"唯"此为大而不及其余，甚至不择手段地片面追求这些硬性指标而全然不顾大学的德行操守，那么很显然，这就不仅仅是一个工作偏颇的问题，而且是一个事关大学的本质和意义、事关社会和国家前途的大是大非问题。本文所称大学德行，系指大学在其运行过程中表现出来的符合自身专业道德准则的行为，它通过大学教师、研究者乃至管理者的道德行为表现出来，是大学成员所有道德操守的总和。本文主要针对当前高等教育现实中的某些倾向，通过回顾大学德行的历史传统及其演变过程，探讨大学德行的内在性、必然性和必要性，并力图借此说明，在当前的一流大学建设进程中，同样应该注重一流大学的道德建设。

一、大学德行的历史传承与时代考验

  从发生学的观点来看，大学德行的基因是在早期大学的孕育过程中形成的，它是大学与生俱来的属性，而且随着大学的发展不断得以传承与弘扬；它在不同的历史时期有不同的内涵，也会受到不同的挑战和考验。

中国古代奉行的"大学之道"，是"明明德、亲民、至善"。[1] 这一"大学之道"虽由中国古代特殊的社会性质所决定，有其历史的局限性，但也鲜明地揭示出中国古代大学在德行方面的价值追求，反映了大学这一教育机构的某种本质属性，至今仍有鲜明的现实意义。尽管中国古代的大学到19世纪中后期便寿终正寝，近代新出现的大学基本都是仿照西方模式另起炉灶新开张的，但古代"大学之道"仍然以其惯性而产生着种种影响，这从如今许多大学的校训中可窥其端倪。

作为西方大学始祖的欧洲中世纪大学，也是在自己的胚胎时期就孕育了初始的德行基因。例如，新生入学有"清扫典礼"，目的是把新生原先的"粗俗的习气""野蛮的兽性"统统"清扫"干净。[2] 硕士、博士资格的获得，不仅要通过严格的考试答辩，也要证明已具备"与其身份相应的那些品德（公正、对同事和学生慈善、热心工作）"，且能"避免那些直接玷污品行的罪恶（贪财、不检点、虚荣）"，因而硕士、博士资格的意义，"不仅是理智上的，而且是道德上的"。[3] 同样，新教师入职也要宣誓，誓词包括服从大学章程、忠于教职、保质保量地完成与薪酬相符的教学任务等。而且，中世纪大学也养成了"批评社会的爱好"，师生无所顾忌地批评教会的专制，批评僧侣的奢靡，也批评他们对市民的欺压和盘剥，批评一切他们看不顺眼的社会现象。其实，早期中世纪大学的师生，素质还真高不到哪里去，他们当时在社会上被称作"哥利亚德"[4]，这多少是带有几分贬义的。但就是这样一批人，他们对各种自认为是不道德的社会现象进行抨击。这至少说明，他们自认为是站在道德高地上的，明显带有道德优越感。

就欧洲高等教育历史看，近代发生的一系列重大社会变革运动虽然没有明显改变中世纪沿袭下来的大学组织形式，却不可能不影响大学的观念和精神，不可能不影响师生的思想和行为方式。一个可见的变化是，大学师生社会地位和声誉的提高，原因当然是他们自身素质的改善。特别是经过文艺复兴的洗礼，中世纪的"哥利亚德"终成过去，取而代之的是"文人学士""文化人""绅士"。随之，大学教师逐渐跻身"贵族"阶层，他们不仅"贵"在生活品质，更"贵"在素质和精神；大学生也逐渐被社会高看，被看作未来的社会精英。相应地，大学教师对自己的职业认知发生改变，开始不仅把自己看作自己学生的教师，而且认为自己是其所处社会中精英们的教师。"大学随即获得了这样一项重要任务：即为社会训练与'斯文'、'文明'或'文化'的规范相一致的'文人学士'或'绅士'。"[5] 宗教改革运动的导火索由维滕贝格大学神学教授路德（M. Luther）一手点燃，经过这场运动的生死考验，大学不仅扩大了规模，加快了世俗化的进程，更重要的是，在精神上也历练得更加强壮，对德性和自由的信仰也更为坚定。其后相继发生的资产阶级革命、启蒙运动，确立了民主、自由、平等、公平、正义的共同价值观，也进一步强化了大学德行的价值基础和行为准则。

19 世纪初，洪堡（W. Humboldt）以"教学与科研相统一"为原则重塑德国的大学。在他看来，大学"乃是民族道德文化荟萃之所"，它的"立身之根本"，就"在于探究深邃博大之学术，并使之用于精神和道德的教育"。[6] 洪堡把理性看作德性的基础，把纯粹学术当作通向理性和德性的不二法门。经过洪堡的改革，科学研究成为大学的"立身之根本"，这对大学德行的提升具有双重的意义。一是科研能够为大学铸魂健体，强其精神之脊梁，固其思想之底气，健其心智之内功。正如学问可以变化气质，科研也可以改善校魂和校风。二是科研本身的道德准则和规范，可以丰富大学德行的内容，扩展大学德行的范畴。有学者断言，正由于科研进入了大学，故从 19 世纪开始，随着这种关于学术成就的道德的普遍传播，大学变得更加纯洁了。[7] 当然，科研作为大学的"立身之根本"，也可能会在实际工作中面临新矛盾——科研与教学的关系问题。不过从机理上看，这个矛盾不是由科研本身带来的，而是由于实际工作中对科研与教学的关系处理不当造成的，解决这个矛盾恰恰不是一个能力问题，而是一个道德问题，需要通过提升大学德行来解决。

20世纪初，社会服务成为美国大学的新职能。威斯康星大学校长范海斯（C. van. Hise）对此曾宣示，州的大学必须服务于全州人民，服务于它的所有的儿女，在所有的方面帮助州，以所有的方式与州的人民建立起密切的联系[8]。著名的"威斯康星理念"由此得以确立，大学纷纷进入社会，利用自己的智力优势直接服务社会，扮演起"社会加油站""社会轴心"的新角色。然而，大学走上十字街头之后，面对熙熙攘攘的社会和眼花缭乱的市场，如何才能洁身自好，越来越成为一个带有道德意味的问题。随着高等教育大众化、普及化时代的到来，各国大学普遍面临规模扩张、经费短缺、竞争加剧的多重挑战，在此情况下，大学如何才能"守身如玉"、不辱其命、不降其志，更是一道无法回避的道德必答题。20世纪中叶以来，众多的大学校长和著名学者热衷于研究和探讨大学的道德问题，这正反映了西方高等教育界对大学德行状况的一种集体焦虑。

值得庆幸的是，大学自古孕育的德行基因，并没有发生本质的变异，依然代代相传，融化在大学的血液里，至今仍顽强地起着作用。大学走进社会中心，置身于社会各界的视野之中，自然而然地成为社会监督的对象。这种社会的监督机制，对大学的德行是一种重要的外部约束。

二、大学德行是大学享有自由及社会声望的前提

大学是探索高深学问、培养高级人才的机构，大学德行是大学本质属性的内在要求，也是大学实现自身使命的必要条件，是大学享有自由及社会声望的基本前提。

大学是传授和探究高深学问的学术机构，高深学问的特质奠定了大学德行的内在基础。高深学问具有真理性，它是人们对自然规律和社会规律的正确认识，是对事物的本质和意义的正确揭示，能够将人类从无知提升到已知，从知之较少提升到知之较多，从自然王国提升到自由王国，它的

本质功能体现着善。高深学问也有高贵性，因其高深，所以来之不易。探索高深学问的过程是一种艰苦卓绝的精神历险，既需要高的才智，也需要高的品德，凝聚着丰富的真善美要素。因其高深，能够理解、掌握它的人毕竟是少数。因此，有高深学问的人被看作"精神贵族"，受到人们的景仰，是有心理和社会原因的。古希腊苏格拉底提出"知识就是美德"的著名论断，尽管由此引起无休止的争议，但从可能性上来说，知识通向美德之路确实很畅通，至少大学人自认为是这样的。中世纪的哲学教授博伊斯（J. Boece）坦言："哲学专注于学习与沉思，天然地合乎道德，即纯洁与节制、公正、强大与自由、温柔与崇高、宏伟卓越。"[9] 19 世纪的洪堡坚信，只要大学迫使学生在他一生中至少有一段时间完全献身于不含任何目的的科学，就一定能促进他个人道德和思想上的完善。[10] 稍后的纽曼（J. H. Newman）在论述大学教育目的时，断言"知识本身即为目的"。他认为，自由知识的高贵之处不在于它的结果，而在于它是一种心智的"胚芽"、一种"精神启示"、一种"习惯"、一种"内在的禀赋"，因而是一种"美德"，它通常与宗教和美德连在一起，能够使人变得品德高尚。[11] 20 世纪 80 年代，芝加哥大学的希尔斯（E. Shils）为学校拟定教师聘任标准，他依据的核心理念是大学具有崇高的道德价值，其先决原因在于大学所致力的是对真理性知识进行无私追求。[12] 高深学问的特质奠定了大学德行内在的知性基础，所以，他们才能如此坚定地对大学德行怀有如此这般高度的自信。

大学是培养高级专门人才的教育机构，高等教育的特质决定着大学德行的目标和方法意义。大学教育目标所指向的高级专门人才，不仅要有高深的才智，也要有高尚的品德。知识通向美德，是一种可能性，但不是必然性。有高深知识的人，可能成为一个品德高尚的人，但也可能相反——因某些因素作用而堕落。一个才智很高但品德低劣的人，对社会的危害会比一般人大得多。知识转化为美德，重要的是教育发挥主导性作用。因此，自古以来，大学在传授高深知识的同时，无不标榜还要培养学生的品德，也无不为此而努力。在当代，人类共同的价值观念正经受着消解的威胁，"培养有道德的大学生"更是被各国的大学所重视。只有品德才能培养品德，品德的培养需要有道德的环境，需要有道德的榜样。因此，大学本身的德行状况，正是学生品德发展最直接、最有力，因而也是最重要的环境因素和榜样因素；大学的德行，既是教育目标，也是教育手段。

大学是拥有自由自治权利的机构，这种权利的获得与大学本身的德行状况密切相关。自古以来，大学在争取自由自治的权利时，无不抬出"探究学问、追求真理"作为理由。中世纪的教皇或国王在授予大学自治特权时，虽然内心深处排除不了"招安"的私念，但这个冠冕堂皇的理由也是他们不得不承认的。弗雷德里克一世在颁给波隆那大学的谕旨上写道：大学以"学问之功，启导斯世，及抟塑吾等臣民之生活"，且趋向"行为方正"，故而"吾人本其忠敬之心"，授予其"此等特权"。[13] 谕旨说得很明白，因为你有"学问之功"且"行为方正"，所以授予你特权。这暗含的学问和德行要求其实很清楚。事实上，大学的自由自治权利以及它在社会上所享有的声誉和威望，与其德行相辅相成。因为你有德行，所以，你可以享有自由自治的权利，享有崇高的声望；因为你享有自由、自治、声望，所以，你必须自珍、自爱、自律，必须用德行来保证这种自由、自治的特权不被滥用。这是权利与责任、自由与自律关系的必然要求。

三、大学德行贯穿教育、研究、管理全过程

大学德行表现在大学教育、研究、管理等工作的全过程，通过教师、研究者、管理者的实际行为呈现。大学德行不是抽象的理念，而是可以被观察、被感知的行为。

教育德行是大学德行的核心要素，体现于教师的教育教学行为。教育的德行就是师德。当年在北京大学、中国公学等校任教的时候，胡适已经名满天下，每天忙得不克分身，但他从讲课、答疑，到批改作业、考试阅

卷、写评语，所有教学环节样样上心，从不苟且，每上一小时的课竟然还"必须有四小时至八小时的准备"[14]。胡适是中国近代一位真正称得上把教学当作天职的教授，其恪守教育良知，堪称师德典范。教育的德行表现在教育教学的全过程、诸环节。诸如，关爱学生，尊重学生，对学生负责，始终把学生的发展放在一切工作的首位；敬畏教学，诲人不倦，甘为人梯；坚持学业标准，严格要求学生，不敷衍塞责。总之，一切为了学生，对学生的发展负责，是教育德行的根本，也是教育良知的基点。

科研德行是大学德行的中坚支柱，体现于研究者的科研行为。诸如，实事求是的研究态度，独立思考、质疑问难的学术精神，严谨诚实的学风，追求真理、坚持真理的勇气，对他人研究成果的尊重，既不唯书唯上也不主观臆测，不粗制滥造更不弄虚作假。大学里的科研德行由大学的教育目标决定，须表现在教育教学工作中，即有意识地将科研与教育教学过程结合，使科研成为一种教育教学资源，通过科研实现教育教学目标。在大学里，如果科研不能作用于教育教学，亦是一种失德。处理好教学与科研的关系，使其相得益彰，不是一个简单的方法问题，而是一个重要的道德问题。

管理德行也是大学德行的重要方面，体现于管理者的行政行为。就其性质而言，大学管理是对教学和研究的服务，因此，管理德行首先可以用服务的态度和质量来衡量，如敬业、负责任、保质保量等。但是，由于管理总是通过某种权力来进行的，因此管理德行实际上也就是政德、官德，是管理者权力运用的方式和品德。管理德行是衡量大学德行的重要指标，对大学德行的整体面貌起着重要塑造作用。尤其是大学的"一把手"，其德行对内具有示范性，对外是大学的形象代表。"一把手"的德行好，就能上行下效形成好的风气，给大学德行锦上添花；"一把手"的德行如果不好，其杀伤力和腐蚀力会导致大学德行的塌方式堕落。

大学德行是通过大学所有成员的行为表现出来的，每个成员的德行状况都与大学德行的整体面貌息息相关。大学教师是教育和科研的主体，他们在教育和科研工作中表现出来的德行状况，决定了大学德行的风貌。自文艺复兴以来，大学教师在社会上的形象，不仅是学富五车、才高八斗，而且要温文尔雅、品行端正。早期神学院的教授都由修士担任，也是因为在人们的眼中，修士都信仰纯正，能修成正果。在相当长的一段历史时期内，西方大学的教授在校期间必须穿特制的黑袍，其用意既在显示其身份的"高贵"，也在提醒他们时刻检点自己的言行，以保证"教授的长袍应与法官的长袍一样纯洁"[15]。1871年，耶鲁大学校长波特（N. Porter）在其就职演讲中提出，"一个学院里最有效的道德影响力来自于教师的个人品格"，"一个高尚的品格，再加上学者的智力和成就的尊严就可以成为一种启迪和追求"[16] 20世纪末，耶鲁大学校长雷文（R. Levin）曾这样赞美该校的一位老师：他具有水晶般清晰的头脑和高尚的道德情操，他自己就是一门课，他将各种美德集于一身。[17] 教授的德行历来都是最为可贵的教育资源。

大学教师从事高深学问的教学和科研，工作性质决定着其德行的基本面。其身旁有学生，外面有学术共同体，这些都能从外部监督他们的德行基本面。比较而言，由于工作性质，大学管理者的德行状况就需要靠他们的道德良知来维持，更需要靠严格的制度来保障。历史上，德行好的大学管理者，特别是那些名垂青史的杰出大学校长，为后人树立了光辉的德行榜样：在国外，如巴黎综合理工学院校长蒙日（G. Monge）、柏林大学校长费希特（J. Fichte）、威斯康星大学校长范海斯、剑桥大学副校长阿什比（E. Ashby）、哈佛大学校长埃利奥特（C. W. Eliot）等；在中国，近代如蔡元培、梅贻琦、萨本栋、吴贻芳、竺可桢、吴有训、傅斯年，当代如匡亚明、吴玉章、江隆基等。这些杰出的中外大学校长，留给后世的宝贵财富，不仅是其治校的成就，更是其道德操守、人格风范、嘉言懿行，他们无愧是"他的时代道德最好的人"，足以"代表他的时代可能达到的道德发展的最高水平"。[18]

四、健全机制是维护大学德行的重要保障

大学的德行靠大学成员的职业良知保证，良知在哪里，德行就在哪里；良知有多少，德行就有多少。良知是大学德行的先决因素。但在良知之外，大学的德行需要严格的制度保障。制度也许不能决定大学德行的高度，但至少可以维护大学德行的底线。

严格的准入制度。大学招聘教师，历来既重视学术水平，又注重个人品德，尤其是对于那些申请进入"终身轨"的教师更是如此。在哈佛大学掌校四十年的埃利奥特，在聘用教师方面留给人们的最深刻印象是，"我们不能说埃利奥特先生不注意学识或教学才能，但他最关注的还是品德问题"[19]。1941年，在西南联合大学最艰苦的时期，梅贻琦仍念念不忘教师的德行操守。他认为，"学生以教师为表率，地方则以学府为表率"，主张大学应成为"四方善士之一大总汇"之地。[20] 可见，世界著名大学聘用教师的目标，无一不期待教师既是"杰出的学者"又是"有创造性的教育家"。[21] 至于管理人员的招聘，同样也不含糊，德能勤绩一样也不能少。特别是大学"一把手"的遴选，更是严上加严。从加利福尼亚大学校长的选拔过程看，遴选委员会先进行履历核查，再进行面试口试、"外调"察访，然后把最后四位候选人及其夫人接到学校小住，实地听其言观其行——包括其夫人的言和行，最后由遴选委员会和校董事会共同对候选人再次面试、投票产生最终人选。[22] 整个遴选过程，将候选人的个人经历和德才、声望乃至生活习惯，从里到外翻个底朝天，简直到了苛刻的程度。

严格的奖惩制度。对德行予以嘉奖、树为榜样，对失德加以惩处、以儆效尤，这对处在成长过程中的大学生来说尤为重要。杜克大学等校建有著名的"荣誉准则体系"，加入体系的学生必须承诺不撒谎、不欺骗、不窃取别人成果等，[23] 信守承诺者可获嘉奖，违反承诺者要受重罚。杜克大学校长桑福德（J. Sanford）在解释该体系时明确指出，礼貌、诚实、爱惜荣誉

和自律等品质是杜克大学学生进入体系的必备条件，建立这个体系的目的在于，"杜克立志要给它的学生留下一些宝贵的东西，即：永远关注正义，坚持同情和关心他人，……在现在和整个生命历程中有能力去正直地思考"[24]。

对于大学教师来说，德行方面的荣誉和奖励也许不是最紧要的，因为大学教师所从事的高深学问工作包含着德行的因素，工作成果本身在很大的程度上就是他们德行的一种证明，附加过多的荣誉和"帽子"反而有蛇足之嫌。但对于大学来说，针对教师制定严格的工作规范和对失德行为的揭露、惩处制度，以维持德行的底线，却大有必要。当下的大学，规模越来越大，人员越来越多，内外部关系越来越复杂，各种诱惑也越来越多，谁也不能保证教师一定都是贤良君子，即便是贤良君子也没有人能保证从不犯错。近年来，大学教师中跌破底线的失德行为乃至丑行，被披露出来的并不少见，即便是一流的名牌大学也未幸免，尤其是科研上的弄虚作假，已然成为大学里的重灾区。例如，麻省理工学院一位被誉为免疫学"金童"的副教授的论文造假事件[25]，哈佛大学教授研究成果造假事件[26]，这些学术造假事件很丑陋，抹黑了大学的美名，自然令人遗憾。更值得我们关注的是，对于此类失德行为，大学本身有没有揭露、惩处的机制，有没有认错、纠错的勇气。揭错罚错机制有无、认错纠错勇气大小，即是大学德行高低的试金石。

有效的纠错机制。校园丑行发生后，学校如能通过自身的有效机制及时揭露、惩处和纠正，知耻而后勇，于学校的德行声誉倒也是一个弥补。倘若丑行发生，学校非但不揭露和纠正，甚至刻意隐瞒掩盖，那么，当事人是个人失德，校方则是管理失德，付出的也许是整个学校的道德和声誉代价。2015年，在美国得克萨斯州的贝勒大学，学校美式足球队一明星级学生球员性侵女生，校方在接到举报后竟然将此事压下，让这位明星球员又打了几场重要的比赛。后来事情被媒体曝光，美国高等教育界一片哗然。校长斯塔尔（K. Starr），这位在克林顿总统弹劾案中力主弹劾总统的独立检察官，不得不辞职谢罪。[27] 是非其实很分明，赢几场比赛是小事，校方隐瞒球员的恶行是大节，大节有亏，当然就要付出大的代价。校内纠错机制的另一个典型案例是哈佛大学校长萨默斯（L. Summers）。在 2005 年全美经济学家年会上，萨默斯不慎失言，说大学理工科女教师少是因为"男女先天有别"。本来也就是随口一说，但传到哈佛大学之后却引起轩然大波，最后萨默斯只能以辞职平息事态。[28] 萨默斯因随口一言而下台，不仅说明哈佛大学校内纠错机制之厉害，似乎还可以说明，美国人对大学校长的德行期望很可能比对总统还要高，总统可以信口开河，大学校长却必须谨言慎行，人们在心理上似乎容不得大学校长有丝毫的品行瑕疵。

只要有健全的纠错机制，校园失德行为就不可怕。真正可怕的是，大学自身没有揭错和纠错的机制，以致丑行屡出，却得不到揭露和惩处。一所大学无论其怎样有名，也无论其硬指标如何光鲜，如果这些原本见不得人的丑行竟然可以明目张胆地在校园内大行其道，那就意味着，大学德行的底线实际已经被冲破了，意味着大学之本性遭到了腐蚀、大学之美名遭到了亵渎。

五、一流的大学理应表现出一流的德行

一流大学对大学的德行应该有更自觉的追求，道德建设理应是一流大学建设的题中之义。一流大学对人类社会负有更重要的历史使命和社会责任，理应表现出更高的道德水准和德行操守，并且它自身也需要依靠更高的德行来实现自己的使命和责任。最重要的一点是，一流大学培养的是精英人才，或者如其所标榜的那样是"领袖型人才"。这种"领袖型人才"将来是要立德立言、建功立业、领袖群伦的，他们的道德水准和道德操守，不仅对他们的功业本身具有决定性的作用，而且会对全社会的道德风尚产生很大的示范影响。一流大学站在知识的前沿，进行着高深尖端的科学研究，从事着探索未知、创造新知的高贵的精神探险。这种探索的过程，不仅需要高水平的才智，也需要品德因素来支撑。因此，一流大学由其性质和使命所决定，对大学的德行理应有更高和更自觉的追求，有更严格的遵循和更优异的表现。一流的大学理应表现出一流的德行。

当前，我们正在大力推行的"世界一流大学"建设工程，目标不可谓不高远，手笔不可谓不宏大，但需要认清的是，"一流大学不是排名榜排出来的"[29]，在建设世界一流大学的进程中，我们不仅要关注一流大学那些有限的硬性学术指标，而且要注重一流大学的道德品质和操守，努力把大学的德行也提高到一流的水平。从现状来看，我们对此的认识尚待提高，工作有待落实。为此，特别需要从两个层面同时发力予以弥补和加强。一是在学校层面上，加强大学本身的道德建设，包括心理建设和制度建设。通过教育、体验、榜样等途径，营造道德氛围和舆论环境，提高大学教师和管理者的道德良知，增强其道德自觉和自律，使他们能够自觉地在工作中趋善避恶、趋真避假。同时，建章立制，为大学的教育、科研、管理等工作制定明确而严格的德行标准，建立有效的揭错纠错机制，坚守大学德行的底线。二是在宏观层面上，深化高等教育管理体制改革。高等教育管理体制改革的根本目标，是改革政府对大学的管理职能和管理方式，通过体制机制改革释放大学的主动性、能动性，释放大学内在的道德自觉性、自律性，提高大学自律、自理、自愈的能力。

到那时，展现在我们面前的一流大学，不是硬性学术指标和统计数字的堆砌，而是一个鲜活而美好的存在。这个存在的基本轮廓可描绘成：她是一个凸显人性的机构——始终立德树人，以学生为本，有教无类、一视同仁，教人求真向善、学做好人真人，一切为了学生的发展，一切有益于学生的发展，永远把学生当作目的而不是手段；一个追求真理的机构——求真唯实，服膺真理，在真理面前人人平等，不盲从权威，不唯书不唯上，只说真话不说假话；一个有风骨、有气节的机构——精神独立，思想自由，敢为天下先，不迷恋于名利，也不臣服于权贵，"威武不能屈，富贵不能淫，贫贱不能移"；一个高雅脱俗、公正严明的机构——情高致远，从容不迫，"守身如玉"，充当天下之公器，"不卖不私"，永不同流合污……。总之，一流大学理应是人类社会中最有德行的机构，是"社会的良心""民族的良心"之所在。

参考文献

[1] 顾树森. 中国古代教育家语录类编 [M]. 上海：上海教育出版社，1988：225.

[2] 勒戈夫. 中世纪的知识分子 [M]. 北京：商务印书馆，1996：73.

[3] 里德-西蒙斯. 欧洲大学史：第一卷 中世纪大学 [M]. 保定：河北大学出版社，2008：178.

[4] 同 [2] 20.

[5] 里德-西蒙斯. 欧洲大学史：第二卷 近代早期的欧洲大学（1500—1800）[M]. 保定：河北大学出版社，2008：8.

[6] 杨东平. 大学二十讲 [M]. 天津：天津人民出版社，2009：30.

[7] 希尔斯. 教师的道与德 [M]. 北京：北京大学出版社，2010：206-218.

[8] 李凤玮. 范海斯的现代大学观及其办学实践 [J]. 苏州大学学报（教育科学版），2017（3）：122-128.

[9] 韦尔热. 中世纪大学 [M]. 上海：上海人民出版社，2007：60.

[10] 伯克. 联邦德国的高等学校及其问题 [N]. 中国教育报，1984-09-01.

[11] 纽曼. 大学的理想（节本）[M]. 杭州：浙江教育出版社，2001：23-35.

[12] 同 [7] 94.

[13] 格莱夫斯. 中世教育史 [M]. 上海：华东师范大学出版社，2005：82.

[14] 杨亮功. 早期三十年的教学生活 五四 [M]. 合肥：黄山书社，2008：81.

[15] 弗莱克斯纳. 现代大学论：英美德大学研究 [M]. 杭州：浙江教育出版社，2001：183.

[16] 博克. 走出象牙塔：现代大学的社会责任 [M]. 杭州：浙江教育出版社，2001：134.

[17] 雷文. 大学工作 [M]. 北京：外文出版社，2004：231.

[18] 费希特. 论学者的使命 人的使命 [M]. 北京：商务印书馆，2009：46.

[19] 同 [16].

[20] 梅贻琦. 中国的大学 [M]. 北京：北京理工大学出版社，2012：11.

［21］墨菲，布鲁克纳.芝加哥大学的理念［M］.上海：上海人民出版社，2007：94.

［22］柯南.从加州大学校长的遴选看美国的用人之道［J］.科学·经济·社会，1985
（1）：81.

［23］蒋秀英，徐辉.美国杜克大学荣誉准则制度的经验与启示［J］.西南农业大学学报
（社会科学版），2008（2）：100-103.

［24］眭依凡.学府之魂：美国著名大学校长演讲录［M］.北京：教育科学出版社，
2013：31.

［25］牛震."天才"学术造假 麻省理工开除造假教授［EB/OL］.（2005-10-31）［2023-
06-06］.http://www.ce.cn/xwzx/shiyong/xwr/200510/31/t20051031_5066223.shtml.

［26］哈佛大学再爆丑闻，终身教授学术造假［EB/OL］.（2018-10-20）［2023-06-06］.
http://www.sohu.com/a/270205434_100283152.

［27］王欣.校园性暴力与橄榄球丑闻：重新审视美国的高校管理和领导道德［J］.苏州
大学学报（教育科学版），2016（4）：118-125.

［28］哈佛校长宣布辞职［EB/OL］.（2006-02-22）［2023-06-06］.https://
news.sina.com.cn/w/2006-02-22/15458275470s.shtml.

［29］潘懋元.潘懋元文集：卷三·问题研究：下［M］.广州：广东高等教育出版社，
2010：519.

（本文原载《教育研究》2019年第1期）

创新创业教育评价的 VPR 结构模型

徐小洲

一、问题的提出

随着我国创新创业教育的蓬勃发展，如何提高创新创业教育质量被提上议事日程。作为衡量创新创业教育质量重要方法的创新创业教育评价也开始得到学界的关注。

在理论建设层面，国外已开展了一些前期探索。伦德斯特罗姆（A. Lundström）、查尼（A. H. Charney）等学者及欧盟等组织基于评价的规划、监测和影响力评估等目标，先后进行了创新创业教育的宏观政策评价和发展现状评价、高等学校创业教育项目的过程评价和高等学校创新创业教育的有效性评价。[1] 威斯珀（K. H. Vesper）和格特纳（W. B. Gartner）通过对全球范围内商学院专家的访谈调研，提出高等学校创新创业教育评价的"七因素评价法"，包括高等学校提供的创业类课程情况、教师出版创业类教材或专著情况、学校的社会影响力、校友参与创新创业教育情况、校友选择自主创业情况、校友创业项目的创新情况、高等学校学者的创业类外延拓展活动情况。[2] 也有学者从不同的理论视角出发，提出了创业教育/课程评价的不同范式，主要包括过程要素评价（process factors evaluation）和影响评价（impact evaluation）两种范式。[3] 过程要素评价主要包括对创业课程的开设数量、创新创业环境（创业平台、创业氛围）、创新创业教育投入（教师数与创业导师数、受益学生数、经费投入与学生活动等）、创新创业教材开发数量等进行的评价。[4] 过程要素评价同时也包括学生对创新创业课程的满意程度评价。[5] 影响评价从其给受教育者带来的变化出发进行检验，这种变化既有认知变化，也有情绪情感变化和行为变化。评价可以从创新创业教育给受教育者带来的较为直接的、显性的变化出发进行检验。[6] 比如，可以考察创业教育引起的学生在创业认知、创业情绪情感、创业知识能力和创业行为等方面的变化，也可以考察创业教育直接带动创业实践的成效。变化可能是显性的，也可能是隐性的。国内一些学者在研究中也主要遵循过程要素评价和影响评价的范式[7]。有的学者将 CIPP 教育评价模型引入创业教育能力评价研究，从背景评价（context evaluation）、输入评价（input evaluation）、过程评价（process evaluation）、结果评价（product evaluation）四个方面构建高等学校创新创业教育质量评价指标体系。[8]

在实践操作层面，对创新创业教育的评价更多依据比较直观的创业率、竞赛得奖数、教育投入指标等进行。目前，政府、高校及第三方机构都开展了创业率评价，将创业率作为衡量创新创业水平和效果的重要方面。[9] 然而，无论是政府部门或第三方部门开展的创业率评价，还是各类创新创业竞赛，以及各类创新创业典型高校评选，评价的都仅仅是少数人的创业教育活动，而对于实现"将创新创业融入人才培养全过程""将创新创业教育作为高等教育改革'牵一发而动全身'的突破口""促进创新创业教育分层分类发展"的目标的现实意义有限，也尚未真正发挥评价机制的整体作用。可以说，目前的创新创业教育评价研究整体上相对薄弱，评价的系统性、科学性、针对性也有待加强。

随着创新创业教育项目的普遍开展，建立创新创业评价理论模型、制定科学合理的整体性评价体系、规范我国创新创业教育评价实践，既能为优化创新创业教育政策提供依据，也有利于更好地激发学校、教师和学生参与创新创业教育的积极性。本研究试图运用扎根理论（grounded theory），立足于中国创新创业教育开展的实践，扎根于广泛的社会相关人群的调查访谈，通过严格规范的编码技术，获得创新创业教育评价的系列核心概念与范畴，并以此为基础建构创新创业教育评价的结构模型。期望该结构模型可适应当前创新创业教育评价的理论需求，也可作为创新创业教育评价的实践参考。

二、研究设计

（一）访谈样本

研究采用理论抽样法来选取访谈样本，遵循具有创新创业教育相关经验和体现典型性与代表性，尽可能覆盖多个地域、多个社会部门、多个相关人群，提高研究结论的可靠性、样本资料充足、提高研究的信效度这三个原则，选取访谈对象 54 人（为浙江、广东、广西、湖北、吉林、黑龙江等六地的政府、高校、企业中的相关人员）。其中，政府的创新创业相关部门领导和工作人员 11 人，高校从事创新创业教育的师生 27 人，企业管理者和创业者 16 人。

（二）研究方法与操作程序

研究依据质性研究的数据搜集及分析的方法和准则来进行，在资料的逐级编码与深入分析中形成创新创业教育评价的结构框架。

根据扎根理论，理论需要从资料中提升，一定要追溯到其产生的原始资料，要有经验事实作为依据。具体资料收集方法采用半结构访谈、焦点小组访谈、小型座谈会等。访谈主要围绕高校创新创业教育应该如何评价的问题展开，并根据受访者的回答进一步探索评价什么、如何评价、当前评价存在什么问题、该如何解决等问题。对访谈资料逐级进行开放性编码（open coding）、主轴编码（axial coding）、选择编码（selective coding）三级编码。具体操作程序为：首先，研究者仔细阅读资料，对每段话、每一个句子进行识别、命名，使原始资料概念化，并通过不断比较形成具体概念和范畴，对资料进行逐级登录；其次，将不同概念或范畴进行分类、比较，提炼出主概念或范畴；再次，分析不同主概念或范畴之间的关系，确定核心概念或范畴类，并且有选择地将其他概念或范畴与之建立联系；最后，进行理论模型的阐释。

研究采用 ATLAS. ti7. 5. 16 质性分析软件进行访谈资料的编码和分析。

三、编码分析与结果

（一）编码分析

开放性编码即将所有资料按其本身所呈现的状态进行登录。"这是一个将收集的资料打散，赋予概念，然后再以新的方式重新组合起来的操作化过程。"[10] 登录的目的是从资料中发现概念类属，对其进行命名和类属化。本研究在开放性编码阶段提炼出创新创业教育评价的 29 个范畴（见表1）。

表 1　创新创业教育评价体系开放性编码示例

资料记载	定义现象	概念化	范畴化
创业教育评价要突出创新的精神，评价应该更侧重教育方面	对人的创新精神、创新态度追求的作用	人的创新精神、创新态度、创新观念	个体精神价值
创新创业教育旨在使创新成为社会存在观念和发展方式、生活方式	社会创新观念、意识的引领	社会创新理念	社会精神价值
政府可能考虑更多的是税收和给地方带来的国民生产总值、产生的实际社会效益和经济效益	创新创业产生的经济效益	经济效益	经济绩效

续表

资料记载	定义现象	概念化	范畴化
创新创业就要解决现实的一些问题,如有没有帮企业解决问题、带动了多少就业	创新创业教育解决社会问题,解决社会生活中的现实问题	解决现实问题	解决实际问题
要把产品做好,去解决市场的痛点	解决市场中起决定性作用的难题	解决难点问题	解决市场痛点
评价学生本身,侧重于测量学生的成长,测量学生的知识、能力	学生获得知识、能力等方面的成效	获得知识、能力	知识能力提升
学生要学会自己去进行问题探索,寻找一个有意义的事情	学生自己进行问题探究、实践操作比撰写计划书更重要	学生自己进行问题探究	学会实践探索
不能单去评价获得了什么奖,还是应该着重培养所有学生的意识,让每个人在自己的岗位上有创意、有创造	所有学生的创新创业意识	创新创业意识	创新意识发展
看创办的企业有多少家存活,存在时间超过了平均时间	企业成功落地后生存多久	企业存活时间	企业存活期
"小黄车"倒闭了,但它启发的这个事情是对的,可能后来者哈啰单车就成了	创业失败了,但对后来者有启发	创新示范作用	创新示范
追求的不是短时间的创业率有多高,而是创业成果在未来释放出来的企业的能量	创业成果的未来发展潜力	未来发展潜力	发展潜能
教育厅评价侧重课时、修读学生数、举办讲座沙龙的数量和参与学生的数量,还有专门课程的开设、与专业课程的融合、师资培训、场地等	评价课程开设、举办讲座、师资培训情况及学生的相应参与情况	课程、课时、师资培训、受益学生数	课程与活动设置

续表

资料记载	定义现象	概念化	范畴化
有些高等学校教师认为创新创业不是高校分内之事，不支持，态度不积极；教师指导学生参加创新创业大赛，学校要有相应的评价配套制度	教师的工作态度、积极性，教师工作投入度	教师工作投入	教师工作投入
成果导向评价不科学，地区间的经济文化差异显著，客观上只能评这个学校有没有健全制度体系、平台、活动等	学校有没有提供制度保障、机会和平台，双师型队伍建设，等	制度健全、机构健全、提供机会、搭建平台、教师队伍	教育配套投入
政府主要是政策引导，有没有扶持政策颁布，有没有给予学生自主创业的优惠政策的支持	政府有没有颁布相应的优惠政策	优惠政策	政策支持
这个政策有没有产生效果、效果明不明显	政策的执行情况和带来的效果	政策执行和效果	政策效果
各类创新创业大赛已成为学校领导政绩中非常大的工程	在创新创业比赛中的获奖情况	创新创业比赛获奖	竞赛获奖
就业数据里面有创业在读学生数、创业的毕业学生数量、毕业后创业数量、入驻基地的创业团队数量等	在读生创业数、毕业生创业数、毕业后创业数	创业的学生数量	创业率
创业的过程当中能不能带来一些新的就业增长点、提升就业人员的数量	创业带动了多少人就业	创业带动的就业率	带动就业率
有没有真正地去创业，有多少人在坚持创业	创办企业，始终坚持创业的数量	坚持创业率	创业维持率
毕业生一系列的评定指标，如相关毕业生去"世界五百强"工作的比例、薪酬等	高校毕业生毕业后的发展情况	毕业后绩效	杰出校友

续表

资料记载	定义现象	概念化	范畴化
我们示范基地每个季度、每个月都会报送入驻基地团队数量，以及孵化了多少创业项目	形成创业计划或项目，项目得到孵化支持	形成创业项目，得到孵化器支持	项目孵化
做一个创新项目，把这个东西做出来了吗？有没有实物？	创业项目从纸上的计划到实际的创建中的转化，进入市场	创业项目落地	项目落地
创新创业大赛只能做一个短期评价，应该以长期的，比如说用五年之内诞生的企业数量来评估创新创业教育	成功创业，建立企业	注册企业	创办企业
创新创业教育项目创造了多少优质企业，比如上市公司有多少家，规模以上企业有多少盈利	优质企业数量、规模企业的盈利	企业总值	企业规模
很多项目并没有很高的收益和税收贡献，但是它可以成功转化	学生团队把他们的科研成果逐渐转化为一个相应的落地成果	科研成果产业化、产品化	科技成果转化
创新创业教育研究的立项和研究成果获奖也是评价高校创新创业教育成果的一个指标	创新创业的科研项目立项、研究成果获奖	研究项目立项、研究获奖	科研立项与获奖
国际上重视对高校论文发表的数量进行打分	教师、学生发表的论文数目	著作、论文数目	著作论文发表
得拿出你的专利权，拿出发明证书，拿出你的作品	创新创业的成果、发明的专利	创新发明的专利	专利发明

主轴编码的主要任务是发现和建立概念或范畴之间的联系，形成更具概括性的范畴。本研究对开放性编码中得到的 29 个创新创业教育评价范畴继续进行归类，建立各个范畴之间的联系和类属关系，确定了 8 个创新创业教育评价主范畴（见表 2）。

表 2　主轴编码形成的创新创业教育评价主范畴

主范畴	副范畴
精神价值	个体精神价值、社会精神价值
现实价值	经济绩效、解决实际问题、解决市场痛点
政策投入	政策支持、政策效果
教育投入	课程与活动设置、教育配套投入、教师工作投入
学生发展	知识能力提升、学会探索实践、创新意识发展
企业发展	企业存活期、创新示范、发展潜能
创业者绩效	竞赛获奖、创业率、带动就业率、创业维持率、杰出校友
产品与成果	项目孵化、项目落地、创办企业、企业规模、科技成果转化、科研立项与获奖、著作论文发表、专利发明

选择编码是在所有已发现的范畴中经过系统分析后选择一个核心范畴，核心范畴具有统领性，提纲挈领地把其他范畴和关系整体性地串联起来，形成一个完整的解释框架。创新创业教育评价的方向和关注点不同，评价的内容和方式就会不同，就会形成不同的评价取向或评价范式。本研究以评价内容和评价取向为依据，将创新创业教育评价的范式分为价值评价、过程评价和结果评价三类，并与主轴编码和开放性编码发现的各个范畴建立起整体联系，形成创新创业教育评价的三级评价维度（见表 3）。

表3　创新创业教育评价体系的三级编码结构

	核心编码 （一级维度）	主轴编码 （二级维度）	开放性编码（三级维度）
评价体系	价值评价	精神价值	个体精神价值、社会精神价值
		现实价值	经济绩效、解决实际问题、解决市场痛点
	过程评价	政策投入	政策支持、政策效果
		教育投入	课程与活动设置、教育配套投入、教师工作投入
		学生发展	知识能力提升、学会探索实践、创新意识发展
		企业发展	企业存活期、创新示范、发展潜能
	结果评价	创业者绩效	竞赛获奖、创业率、带动就业率、创业维持率、杰出校友
		产品与成果	项目孵化、项目落地、创办企业、企业规模、科技成果转化、科研立项与获奖、著作论文发表、专利发明

本研究采取了两阶段编码的方法，考察理论的饱和度。第一阶段编码48人，第二阶段编码6人（政府、高校、企业各2人）。第一阶段编码完成后基本不再产生新的概念、范畴和关系；将第二阶段的6个访谈资料进行编码分析之后，并没有出现新的概念、范畴以及关系，说明本研究构建的模型具有较好的理论饱和度。

（二）评价模型阐释

根据扎根理论、前人研究成果、对中国创新创业教育实践的考察与理论构思，本文提出了以价值（value）、过程（process）、结果（result）为核心的VPR三维三级创新创业教育评价结构模型。

1. 价值评价（value evaluation）

价值评价是对创新创业教育产生的意义进行价值判断，分为精神价值和现实价值两个维度。精神价值是指创新创业教育在精神、意识层面体现出的教育和社会贡献，并不一定有现实的物质的结果，但在引领个体和社会的价值观念、形成创新创业的追求和生存方式等方面发挥植入基因的作用。创新创业教育不仅涉及"资源与知识干预"，也包含"社会价值观干预"，是公民获得正确的价值认识的重要途径。精神价值具体分为个体精神价值和社会精神价值两个子维度，包括对个体创新精神、创新态度、创新观念的培养和社会创新理念的引领，是创新创业教育的重要价值体现。现实价值是指创新创业教育在现实的、物质的层面体现出的贡献，包括经济绩效、解决实际问题和解决市场痛点三个维度。经济绩效是指创新创业教育带来的经济价值和效益，具体可以用税收、国民生产总值等经济指标来衡量；解决实际问题强调解决的是现实的真问题；解决市场痛点则强调解决的是关键问题。

2. 过程评价（process evaluation）

过程评价评估创新创业教育过程中的政策投入、教育投入，以及促进学生发展、企业发展的情况和效果。

政策投入评价政府层面对创新创业教育的政策支持情况，包括各级政府的政策力度、落实情况和效果，包括政策支持和政策效果两个子维度，分别考察各级政府部门有没有相应的创新创业教育支持政策，以及政策的执行效果和对创新创业教育的影响如何。

教育投入包括学校的课程与活动设置、教育配套投入和教师工作投入三个子维度。课程与活动设置既包括创新创业教育的专门课程和活动的设置，也包括创新创业教育在专业课中的融合和体现；教育配套投入评价学校的创新创业机构设置、师资配备、平台建设、基地建设等情况；教师工作投入评价从事创新创业教育工作的教师的工作投入情况和教育工作质量。

学生发展包括知识能力提升、学会探索实践和创新意识发展三个子维度。知识能力提升评估学生接受创新创业教育后相关知识和能力的发展，重点在于考察"知道了什么"；学会探索实践评估学生进行问题探索和实践操作的表现，重点在于考察"会做什么"；创新意识发展评估学生创新创业的观念变化。

企业发展维度是本研究提出的一个新的评价维度，以发展的视角评估创新创业教育活动的较长期的经济影响和效果，包括企业存活期、创新示范和发展潜能三个子维度。企业存活期评估创业企业成立后有没有产生利润、利润的维持或增值、企业存活时间等，用以考察创业的持续效果，纠正现实中评估大学生创业偏重创立企业数量，以成功融资代表创业成功，不注重创业维持和创业产品实际经济效益的现象。创新示范评估创业企业和创业活动对社会或他人的启发或示范作用，并不以创业成功的结果为单一评价依据。发展潜能评估创业企业的未来发展可能性，不以即时的、短时间内的结果为评价依据，重在考察未来可能的影响力和发展潜力，是一种面向未来的展望性评价。

过程评价中的学生发展和企业发展维度，并不着重评价学生和企业的创新创业绩效结果，而更强调创新创业教育带给学生和企业的变化与发展。这种变化与发展不仅反映当前呈现的状态，还重视未来的发展前景。因此，学生发展维度，特别是企业发展维度的评价可以是一种展望性评价，也可以是一种回顾性评价。通过即时评价、展望性评价和回顾性评价相结合，来更全面地评价创新创业教育促进发展的效果。

3. 结果评价（result evaluation）

结果评价是对创新创业教育的绩效和成果产出进行评定，分为创业者绩效、产品与成果两个维度。创业者绩效是以人为单位的结果评价，主要包括竞赛获奖、创业率、带动就业率、创业维持率、杰出校友等子维度。需要注意的是，本研究提出的创业率不仅包括在读生创业率和毕业生创业率，也包括毕业后创业率。创新创业教育的效果可能是立竿见影的，也可能具有滞后性，毕业后创业率、杰出校友等指标是对创新创业教育"时滞性"特征的反映。产品与成果维度重在以物为单位的结果评价，包括项目孵化、项目落地、创办企业、企业规模、科技成果转化、科研立项与获奖、著作论文发表和专利发明等八个子维度。其中，前四个主要考察的是创业结果的四个层次水平，后四个主要考察的是创新和创业研究的成果。

四、VPR 三维三级评价模型的特征与原则

（一）评价模型的可适性

VPR 三维三级评价体系（以下简称 VPR 评价体系）力图适应我国创新创业教育发展的现实需求，体现创新创业教育多层、多元、多方法的评价特征。

首先，它构建了多层次结构模型。创新创业教育是一个复杂系统，单一范式或维度的评价难以满足评价的需要。VPR 评价体系试图构建多层次的评价模型。这种多层次特征主要体现在以下两方面。一方面，评价维度的多层性。在评价取向（一级维度）上，VPR 评价体系吸纳与完善了国内外创新创业评价理论中的过程评价和结果评价范式，并新增了价值评价范式，体现了当前我国创新创业教育的育人功能和价值引领目标。另一方面，评价维度内部结构和体系的多层性。在价值评价中，VPR 评价体系既包含体现创新创业教育经济效益和现实社会效益的现实价值层面，也涵盖创新创业教育内在精神追求的精神价值层面，以体现创新创业教育的"教育"评价与"双创"评价功能。在过程评价中，VPR 评价体系包括对政府、学校、企业、学生四个层面的评价，是涵盖创新创业政策、创新创业环境、创新创业教育投入、创新创业教育产出等方面，涉及政府政策和财政支持、社会各界资源支撑和环境营造、学校创业教育活动和课程组织实施、学生创业学习和实践等多个层面或活动的全面、综合评价。在结果评价中，它既包含以人为评价维度的创业者绩效，也包含以物为评价维度的产品与成果。

其次，它注重发展性评价和绩效性评价相结合。过程评价是一种形成性评价和发展性评价。在 VPR 评价体系中，政策投入、教育投入、学生发展和企业发展是过程评价的四个重要维度，其中企业发展维度及其评价指标是本研究根据时代要求提出的评价新内容。VPR 评价体系具有实践导向作用，企业发展维度及其评价指标的确立，有助于引导创新创业教育克服当前创新创业教育实践中存在的虚化和形式化倾向。

结果评价是一种绩效评价，考察创新创业教育直接带动学生创新创业的实践成果。VPR 评价体系关注通过心理测验和情境模拟，对学生的创新能力、创业认知、创业素质、发展潜力、人格特征等进行测量，考察创业教育是否唤醒和激发了大学生的创业意识，是否有效培养了大学生的创业理论基础和素质能力，是否营造出鼓励创新创业的高校文化。同时，它设立了现实价值、企业发展、创业者绩效、产品与成果等反映创新创业教育实践的评价指标。结果评价虽然是一种绩效评价、总结性评价，但也反映出创新创业教育的过程要素与作用。比如，VPR 评价体系通过以人、物为单位的指标量化评估，促进创新创业教育发展中的过程投入。

最后，它兼顾短期评价与长期评价。在创新创业教育评价中，短期评价与长期评价各有特点、各有所长。短期评价是一种即时、现时评价，能反映创新创业教育当前的状况和特征。长期评价属于展望性、长时段评价，也可以是回顾性评价，反映创新创业教育的长期发展状况和特征。当前，高校创新创业教育的评价往往以高校自主创业大学生的数量、大学生选择自主创业的意愿度等作为体现创新创业教育效果的重要指标，这种评价具有短期评价的特征。然而，创新创业教育是一个长期的、常态化过程，教育效果的呈现具有滞后性的特点，创业行为本身也具有动态持续的特征。短期评价指标不能完全体现创新创业教育的整体效果，必须和长期评价指标相结合。如企业存活期、创新示范、发展潜能、创业维持率等是评估创新创业教育长效性的重要指标，竞赛获奖、创业率等属于短期指标。有时短期指标也可以用于长期评价操作，如以五年为一个评价时段进行回顾性评价，通过学校衍生的优秀企业数量、持续创业者数量、毕业生创业率等指标，评估其创新创业教育的长期成效。

（二）评价模型的操作原则

一是要把握正确导向。创新创业教育评价要通过正确的目标导向，引导学生创新创业教育活动，提升学生创新创业素质，推动社会创新创业活动的发展。为此，要重视以下三个基本要求：把握政策方向，评价指标和标准符合政策要求；具有先进性和超前性，引导创业教育和大学生创业发展需求；以学生全面发展为中心，促进学生创业心理和行为的和谐发展。

二是要明晰多层评价要求和具体指标。VPR 评价属于多维度多层次评价。本研究建构的 VPR 评价模型提供了评价的结构框架和思路，但在具体评价实施中，需要进一步明晰相关指标内涵和操作要求。对学生知识能力提升的评价需要选择或开发具体的测量工具，对创业率、创业维持率等的评价需要明晰时间跨度和节点，对竞赛获奖的评价需要明确可计入的竞赛类型。为此，实施创新创业教育评价要重视全面了解各级政府创新创业政策的颁布、调整与执行情况，动态分析学校创新创业教育资源，明确创新创业教育指标的操作细则，选择或开发合适的具体测量工具。

三是坚持多元多方法评价。创新创业教育质量是多方面、多维度的。因此，创新创业教育评价应该采用多样化、多维度的评估体系，既要重视学生创业意识、创业能力等基础层面的发展评价，也要重视学生创业的实践评价和表现性评价，还要重视评价创新创业教育的精神价值贡献。实施创新创业评价要坚持多元多方法评价，从而促进创新创业教育高质量、可持续发展。首先，创新创业教育评价要以测验性评价为基础，同时重视实践结果评价。通过心理测验和情境模拟，对学生的创新能力、创业认知、创业素质、发展潜力、人格特征等进行测量，考察创新创业教育是否唤醒和激发了大学生的创业意识，同时也要关注学生的行为表现和创业成果。其次，多种评价方式相结合。评价过程中既要注意过程评价和结果评价相结合，也要注意短期评价与长期评价相结合，还要注意即时评价、展望性评价和回顾性评价相结合。运用多种评价方式，全方位地对学生创新创业教育实施综合评价。最后，要重视创业教学反馈性双向评价。反馈性双向评价是在创业教学过程中和结束后的师生评价，包括学生评价教师和教师评价学生两个方面。要通过反馈性双向评价，及时了解教学问题、课程方案、教学设计和师资安排，掌握学生的学习情况，有针对性地开展学习指导，有效提高创新创业教育教学质量。

参考文献

[1] LUNDSTRÖM A, STEVENSON L A. Entrepreneurship policy：theory and practice[M]. Boston：Springer, 2005；CHARNEY A, LIBECAP G D, CENTER K E, et al. The impact of entrepreneurship education：an evaluation of the Berger entrepreneurship program at the University of Arizon, 1985-1999 [EB/OL]. [2019-04-15]. https://citeseerx. ist. psu. edu/viewdoc/download? doi=10. 1. 1. 584. 9846&rep=rep1&type=pdf.

[2] VESPER K H, GARTNER W B. Measuring progress in entrepreneurship education[J]. Journal of business venturing, 1997, 12(5)：403-421.

[3] FAYOLLE A, GAILLY B, LASSAS-CLERC N. Assessing the impact of entrepreneurship education programmes：a new methodology[J]. Journal of European industrial training, 2006, 30 (9)：701-720.

[4] VESPER K H, GARTNER W B. Measuring progress in entrepreneurship education[J]. Journal of business venturing, 1997, 12(5)：403-421；National Agency for Enterprise and Construction. Entrepreneurship education at universities：a benchmark study[EB/OL]. (2004-12-10) [2019-04-15]. http://www. ebst. dk/file/3053/Entrepreneur-ship_2004. pdf.

[5] HENRY C, HILL F M, LEITCH C M. The effectiveness of training for new business creation：a longitudinal study [J]. International small business journal, 2004, 22(3)：249-271.

[6] PEDRINI M, LANGELLA V, MOLTENI M, et al. Do entrepreneurial education programs impact the antecedents of entrepreneurial intention?：an analysis of an entrepreneurship MBA in Ghana[J]. Journal of enterprising communities：people and places in the global economy, 2017, 11(3)：305-317.

[7] 徐小洲，刘敏，江增煜，等．两岸三地高校创业教育比较研究 [J]．中国高教研究，2018（9）：25-30；徐小洲，叶映华．创业教育课程设计及其有效性评价：以浙江大学《创业基础》MOOC 课程为样本 [J]．华东师范大学学报（教育科学版），2019（1）：16-22，164．

[8] 葛莉，刘则渊．基于 CIPP 的高校创业教育能力评价指标体系研究 [J]．东北大学学报（社会科学版），2014（4）：377-382；高桂娟，李丽红．高校创业教育实效性的评价与提升策略研究 [J]．华东师范大学学报（教育科学版），2016（2）：22-29，112．

[9] 教育部．教育部关于大力推进高等学校创新创业教育和大学生自主创业工作的意见 [EB/OL]．（2010-05-13）[2019-04-15]．http://www.moe.gov.cn/srcsite/A08/s5672/201005/t20100513_120174.html；麦可思研究院．2017 年中国本科生就业报告 [M]．北京：社会科学文献出版社，2017．

[10] 陈向明．扎根理论的思路和方法 [J]．教育研究与实验，1999（4）：60．

（本文原载《教育研究》2019 年第 7 期）

后　记

为纪念《教育研究》创刊 40 周年，我们于 2018 年下半年开始酝酿启动有关工作，编辑出版《〈教育研究〉40 年典藏》（以下简称《典藏》）就是这诸多工作的一部分，目的在于反映 40 年来教育学术研究的知识进步。

40 年来，《教育研究》发文近万篇，这些文章代表了不同时期教育学术的风向标和制高点，"粲然如珠贝溢目"。好中选好、优中选优，"标准"和"公认"至为重要。为此，我们为《典藏》选目确立了三个原则：一是按学科、分领域选，分类比较；二是依据客观指标和主观判断选，综合比较；三是充分依靠专家选，专业比较。应该说，入选的文章代表了"最大公约数"。

此事得之不偶然，非力求所不能致。没有一代又一代的作者持续陪伴，《典藏》就没有基础，首先向广大作者表示真诚感谢。编者和作者同在一个学术共同体中，相互成就，《典藏》也是一代又一代编者接续"打磨"的结果，在此特向杂志社各位前辈表示崇高敬意。

本书的编写是在中国教育科学研究院党委书记、院长李永智直接指导下进行的。邓友超、杨雅文、李红恩、郭丹丹、许建争、武芳承担了选编工作，尤以许建争费心劳力更甚。《中国德育》主编金东贤、副主编刘洁给予了关心支持，北京师范大学教育学部研究生韩梅（现已入职中国人民大学附属中学昌平学校）、武佳妮（现已入职太原市常青藤中学校）、高钰雅（现已入职北京市平谷区卫生健康委员会）、李珍，中央民族大学信息工程学院研究生魏涵硕（现已入职中国航天空气动力技术研究院），参与了前期资料整理工作。中国人民大学教育学院研究生王子渊、刘大凯、宫颢韵、陈朋，首都师范大学教育学院研究生张睦函、肖君、张嵘瑾、杨佳欣，参与了后期校对工作。

　　教育科学出版社大力支持《典藏》出版工作。社长、总编辑郑豪杰总体协调，学术著作编辑部具体执行，将《典藏》列为优先级，把编校做到最优化。感佩之私，笔舌难既。

教育研究杂志社

2023 年 7 月 20 日

出 版 人　郑豪杰
责任编辑　方檀香　薛　莉
版式设计　杨玲玲
责任校对　贾静芳
责任印制　米　扬

图书在版编目（CIP）数据

《教育研究》40年典藏．高等教育／教育研究杂志
社编. —北京：教育科学出版社，2023.12
　　ISBN 978-7-5191-3609-3

　　Ⅰ.①教…　Ⅱ.①教…　Ⅲ.①教育研究—中国—丛刊
Ⅳ.①G52-55

中国国家版本馆 CIP 数据核字（2023）第 228947 号

《教育研究》40年典藏·高等教育
《JIAOYU YANJIU》40 NIAN DIANCANG · GAODENG JIAOYU

出版发行	教育科学出版社				
社　　址	北京·朝阳区安慧北里安园甲9号		邮　　编	100101	
总编室电话	010-64981290		编辑部电话	010-64981252	
出版部电话	010-64989487		市场部电话	010-64989009	
传　　真	010-64891796		网　　址	http://www.esph.com.cn	
经　　销	各地新华书店				
制　　作	北京金奥都图文制作中心				
印　　刷	中煤（北京）印务有限公司				
开　　本	720毫米×1020毫米　1/16		版　　次	2023年12月第1版	
印　　张	27.5		印　　次	2023年12月第1次印刷	
字　　数	358千		定　　价	138.00元	

图书出现印装质量问题，本社负责调换。